本书由中国社会科学出版社和信阳师范学院共同资助出版

社会发展译丛

主　编：赵剑英　宋争辉　李汉林　渠敬东
副主编：王　茵　张　彦

发展、民主与福利国家：
拉丁美洲、东亚和东欧

［美］斯蒂芬·哈格德（Stephan Haggard）／著
［美］罗伯特·R. 考夫曼（Robert R. Kaufman）

满易／译

Development, Democracy, and Welfare States:

Latin America, East Asia, and Eastern Europe

中国社会科学出版社

图字:01-2013-7034号
图书在版编目(CIP)数据

发展、民主与福利国家:拉丁美洲、东亚和东欧/(美)斯蒂芬·哈格德,(美)罗伯特·R.考夫曼著;满易译.—北京:中国社会科学出版社,2020.10
(社会发展译丛)
书名原文:Development, Democracy, and Welfare States: Latin America, East Asia, and Eastern Europe
ISBN 978-7-5203-6121-7

Ⅰ.①发… Ⅱ.①斯…②罗…③满… Ⅲ.①经济发展—对比研究—拉丁美洲、东亚、东欧 Ⅳ.①F173.04②F131.04③F151.04

中国版本图书馆CIP数据核字(2020)第042361号

Development, Democracy, and Welfare States: Latin America, East
Asia, and Eastern Europe by Stephan Haggard and Robert R. Kaufman.
Copyright ⓐ 2008 by Princeton University Press
Simplified Chinese translation copyright ⓐ 2020 by China Social Sciences Press
This edition published by arrangement with Princeton University Press
through Bardon-Chinese Media Agency
ALL RIGHTS RESERVED

出 版 人	赵剑英
责任编辑	王 衡
责任校对	王佳玉
责任印制	王 超

出　　版	中国社会科学出版社
社　　址	北京鼓楼西大街甲158号
邮　　编	100720
网　　址	http://www.csspw.cn
发 行 部	010-84083685
门 市 部	010-84029450
经　　销	新华书店及其他书店
印　　刷	北京明恒达印务有限公司
装　　订	廊坊市广阳区广增装订厂
版　　次	2020年10月第1版
印　　次	2020年10月第1次印刷
开　　本	710×1000 1/16
印　　张	28.5
插　　页	2
字　　数	464千字
定　　价	129.00元

凡购买中国社会科学出版社图书,如有质量问题请与本社营销中心联系调换
电话:010-84083683
版权所有　侵权必究

《社会发展译丛》编委会

主　　编　赵剑英　　宋争辉　　李汉林
　　　　　　渠敬东

副 主 编　王　茵　　张　彦

编　　委　折晓叶　　刘白驹　　沈　红
　　　　　　葛道顺　　高　勇　　钟宏武

《社会发展译丛》编辑部

主　　任　王　茵

成　　员　夏　侠　　孙　萍　　马　明

总　序

改革开放以来，发展始终是解决国计民生的硬道理。中国经济、社会、文化发生了急剧变革，发展创新所带来的经验需要积累，需要科学总结，以使理论与实践结合，促进中国改革事业的进一步深化，回应对改革的种种质疑，解决发展中暴露出来的各项问题。与此同时，我们身处全球化时代，如何总结自身的经验，吸收国际发展的成熟理论、先进观念，融合到中国自身的文化之中，拓展中国经验的理论意涵，业已成为中国学界应担当的责任，也是新时期国家建设和社会进步的题中之义。

到目前为止，国内有关社会发展的系统性研究仍比较缺乏，尚未有以社会发展为主题编纂的专业丛书。一方面，关于社会发展的经典理论、发展战略、发展模式、发展经验，其引进和介绍尚处于零散和片面的状态，这与中国社会发展的需要极不相符，也远远落后于国际学术更新的脚步；另一方面，中国的发展经验亦需要与他国相互参照、相互借鉴和扬弃，而有关国际发展比较研究的领域尚未得到拓展。

本丛书的宗旨在于系统出版国外有关社会发展的理论、经验、战略、模式的著作，同时发扬经世致用的传统，研究社会发展的机制、动力，以及相应的制度环境和社会条件等结构性要素，从宏观与微观之间的中观层次出发，从发展理论与方法、发展模式、发展战略和发展经验四大主题出发，来完整呈现社会发展中的理论范式和关键议题。

我们衷心地期望，这套译丛的出版能够为中国社会发展的学科，以及为中国社会发展的伟大事业做出一些有益的探索和努力。

是为序。

《社会发展译丛》编委会
2015 年 5 月

献给麦克斯·哈格德、诺亚·考夫曼·布朗
和里奥·考夫曼·布朗

允许市场机制成为人类命运及其自然环境的唯一掌控者……将导致社会的毁灭。因为"劳动力"这种所谓的商品不能被推来搡去、不能被不加区分地使用,甚至不能被弃置不用,否则就会影响到作为这一特殊商品载体的人类个体生活。

——卡尔·波兰尼《大转型》

前言与致谢

本书源于笔者在 2001 年展开的关于发展中国家福利制度多样性的系列对话，这些对话是我们对拉丁美洲和东亚长期政治经济发展差异的持续思考的结果。对这两个地区内部和地区之间进行比较激发了我们针对经济增长的政治经济学、20 世纪八九十年代的债务和金融危机，以及民主化和经济改革的独立及联合研究。笔者此前出版的《民主化转型的政治经济分析》(*The Political Economy of Democratic Transitions*，普林斯顿大学出版社，1995 年) 一书便聚焦了上述议题。

这本前期专著自然也激发了本书的关切点。与学界和政策领域许多其他人士一样，我们对危机和经济改革的社会影响深感兴趣，且十分关注。既然已对民主转型如何影响市场改革有所探讨，下一步自然需要考虑中等收入发展中国家和前社会主义国家的民主化与经济变化对其社会契约本质的影响，这或许也是富有挑战的一步。这一尝试也使我们得以借机将关于发达福利国家的丰富文献拓展至新的研究背景。

与《民主化转型的政治经济分析》一书一样，我们最初本打算主要聚焦民主和制度差异的影响，但我们随后意识到，不论是政体类型，还是更细微的制度差异，都不足以单纯地影响福利政策决策。事实上，有若干因素使得本研究比预想的要复杂得多。

首先，社会保障与服务并非简单地分布于"扩大与紧缩"或"新自由主义与社会连带主义"的单一维度上。同时，仅关注支出甚至福利成果也并不能轻易反映出差异。正如各种资本主义文献所强调的，某一领域（比如社会保障）的政策决策因素，不能简单地与其他因素相割离，如影响劳动力市场的因素等。在哥斯塔·埃斯平 – 安德森（Gøsta Esping – Andersen）的著作基础上，我们认识到福利制度必须被视作配套政策的综合体，对其进行整体看待最为有用。这种复杂性使我们难以线性地提出关于政体类型或政治制度影响的假说，尽管这也不是不可能。

同时，我们也认识到与上述相关联且甚至更为重要的一点，便是对制度的关注存在局限。当代政治经济学已将某些典型的制度视为利益聚合机制；不了解这些利益的话，任何制度性的解释充其量也不过是片面的，甚至更糟糕的是，有可能极具误导性。认识到这一点使我们从两个方向进行互补。其一，与《民主化转型的政治经济分析》一书一样，我们开始关注公共政策决策的经济决定因素。经济增长与经济危机都对福利改革的政治有着重要影响。其二，我们同样也被各种资本主义文献的见解所吸引，这些文献通常强调经济体制的多样性。可以看出，不同的发展模式似乎与迥异的福利政策决策紧密相连。

在对利益如何影响政策决策的思考中，我们自然倾向于沿用那些一度很好解释了发达福利国家的研究模式。例如，城市工人阶级是如何得以组织并被代表的？在我们的案例中，农村又扮演了怎样的角色？这些思考都在我们的研究中有所体现，尤其是在社会政策渊源方面。然而我们也发现，试图对不同群体的社会政策利益展开先验性论证是存在问题的，并且福利政策改革深受先前政策的影响。举例来说，东欧和拉丁美洲的民主体就面临源于经济危机和市场改革混乱的类似社会挑战。但是，社会政策遗留问题的不同也使得应对这些挑战的政策手段截然不同。

总之，历史背景是至关重要的。我们起初打算仅用一章对这三个地区的社会政策早期发展做背景介绍，后来却将其扩充至全书将近一半的篇幅。我们认为，分析关键政治重组、发展模式和政治体制对社会政策渊源的影响，不仅对于理解当代重新订立社会契约的努力至关重要，而且也有助于阐明有关福利国家的文献中的若干理论和实证讨论。

许多人士都对我们给予了不同形式的帮助。在此我们首先要感谢影响尤为重大的合作者们。东欧本不是笔者长于研究的领域，我们对有关东欧政治经济的介绍得益于亚诺什·科尔内（János Kornai）教授，对此我们深感万分有幸。科尔内教授于1997年至1998年在匈牙利布达佩斯高级研究所（Collegium Budapest）主持召开了一个关于转型时期政治经济的研究小组，召集了东欧的其他一些学者。作为合作研究的成果，《国家变革：后社会主义国家的财政和福利改革》（*Reforming the State*：

Fiscal and Welfare Reform in Post‐Socialist Countries，剑桥大学出版社，2000年）一书得以出版。这项研究不仅使我们了解了东欧，而且也使我们尤其关注社会政策改革的难题。马修·舒加特（Matthew Shugart）与我们就该书有关匈牙利财政和社会政策的部分展开了合作；其他合作者还包括弗拉基米尔·吉姆佩尔森（Vladimir Gimpelson）、维托·坦兹（Vito Tanzi）、贝拉·格雷斯科维奇（Béla Greskovits）、阿萨尔·林德贝克（Assar Lindbeck）、耶日·豪斯纳（Jerzy Hausner）和琼·M. 纳尔逊（Joan M. Nelson）。此后，科尔内教授又于2005年夏邀请我们重返该研究所，这使得我们能够展开更深度的研究，并得以了解东欧整个地区的概况，这是弥足珍贵的。

哈格德（Haggard）在撰写《亚洲金融危机的政治经济学》［*The Political Economy of the Asian Financial Crisis*，国际经济研究所（Institute for International Economics），2000年］一书的过程中，首次开始探讨东亚的当代社会政策问题。在此我们要特别感谢弗雷德·博格斯腾（Fred Bergsten）对该书写作的大力鼓励，他同时还主持了该研究所一场严格的评审会议。南希·伯索尔（Nancy Birdsall）对社会政策问题有着尤为敏锐的洞察力，她参与合著了该书有关金融危机的社会影响的章节，其修改稿以《金融危机之后：东亚的社会契约和中产阶级》（"After the Crisis: The Social Contract and the Middle Class in East Asia"）一文被收录入伊桑·卡普斯坦（Ethan Kapstein）和布兰科·米拉诺维奇（Branko Milanovic）合编的《市场衰退：社会政策和经济改革》［*When Markets Fail: Social Policy and Economic Reform*，罗素·赛奇基金会（Russell Sage Foundation），2003年］一书中。

此前，考夫曼（Kaufman）曾与琼·M. 纳尔逊合编了《关键的需求与疲弱的激励机制：拉丁美洲的社会改革、民主化与全球化》（*Crucial Needs, Weak Incentives: Social Sector Reform, Democratization, and Globalization in Latin America*，伍德罗·威尔逊中心出版社、约翰·霍普金斯大学出版社，2004年）一书，该书由伍德罗·威尔逊国际学者中心拉美计划（Latin American Program of the Woodrow Wilson Center for Scholars）资助，本书有关拉丁美洲的章节便从这项合作中收获良多。该书的案例分析章节为本书第七章针对当代医疗与教育改革政治的讨论打下了坚实基础。为此，我们要感谢负责该书相关章节的作者，他们包括：

玛尔塔·阿雷切（Marta Arretche）、约瑟菲娜·布鲁尼·切利（Josefina Bruni Celli）、玛丽·克拉克（Mary Clark）、哈维尔·科拉莱斯（Javier Corrales）、索尼亚·德莱贝（Sonia Draibe）、克里斯汀娜·埃维希（Christina Ewig）、亚历克·伊恩·格尔斯伯格（Alec Ian Gershberg）、梅里利·S. 格林德尔（Merilee S. Grindle）、亚历杭德罗·冈萨雷斯·罗塞蒂（Alejandra González Rossetti）、彼得·劳埃德－夏洛克（Peter Lloyd–Sherlock）、帕梅拉·S. 洛登（Pamela S. Lowden）和帕特丽莎·拉米雷斯（Patricia Ramírez）。

哈格德与尼塔·鲁德拉（Nita Rudra），以及考夫曼与亚历克斯·塞古拉－乌维尔戈（Alex Segura–Ubiergo）此前曾分别展开过合作，并在《比较政治研究》（*Comparative Political Studies*）和《世界政治学》（*World Politics*）期刊上分别发表了研究成果，这使我们得以了解运用社会支出数据开展计量经济工作的复杂性和不尽如人意之处。塞古拉－乌维尔戈还在数据和技术指导方面提供了持续的帮助。

同时，哈格德还曾与鲍勃·迪肯（Bob Deacon）合作过一门关于全球化和社会政策的课程，从而收获了有关欧洲社会政策讨论的重要见解。

许多其他人士也不吝时间，对本书手稿的大部分内容提出了意见，与我们分享了自己的研究，并为我们提供了各种线索。埃里克·维贝尔斯（Eric Wibbels）与普林斯顿大学出版社另外一位匿名审稿专家给出了尤具挑战性和针对性的批评意见。以下人士也为我们提供了极具帮助的意见和批评，他们包括：萨拉·布鲁克斯（Sarah Brooks）、哈维尔·科拉莱斯、琳达·库克（Linda Cook）、理查德·范伯格（Richard Feinberg）、蒂姆·弗莱（Tim Frye）、爱德华多·J. 戈麦斯（Eduardo J. Gomez）、贝拉·格雷斯科维奇、伊芙琳·休伯（Evelyne Huber）、伊桑·卡普斯坦、克里斯汀·利普斯迈尔（Christine Lipsmeyer）、刘琳达（Linda Low）、劳尔·马德里（Raúl Madrid）、司各特·梅因沃林（Scott Mainwaring）、玛利亚·维多利亚·穆律罗（Maria Victoria Murillo）、琼·M. 纳尔逊、米歇尔·奥伦斯坦（Mitchell Orenstein）、迈克尔·彭福尔德－贝切拉（Michael Penfold–Becerra）、依福斯·蒂贝尔吉安（Yves Tiberghien）、库尔特·韦兰（Kurt Weyland）和黄一庄（Joseph Wong）。

除以上人士外，另有许多人士或是垂阅了本书的特定章节，或是提供了各种各样的帮助。我们要感谢：瓦莱丽·邦斯（Valerie Bunce）、罗珊娜·卡斯蒂廖尼（Rossana Castiglioni）、郑敦仁（Tun‐jen Cheng）、程真熙（音译）（Jinhee Choung）、比尔·克拉克（Bill Clark）、诺埃尔·德·蒂尔斯（Noel de Dios）、瑞奇·多纳（Rick Doner）、彼得·艾格（Peter Egger）、克里斯汀娜·埃维希、罗伯·弗兰泽塞（Rob Franzese）、彼得·古雷维奇（Peter Gourevitch）、艾伦·希肯（Allen Hicken）、保罗·赫奇克拉夫特（Paul Hutchcroft）、艾琳娜·伊恩科娃（Elena Iankova）、粕谷裕子（Yuko Kasuya）、金秉国（音译）（Byung‐kook Kim）、金弼镐（音译）（Pil‐Ho Kim）、金元伊（音译）（Wonik Kim）、万尼亚·克里库豪斯（Vanya Kriekhaus）、古允文（Yeun‐wen Ku）、詹·库比克（Jan Kubik）、李朱熙（音译）（Joohee Lee）、克里斯汀·利普斯迈尔、安德鲁·麦金泰尔（Andrew MacIntyre）、伊萨贝拉·马雷斯（Isabela Mares）、吉姆·麦圭尔（Jim McGuire）、克劳迪娅·马尔多纳多（Claudia Maldonado）、阿玛多·"邦"·门多萨（Amado "Bong" Mendoza）、加布里埃拉·蒙蒂诺拉（Gabriella Montinola）、文宇真（音译）（Woojin Moon）、凯塔琳娜·穆勒（Katharina Müller）、彭懿德（Ito Peng）、麦克·比萨（Mike Pisa）、乔纳斯·潘忒逊（Jonas Pontusson）、格里戈尔·波普－艾利切斯（Grigore Pop‐Eleches）、卡其米日·波茨南斯基（Kazimierz Poznanski）、M. 拉梅什（M. Ramesh）、约翰·雷文希尔（John Ravenhill）、布莱恩·K. 里奇（Bryan K. Ritchie）、肯尼斯·罗伯茨（Kenneth Roberts）、理查德·罗宾逊（Richard Robison）、乔恩·罗登（Jon Rodden）、彼得·罗森多夫（Peter Rosendorff）、赫尔曼·施瓦茨（Herman Schwartz）、多罗蒂·希克劳（Dorotty Szikra）、多萝西·索林杰（Dorothy Solinger）、奥维尔·索伦（Orville Solon）、宋镐均（音译）（Hokeun Song）、大卫·索斯基（David Soskice）、芭芭拉·斯托林斯（Barbara Stallings）、贝拉·汤姆卡（Bela Tomka）、塔蒂亚娜·托莫夫阿（Tatiana Tomova）、彼得·沃尔（Peter Warr）、卡罗尔·怀斯（Carol Wise）和梁在振（Jae‐jin Yang）。

任何一项研究的开展都需要经费。我们有幸得到了多方的资助。本研究得到了美国国家科学基金会（National Science Foundation）的慷慨基金支持（基金号：0351439）。此外，蒋经国基金会（Chiang Ching‐

Kuo Foundation)以及高丽大学(Korea University)资助了2005年9月召开的一项会议,该会议吸引了对亚洲各种资本主义形式深感兴趣的众多学者。哈格德在此要特别感谢劳伦斯(Lawrence)和萨利耶·克洛斯(Sallye Krause)邀请其担任讲座教授,并慷慨资助了本课题相关的研究和差旅之行。考夫曼要感谢一些机构的支持,包括设于委内瑞拉加拉加斯的高级行政管理研究院(Instituto de Estudios Superiores de Administracion, IESA),这得益于迈克尔·彭福尔德-贝切拉的安排;以及设于智利圣地亚哥的拉丁美洲和加勒比地区经济委员会(Economic Commission on Latin America and the Caribbean, ECLAC),这得到了马丁·霍本海因(Martin Hopenhayn)的帮助。

  本课题的研究开展也得到了巨大的帮助。我们要特别感谢巴拉克·霍夫曼(Barak Hoffman),他对我们无休止的问题和拉锯式的工作给予了非凡的耐心;作为一名研究助理,巴拉克对我们而言更像是一位研究导师。我们同时要感谢珍妮弗·巴瑞特(Jennifer Barret)、斯韦托斯拉夫·布拉雷伊科夫(Svetoslav Braykova)、陈晶(音译)(Jing Chen)、吉赛尔·达茨(Giselle Datz)、坦妮亚·劳埃德(Tanya Lloyd)、康宇章(音译)(WooChang Kang)、金妍景(音译)(Yeon Kyeong Kim)、雷娜特·米尼希(Renate Muenich)、诺艾丽娅·帕兹(Noelia Paez)、迈克尔·斯特克(Michael Sitek)和帕特丽莎·杨(Patricia Young)。

  本书相关章节初稿的发表使我们的观点得以验证。哈格德将其对东亚社会政策的思考写成了两篇文章。其中一篇是《亚洲福利国家的政治经济学》("The Political Economy of the Asian Welfare State"),被收入理查德·博伊德(Richard Boyd)和塔克文·恩格(Takwin Ngo)合编的《亚洲国家:超越发展视角》[Asian States: Beyond the Developmental Perspective,劳特里奇出版社(Routledge),2005年]一书中;另外一篇是《全球化、民主与东亚社会契约的演变》("Globalization, Democracy and the Evolution of Social Contracts in East Asia"),发表于《台湾民主月刊》(Taiwan Journal of Democracy)2005年第1卷第1期。考夫曼也在2007年2月第21卷第1期的《东欧社会与政治》(East European Society and Politics)上发表了与本书第八章相关的文章,题为《市场改革与社会保障:捷克共和国、匈牙利和波兰的经验教训》("Market Reform and Social Protection: Lessons from the Czech Republic, Hungary, and Poland")。

并且，笔者两人还将本书第五章相关数据研究的初稿以《修正社会契约：1980—2000年拉丁美洲、东亚和前社会主义国家的社会支出》（"Revising Social Contracts: Social Spending in Latin America, East Asia, and the Former Socialist Countries, 1980-2000"）一文发表于《政治评论》（*Revista de Politica*）2004年第24卷第1期。

本研究的相关内容曾在由美国政治科学学会（American Political Science Association）和国际研究协会（International Studies Association）主办的诸多会议上提交过，在此不一一赘述。笔者要尤其感谢曾邀请我们为兴趣浓厚的教师和研究生作报告的人士，他们包括：俄亥俄州立大学的萨拉·布鲁克斯、布朗大学的琳达·库克、台湾大学的朱云汉（Yun-han Chu）、哈佛大学欧洲研究中心的安娜·格日玛拉-巴斯（Anna Grzymala-Busse）和格热戈日·埃基尔特（Grzegorz Ekiert）、国立暨南国际大学的古允文、澳大利亚国立大学的安德鲁·麦金泰尔、圣母大学凯洛格中心（Kellogg Center at Notre Dame）的司各特·梅因沃林、宾夕法尼亚大学的爱德华·孟斯菲尔德（Edward Mansfield）、普林斯顿大学伍德罗·威尔逊学院的安德鲁·莫劳夫奇克（Andrew Moravcsik）、哥伦比亚大学的玛利亚·维多利亚·穆律罗、康奈尔大学的肯·罗伯茨（Ken Roberts）、海牙社会科学研究院的理查德·罗宾逊、加州大学欧文分校的埃特尔·索林根（Etel Solingen）、国立首尔大学的宋镐均和表赫吉（Hak Pyo）、南加州大学的卡罗尔·怀斯，以及密歇根大学的梅雷迪思·胡-肯明（Meredith Woo-Cumings）和吉姆·莫罗（Jim Morrow）。

笔者十分有幸能与查克·梅尔（Chuck Myers）在普林斯顿大学出版社再度合作。他对本课题给予了无与伦比的支持和鼓励，我们对其睿智的文稿编辑意见和建议深表感谢。

笔者要对各自的夫人莎伦·克拉斯诺（Sharon Crasnow）和劳拉·舍恩（Laura Schoen）致以最真挚的感激。对这样一项旷日持久且高强度的研究课题，她们表现出了忍耐，并给予了支持。感谢她们以莫大的幽默感和包容心来忍受清晨的电话铃响、被打扰的周末以及频繁的出差。同时，我们感激她们，并不仅仅因为她们对本课题研究的支持；我们深爱着她们，这是不言而喻的。

除了感谢所有帮助过我们的人士外，笔者在此声称，本书的一切不足之处将由我们本人来承担。我们比在以往的研究工作中更深切地意识到本书是一项尚未完结的工程。不管怎样，我们希望，本书能有助于将关于福利国家的文献扩展至发达国家以外的研究范畴，并为后续研究规划蓝图。

笔者的上一本书是献给我们各自的子女的，即吉特·哈格德（Kit Haggard），以及丽萨·考夫曼（Lissa Kaufman）和马修·考夫曼（Matthew Kaufman）。该书出版后不久，斯蒂芬（Steph）的儿子麦克斯（Max）便诞生了，鲍勃（Bob）的两个孙子，诺亚·考夫曼·布朗（Noah Kaufman Brown）和里奥·考夫曼·布朗（Leo Kaufman Brown）也在不久后出生。在此我们谨将本书献给这三个孩子，希望他们能在一个比现今世界更加公正的环境中成长。

缩 略 表

AD	Acción Democrática（民主行动党，委内瑞拉）
ANSAL	Administración Nacional de Seguro de Salud（国家医疗管理局，阿根廷）
APRA	Alianza Popular Revolucionaria Americana（秘鲁人民党，简称阿普拉党，原名为美洲人民革命联盟，秘鲁）
ARENA	Alianca Renovadora Nacional（国家革新联盟党，巴西）
AWS	Akcja Wyborcza Solidarność（团结选举社会运动党，波兰）
BN	Barisan Nasional（国民阵线，简称国阵，新加坡）
CARP	Comprehensive Agrarian Reform Program（综合土地改革计划，菲律宾）
CCSS	Caja Costarricense de Seguro Social（哥斯达黎加社会保障基金）
CEDP①	Community Agrarian Reform Program（社区土地改革计划，菲律宾）
CIDSS	Comprehensive and Integrated Delivery of Social Services（全面综合社会服务交付，菲律宾）
CLAS	Comités Locales de Administración en Salud（地方卫生行政委员会，秘鲁）
CONTAG	Confederación Nacional dos Trabalhadores na Agriculture（全国农业工人联合会，巴西）
COPEI	Comité de Organizacion Política Electoral Independiente（独

---

① 与原著一致，但译者认为此处可能是原著者笔误，建议可修改为 CARP，但又会与上述的 CARP 重合。

	立竞选政治组织委员会，或基督教社会党，委内瑞拉）
COPLAMAR	Coordinación General del Plan Nacional de Zonas Deprimidas y Grupos Marginados（贫困地区和边缘群体国家计划总协调纲领，墨西哥）
CPF	Central Provident Fund（中央公积金，新加坡）
CUT	Central Única dos Trabalhadores（劳工统一联盟，巴西）
DPP	Democratic Progressive Party（民主进步党，简称民进党，中国台湾地区）
ECLAC	Economic Commission for Latin America and the Caribbean（拉丁美洲和加勒比地区经济委员会）
EPF	Employees Provident Fund（雇员公积金，马来西亚）
ESC	European Social Charter（《欧洲社会宪章》）
EU	European Union（欧洲联盟，简称欧盟）
FIDESZ	Fidesz – Magyar Polgári Szövetség（匈牙利青年民主主义者联盟—公民联盟，简称青民盟）
FKTU	Federation of Korean Trade Unions（韩国工会联合会）
FONCODES	Fondo de Cooperación para el Desarrollo Social（社会发展合作基金，秘鲁）
FOSIS	Fondo de Solidaridad e Inversión Social（团结和社会投资基金，智利）
FUNDEF	Fundo de Mantencão e Desenvolvimento do Ensino Fundamental（初等教育教学维护和发展基金，巴西）
FUNRURAL	Fundo de Assistência ao Trabalhador Rural（农民工援助基金，巴西）
GDP	Gross Domestic Product（国内生产总值）
GHIC	General Health Insurance Corporation（一般健康保险公团，捷克共和国）
GSIS	Government Services Insurance System（政府服务保险体系，菲律宾）
HDB	Housing and Development Board（建屋发展局，新加坡）
HIF	Health Insurance Fund（医疗保险基金，匈牙利）

HZDS	Hnutie za demokratické Slovensko（争取民主斯洛伐克运动）
IFI	International Financial Institution（国际金融机构）
ILO	International Labor Organisation（国际劳工组织）
IMF	International Monetary Fund（国际货币基金组织）
IMSS	Instituto Mexicano del Seguro Social（墨西哥社会保障机构）
INAMPS	Instituto Nacional de Assistencia Social（国家医疗救助社会保障机构，巴西）
IPSS	Instituto Peruano del Seguro Social（秘鲁社会保障机构）
IRC	Interest Reconciliation Council（利益和解委员会，匈牙利）
ISAPRE	Instituciones de Salud Previsional（私立医疗保险机构，智利）
ISI	Import–substitution industrialization（进口替代工业化）
IVSS	Instituto Venezolano de Seguros Social（委内瑞拉社会保障机构）
JCRR	Sino–American Joint Committee on Rural Reconstruction（中美农村复兴联合委员会，中国台湾地区）
KCTU	Korean Confederation of Trade Unions（韩国工会联盟）
KDS	Krest'ansko demokraticka strana（基督教民主党，捷克共和国）
KMT	Kuomintang（中国国民党，中国台湾）
LGC	Local Government Code（地方政府法典，菲律宾）
LGU	Local Government Unit（地方政府单位，菲律宾）
LICS	Low Income Card Scheme（低收入健康卡计划，泰国）
MDF	Magyar Demokrata Fórum（匈牙利民主论坛）
NAFTA	North America Free Trade Agreement（北美自由贸易协定）
NEM	New Economic Mechanism（新经济体制，匈牙利）
NEP	New Economic Policy（新经济政策，马来西亚）
NGO	Non–governmental organization（非政府组织）
NHIC	National Health Insurance Corporation（国民健康保险公团，韩国）

NMS Ⅱ	National Movement Simeon Ⅱ（西麦昂二世全国运动，保加利亚）
NSF	Frontul Salvării Nationale（救国阵线全国委员会，罗马尼亚）
ODS	Občanská demokratická strana（公民民主党，捷克共和国）
OECD	Organisation for Economic Co-operation and Development（经济合作与发展组织）
PAN	Partido Acciõn Nacional（国家行动党，墨西哥）
PAP	People's Action Party（人民行动党，新加坡）
PBST	Programa de Salud Básica para Todos（全民基础健康计划，秘鲁）
PDVSA	Petróleos de Venezuela S. A.（委内瑞拉国家石油公司）
PFL	Partido de Frente Liberal（自由阵线党，巴西）
PIASS	Programa de Interiorização das Acões de Saúde e Saneamento（室内健康与卫生计划，巴西）
PIT-CNT	Plenario Intersindical de Trabajadores-Convención Nacional de Trabajadores（跨工团主义工人全会－全国工人大会，乌拉圭）
PLN	Partido Liberación Nacional（民族解放党，哥斯达黎加）
PPP	purchasing power parity（购买力平价）
PRD	Partido de la Revolución Democratica（民主革命党，墨西哥）
PRI	Partido Revolucionario Institucional（革命制度党，墨西哥）
PROGRESA	Programa de Educación, Salud y Alimentación（教育、健康和营养计划，墨西哥）
PRONASOL	Programa Nacional de Solidaridad（全国团结互助计划，墨西哥）
PSD	Partido Social Democrático（民主社会党，巴西）
PSDB	Partido da Social Democracia Brasileira（巴西社会民主党）
PSDR	Partidul Democratiei Sociale din România（罗马尼亚社会民主党）

PT	Partido dos Trabalhadores（劳工党，巴西）
PTB	Partido Trabalhista Brasileiro（巴西工党）
SNTV	Single nontransferable vote（单记非让渡投票制）
SOCSO	Social Security Organisation（社会保障机构，马来西亚）
SRA	Social Reform Agenda（社会改革议程，菲律宾）
SSE	Seguro Social de Empleados（职工社会保障基金，秘鲁）
SSO	Seguro Social Obligatorio（强制性社会保障基金，秘鲁）
SSS	Social Security System（社会保障体系，菲律宾）
TRT	Thai Rak Thai（泰爱泰党，泰国）
UDF	Union of Democratic Forces（民主力量联盟，保加利亚）
UMNO	United Malays National Organisation（马来民族统一机构，简称巫统，马来西亚）
UW	Unia Wolności（自由联盟，波兰）
VHCS	Voluntary Health Card Scheme（自愿性健康卡计划，泰国）

目 录

引言　迈向社会政策的政治经济学 ································ (1)

第一部分　福利制度的历史缘起：
1945—1980 年

第一章　拉丁美洲、东亚和东欧社会政策总览：1945—1980 年 ······ (25)
第二章　拉丁美洲福利保障的扩大：1945—1980 年 ··············· (78)
第三章　东亚社会契约的演变：1950—1980 年 ···················· (112)
第四章　构建社会主义福利国家：东欧福利保障的扩大 ············ (141)

第二部分　民主化、经济危机与福利改革：
1980—2005 年

第五章　福利改革的政治经济学 ································ (179)
第六章　东亚的民主、增长与社会契约的演变：
　　　　1980—2005 年 ·· (221)
第七章　拉丁美洲的民主、经济危机和社会政策：
　　　　1980—2005 年 ·· (260)
第八章　社会主义福利国家的遗产：1990—2005 年 ················ (301)
结　论　拉丁美洲、东亚、东欧和福利国家理论 ··················· (341)
附录一　民主对社会政策和社会成果影响的跨国实证研究 ··········· (358)
附录二　拉丁美洲、东亚和东欧的财政联邦制和社会支出 ··········· (363)
附录三　中等收入国家社会政策和成果的截面数据模型：
　　　　1973—1980 年 ·· (366)

附录四 政体编码规则 …………………………………………（373）
附录五 拉丁美洲、东亚和东欧社会支出的截面与时间序列
　　　 模型:1980—2000年 ……………………………………（376）
附录六 东亚、拉丁美洲和东欧的社会保障、医疗及教育支出:
　　　 1980—2005年 …………………………………………（382）
索引表 …………………………………………………………（393）

图 目 录

图 6-1　东亚的民主转型(1980—2004 年) …………………………（222）
图 6-2　东亚的 GDP 增长(三年移动平均值，
　　　　1982—2005 年) …………………………………………（222）
图 6-3　预算余额占 GDP 的百分比：韩国、菲律宾、
　　　　中国台湾地区和泰国(1980—2005 年) ………………（223）
图 6-4　菲律宾的支出、财政收入和偿债占 GDP 的比例
　　　　(1980—2005 年) …………………………………………（236）
图 7-1　拉丁美洲的民主转型(1980—2004 年) …………………（261）
图 7-2　有连续政体的拉美国家(1980—2004 年) ………………（261）
图 7-3　哥伦比亚、哥斯达黎加、墨西哥和委内瑞拉的 GDP
　　　　增长(三年移动平均值，1980—2005 年) ………………（262）
图 7-4　阿根廷、巴西、智利、秘鲁和乌拉圭的 GDP 增长
　　　　(三年移动平均值，1980—2005 年) ……………………（262）
图 8-1　东欧的政体分值(1980—2004 年) ………………………（301）
图 8-2　东欧的 GDP 增长(三年移动平均值，
　　　　1980—2005 年) …………………………………………（302）
图 8-3　东欧的预算余额占 GDP 的百分比(三年移动平均值，
　　　　1981—2005 年) …………………………………………（303）
图 8-4　东欧的 CPI 变化(三年移动平均值，
　　　　1980—2005 年) …………………………………………（303）
图 8-5　东欧的整体改革指数(1989—2005 年) …………………（304）
图 A6-1　阿根廷：社会保障、医疗和教育支出/GDP ……………（382）
图 A6-2　巴西：社会保障、医疗和教育支出/GDP ………………（383）
图 A6-3　智利：社会保障、医疗和教育支出/GDP ………………（383）

图 A6-4　哥伦比亚:社会保障、医疗和教育支出/GDP ………… (384)
图 A6-5　哥斯达黎加:社会保障、医疗和教育支出/GDP ……… (384)
图 A6-6　墨西哥:社会保障、医疗和教育支出/GDP …………… (385)
图 A6-7　秘鲁:社会保障、医疗和教育支出/GDP ……………… (385)
图 A6-8　乌拉圭:社会保障、医疗和教育支出/GDP …………… (386)
图 A6-9　委内瑞拉:社会保障、医疗和教育支出/GDP ………… (386)
图 A6-10　韩国:社会保障、医疗和教育支出/GDP …………… (387)
图 A6-11　马来西亚:社会保障、医疗和教育支出/GDP ……… (387)
图 A6-12　菲律宾:社会保障、医疗和教育支出/GDP ………… (388)
图 A6-13　新加坡:社会保障、医疗和教育支出/GDP ………… (388)
图 A6-14　中国台湾地区:社会保障、医疗和
　　　　　教育支出/GDP ……………………………………… (389)
图 A6-15　泰国:社会保障、医疗和教育支出/GDP …………… (389)
图 A6-16　保加利亚:社会保障、医疗和教育支出/GDP ……… (390)
图 A6-17　捷克共和国:社会保障、医疗和教育支出/GDP …… (390)
图 A6-18　匈牙利:社会保障、医疗和教育支出/GDP ………… (391)
图 A6-19　波兰:社会保障、医疗和教育支出/GDP …………… (391)
图 A6-20　罗马尼亚:社会保障、医疗和教育支出/GDP ……… (392)
图 A6-21　斯洛伐克共和国:社会保障、医疗和教育支出/
　　　　　GDP …………………………………………………… (392)

表 目 录

表 I-1 地区福利模式(1980年左右) …………………… (7)
表 1-1 政府、社会保障、教育和医疗支出:拉丁美洲和东亚,
　　　　1976—1980年;东欧,1990年 …………………… (27)
表 1-2 基本医疗保健:拉丁美洲、东亚和东欧的政策与表现,
　　　　1980年左右 …………………………………………… (31)
表 1-3 拉丁美洲、东亚和东欧的教育支出、入学率和教育有
　　　　效性,1980年 ………………………………………… (34)
表 1-4 拉丁美洲、东亚和东欧的教育基尼系数,1960年和
　　　　1980年 ………………………………………………… (36)
表 1-5 发展中国家社会保障支出的相关性(占GDP的比例,
　　　　1976—1980年) ……………………………………… (40)
表 1-6 发展中国家小学生人均支出相关性(1980年左右) … (42)
表 1-7 1980年发展中国家成人文盲率相关性 ……………… (43)
表 1-8 发展中国家医疗支出相关性(占GDP的比例,
　　　　1976—1980年) ……………………………………… (44)
表 1-9 发展中国家百白破免疫接种相关性(1980年左右) … (45)
表 1-10 拉丁美洲的关键重组,1900—1950年 …………… (48)
表 1-11 东亚的关键重组,1945—1960年 ………………… (53)
表 1-12 东欧的关键重组,1945—1950年 ………………… (60)
表 1-13 政体类型衡量数据 ………………………………… (75)
表 2-1 拉丁美洲的政体类型,1945—1985年 …………… (79)
表 2-2 拉丁美洲的不公平、城市化和人均收入,1980年
　　　　左右 …………………………………………………… (83)
表 2-3 拉丁美洲的政体类型和社会保险与服务举措 …… (84)

表 2-4	选举权和有效选举的相关法规,1940 年左右	(110)
表 3-1	东亚的政体类型(1945—1985 年)	(113)
表 3-2	东亚的政体类型和社会保障的扩大(1950—1985 年)	(116)
表 4-1	东欧的小学净入学率(1935—1940 年,1950 年)	(145)
表 4-2	东欧的经济增长(1950—1980 年)	(153)
表 4-3	东欧的领导层变更和民众抗议(1953—1989 年)	(154)
表 4-4	国有就业占总劳动力的百分比(1988 年)	(165)
表 4-5	东欧的养老金福利(1960—1978 年)	(165)
表 4-6	东欧和部分拉美与东亚国家和地区的医疗卫生发展(1965—1985 年)	(166)
表 4-7	东欧和部分亚洲与拉美国家和地区的教育成就(1969—1985 年)	(168)
表 4-8	社会转移支付与收入(1990 年左右)	(169)
表 4-9	东欧的经济表现(1981—1990 年)	(169)
表 5-1	拉丁美洲、东亚和东欧的民主、经济紧缩和福利遗产	(180)
表 5-2	GDP 增长、增长波动性和消费物价指数(CPI):拉丁美洲、东亚和东欧	(185)
表 5-3	拉丁美洲、东亚和东欧的失业率(1980—2003 年占总劳动力的百分比)	(188)
表 5-4	20 世纪八九十年代拉丁美洲、东亚和东欧的财政和财务紧缩	(190)
表 5-5	工会密集度:拉丁美洲、东亚和东欧(20 世纪 90 年代)	(198)
表 5-6	拉丁美洲社会总支出和各分项支出(1980—2000 年,PCSE 模型)	(201)
表 5-7	亚洲社会总支出和各分项支出(1980—2000 年,PCSE 模型)	(202)
表 5-8	前社会主义国家社会总支出和各分项支出(1990—2000 年,PCSE 模型)	(204)
表 5-9	拉丁美洲、东亚和东欧的社会契约改革	(207)

表 5-10	拉丁美洲和东欧的养老金覆盖与多支柱改革	(209)
表 5-11	拉丁美洲、东亚和东欧公共和私人医疗支出(1996年和2005年)	(213)
表 6-1	东亚:发展、经济结构、不公平和贫困(1985年)	(225)
表 6-2	亚洲的老龄化:65岁以上人口比例(1985—2025年)	(225)
表 6-3	东亚的社会政策发展(1980—2005年)	(255)
表 7-1	拉丁美洲的社会政策改革(1980—2005年)	(295)
表 8-1	东欧对政府社会责任的公众态度(1996年)	(305)
表 8-2	东欧的社会政策发展(1980—2005年)	(336)
表 A1-1	民主对社会政策和社会成果影响的跨国实证研究	(358)
表 A2-1	联邦制、地方政府的支出和财政收入(拉丁美洲和东亚:1980年;东欧:1990年)	(364)
表 A3-1	人均GDP(1980年)和GDP增长(1960—1980年):拉丁美洲、东亚和东欧	(367)
表 A3-2	拉丁美洲、东亚和东欧的社会经济结构(1980年)	(368)
表 A3-3	社会不公平和民族分化	(369)
表 A3-4	拉丁美洲、东亚和东欧65岁以上和15岁以下人口比例,1985—2005年	(372)
表 A5-1	经济冲击的影响	(378)
表 A5-2	关键变量统计数据汇总	(379)
表 A5-3	国家与地区列表	(380)

引言　迈向社会政策的政治经济学

关于发展中国家社会政策的比较研究近年来收获颇丰。① 然而，拉丁美洲、东亚和东欧中等收入国家与地区的福利制度却发源于第二次世界大战后初期。这些制度引发的问题与发达国家福利问题的研究非常类似：政府为何提供社会保险与服务？福利制度是如何历时演变的？利益又是如何分配的？

发生于20世纪八九十年代发展中国家和前社会主义国家的划时代的政治和经济变革使得上述这些问题更具有相关性。这三个地区的大多数国家在这一时期经历了民主化，让人民看到了新任政府将会更加关注社会问题的希望。与此同时，多数国家也经历了金融危机、经济衰退及与之相联系的财政紧缩。这些问题引发了广泛的改革，包括但绝不限于自由化和经济的日益开放。

经济危机与市场改革带来了严重的社会混乱，并引发了对现有福利保障可行性的质疑。社会支出能否在严重财政紧缩的情况下得以维持？经济危机与改革又会不会迫使新兴民主体限制或削减社会政策投入？

本书将分析拉丁美洲、东亚和东欧中等收入国家与地区的社会政策发展和改革。截至1980年，也就是20世纪晚期重大经济和政治变革发轫之际，这三个地区已经建立起独特的社会福利模式。东欧的福利制度尽管压力日益增大，但仍为其几乎所有人口提供了综合的保障与服务。东亚福利制度提供的社会保险十分有限，但一些国家则将教育投资视为

---

① 对发展中国家跨地区及跨政策领域的比较研究有：格雷厄姆（Graham，1994年、1998年）；埃斯平－安德森（1996年）；休伯（2002年）；卡普斯坦和米拉诺维奇（2002年）；高夫和伍德（Gough, Wood, 2004年）；麦圭尔（2001年）；鲁德拉（2007年），以及诸多跨国量化研究，详见附录一。

首要任务。在拉丁美洲，城市中产阶级和一些蓝领工人可享有相对慷慨的公共保障体系，但农民和非正规部门工人通常被排除在外或是享受的保障不足。

随着这三个地区的民主化，以上这些福利遗产对其社会政策的政治和经济都产生了强烈的影响。以往政策的实行或缺乏产生了各个利益集团，并对新任民主政府提出了要求。先前的福利投入也有着重要的财政影响。在东欧和拉丁美洲，优先福利保障的政策给政府施加了沉重的负担，并催生出改革甚至削减福利的强大压力。相比之下，在经济高增长的亚洲，新任民主政府相对而言不受先前福利投入的牵制，从而有空间来扩大社会保险与服务。

为了探索这些独特的福利模式的发展轨迹，我们沿用了三点曾用于研究发达福利国家的理论论证依据。

第一点，也可以说是最基本的一点，就是分利联盟与经济利益的重要性。我们通过"权力—资源"的视角来审视政治精英在多大程度上纳入或排斥代表着城市劳动力和农村贫困人口的组织和政党。我们首先重点讨论关键政治重组，这在一些国家导致了对上述群体的长期压制，而在另一些国家则使得这些群体有可操作的空间。久而久之，这些早期政治决策建立起的福利保障产生了各利益相关者和利益集团，影响了社会政策的后续进程，这也正是皮尔逊（Pierson，1994年）在针对发达福利国家的研究中所提到的。

我们考虑的第二个因素是经济因素，包括经济表现和经济结构。经济表现对社会政策有着至关重要的影响，尤其表现在对国家财政能力的影响方面。高增长至少使得福利保障和支出的扩大成为可能；相反，低增长、经济危机和伴随而来的财政紧缩则从政治上和经济上限制了维持福利保障与服务的能力。

我们对经济"结构"的聚焦遵循了各种资本主义文献的做法，并对其进行了修正。[①] 我们表明，政府的发展战略与相应的企业生产战略是如何与特定的社会政策、劳动力市场体制相辅相成的。久而久之，这些不同经济模式的可持续性也对社会政策的发展路径产生了关键影响。20

---

① 该领域的若干开拓性研究有：舍恩菲尔德（Schonfeld，1965年）；卡赞斯坦（Katzenstein，1978年）；古雷维奇（1986年）；霍尔（1986年）；霍尔和索斯基（2001年）。

世纪80年代拉美进口替代模式的危机与转型,以及20世纪90年代初东欧国家社会主义的迅速崩溃,都削弱了曾一度是这两个地区社会政策中流砥柱的进口替代企业和国有企业。私有化、结构重组以及更大程度地暴露于国际竞争中都对社会契约有着重要影响。

政治制度是影响社会政策的第三个因素。鉴于我们样本中各国与地区的政治异质性,以及始于20世纪70年代的"第三波"民主化,我们对政体类型的影响尤为感兴趣。我们不禁要问,民主和民主化在多大程度上影响着政府对低收入群体利益的响应程度?

在对社会政策的任何解读中,政体类型都是一个重要因素。专制与民主决定了互相竞争的各政党能在多大程度上踏入选举舞台,并决定了利益集团组织和行使影响力的自由程度。但是,我们同样也强调纯粹制度性视角的局限。若不考虑潜在的利益及其组织,即政治市场的需求方以及政府运作的经济背景的话,那么制度性游戏规则,即政治市场的供给方,便不足以解释社会政策的性质。

第一节 社会政策的范畴与福利制度的多样性

我们所谓的社会政策或福利政策到底是指什么?要更全面地审视国家与公民之间的社会契约,可以说首先得从政府实现经济增长的能力入手。不过,从逻辑分析上讲,增长的问题有别于政府如何进行收入再分配的问题,无论是通过降低风险的社会保险计划,还是通过对穷人尤为重要的基本社会服务支出。我们重点讨论以上两个宏观领域的社会政策,以及它们在更宽泛的政策配套中相结合的特定方式。

原则上讲,社会保险应当涵盖个体的整个生命周期和所有市场风险,包括疾病、工伤和因工致残、生育、失业、退休以及死亡(遗属抚恤金)。不过,养老金和医疗保险是我们样本中所涉国家和地区的两种最重要的社会保险形式,因此我们对这两方面尤为关注。在本书第二部分对最近几年来改革的讨论中,我们也探讨了反贫困计划和劳动力市场政策,这些在社会政策大家族中出现得相对较晚。

社会政策的第二个领域是基本社会服务的提供。接受高质量的教育和基本医疗服务被普遍视为拓展人类自由和能力的关键[努斯鲍姆(Nussbaum)和森(Sen),1993年;森,1999年],并且是人生机遇的潜在决定因素，甚至可以说也是经济增长本身的潜在决定因素。① 对劳动力充足的经济体而言，获得初等教育和基本医疗尤为重要，因为这增加了贫困人口的人力资本，而这正是这些经济体最根本的资源［林德尔特（Lindert），2004年］。

遵循埃斯平-安德森（1990年）的观点，我们认为特定社会政策并不是孤立发展的，而是汇聚成显而易见的综合性政策。② 表 I-1 程式化地概括了这三个地区在第二次世界大战后早期几十年间的政策模式。东欧的社会政策以综合就业保障为主，但也对教育培训、医疗和养老金普及以及家庭津贴投入了很大力度。这些保障起初仅限于特定职业，但在"二战"后几十年间逐渐转变为普遍的公民权利。在拉丁美洲，多数国家建立起基于职业的社会保险和医疗体系，正规部门的员工受到了优待，而非正规部门的城镇职工和农村地区劳动力则通常被排斥在外。基本社会服务的提供也存在着明显的分配不均，这强化而非缓和了该地区长期不公平的局面。亚洲的社会保险有限，只有一些国家通过强制性个人储蓄计划来提供社会保险，而这种形式没有或几乎没有再分配成分。尽管如此，亚洲各国和地区政府仍高度重视初等和中等教育，而提供公共卫生和基本医疗服务的力度则较不均衡。

本书的核心论证正是围绕着这些不同福利制度的对比分析而展开的。本书第一部分（第一章至第四章）讨论这三个地区从第二次世界大战后初期直至20世纪70年代末福利保障的启动和扩大，而针对社会主义国家的研究则延伸至80年代。我们将这些福利制度的缘起和发展追溯至20世纪早期和中期所发生的政治重组以及其后特定发展模式的实行。第二部分则关注"第三波"民主化期间和之后（大致从1980年至2005年）针对社会政策的政治冲突。该部分表明经济状况和福利遗产强烈影响着新兴民主体如何应对这些冲突。

本引言中，前三节将简要概述以上这些论证。第四节将更详细地引入制度和政体类型。第五节将谈及出现在比较历史分析中的一些方法论问题，这也构成了本书实证研究的核心。引言的最后则将本研究纳入更

---

① 例如，参见伯索尔、罗斯和萨博（Ross, Sabot, 1995年），伯索尔（1999年）；对此持怀疑态度的观点参见伊斯特利（Easterly, 2001年）和普里切特（Pritchet, 2001年，2004年）。
② 鲁德拉（2007年）针对发展中国家也提出了同样的观点。

广泛的福利国家文献中,全书结论部分也将会与这部分前后呼应。

第二节　关键重组、发展战略以及
福利制度的缘起和发展

在尝试解释福利制度的缘起和早期发展时,我们必须分析政治精英为什么有动机来以特定方式对收入进行分配和再分配。但我们须首先选择思考这些问题的合适的时间范围。最近一些有关长期增长的研究将关键政治制度和经济制度的终极起源定位于殖民时期,如:科利(Kohli,2004年),埃斯莫格卢、约翰逊、罗宾逊(Acemoglu, Johnson, Robinson,2001年,2005年);或定位于完全外源性的因素,如资源禀赋和地理条件[恩格曼、索科洛夫(Engerman, Sokoloff,2001年,2002年)]。这些长期的制约条件无疑影响了社会政策,因此我们尤其会考虑殖民时期遗产的重要性。尽管如此,鉴于这三个地区在20世纪中期的政治颇为不连续,并且我们力求解释的福利政策有着重要变化,因此,对更长时期影响的关注似乎与我们的初衷显得不符。

一个似乎更为合理的替代性视角是社会政策的政治学由年代更近的经济增长进程和结构性经济变化所决定。研究福利国家的现代化视角将福利保障的早期缘起追溯至工业化的功能性需求以及由此引发的政治需求。① 表I–1中列出的福利模式的差异就可能源于各国发展水平的差异和结构性变化的程度,而非特定的政治因素。

不过,我们对这种替代性视角同样持怀疑态度。工业增长和社会现代化必然会导致现代福利国家的出现,但这是十分宽泛的过程,并且,关于现代资本主义我们必须要了解的一点,就是并不存在某种单一的模式。经历"现代化"的国家最终都表现出迥异的市场体制和社会政策体系。第一章将呈现一些简单的跨国回归模型,从而证明我们的质疑的合理性。这些模型表明发展水平和社会政策的关系绝不如预料的那样强大;即使控制"现代化"这一变量,重要的地区间差异依然存在。这些结果与我们的观点是一致的,即社会政策的进程取决于政治和经济因

---

① 例如,威伦斯基(Wilensky,1975年)。克里尔和梅西克(Collier, Messick,1975年)对这方面的先行文献做了精彩的综述。

素，而这些不能仅限于现代化进程这一个因素。

一　关键重组和国际环境

与这些"深层次的"历史和现代化观点相反，我们关注20世纪上半叶这三个地区各自发生的政治主导形式的不连续性。① 这种不连续性的判定依据是新兴执政联盟的出现和对工人阶级及农民组织的政治吸纳或排斥。对城市工人阶级和农民组织的吸纳以"权力—资源"视角下的基本机制影响着社会政策：即通过确定政客（无论是民主还是威权体制下）所响应的利益集团。对这些群体的排斥给了精英们更大的余地来寻求其政治和经济目的。

东亚和东欧的关键重组发生于第二次世界大战后，并受到国际政治变化的强烈影响。在这两个地区，大国势力为提出新颖政治和经济计划的新兴政治精英们提供了至关重要的支持，并且这些计划急剧弱化了隶属于工会的劳工、左翼和农村的政治运动。

然而，两个地区这种做法的目的却截然不同。在亚洲，太平洋战争的结束开启了反殖民的激流浪潮，并迅速迎来冷战的爆发和保守且反共的政治领导的胜利。新任政府在外部支持下击溃了来自城市左翼的挑战，并阻止或击败了农村地区的武装叛乱。但和拉丁美洲不同的是，这些新兴政治精英也不同程度地深入农村地区以寻求政治支持。

在东欧，苏维埃影响很大。与东亚一样，"二战"后解放最初释放了广泛的新兴社会力量。至于拉丁美洲，我们认为其关键重组与19世纪的寡头政治国家所面临的改良主义挑战相联系。与亚洲和东欧不同的是，这些政治变革先于冷战时期的大国较量之前发生。政治权力的新兴角逐者不能指望强大的外部靠山的持续支持。相反，他们依赖跨阶层联盟的支持，这些联盟为部分隶属于工会的劳工提供法律地位和影响力，在某些情况下也延伸到具有广泛基础的政党。但是，反寡头政治联盟往往也包括部分占主导地位的地主阶级本身，同时，城市

---

① 对此，有些文献沿用了"关键时期"这一说法，我们也曾受其影响，但仍倾向于使用"政治重组"这一提法，原因有二：第一，该提法更能准确描述特定的政治因素，即有组织的利益势力的重大变化，我们认为这是理解社会政策的重要依据；第二，目前，"关键时期"这一说法就其后的路径依赖问题而言有着特定的理论含义。尽管我们也认同路径依赖观点，第一章也将对此进行详细阐述，但也不能想当然地认为任何特定政治重组都具有持续影响。

的政治挑战者难以像在东欧和东亚那样深入农村。农民和农业工人仍然处于政治边缘地位，且农村地区在享受社会保险与服务方面仍然处于相对劣势。

表 I-1　　　　　　　　　　地区福利模式（1980 年左右）

	拉丁美洲	东亚	东欧
社会保险（主要是医疗保险和养老金）	规定受益制，由工资税和财政转移支付资助；多数国家仅部分覆盖且不均衡	非国有部门职工社会保险的公共提供有限；部分国家仅针对有限的劳动力群体实行规定缴费制	早期只覆盖国企员工，后逐渐得以普及
基本医疗服务	公共覆盖不均衡且不全面；事实上依赖于私人机构提供与资助	部分国家强调公共卫生和基本医疗服务，但公共提供有限，依赖于私人机构提供与资助	政府提供并普及免费医疗服务
教育	20世纪70年代初等教育得以扩大，辍学率和复读率较高，质量低下；地区显著不均衡；高等教育存在倾斜	早期强调扩大初等教育，随后扩大中等教育；毕业率相对较高，辍学率低	初等和中等教育普及，但大力强调职业培训和人力资源规划
劳动力市场政策	劳工法规对正规部门职工保障广泛，导致劳动力市场的死板与二元性	相对灵活的劳动力市场政策	中央集中的劳动力规划和薪酬设置；就业保障，补充以"市场社会主义"实践中的失业保险
政治遗产和利益	受益阶层相对狭窄，但福利丰厚；政府面临维持现有福利和纳入曾遭排斥群体的双重任务	社会保险有限，催生扩大的动机	早期福利保障形成了广泛的受益阶层，希冀于维持现有福利

续表

	拉丁美洲	东亚	东欧
财政遗产	社会保险体系由财政转移支付资助，造成更大财政压力	仅对覆盖政府雇员的计划实行公共资助；现有计划造成的财政压力较小	社会保险体系由财政转移支付资助，造成更大财政压力

不能仅将这些关键重组的影响归结于政体类型的差异。在拉丁美洲，一些国家对劳工的纳入伴随着选举权的扩大，而另一些国家则与不同形式的威权统治并行。在东亚，仅有部分国家在反殖民浪潮后实行了民主开放。东欧则一致转向了斯大林政治统治，但仍难以从政治制度的本质推断出社会政策的进程。相反，就威权政体的收入再分配可能会更狭窄这一预期而言，社会主义福利国家明显是个例外。在所有这三个地区，关键重组的影响远非局限于正式制度的建立，而是反映了政治利益集团的根本性变化。

二 发展战略

就我们感兴趣的国家和地区而言，20世纪中期也标志着其工业化和深刻结构转型的开始。回顾过去，可以发现第二次世界大战后的头三十年是一个空前增长的时期。东欧国家首先得以腾飞并经历了迅速的经济增长，直至70年代开始凸显社会主义模式的局限性。拉丁美洲的多数中等收入国家在"二战"后同样也经历了高速增长，不过随之而来的经济危机使人们很容易忘记巴西和墨西哥是当时的经济奇迹代表。东亚的腾飞相对较晚，但自60年代中期开始，韩国和中国台湾地区这样的新兴工业体保持了无比良好的经济表现，紧随其后的是一些东南亚国家。发展中国家的强劲增长并不一定会带来社会福利保障的扩大，东亚案例即是如此，但经济增长的确为相关国家政府增加社会支出提供了支撑。

不过，经济增长的背景却是迥异的发展战略：拉丁美洲和东亚"二战"后早期的进口替代模式，东欧的国家社会主义，以及一些东亚国家和地区于20世纪60年代启动的更出口导向型的模式。在第一章中，我们通过思考政府发展战略的差异如何影响劳动力市场、生产战略和关键群体对社会政策的偏好，来拓展各种形式的资本主义视角的内在逻辑。我们也会表明，这三个地区实行的经济模式如何加强并保持了与我们所判定的关键重组相关联的政治吸纳与排斥模式。

在更庞大的拉美国家，早在第一次世界大战就开始的经济冲击加速推进了其进口替代工业化（ISI）的进程，经济大萧条和第二次世界大战进一步推动了这一进程。该地区关键重组过程中形成的跨阶层联盟有利于在"二战"后将ISI作为一种更刻意的发展战略来实行。ISI使得进口替代部门的国企和私企能够关照隶属工会的城市工人阶级的福利保障。然而，这种政策导致了劳动力市场的二元性及对农业和农村地区众所周知的忽略。该地区建立的社会保险制度反映并强化了这种现象。此外，进口替代经济体的结构性特点也对收入整体分配产生了负面影响，并降低了政府、企业和员工对教育投入的积极性。

东亚向出口导向型增长的转向正好发生在冷战时期的保守政治重组之后。不管怎样，外向型战略极大地影响了政府、企业和员工对社会政策的积极性。一方面，依赖于劳动密集型工业品出口的战略高度重视劳动力市场的灵活性，并使得政府和企业高度抵制会增加劳动力成本的社会保险计划。这样一来，本地区的威权政体，无论是建立于第二次世界大战后初期还是建立于短暂的半民主治理时期之后，在公共保障体系方面都一直远比东欧和拉美国家更为有限。另一方面，出口导向型增长增强了扩大初等、中等和职业教育的积极性。同时，强调人力资本是核心资产的政策也刺激了基本公共医疗服务的扩大，只不过程度较小。

继20世纪40年代末期巩固了共产主义政权以后，东欧的所有共产党政府都立即开展了中央计划型工业化建设。该战略立足于对基础工业的高度投资、对劳动力的动员以及对农村地区的挤压。政府对全民就业的承诺和提供社会保险与服务，则作为经济完全社会主义化的副效应而出现。由于缺乏任何私营部门，政府不得已必然会涉足医疗、养老金甚至住房保障的资助和提供。尽管这些福利保障始于国企部门，但农业的集体化使其延伸至了农村，并提供了福利普及的基础。类似地，政府对扩大教育的兴趣，尤其是对职业培训的关注，都直接地补充了社会主义人力资源规划体系。

总之，这三个地区至20世纪70年代末80年代初建立起的福利制度植根于其几十年来所形成的政治利益和经济战略。"社会契约"绝不是民主政治的结果，甚至也不是与受影响的利益群体讨价还价的结果；而更多的只是简单地自上而下推行的结果。不管怎样，特定的系列社会政策激发了对国家将提供的福利的期望。反过来，在这些更早期的社会政策干预中形成的利益、期望甚至制度也极大地影响了八九十年代新兴民主体所表现出来的针对社会政策的政治斗争。

第三节 重新审视社会契约，1985—1990年：经济转型、福利遗产和民主化

我们关注的这三个地区在20世纪八九十年代经历了深刻的政治和经济变革。向民主治理的转型增强了面向弱势群体扩大公共福利保障以及保护现有福利的积极性。但社会政策的进程同样深受经济发展和意识形态趋势的影响，这些促使国家的社会责任逐渐弱化。

本书第二部分将表明，各地区内部和地区之间在应对这些交错的压力方面存在相当程度的差异。多数国家都进行了社会政策改革，但改革的规模和方向取决于经济表现的差异和以往福利保障的机构与政治遗产。

一 财富的逆转

第二次世界大战后的头三十年可以被视为经济快速增长的"黄金年代"。与此相反，1980年以来的经济表现则呈更大的跨地区和跨国家的差异性以及更大的内部不稳定性。这些经济形势变化不仅直接影响了政府维持或扩大现有福利保障的能力，而且也影响了社会政策的政治学。良好的宏观经济表现强化了主张扩大社会保障的政治角色力量，而弱化了主张改革或削减社会保障的技术官僚力量。与此相反，经济危机，尤其是伴有财政紧缩和高通胀的危机，扩大了技术官僚及其盟友在国际金融机构中的影响。自由派技术官僚起初关注宏观经济的稳定及各种市场化改革，但他们随后也迫切要求对社会领域进行自由化改革。

我们样本中的亚洲政府面临着迄今为止最有利的经济环境。直至1997—1998年金融危机前，多数国家和地区都保持了强劲的增长，从而为该地区新兴民主体提供了必要的财力，来扩大政府在提供社会保险与服务中的作用。1997—1998年的金融危机造成了类似于拉美和东欧

曾出现的紧缩，但并未对先前发展模式造成同样的根本挑战。财政紧缩本质上呈周期性而非长期性和结构性，其结果是，新型福利保障在危机面前总体完好无损。

相反，拉丁美洲和东欧则面临着更为严峻的经济紧缩。拉美经济体在 20 世纪 80 年代的债务危机中经历了深度衰退，并在 90 年代和 21 世纪初又爆发了金融危机。东欧国家在 1989 年东欧剧变前增长逐步放缓，并在 90 年代上半期经历了沉重的"转型期"衰退。

经济危机对社会政策的政治学有着互相矛盾的双重影响。一方面，经济危机和紧随其后的改革——贸易和资本市场的自由化、私有化以及各种其他市场化改革——具有社会破坏性且将先前受保护的行业暴露于新的市场风险中。这导致了民众的不满情绪，为动员选举和利益集团提供了基础。

另一方面，经济危机增强了技术官僚、国际金融机构，以及支持短期财政调整与长期财政承诺重组的国内政策网络的影响力。这种调整亦连累了社会支出。光是财政紧缩就限制了政府对社会计划支出的能力。进口替代工业化和国家社会主义时期的社会政策模式同样也易遭受批评，认为其造成了 20 世纪八九十年代的财政危机，且不太适应新的市场导向型政策环境。

二 分配政治：福利保障的捍卫与扩大的压力

除经济条件外，福利遗产也影响了对国家的分配要求。福利保障形成了选举和利益集团；总体而言，福利覆盖面越广，且提供的服务越有效，那么自由主义改革者就越难发起对社会政策现状的改变。此外，对政府的约束并不仅仅通过选举联结来展开。以往的福利政策不仅形成了受益者，而且也形成了对福利改革的复杂制度性和利益集团约束：无论是公务员和公共服务提供方，还是在福利制度中有着制度利害关系的各个工会，或大批私营部门参与者；无论是金融部门和制药企业，还是社会导向的非政府组织（NGOs）。

亚洲在这方面与拉美和东欧再次呈现出差异。在相对极简主义的福利国家，政客和支持扩大公共保障的群体几乎可以从政治上重新开始提供保障。这些国家的经济条件高度有利，从而能够为选民受益者提供重大新型社会计划，而几乎不会遭到来自现有利益相关者的集体抵制。同时，下文也将提到，民主的出现显著提高了扩大福利保障与服务的积极性。

拉美和东欧则在这方面相似，均面临经济逆境，并继承了比东亚更广泛的公共福利保障。尽管如此，这两个地区的福利遗产仍然大相径庭。多数拉美国家的福利制度深入却不广泛，其社会保险公共支出殷实，但资源覆盖却常常高度不均衡。在覆盖面曾一度较广泛的国家，如乌拉圭和哥斯达黎加，改革社会保险与服务制度的力度面临更大的政治困难。而在覆盖面曾一度狭窄且不均衡的国家，市场导向的改革者们得到了对社会政策议程的更广泛认同。

东欧国家方面，市场化转型要求将资源根本性地转移出国有部门，然而社会主义的福利遗产却产生了相抵消的政治结果。公民曾一度被纳入密集的社会福利保障网络中，即使在福利价值和服务质量已然退化的情况下，削减社会保障也会造成严重的政治风险。东欧的新兴民主政府的确进行了改革，但也同样努力维持针对一些重要生命周期风险的普遍保障，尤其是医疗和养老金方面，并相对优先考虑为正规部门员工提供社会安全网。

第四节　制度导论：政体类型的影响

政治制度如何影响着福利政策的政治经济学？更确切地说，民主转型是否会产生更慷慨和更进步的社会契约？有关发达福利国家的文献日益关注民主体系的制度差异，这些因素对于新兴发展中民主体也可能同样重要。① 然而，这三个地区第二次世界大战后基本政治制度的巨大异质性及其最近在民主治理形式上的趋同促使我们关注先前所提出的政体类型影响的问题。也就是说，在其他条件不变的前提下，民主是否会产生更慷慨和更进步的社会契约？威权统治又是否会妨碍或限制再分配政

---

① 这些分析曾聚焦于否决投票人的数量［伯奇菲尔德（Birchfield）和克雷帕兹（Crepaz），1998 年；休伯和斯蒂芬斯，2001 年；斯旺克（Swank），2002 年；克雷帕兹和莫泽（Moser），2004 年］、总统制和议会制［米莱西-费雷蒂（Milesi-Ferretti）、佩罗蒂（Perotti）、和罗斯塔尼奥（Rostagno），2002 年；佩尔森（Persson）和塔贝利尼（Tabellini），1999 年，2000 年，2003 年：第八、九章；阿列辛那（Alesina）和格莱泽（Glaeser），2004 年］、联邦制（斯旺克，2002 年；维贝尔斯，2005 年）以及影响政党制度一致性或分裂性的选举规则［考克斯（Cox）和麦卡宾斯（McCubbins），2001 年；舒加特，2006 年］。

策的力度？

　　民主政治长期以来与再分配的压力相联系，其途径是体现民主治理本身基本构成特点的机制。这些尤其包括选举联合和使得利益集团组织起来并对国家施压的结社自由。① 与民主的产生相关联的是选举权的扩大和竞选上任。政客不得不讨好更广泛的选民从而在选举中获胜并持续执政，其途径就是为选民提供一揽子竞争性公共和私人服务产品，包括对收入的再分配。② 从利益集团视角看待政策制定过程也可做出类似的预期［相关综述参见格罗斯曼和赫尔普曼（Grossman, Helpman, 2001年）］。利益集团可做的事情很多：拉动选票；为政客提供资金和资讯；并参与抗争政治［麦克亚当、塔罗和蒂利（McAdam、Tarrow、Tilly, 2001年）］。但是，正如曼瑟·奥尔森（Mancur Olson, 1982年）在《国家的兴衰》（*The Rise and Decline of Nations*）一书中所指出的，这些不同形式的集体政治行为都基于一个根本目标得以实施：那就是为特定群体成员进行资源再分配。

　　非民主政体也会对收入进行再分配，有时程度甚至是相当惊人的（布尔诺·德·梅斯奎塔等人，2003年）。尽管如此，选举竞争和独立的利益集团活动这两种紧密相连的机制的存在，会使我们预期民主政体比威权政体更能慷慨地提供社会保险与服务。

　　在更广泛的文献和我们自己的研究中，都能找到关注制度差异的支撑。20世纪早期欧洲的社会民主派已注意到了公民权扩大和福利国家的再分配之间的关系［普沃斯基（Przeworski），1985年］，并且，马歇

---

　　① 有两种替代性理论路线值得注意。其中一可追溯至考克斯（1987年），他将社会政策视为一项公益事业［雷克和鲍姆（Lake, Baum, 2001年）；布尔诺·德·梅斯奎塔等（Bueno de Mesquita et al., 2003年）］。当选举权覆盖面狭窄时，政治领导人通过主要提供私人产品维持对其的支持。随着选举权的扩大，领导人则出于效率的考虑转而更多地提供公共产品。将民主和福利联系起来的第二种理论路线由森（1984年）提出，他基于对饥荒的研究，强调了信息在缓和社会痛苦方面的作用。

　　② 正式对此进行讨论的有影响力的文献包括罗默（Romer, 1975年），罗伯茨（1977年），特别是梅尔策和理查德（Meltzer, Richard, 1981年），这些研究最直观地表明了收入的均值和中位值差异如何产生再分配动机。另见博伊克斯（Boix）（2003年）。佩尔森和塔贝利尼（2000年：第六章）和德拉赞（Drazen, 2000年：第八章）作了相关综述。一个关键的问题是社会政策是否应被视为一种再分配或保险的形式［巴尔（Barr, 2001年）；沃勒斯坦和莫恩（Wallerstein, Moene, 2003）］。但是，如果我们能合理地假设风险分布与收入分配互相关联的话，我们就会得出与假定社会政策是再分配性质的模型相类似的结果（见普沃斯基，2003年：209–212）。

尔（Marshall，1965 年）的经典著作以及最近的林德尔特（2004 年）针对发达工业化国家社会福利保障扩大中政治"呼声"作用的权威综述均对此有所体现。附录一呈现了检验政体类型对社会政策的影响的更广泛的实证研究。绝大多数此类研究——当然绝非全部①——发现民主对政府力度和诸如医疗卫生的实际福利成果有着正面影响。

我们同样也发现政体类型是非常重要的。在拉丁美洲，相较于短期民主国家和游离于威权统治与民主治理之间的国家，长期民主国家的福利保障要丰厚得多，如哥斯达黎加、乌拉圭和智利。亚洲在 20 世纪 80 年代之前的民主时期大幅短于拉丁美洲，但凡是民主或半民主治理时期都比威权统治时期更有可能伴随着社会福利保障的扩大。最重要的是，所有这三个地区在八九十年代的"第三波"民主转型期间都重新关注了保障现有福利并扩大社会保险与服务至新群体的社会问题和压力。

如果选举竞争和利益集团展开动员的自由度是政体类型操纵社会政策的关键机制的话，很显然，这两个因素都不是呈严格二元对立的。一些独裁政体完全不允许选举，或是完全垄断选举过程与利益集团活动。但令人吃惊的是，有相当数量的政府是"竞争性威权政府"［林茨（Linz），2000 年：34；列维茨基（Levitsky）和维（Way），2002 年：52）］。这些政府开展被操控的选举，并容许一定程度的利益集团多元化。即使是被操控的选举和有限的组织能力也可能为威权统治者提供通过再分配来寻求支持的动机。

我们有理由以一种更微妙的方式来区分民主和威权政体。中间型政体——我们称之为半民主和半威权政体（见第一章）——相较于"刚性"威权政体而言，表现出对社会政策的更大关注，至少在非社会主义国家案例中是如此。

然而，如前所述，界定政体类型的制度性"游戏规则"不太可能完全解释我们关心的社会福利政策这一特定综合体的缘起和改革。为制度性机

---

① 例如，穆里根、吉尔和萨拉－伊－马丁（Mulligan、Gil、Sala-i-Martin，2003 年）开展的一项题为"民主政体是否与非民主政体有着不同的公共政策？"的内容广泛的研究，在不仅考虑社会支出而且也考虑各种其他税收和支出措施之后，得出了断然否定的答案。詹姆斯·麦圭尔（James McGuire，2002 年 a）有关婴儿死亡率的透彻研究也就民主的影响达成了愈加谨慎的结论（另见罗斯，2004 年）。少数研究甚至得出了有悖直觉的发现，即威权政体，特别是社会主义政体，至少在某些方面相比民主政体有更好的表现［洛特（Lott），1999 年；高里（Gauri）和卡列金（Khalegian），2002 年；罗斯，2004 年］。

制的分析提供了关于政治市场供给方的见解。但是，正如再分配的形式模型所显示的，制度对相关政策的根本偏好分布以及对政治进程中彼此较量的社会群体力量的影响是有条件的。① 纯粹制度性的模式并不能完全对事物加以阐释；民主和威权主义的影响取决于前文介绍的根本性联盟和经济利益。

这一点在第一部分提到的由威权政体实施的一系列广泛社会政策中最为明显——这些变化对随后的改革努力具有高度影响力。对选举权的限制使得威权统治者审查可能会通过选举或利益集团机制从形式上影响政治进程的群体。但即便是威权统治者也会寻求支持，并在压制或拉拢低收入群体的程度上有所不同。像这种威权策略差异的例子大量存在。在拉美，军事独裁主义相较于民主政体普遍更不情愿将社会保障覆盖惠及新的群体，不过多数此类政体利用了既有福利方案来转移工人们的抗议。在亚洲，威权政体扩大了农村地区的医疗和教育服务，借此平衡城市的政治力量。这类政体的确比多数拉美民主政体更激进地渗入农村地区。

高度综合化的社会主义福利国家则表现得最为反常。可以看出，社会主义政府在我们的样本中仍然致力于普遍且相当广泛的社会保障。它们这样做的原因不是形式上的政治制度所带来的约束，而是将其作为更大规模的社会主义经济计划的一部分。

社会政策利益的分配对于理解民主政体行为的差异性也同样重要。在所有这三个地区，民主都创造出福利改革的新型政治。然而，政策结果却深受经济状况差异和更早时期出现的社会政策利益分配与组织的影响。

东亚的高增长型民主体最符合民主与社会福利保障扩大相联系这一预期。除教育外，东亚国家的社会保险覆盖面最窄，并且更广泛依赖于政府强制性的个人储蓄、自我保险和私人保险提供。随着民主化的进程，非政府组织、工会和民间团体机构纷纷涌现在政治舞台上，并迫切要求在社会保险与服务的提供方面扮演更广泛的公共角色。政客们窥见了通过扩大新型社会保障来寻求支持的重要机会。相反，该地区的两个半威权政体——新加坡和马来西亚——在社会政策上则表现出更大的连续性，并甚至偏向于自由化议程。

---

① 参见佩尔森和塔贝利尼（2000 年：第六章）有关民主制度下的再分配的讨论。

在拉丁美洲代价相对高昂且不均衡的福利制度中，民主的影响显得更为复杂。民主转型扩大了政治变革者拉拢边缘化选民的动机，但也为有组织的利益相关者提供了捍卫福利保障和制度特权的机会。与此同时，旧发展模式的崩溃与深度衰退造成了尤为严重的财政紧缩，且新任政府还面临着社会保险自由化改革乃至完全压缩先前福利保障的巨大压力。鉴于这些经济条件，拉美基本没有考虑东亚民主体所表现出的综合社会保险举措的扩大。相反，改良派技术官僚寻求整合现有社会保险方案的长远自由化、对最具影响的利益相关者的补偿以及针对极度贫困人口的反贫困计划。

在东欧，社会主义福利国家的福利制度覆盖了广泛的人口。随着民主化的进程，广泛的覆盖面形成了对自由化和紧缩福利的强大选举和利益集团制约，即使是在强大财政压力面前也是如此。民主也为不同派系的政党提供了动机，来关照由于市场转型而处于劣势的劳工和其他群体的利益。

第五节　比较历史分析的一些方法论问题

我们的分析集中在三个地区的 21 个中等收入国家和地区，包括拉丁美洲的阿根廷、巴西、智利、哥伦比亚、哥斯达黎加、墨西哥、秘鲁、委内瑞拉和乌拉圭，亚洲的韩国、中国台湾地区、新加坡、马来西亚、泰国和菲律宾，以及东欧的匈牙利、波兰、罗马尼亚、保加利亚和捷克斯洛伐克及其两个继任国——捷克和斯洛伐克共和国。这样一来，我们所研究的国家便涵盖了这三个地区的全部或者大多数中等收入国家和地区，这使得我们不仅可以考虑地区间的差异，而且可以考虑地区内部的差异。① 当然了，有效案例的数量其实更加庞大，因为针对每个国家和地区，我们都考虑了若干政策领域，并探讨了主要因果变量的历时变化。

---

① 在此有必要稍加详细地阐释排除掉特定案例的原因。例如，对于拉丁美洲，我们便没有考虑更贫穷的南美或中美洲国家，以及加勒比地区小国。对于东亚，我们排除了印度尼西亚，因为该国在我们关注的第二个时期伊始未能达到中等收入国家门槛。同样，越南旷日持久的复杂冲突和随后的社会主义转型也似乎让我们有理由将其排除。对于东欧，我们则排除了波罗的海国家。同时，我们也排除了苏联的加盟共和国，尽管会将这些国家不断地与其他东欧案例相比较。参见库克（2007 年）。最后，旷日持久的复杂冲突也似乎足以让我们排除掉南斯拉夫解体后的各国。

我们从一开始就指出，本研究受到了福利制度演变过程中十分引人注目的跨地区差异的极大激发；我们将在第一章更详细地阐述这些差异。可以确定的是，有足够多的备选原因来解释这种差异，在第一章和第五章中，我们都将介绍一些比较案例研究，并会涉及一些跨国数据分析。第一章的分析将在控制一些可能的结构性因素变量的前提下，探讨社会支出和其他社会服务提供方式的某些相关性。这样做的目的是提出我们的推测，即社会政策的地区性显著模式事实上确实存在。在第五章里我们则设计了一个更动态的面板数据模型，从而可以考虑社会支出路径的政治和经济变化。

然而，我们相信，跨国数据分析的实用性面临着通常想不到的更严峻局限性。[①] 不仅是社会政策的数据通常有着根本的局限，而且跨国数据分析设计也同样面临诸多问题，哪怕数据的质量上乘。发展中国家之间存在的巨大异质性对建模过程提出了严格的要求；引入更多的案例可能有利有弊，因为异质性的每一个维度都必须被正确地建模。随着这些维度的增加，由于多乎其多的可行性模型和共向变量之间的建模互动问题，就愈加难以对因果模型做出恰当说明〔耶林（Gerring），2006年：3〕。识别问题、选择问题和内生性同样也构成严重的制约，尽管这些也是定性研究设计所关心的问题。尽管这些问题日益盛行，但仍然很难通过辅助变量法或选择模型来加以解决。在解决这些困难方面，比较案例研究绝非一劳永逸，但它们的确提供了一种方法来评估其他并行推测的合理性。

最后，比较案例研究为展示因果关系提供了机会，而这是数据分析所无法做到的。由于难以表明假定机制能像预先设想的那样运作，例如，选举竞争或利益集团压力是民主对政策结果进行操作的方式，更大范围样本的优点和在数据工作中引入对照组的能力便被抵消了。

一旦我们确定政策的地区性显著模式的确存在，我们就面临着这样一个问题，即如何选择案例以进行更细致的分析。詹姆斯·费伦和大卫·莱廷（James Fearon, David Laitin，2005年）建议从更大范围样本中随机选取案例。如果主要的分析目标是检验那些被认为具有总体应用性和效度的理论的话，那么这种方法可能是合适的。然而，正如我们接下来将更详细论述的那样，我们更关心内部效度而不是外部效度，因此，

---

① 耶林（2006年）所做的综述对此大有帮助。

我们不认为费伦和莱廷的随机抽样方法是合适的。另外一种方法是从每个地区选取一个代表性或典型案例。① 这种方法需要鉴别每个地区次样本的案例分布，并使用典型或模态案例，甚至是理念型分析，来探索类型（即本研究中的地区）之间的差异；埃斯平－安德森（1990 年）和斯旺克（2002 年）的著名研究便运用了这一策略，各种资本主义（VOC）文献也是如此［霍尔（Hall）和索斯基，2001 年］。然而，该方法的常见问题是选取的案例有可能不完全具备代表性——即使是在更大范围数据分析的背景下——或有可能表现出一些特质特征。

在本研究中，我们倾向于这样一种方法，即在我们关注的地区中选择几乎所有重要案例。尽管对这种"多重媒介"策略存在批评［包括我们的一些早期研究；见布雷迪（Brady）、克里尔和西赖特（Searight），2004 年：92—94，100］，我们仍然认为这一方法是合理的，理由至少有三：第一，比较案例分析置身于更宽泛的跨国数据分析中，这使我们可以控制对观察到的变化的一系列其他可能决定因素。第二，案例的增加使得我们更有信心认为，跨地区差异方面的研究发现并不受非典型性案例或特例的驱动，并使得地区内部比较成为可能；我们在下文会再次探讨这一点。

支撑这种方法的第三个理由需要稍微延伸讨论下。毫不隐晦地说，我们的方法是历史性的和结构性的。我们深信，用随地区而异的长期历史进程的结果来解释我们感兴趣的现象是最好不过的。我们对一个事实深有感触，即众多跨国数据研究都间接证实了这种方法——哪怕没有进行充分的进一步探讨，其途径就是发现地区虚拟变量在跨国模型中具有统计学意义。因此，比起标准数据分析，我们更少关心外部效度以及研究结果是否可套用于样本外案例和时间段的问题；我们认为，要考虑这些问题，则需要对关键重组、发展战略和政体类型如何在完全不同的地区环境下互动进行更深入的历史性考量。我们更关心内部效度的问题：即我们提出的因果关系论断是否事实上的确解释了所关注的案例。

---

① 对该方法的一个常见批评是它对因变量有所选择；参见格迪斯（Geddes, 2003 年）。然而，正如马奥尼（Mahoney, 2003 年）所表明的，如果确定了一些必要的先行条件的话，那么这样的选择就有可能是合适的。

尽管我们对跨地区差异感兴趣，我们也很清楚任何一个特定地区的内部案例也呈现出重要的差异，并且这些差异提供了额外的检验机会。民主就是一个重要的例子。前文已经提到我们如何利用拉美的长期和短期民主体的差异来支撑我们认为政体类型很重要的观点。类似地，在本书第二部分，我们也涉及一些这样的案例，其威权统治一直持续至我们在此所关注的时期，包括新加坡、马来西亚和墨西哥，以及在早期转型后恢复威权统治的案例，特别是秘鲁和委内瑞拉。我们也发现了政治转型路径的差异。尽管样本中的大多数国家与地区都相对迅速地从威权转向了民主，但也存在或多或少经历了更长时期的半威权或半民主阶段的案例，包括墨西哥、泰国、斯洛伐克共和国和罗马尼亚。这些差异都为检验关于政体类型影响的猜想提供了机会。

尽管我们强调各地区新兴民主体面临的经济环境的地区相似性，但在这一维度上也存在着案例之间的差异以及历时性的差异。例如，第二部分中，我们将韩国、泰国等在高增长时期经历转型的民主体与菲律宾作了比较，后者经历了与拉美类似的债务危机。至于拉美，我们基于各国在20世纪80年代经历的危机的严重性以及政体类型和影响对各案例进行了梳理。类似地，对于东欧，我们考虑了早期改革国家与重新陷入危机泥潭的后期改革国家之间的差异，前者从20世纪90年代早期的转型衰退中大体得以更快恢复。

运用叙述性的方法可以使我们通过追踪不断变化的经济条件的历时性影响来证实截面时间序列模型的结果。尽管我们将东亚的案例归为高增长型，但我们关注的所有东亚国家和地区都受到了1997—1998年波及整个地区的金融危机的影响。相比之下，拉美和东欧国家在民主转型初期便经历了严重的危机，但一些国家随后又进入了相对持续的恢复期（如波兰），另外一些国家则在更晚时期重陷危机之中（阿根廷、巴西、保加利亚和罗马尼亚）。同样地，这些差异为展开地区内部更精准的比较提供了机会，并使我们可以检验关于经济环境对改革政治的影响的预期。

第六节　研究借鉴：比较视角下的发达福利国家

我们的研究框架立足于对发达工业化福利国家的缘起、发展与改革的广泛而丰富的文献背景。① 该亚领域通过激烈的理论争论而有所发展，这也反过来促进了新数据的收集和学科间出色的实证研究。我们现在对发达福利国家社会政策的演变和分配影响都有了更深入的了解（参见休伯和斯蒂芬斯，2005年）。

尽管一直存在争议，众多的文献仍然汇集了相对有限的、核心的元理论关注，包括：分配利益和其党派代表的角色；内在经济机构、短期经济表现和福利保障之间不断变化的关系；政治制度的调节作用。我们的研究框架也基于这些广泛理论关注的背景，在诸多问题上，我们已得出了与文献中成果共识相一致的结论。

然而，关于发达工业化国家的文献曾经显得有些局限，从地域上仅局限于发达工业化国家，且尤其特定局限于对欧洲经验的理解。本研究的一个潜在动机不仅是要将这类文献拓展至新的地域和历史语境并且与之相适应，而且要将发达工业化国家的经验置于更广阔的比较语境中。

在此稍微提一下我们的一些研究发现，研究发达工业化国家的学生可能会对这些发现尤其感兴趣。我们还将在结论部分对其重新进行更深入的探讨。这些研究发现涉及"权力—资源"视角的优点和经济因素对福利保障的影响，包括全球化和各种市场调节手段，同时也涉及正式政治制度的影响。

关于发达福利国家缘起的文献的一个中心出发点就是认识到阶级权力的平衡，尤其是广泛的工会和左翼政党的相对实力，是福利保障的一个重要决定因素。这种"权力—资源"视角近年来也遭受了质疑和修正。党派之争的影响被修正为对基督教民主党的影响和福利提供的自由主义传统的考虑。保罗·皮尔逊（Paul Pierson，1994年）认为，随着福利制度本身催生出更广泛的利益相关者和受益者的利益集团，工会和左翼政党的重要性有可能会在今后减弱。更近的研究表明，私营部门参与者有其自身独特的社会政策利益，这取决于其根本生产战略［埃斯特韦斯－亚伯（Estevez–Abe）、艾弗森和索斯基，2001年；马雷斯，2001年、

---

① 在关于发达福利国家的比较研究中，我们曾借鉴科皮（Korpi，1983年）；鲍德温（Baldwin，1990年）；埃斯平－安德森（1990年）；基切尔特（Kitschelt，1994年）；基切尔特等人（1999年）；加勒特（Garrett，1998年）；艾弗森（Iversen）和雷恩（Wren，1998年）；希克斯（Hicks，1999年）；休伯和斯蒂芬斯（Stephens，2001年）；皮尔逊（2001年a、2001年b）；斯旺克（2002年）；艾弗森（2005年）；潘忒逊（2005年）。

2004年］，这类研究即使没有直接挑战对劳工和左翼的关注，但起码也对其进行了补充。尽管存在这些非常重要的挑战和修正，不论怎样，仍然有足够的定量和案例研究证据表明，工会和左翼政党事实上是福利国家本质和规模的核心决定因素（休伯和斯蒂芬斯，2001年：113）。

在最普遍的层次，我们的研究扎根于这样一种方法，即强调有组织的利益的因果重要性。我们对早期福利保障的解释植根于关键政治重组的概念，并且我们发现了一些证据来支撑这样一种普遍观点，即隶属于工会的劳工和左翼政党是扩大社会保险与服务的重要角色。我们也遵循皮尔逊的方法来思考我们所谓的福利遗产对维持福利保障的后续影响。

与此同时，我们也发现不得不回到有关欧洲福利国家缘起的讨论中，这些讨论不仅强调城市工人阶级，而且也强调农村地区的政治地位。考虑到农村地区在我们关注的发展中国家中的分量，这种强调就不会令人感到惊讶。社会主义福利国家的综合社会保障和一些东亚案例分配相对公平的社会服务最终都取决于对农村地区的纳入。这种纳入与我们所说的拉美城市工人阶级的纳入并没有同样的政治意味。尽管如此，只有通过了解政府为什么有深入农村的动机，才能理解整体社会契约的状况。

对农村地区重要性的考虑与我们如何思考党派之争和劳工力量的分配结果不无关系。在西欧，劳工运动的实力和规模似乎与福利国家的规模和进步性呈线性相关。相反，在发展中国家，仅代表一小部分劳动力的强大劳工运动却常常有着退步性影响。福利的资金渠道不仅有工人和雇主的工资税，而且也有主要针对低收入群体征收的一般税和通货膨胀。矛盾的是，在东欧和东亚，对左翼和劳工的压制为鼓励更均等的社会保险与服务分配及可谓更均等的收入分配的政策提供了条件。这些发现提出了重要的比较性问题，即在何种环境下劳工利益对社会政策整体产生进步或退步的效果。

经济结构和经济表现也在福利文献的演进中扮演了重要角色。我们聚焦受到特别关注的两大经济议题：全球化潜在的负面影响，以及不同形式的市场调节手段对社会政策承诺的影响。

针对"全球化"的当代影响的研究成果各有千秋。一些研究发现，经济开放对增长、收入或消费波动性的影响远远小于人们的预想，并且有可能产生刚好相反的效果；更开放的经济体可能会更好地定位以应对外部冲击（艾弗森，2001年；金，2007年）。而且，以上研究发现，发达福利国家的命运受技术和人口结构变化或整体经济表现的影响比起受全球化的影响更为显著,至少保守来看是这样的〔艾弗森和库萨克(Cusack),2000年〕。

我们也认为对经济开放的狭隘关注并不能呈现社会政策最直接、最重要的经济决定因素。在我们的样本中,不同发展模式的可持续性、增长和财政能力似乎都是社会政策改变的更重要的近因。尽管这些因素无疑受外部环境的影响,但我们的研究结果与针对经济开放本身的普遍预期并不吻合。东欧和拉美更封闭的经济体最终都经历了最深刻的冲击和最严峻的危机,而高增长的亚洲案例则同时表现出经济的高度开放,且在我们的所有样本中社会保障有更显著的扩大。全球化对社会政策的影响仍然存在,但是遵循这些思路进行的分析不应排挤掉同样有积极意义的(哪怕不一定更有积极意义)经济分析思路,尤其是发展中国家政府的长期财政能力和税基对解决社会问题的能力的影响这两方面。

除全球化的影响外,福利国家理论也日益关注市场资本主义形式的差异(霍尔和索斯基,2001年)。我们就替代发展模式的讨论受到了各种资本主义文献的启发,但远非对这一视角的简单拓展。三个地区的中等收入国家与地区奉行了比发达工业化国家所表现出的宽泛得多的一系列经济替代模式。这些经历表明,我们需要更广泛地理解一系列的调节机制,并且需要更好地理解封闭型经济模式是如何经历转型的。

最后,政治制度的调节作用是福利国家文献理论支撑的第三个要素。我们一直基于这样一个理论前提,即民主制度有着制度性的机制来鼓励再分配,并从而产生更广泛、更慷慨的福利制度。然而,这种预期会由于经济制约和利益集团压力而有所削弱。相反地,威权政体则会在特定情况下产生出积极的分配作用。针对福利和社会政策的研究课题需要将视野拓展至民主案例之外,以思考民主制度的优势是否站得住脚,如果站不住脚,其原因又是什么;以及在何种情况下威权政体可能会响应穷人的利益。这样的研究课题将会综合考虑针对欧洲福利国家的历史文献与在此所关注的发展中国家和社会主义制度。

第一部分

福利制度的历史缘起：
1945—1980 年

第一章　拉丁美洲、东亚和东欧社会政策总览：1945—1980年

本书引言部分对福利制度的程式化讨论强调，在提供社会保险与服务方面，国家担责的程度存在跨地区差异；并且，福利覆盖面和公平性也存在跨地区差异。本章将更系统地分析截至20世纪80年代早期，各地区福利制度的缘起和演变。本章第一节将详细描述这三个地区的福利制度，并审视常用来解释其差异的一些社会经济因素。我们揭示出，即使是对一些因素变量做了控制，如发展水平、增长、人口结构、民族分化及收入分配等，跨地区差异也仍然存在。第二节将详细阐释另一套用以解释这种差异的替代性因素，这在引言部分已扼要概述过：即20世纪早中期的关键重组和与之相关联的特定发展战略，以及民主治理和威权统治情况的差异。

第一节　跨地区差异和社会经济解释

本节首先描述这三个地区福利制度的差异。通过展开比较和分析，我们将简要说明各地区社会政策体制在本书第一阶段末的差异，即本书第一部分的主题；同时，我们还将概述用以分析本书第二部分所讨论的社会政策改革政治的基础。

一　福利国家之比较

描述和比较多维福利制度并非易事，且任何这样的分析都必须适当权衡各种不同方法。我们沿袭针对发达工业化国家的研究，首先考虑社会保障、医疗和教育方面的支出。尽管我们也强烈意识到了社会支出数据的局限性，尤其是就其分配影响而言［卡普斯坦和米拉诺维奇，2002

年；菲尔默（Filmer）和普里切特，1999年]，但对这些数据进行比较仍然可以使我们初步窥探公共保障力度以及对不同领域社会政策的侧重情况。

表1-1提供了三个地区各中央政府的整体财政规模及在社会保障、医疗和教育方面的公共福利支出数据。① 各项支出数据表现为占GDP的比例和占总支出的比例。拉美和亚洲的数据为1976年至1980年的平均值；大多数东欧国家没有同期的可比数据，因此我们列出了其1990年的数据，从而可以对其社会主义时代末期的社会支出规模进行参考。

这些政府财政规模和社会支出数据是意料中的。1990年，东欧的政府支出平均约占GDP的40%。更发达的中欧国家——波兰、匈牙利和捷克斯洛伐克——的福利支出约占GDP的25%；这些数字等同于甚至超过了整个欧洲的社会支出。东欧公共和社会支出的比例也远在绝大多数拉美和东亚国家与地区之上。

拉丁美洲则存在更多地区内部差异。即便如此，几个福利制度更为悠久且更成熟的国家（乌拉圭、哥斯达黎加和智利）的支出水平却与经济合作与发展组织（OECD）的中等水平国家的支出大致相当，且社会保障支出的地区平均水平显著高于亚洲。表中所列支出数据并没有涵盖马来西亚和新加坡的庞大的强制储蓄体系。但不管怎样，几乎所有的东亚国家与地区都仅处于或接近拉美国家的低端水平。

社会支出构成为研究各地区的政府对不同领域社会政策的侧重点提供了思路。拉美和东亚再次存在显著差异。尽管地区内部差异巨大，但无论是占GDP的比例还是占政府总支出的比例，拉美的社会保障支出总体上仍使得东亚的极简主义福利国家相形见绌；这些差异达到了统计意义的标准水平。医疗支出的差异不具统计意义，但我们也会表明，拉美政府普遍比亚洲政府更强调社会保险和治疗性医疗，而后者则更注重基本医疗保健建设。

与此相反，亚洲国家与地区尽管普遍人均收入更低，但其教育支出占GDP的比例却高于东欧国家，且占政府总支出的比例也明显更高。东亚和拉美在教育支出方面的差异并不明显，但我们后面将会看到，同

---

① 附录二有针对性地讨论了联邦制政府支出数据的某些复杂性，但对该因素的考虑并不会从根本上改变此处所报告的数据。

等支出情况下，两大教育体系的表现却大为不同，东亚的教育覆盖面更广泛，且更有效。与东欧和拉美均不同的是，亚洲各国与地区政府都更加优先考虑对教育的投入，而不是社会保障和医疗。

表1-1　政府、社会保障、教育和医疗支出：拉丁美洲和东亚，1976—1980年；东欧，1990年　　　（％）

	政府支出/GDP	社会保障支出/GDP	社会保障支出/总支出	医疗支出/GDP	医疗支出/总支出	教育支出/GDP	教育支出/总支出
阿根廷	13.8	4.8	28.0	0.47	2.7	1.7 (2.7)[a]	9.9
巴西	25.5	6.4	36.1	1.25	7.0	1.0 (3.6)[a]	5.8
智利	29.0	8.0	25.6	2.26	7.1	4.2	13.6
哥伦比亚	16.0 (1982)	3.0 (1982)	17.9	0.6 (1982)	3.6	3.1 (1982)	18.6
哥斯达黎加	23.7	4.5	21.9	2.16	9.5	5.7	27.5
墨西哥	24.3	3.4	22.5	0.59	4.0	2.8	18.0
秘鲁	16.7	0.4	0.2	1.01	5.7	3.4	19.0
乌拉圭	25.6	10.4	45.7	1.04	4.6	2.4	10.5
委内瑞拉	23.9	1.3	5.5	2.05	8.9	3.9	17.4
拉美平均水平	22.0	4.9	23.2	1.35	6.2	3.2 (3.6)[a]	15.2
韩国	16.3	0.8	3.2	0.2	1.3	2.5	15.9
马来西亚	30.4	0.3	2.1	1.58	6.5	5.3	21.8
菲律宾	13.7	0.3	1.7	0.57	4.1	1.7	12.6
新加坡	25.1	0.6	3.8	1.5	7.9	3.0	16.4
中国台湾地区	22.8	<1.0[b]	n.a.	n.a.	n.a.	n.a.	15.5
泰国	18.4	<0.5[b]	2.6	0.7	4.2	3.3	20.7
东亚平均水平	21.1	0.5	2.7	0.7	4.2	3.2	17.5
保加利亚	42.4	12.1	4.0	0.9	n.a.	1.3	n.a.
捷克斯洛伐克	36.1	9.9	26.2	9.9	26.2	4.1	10.9

续表

	政府支出/GDP	社会保障支出/GDP	社会保障支出/总支出	医疗支出/GDP	医疗支出/总支出	教育支出/GDP	教育支出/总支出
匈牙利	49.8	14.9	37.2	4.1	5.2	1.7	7.8
波兰	39.7	20.7	29.8	4.0	9.6	3.5	8.3
罗马尼亚	33.5	10.6	26.5	2.9	9.2	0.9	10.0
东欧平均水平	40.3	13.6	29.9	4.4	12.6	2.3	9.3
拉美—东亚（p值）	0.62	0.00	0.00	0.34	0.45	0.60	0.55
拉美—东欧（p值）	0.01	0.01	0.20	0.11	0.25	0.13	0.02
东亚—东欧（p值）	0.01	0.00	0.00	0.08	0.19	0.35	0.00

注：政府支出针对各级政府。中国台湾地区的社会支出数据集合了"教育、科学和文化"以及"社会保障"，因此有所上偏。

[a] 括号内的数字针对1980年，包括国家和地方的教育支出。

[b] 据作者估计。

资料来源：见附录三。

东欧的支出模式则反映了其广泛的公共福利制度，尽管与拉美和亚洲进行直接比较是存在争议的。1990年，东欧社会保障支出占GDP的比例平均接近14%，医疗支出达4.4%。而拉美在20世纪70年代后半期的相应数据分别是4.9%和1.4%左右，该时期就社会契约的发展而言具有可比性。东欧的教育支出惊人地低于其他两个地区，且内部差异更大。不过，表中呈现的支出数据并不能反映东欧地区在共产党执政时期教育和培训的扩大。

支出的差异并不能完全表征这三个地区在提供社会保障与服务方面的根本原则性差异。这些原则因公共和私人融资的角色，以及法理和事理上的覆盖面而异。就福利的丰厚程度以及服务的质量和效率而言，各国也不尽相同。通过更详细地探讨社会政策的三大主要领域——即本书第一部分重点讨论的内容——养老金、医疗和教育，我们可以更好地来审视这些差异。

1. 养老金

这三个地区养老金体系的演变遵循着截然不同的轨迹。拉美案例中，一小撮"先驱"国家早在20世纪二三十年代就建立了养老金体系，主要代表国家有阿根廷、巴西、智利和乌拉圭；其他国家也在四五十年代跟进。所有这些福利制度最初都覆盖了公共雇员和隶属工会的正规部门工人中的最强势群体。社会保障随后扩大至更广泛的职业范畴。梅萨-拉戈（Mesa-Lago，1978年：15—16）将这种扩大现象称为"特权大众化"。

拉美各国福利体系扩大的程度不尽相同，20世纪80年代初，各国存在着大量的差异。在阿根廷、乌拉圭、智利和哥斯达黎加，经济活跃人口的福利覆盖率从60%至超过80%不等。而在多数其他案例中，覆盖范围仅从约20%至接近半数。① 覆盖率差异的部分原因是福利计划启动实施的不同时机，而这又相应地取决于经济发展水平和福利计划启动时"可统计到"的就业人口的比例。不过，选举竞争在福利覆盖面扩大中也扮演了重要角色，这将在第二章有所提及。

尽管存在差异，拉美各国也表现出一些重要的共性。各国政府建立了正式的社会保险制度，覆盖了城市工人阶级的重要群体，同时排除了广大的非正规部门及农村地区，或仅对其提供最低限度的福利。这些制度包括现收现付制和规定受益制，且在解决由此产生的一切赤字问题方面，政府起到了有效的作用。这种福利保障在一些拉美国家表现为庞大的福利支出，尤其是乌拉圭、智利和巴西。本地区一些国家慷慨的福利保障导致了20世纪八九十年代的全面养老金危机（见第七章）。

东欧养老金的历史甚至比拉丁美洲还要长。两次世界大战期间，各国纷纷效仿德国，这在其各自福利方案的早期规划中扮演了至关重要的角色（穆勒，1999年：61）。这些方案后来由新任的共产主义政权所接管。起初，有利于国有部门产业工人的福利与拉美基于职业的福利体系颇为相似。但经济国有化、社会主义制度特色就业保障以及农业集体化为更广泛的福利覆盖提供了基础。由于社会主义经济的本质，非正规部

---

① 巴西在20世纪70年代中期，官方统计的福利覆盖的劳动力达90%，其原因是非缴费型社会保障向农村和非正规部门员工的延伸。但实际覆盖率仅达到经济活跃人口的30%（韦兰，2004年）。

门和个体经营的规模高度有限；所有工人实际上都受雇于国家。并且，与拉美国家截然不同的是，早在20世纪50年代，国有农场和合作社就开始为农民提供了社会保障。

东欧的养老金得到了社会消费基金的资助，这项基金还涵盖了其他各种各样的社会福利，包括家庭津贴和为老年人提供的社会救助。工作单位缴纳大额费用，并在企业或"单位"层面上对资金进行管理。然而，尽管一些国家存在着剩余社会保险原则，但这些资金最终都由政府筹集，且雇员仅需缴纳很低的工资税甚至完全不用缴纳。政府对福利水平的直接控制——实际上，对一切消费的控制——意味着政府可能会逃避责任。尽管如此，至东欧社会主义制度崩溃之时，我们所关注的国家事实上都已普及了福利覆盖，并形成了强烈的福利保障意识。

与拉美一样的是，亚洲的多数国家和地区为军人和公务员提供了专门的福利，有些还为教师也提供了专门福利。但在亚洲，私营部门员工的福利覆盖面却狭窄得多，抑或是政府在这方面的财政作用有限。截至1980年，韩国和泰国尚未建立起针对私营部门员工的公共养老金体系。中国台湾地区、新加坡和马来西亚的社会保障体系实行了规定缴费制，财务责任重重地落在了雇主和雇员身上，而政府的角色仅限于行政管理。菲律宾则是一个例外。1954年，该国通过了一项社会保险方案。至1980年，该方案已覆盖了一半以上的经济活跃人口，但福利待遇仍然有限，且公共雇员受到优待。

2. 医疗体系：保险和基本医疗保健

医疗体系在很大程度上与养老金制度相呼应，某些案例中，这两者甚至紧密联系。东欧各国建立了全民医疗体系，由政府医院和诊所直接提供医疗服务，且服务交付免费。至20世纪80年代，全民医疗服务表现出了一些显著问题，包括供给不足、医院拥挤不堪和医疗从业人员私下收受红包。尽管公共健康指标在七八十年代有所恶化，但所有居民均享有公共医疗保健服务，且事实上已成为了一项公民权利。

在拉美多数国家，国有和正规部门员工的医疗保险由工资税缴纳和政府转移支付来筹资，并通过同样也管理养老金的社保基金进行管理。① 拉

---

① 表现出部分例外的国家有：阿根廷，该国工会直接控制了为其成员资助医疗的机构［即社会工程（obras sociales）］；以及乌拉圭，该国的半公共互助基金起到了类似的作用。

美的医疗支出相对较高（见表1-2），不过，与养老金一样，也同样分配不均。未覆盖的部分人群则主要由卫生部门负责，而这些部门始终资金不到位，且政治上处于弱势地位。至20世纪70年代末，哥斯达黎加、乌拉圭、智利和阿根廷的社保基金或政府服务的覆盖面已扩大至多数人口。但是，向正规部门的倾斜造成了服务质量和覆盖程度的显著不均衡，并且在其他多数国家，40%—70%的人口被完全排斥在福利体系之外。

表1-2　基本医疗保健：拉丁美洲、东亚和东欧的政策与表现，1980年左右

	由受训人员助产的出生率（%）	百白破免疫接种（一岁以下婴儿比例）（%）	医院病床数量（‰）	医生数量（‰）
阿根廷	93	41	5.59	2.68
巴西	84	37	5.00	0.77
智利	97	85	3.41	0.52
哥伦比亚	61	16	1.56	0.76
哥斯达黎加	97	86	3.31	0.60
墨西哥	69	44	0.70	0.96
秘鲁	57	16	2.50	0.72
乌拉圭	n.a.	53	5.00	2.00
委内瑞拉	69	56	0.33	0.83
拉美平均水平	78	48	2.90	1.09
韩国	100	61	1.70	0.60
马来西亚	89	67	2.28	0.26
新加坡	100	84	3.96	0.85
菲律宾	69	47	1.71	0.13
中国台湾地区			2.22	2.38
泰国	52	49	1.54	0.15
东亚平均水平	82	62	2.24	0.73
保加利亚	n.a.	97	8.85	2.46
捷克斯洛伐克	n.a.	95	11.30	2.30
匈牙利	n.a.	99	9.10	2.30

续表

	由受训人员助产的出生率（%）	百白破免疫接种（一岁以下婴儿比例）（%）	医院病床数量（‰）	医生数量（‰）
波兰	n.a.	96	5.60	1.80
罗马尼亚	n.a.	95	8.78	1.48
东欧平均水平	n.a.	97	8.73	2.07
拉美—东亚（p值）	0.75	0.24	0.30	0.41
拉美—东欧（p值）	n.a.	0.00	0.00	0.01
东亚—东欧（p值）	n.a.	0.01	0.00	0.01

资料来源：世界发展指标（世界银行，2007年）。

我们再次看到，东亚的公共与私人福利保障组合十分不同，新加坡和马来西亚继承了英殖民时期的全民医疗体系，其公共医疗支出在 GDP 中的比例与拉美平均水平大体等同。但是，在其他亚洲案例中，公共医疗支出均较低，且注重公共卫生而不是社会保险。至1980年，泰国还未建立起全民医疗保险，韩国也很晚才建立起全民医疗保险，中国台湾地区则提供了十分有限的医疗保险，并将其作为固定缴款计划的一部分。①

医疗保险计划的存在并不一定与政府对基本医疗服务的重视相关联；相反，公共医疗保险支出与治疗性医疗会与基本医疗服务的扩大相竞争。表1-2显示了各国与地区不同侧重点的一系列指标。我们将医院病床数和医生数量视为强调治疗性医疗的象征，而更基本的医疗形式的指标则是政府在免疫接种和提供受训人员助产方面的表现。②

东欧国家在基本医疗保健衡量指标上比其他两个地区得分要高。免疫接种率近乎完全普及（高里和卡列金，2002年）。同时，东欧国家每一千人拥有的医院病床数和医生数量也明显更高，表明其对治疗性医疗同样高度重视。尽管存在这样的重视——而且也可以说，正是由于这样的重视——在婴儿期存活下来的人们的实际健康水平并没有得到持续改

---

① 菲律宾在这一方面再次表现出部分例外，但其社会保险却很薄弱，而自费医疗和私人保险则扮演着重要角色。

② 此表省略了医疗体系有效性的标准衡量指标，如死亡率（麦圭尔，2001年a）。这些衡量指标受各种因素的影响，如经济增长以及与社会政策不太直接相关的人口结构。

善。1965 年,东欧人口的预期寿命明显高于亚洲(男女皆是)和拉美(女性)。不过,这些差距逐渐缩小,至 1980 年,差距已不明显[普雷克尔(Preker)和费切姆(Feachem),1994 年]。

拉美方面则呈现出相当显著的地区内部差异。一些拉美国家,如智利和哥斯达黎加,拥有较高的免疫接种和助产水平。然而,多数国家对基本医疗保健的重视程度明显不足。在委内瑞拉和乌拉圭,接受免疫的相关人群数量勉强过半,其余国家甚至还不到一半。这些方面基本医疗指标的不佳表现与较高的人均医院病床数和医生数量同时存在。这种矛盾在秘鲁、哥伦比亚和巴西表现得尤为明显。

尽管亚洲案例的助产率和免疫接种率平均要稍高于拉美,但该地区内部仍存在显著差异。不过,即便是该地区最穷的两个国家——泰国和菲律宾——其儿童免疫接种率也接近于拉美的平均水平,且显著高于阿根廷、巴西、哥伦比亚和墨西哥这些更富裕、更城市化的国家。泰国和菲律宾的助产率较低,但韩国、新加坡和马来西亚的水平则与哥斯达黎加、智利和阿根廷相当,甚至更高。尽管这些国家医疗支出水平相对较低,但由于提供了基本医疗服务,因此在新生儿死亡率方面表现相当不俗(麦圭尔,2001 年 a)。

3. 教育

教育领域同样呈现出显著的地区间差异(见表 1-3)。东亚和拉美的教育支出占 GDP 的比例十分相当,但其他指标则表现出侧重点的显著差异。首先,拉美国家将整个初等和中等教育总支出的更大部分用于中等教育。韩国、中国台湾地区和新加坡在第二次世界大战后相对较早地实现了小学入学率的近乎普及,其余亚洲国家也迅速跟进。20 世纪 60 年代,马来西亚、菲律宾和泰国的小学教育完成率近乎拉美国家的一半;至 1980 年,甚至超过了拉美国家。即使是在智利、乌拉圭和哥斯达黎加,小学入学率也保持在 90% 左右。整体上看,两个地区的小学入学率差异具有统计意义(p 值为 0.02)。①

教育表现的这些差异得到了其他跨国研究的证实。隆多尼奥

---

① 中等教育的差异不那么明显,但是表现同样各异。众所周知在东亚,泰国的中学教育完成率较低。而一些拉美国家在 1980 年的中学净入学率则低于 50%,包括巴西(46%)、哥伦比亚(39%)和委内瑞拉(24%)。

（Londoño）（1995年）计算了25岁以上人口的教育水平和人均收入[依据购买力平价（PPP）做了调整]之间的一个简单相关系数。通过对173个国家1994年的截面数据进行回归分析，他发现亚洲国家以及当时的社会主义国家或曾经的社会主义国家和地区——包括中国和东欧——倾向于拥有高于其经济发展水平的教育水平，而拉美却刚好相反。第二次世界大战后初期，拉美劳动力的平均教育年限为2.4年，而根据其经济发展水平预计本来应为大约4年。

表1-3　　拉丁美洲、东亚和东欧的教育支出、入学率和教育有效性，1980年

	政府实际人均初等教育支出（1985年PPP美元）A	政府实际人均中等教育支出（1985年PPP美元）B	A/B	小学净入学率（%）	中学净入学率（%）	小学辍学率（%）	升至五年级的学生比例（男/女）
拉丁美洲							
阿根廷	413	778	0.53	97	59	34.3	73/74
巴西	191	569	0.33	80	46	78.0	n.a.
哥斯达黎加	421	830	0.51	93	70	25.1	82/81
智利	331	567	0.58	73	60	24.2	36/39
哥伦比亚	140	205	0.68	89	39	43.0	77/82
墨西哥	210	495	0.42	98	67	11.9	n.a.
秘鲁	n.a.	n.a.	n.a.	87	70	n.a.	78/74
乌拉圭	442	678	0.65	87	70	14.0	97/99
委内瑞拉	259	824	0.31	83	24	31.5	n.a.
拉美平均水平	301	618	0.50	87	56	33.0[a]	73/74
东亚							
韩国	304	267	1.13	100	76	6.1	94/94
马来西亚	419	754	0.55	92	48	1.0	97/97
菲律宾	107	75	1.42	95	72	25.0	68/73
新加坡	474	878	0.53	100	66	10.0	100/100

续表

	政府实际人均初等教育支出（1985年PPP美元）A	政府实际人均中等教育支出（1985年PPP美元）B	A/B	小学净入学率	中学净入学率	小学辍学率	升至五年级的学生比例（男/女）
中国台湾地区	253	440	0.57	97 (1983)	76 (1983)	<5.0[b]	96/94[b]
泰国	180	200	0.54	99[c]	29[c]	23.3	n.a.
东亚平均水平	289	435	0.79	97	58.2	13.1	91/92
东欧							
保加利亚	n.a.	4657	n.a.	95	73	n.a.	n.a.
捷克斯洛伐克	751	736	n.a.	n.a.	n.a.	n.a.	n.a.
匈牙利	666	1235	n.a.	96	70	8.0	96/97
波兰	n.a.	n.a.	n.a.	98	n.a.	7.0	n.a.
罗马尼亚	165	308	n.a.	n.a.	n.a.	n.a.	n.a.
东欧平均水平	527	1734	n.a.	96.3	72	8.0	n.a.
拉美—东亚（p值）	0.88	0.26	0.13	0.01	0.60	0.03	0.13/0.11
拉美—东欧（p值）	0.34	0.34	n.a.	0.01	0.02	0.01	n.a.
东亚—东欧（p值）	0.32	0.28	n.a.	0.61	0.24	0.35	n.a.

注：[a] 不包括巴西：26.2。
[b] 作者基于升入中学的学生净比例做出的估计（中国台湾地区，2004年）。
[c] 毛入学率。
资料来源：巴罗（Barro）和李（Lee），2000年。

根据入学率来衡量的这些教育成就指标甚至更强烈地反映在教育体系有效性的两个指标上：小学辍学率和升至五年级的学龄儿童比例。由于东欧这方面的数据缺乏，我们再次关注于拉美和东亚的比较。即使排除掉巴西极高的辍学率，拉美的平均辍学率也是我们拥有确切数据的五个亚洲国家的两倍多。这些差异具有统计意义,针对辍学率的 p 值为 0.05,针对升至五年级的学龄儿童比例的 p 值为 0.1。

在托马斯、王和范(Thomas, Wang, Fan, 2001 年, 2003 年)的研究基础上,我们得以概述教育程度的分布。表 1-4 显示了针对 1960 年和 1980 年进行计算的教育基尼系数,使用的是 15 岁以上全部人口的教育程度年限数据。不出意料的是,东欧国家的教育程度分布比其他两个地区明显更平均。样本中的东亚案例在 1960 年的教育程度分布则比拉美国家更为不均(虽然并不显著)。但是,到 1980 年,两者变得大体相同。三个地区的教育程度分布都在 1960 年至 1980 年得以改进,但东亚的进展明显高于拉美或东欧。

表 1-4　　拉丁美洲、东亚和东欧的教育基尼系数,1960 年和 1980 年

	教育基尼系数 1960 年	教育基尼系数 1980 年	绝对值变化
拉丁美洲			
阿根廷	0.344	0.325	-0.019
巴西	0.628	0.484	-0.144
智利	0.413	0.370	-0.053
哥伦比亚	0.534	0.472	-0.062
哥斯达黎加	0.390	0.395	+0.005
墨西哥	0.561	0.497	-0.064
秘鲁	0.557	0.414	-0.143
乌拉圭	0.388	0.357	-0.031
委内瑞拉	0.575	0.426	-0.149
拉美平均水平	0.488	0.412	-0.076
东亚			
韩国	0.547	0.333	-0.214
马来西亚	0.650	0.471	-0.179
菲律宾	0.470	0.340	-0.130
新加坡	0.592	0.510	-0.082

续表

	教育基尼系数 1960 年	教育基尼系数 1980 年	绝对值变化
中国台湾地区	0.562	0.333	-0.229
泰国	0.465	0.371	-0.094
东亚平均水平	0.548	0.393	-0.155
东欧			
保加利亚	0.322	0.308	-0.014
捷克斯洛伐克	0.232	0.211	-0.021
匈牙利	0.224	0.160	-0.064
波兰	0.271	0.162	-0.109
罗马尼亚	0.354	0.300	-0.054
东欧平均水平	0.281	0.228	-0.053
拉美—东亚（p 值）	0.21	0.56	0.03
拉美—东欧（p 值）	0.00	0.00	0.43
东亚—东欧（p 值）	0.00	0.01	0.01

注：教育基尼系数针对 15 岁及以上全部人口，通过就读的平均年限数据而计算。
资料来源：托马斯、王、和范（2001 年，2003 年，以及与作者们的交流）。

二 社会经济相关性

以上对跨地区差异的阐释强调政治经济因素：关键重组、发展战略选择以及政体类型。但是，本研究中各国和地区的经济和社会维度也各不相同，其中任何一个维度都有可能影响前述的福利制度差异。因此必须对其他这些可能的决定因素进行变量控制。

由于缺乏 1980 年以前时期的数据，我们预先排除了使用面板模型来检验这些因素的历时影响。不过，我们可以运用简单的截面数据回归模型来构架案例分析。我们并不认为这种回归可以被给予强有力的因果关系解释，但它们却仍然具有高度提示性。我们考虑了社会支出和社会成果的四组可能的相关系数：收入水平与经济增长的速度和波动性；经济结构与结构转型；社会分层与不公平；人口结构因素。附录三提供了这些模型所得出的描述性分析数据，并对其做了更详细的阐释。

首先有必要考虑的是发展水平的差异［潘佩尔（Pampel）和威廉姆森（Williamson），1989年］。至1980年，我们样本中的许多东欧和拉美国家仍然比许多亚洲案例更为富裕，且更加城市化，这或许可以解释前者更高的福利支出。经济增长率和波动性的差异也可能会影响福利国家的扩大。三个地区在第二次世界大战后多数时期都增长迅速，但拉美和东欧在20世纪70年代增长显著放缓，这或许造成了就业更加疲软及薪酬增长的放缓、更大的不安全因素以及对正规社会保险的更大需求。相反，在亚洲，更高的预期收入增长可能抑制了对再分配政策的兴趣［贝纳博（Benabou）和欧克（Ok），2001年；哈格德，2005年］。增长波动性的差异也可能有类似的影响［阿列辛那、格莱泽和萨切尔多特（Sacerdote），2001年］。在经济增长高度波动的国家，个人和家庭对可以稳定其收入的公共机制可能会更感兴趣。

考虑到对暴露于国际市场可能引发的后果存在着一些争议，我们也考虑了贸易开放的影响。此变量尤其适用于评估相对封闭的拉美经济体和更开放的东亚经济体之间的差异。

这些国家在异质性的不同衡量指标上也存在广泛差异，如民族分化和收入分配。民族分化曾一度与提供公共产品的难度相联系，而且也会削弱再分配的效力（阿列辛那和格莱泽，2004年）。对收入分配不公平的预期则更加莫衷一是。一些理论文章已经指出，不公平会催生出再分配的更大政治压力（罗默，1975年；罗伯茨，1977年；梅尔策和理查德，1981年）。然而，资产和收入的不公平可能与政治权力的不平等紧密相连，这一情况可能会反过来催生延续现有社会分层格局的社会政策。

最后，我们预期人口结构因素也会影响福利保障范围的扩大。随着人口的老龄化，养老金和医疗支出预计会增加（见附录三的基本人口结构指标）。随着人口的老龄化，年老者也更具政治影响力，因此能够掌控大量的公共资源。①

鉴于我们对政体类型影响的关注，我们也纳入了一项"民主"得分，其衡量依据是某国或地区在第二次世界大战后（或独立后）其Polity Ⅳ政体指数得分达到或超过6分的年份的比例；在使用这一特殊衡量指标上，我们沿袭了耶林等人（2005年）的方法，将民主概念化为

---

① 有关如何对人口结构变量进行政治解读的讨论参见布朗和亨特（Hunter，1999年）。

一个"存量"指标。为了评估其他变量未能捕获的地区特定因素的可能影响，我们为本书关注的亚洲和拉美案例以及有数据的东欧案例增加了虚拟变量。①

此处的因变量包括实际人均社会保障和医疗支出，以及小学生人均初等教育支出。各个单独的模型还估计免疫接种率和成人文盲率的差异，前者是基本医疗成果的有效指征；后者则反映了教育体系的长期努力成果。每一项衡量指标都针对 1976 年至 1980 年的平均值，也就是本书第一部分关注的历史时期的尾声。除民主外的自变量则针对 70 年代上半期（1971—1975 年）的平均值。样本大小从 45 个至 90 多个发展中国家不等。②

由于数据缺失或不具可比性，东欧国家无法被包括在大多数回归模型中。不过，我们会在第四章中表明，社会经济因素不太可能具有重要意义。共产党在东欧推行福利制度之时，该地区的国家在我们在此考虑的诸多维度上大相径庭，但随之又迅速汇集成普遍的模式。

在建构"基准模型"时——即不包含地区虚拟变量的模型——我们引入了与有关政策领域相关的对照组，并舍弃了其他一些总是不能达到标准意义水平的对照组。在本书的框架下，我们对地区虚拟变量尤为感兴趣，因为它们能表征各个地区的特定因素，而这些因素是不能用其他回归元进行建模的。纳入地区虚拟变量大幅增加了每次回归的整体解释力，并表明了意义重大的跨地区差异。

与现代化视角不同的是，表 1-5 显示的社会保障支出模型在发展水平、城市化和工业化方面表现出惊人的糟糕结果。增长和其波动性都不具重要意义。人口的年龄构成与社会保障支出高度相关。民族分化与支出则呈负相关。③ 民主的相关系数为正，尽管一旦引入地区虚拟变量，这种相关系数便降至标准意义水平以下；即便运用选择模型来对民主本身做出解释，这些结果也没有改变。

---

① 我们也单独为新加坡做了虚拟变量，该国就开放度、财富值、城市化和其他关键变量而言是个孤例。

② 除本书所涉及的拉美和亚洲国家与地区外，这些发展中国家还包括一些非洲和中东国家、中美洲和加勒比海地区较贫穷的国家，以及除东亚和东南亚以外的亚洲国家。

③ 基尼系数同样与社会保障支出呈显著负相关，但对这一结果的解释会带来严重而明显的内生性问题。

表 1-5　　　　　发展中国家社会保障支出的相关性
（占 GDP 的比例，1976—1980 年）

人均 GDP	0.000 (0.80)	-0.000 (0.62)					
城市化			0.020 (1.05)		0.020 (1.06)	0.022 (1.06)	0.019 (0.99)
工业化				-0.022 (1.05)			
民主年限	2.354 (2.00)*	1.908 (1.27)	1.966 (1.24)	0.969 (0.51)	1.966 (1.23)	1.718 (1.06)	1.970 (1.23)
贸易	0.002 (0.34)	0.013 (2.03)**	0.003 (0.38)	0.012 (1.87)*	0.003 (0.38)	0.009 (1.15)	0.003 (0.32)
65 岁以上人口	0.776 (3.89)***	0.745 (3.63)***	0.667 (3.26)***	0.651 -(3.67)***	0.667 3.17***	0.620 (2.74)***	0.614 (2.82)***
对数 GDP	0.386 (1.77)*	0.563 (2.42)**	0.305 (0.99)	0.451 (1.62)	0.305 (1.01)	0.338 (1.11)	0.305 (1.02)
拉丁美洲		5.784 (0.86)	3.389 (0.54)	10.171 (1.45)	3.389 (0.54)	4.094 (0.66)	2.990 (0.48)
东亚		-2.361 (3.45)***	-1.871 (2.35)**	-1.824 (2.53)**	-1.871 (2.27)**	-2.157 (2.54)**	-2.017 (2.42)**
新加坡	-3.446 (1.72)*	-6.369 (3.34)***	-4.572 (2.58)**	-5.814 (2.84)***	-4.572 (2.54)**	-6.932 (3.10)***	-4.519 (2.44)**
东欧增长波动性		降低	降低	降低	降低 0.000 (0.00)	降低	降低
增长						0.050 (0.74)	
民族分化指数							-1.086 (1.39)
常数	-10.363 (2.05)**	-14.735 (2.69)**	-8.608 (1.21)	-11.283 (1.81)*	-8.610 (1.24)	-9.881 (1.40)	-7.791 (1.10)

续表

观察值	50	50	50	49	50	49	50
R^2	0.62	0.68	0.69	0.65	0.69	0.70	0.70

注：括号内表示强鲁棒性 t 值。

* 指达 0.1 显著水平；

** 指达 0.05 显著水平；

*** 指达 0.01 显著水平。

资料来源及各变量的定义见附录三。

即使对发展水平的影响和其他社会经济变量进行变量控制，东亚虚拟变量的相关系数仍表明其社会保障支出显著低于样本中其他国家。拉美虚拟变量并不显著，但有迹象表明其呈正相关，这与东亚案例刚好相反。

在教育支出领域（表 1-6），地区模式则反其道而行之。在人均收入、城市化水平和学龄人口保持恒定的情况下，拉美国家的该项支出一直比亚洲案例和样本中的其他国家和地区更低。表 1-7 对成人文盲率的回归（包括东欧国家）显示出类似的模式。所有这三个地区均比更大样本中的其余国家和地区表现得更好，包括在 20 世纪 70 年代仍然有着巨大教育赤字的中东和非洲国家。但系数大小的差异又表明亚洲和东欧的地区影响规模高于拉美。拉美国家在降低成人文盲率方面也同样滞后。表 1-6 中民主的系数为正，但仅在其中一个模型上有意义。表 1-7 中民主的系数（成人文盲率）为负，且高度具有意义，但因果关系的方向尚不明确。

公共医疗卫生支出的回归运算（表 1-8）没有呈现出一致的结果，但免疫接种率的结果（表 1-9）则表明支出方式呈巨大的跨地区差异。控制其他因素的情况下，东亚和东欧都明显比拉美或样本中的其他国家对基本医疗的这一方面投入更多。表 1-8 和表 1-9 显示的大多数模型中，民主和贸易开放度同样也具有正面、显著的影响。

我们是秉着适度谨慎的态度来报告这些结果的。这些截面回归模型并未捕获根本的社会或人口结构变化与福利政策之间的关系的动态性；由于数据的限制，我们也无法建构一个更合适的特定模型或做出强有力的因果推论。尽管如此，仍有两个发现值得关注。首先，对福利保障发展的许多标准解释似乎并不适用于这类国家。其次,地区虚拟变量持续朝着预期的方向发展,并在许多模型中具有意义。不过,可以肯定的是,地区虚拟变量并不能告诉我们,对于每类国家来说,到底是什么特征才可以解释这些明显差异。不管怎样,研究结果都大体与我们对不同的地区福利轨迹的关注相一致。

表1-6　发展中国家小学生人均支出相关性(1980年左右)

人均GDP	0.063 (2.45)**	0.090 (3.24)***			0.076 (2.65)**	0.090 (3.12)***
工业化			5.057 (1.05)			
城市化				6.921 (3.91)***		
民主年限	60.226 (0.85)	97.427 (1.30)	56.614 (0.59)	167.788 (1.79)*	36.704 (0.38)	94.440 (1.22)
贸易	1.039 (1.56)	0.329 (0.49)	0.483 (0.43)	0.369 (0.62)	1.143 (1.30)	0.560 (0.79)
15岁以下人口	-10.990 (2.32)**	-10.155 (2.18)**	-17.375 (5.37)***	-13.001 (3.98)***	-8.886 (1.68)*	-12.057 (2.54)**
对数GDP	-21.078 (1.46)	-18.317 (1.21)	-16.511 (0.59)	-20.924 (1.19)	-5.687 (0.33)	-11.785 (0.78)
拉丁美洲	-253.050 (3.05)***	-51.795 (0.60)	-269.866 (2.71)***	-220.719 (2.15)**	-257.373 (3.04)***	
东亚	-51.590 (0.91)	-63.074 (0.94)	-33.112 (0.53)	-82.585 (1.18)	-54.536 (1.11)	
新加坡	-566.277 (2.44)**	-424.497 (1.99)*	-256.436 (0.70)	-566.888 (3.14)***	-674.235 (2.32)**	-527.990 (2.16)**
东欧基尼系数		降低	降低	降低	降低 -3.338 (0.76)	降低

续表

民族分化指数						133.711 (1.56)
常数	999.799 (2.38)**	920.445 (2.37)**	1,182.767 (1.76)*	1,013.750 (2.08)**	687.010 (1.50)	764.675 (1.95)*
观察值	69	69	66	69	52	68
R^2	0.54	0.62	0.42	0.59	0.64	0.63

注：括号内表示强鲁棒性 t 值。

* 指达 0.1 显著水平；

** 指达 0.05 显著水平；

*** 指达 0.01 显著水平。

资料来源及各变量的定义：见附录三。

表1-7　　　　　　　1980年发展中国家成人文盲率相关性

城市化	-0.577 (6.96)***	-0.439 (4.54)***
民主年限	-19.691 (2.57)**	-20.537 (2.77)***
贸易	-0.045 (0.81)	-0.085 (1.32)
民族分化指数	29.454 (3.48)***	21.989 (2.69)***
新加坡	30.730 (1.48)	32.451 (1.53)
拉丁美洲		-14.365 (2.42)**
东亚		-28.349 (3.28)***
东欧		-32.169 (8.10)***

续表

常数	55.117 (7.56)***	60.282 (8.84)***
观察值	89	89
R^2	0.49	0.59

注：括号内表示强鲁棒性 t 值。

* 达 0.1 显著水平；

** 达 0.05 显著水平；

*** 达 0.01 显著水平。

资料来源及各变量的定义见附录三。

表 1-8　　　　　　发展中国家医疗支出相关性
（占 GDP 的比例，1976—1980 年）

人均 GDP	0.000 (0.76)	-0.000 (0.34)	
城市化			0.007 (0.92)
民主年限	1.132 (2.19)**	0.935 (2.11)**	0.918 (2.08)**
贸易	0.009 (2.39)**	0.013 (2.84)***	0.010 (1.95)*
对数 GDP	-0.124 (1.64)	-0.105 (1.20)	-0.161 (1.74)*
拉丁美洲		2.818 (1.69)*	1.731 (0.80)
东亚		-0.417 (1.41)	-0.325 (1.03)
新加坡	-2.973 (2.46)**	-3.791 (2.75)***	-3.339 (2.48)**

续表

东欧		降低	降低
常数	3.534 (1.88)*	2.953 (1.38)	4.213 (1.89)*
观察值	52	52	52
R^2	0.43	0.48	0.49

注：括号内表示强鲁棒性 t 值。

* 达 0.1 显著水平；

** 达 0.05 显著水平；

*** 达 0.01 显著水平。

资料来源及各变量的定义见附录三。

表1-9　发展中国家百白破免疫接种相关性（1980年左右）

人均 GDP	0.003 (1.72)*	0.002 (0.84)	
城市化			0.207 (1.04)
民主年限	20.316 (1.65)	22.852 (2.01)*	23.972 (2.11)**
贸易	0.157 (2.89)***	0.336 (2.10)**	0.338 (2.76)***
自由度	-0.206 (0.95)	-0.275 (1.38)	-0.291 (1.40)
对数 GDP	1.039 (0.38)	0.701 (0.18)	1.154 (0.37)
拉丁美洲		13.980 (1.13)	10.121 (0.69)
东亚		22.078 (2.11)**	22.735 (2.40)**

续表

新加坡		-77.207 (1.36)	-84.790 (1.98)*
东欧		72.459 (8.61)***	73.930 (8.71)***
常数	-8.148 (0.13)	-13.567 (0.14)	-29.235 (0.39)
观察值	44	44	45
R^2	0.34	0.58	0.58

注：括号内表示强鲁棒性 t 值。

* 达 0.1 显著水平；

** 达 0.05 显著水平；

*** 达 0.01 显著水平。

资料来源及各变量的定义见附录三。

第二节 福利制度的缘起和演变：关键重组、发展战略和民主

我们对福利制度明显差异的解释依赖于对政治和经济发展更复杂、更历史性的建构，而这不是上述变量能够完全表征的。我们首先审视 20 世纪早中期发生的政治重组的影响，然后转而讨论发展战略和政体类型所扮演的角色。

一 关键重组

我们对各福利制度明显差异的解释从历史着眼，首先讨论发生于 20 世纪早期和中期的关键政治重组。我们对关键重组的定义是，在政治精英构成方面，以及在劳工与农民组织和群众性政党的政治法律地位方面的不连续性。关键重组过程可能涉及将有广泛基础的群体拉拢或吸纳进政治舞台，其途径是改变这些群体的政治法律地位，以及政治精英笼络其对自身的支持。在这种背景下，政治精英有可能会通过扩大此类新兴群体的社会保险与服务来建立起新的社会契约。相反地，政治重组也可能意味着对该群体的限制、查禁或彻底的压制。针对后一种类型的

政治重组，我们的预期结论并不那么简单直接，社会主义国家的案例便表明了这一点。不过，我们预期在混合型经济的情况下，对劳工和左翼的控制会限制对城市工人阶级的社会政策让步。

政治重组这一概念促使我们关注潜在的联合执政因素对政策抉择的影响。我们关注这种联合执政情况下对左翼、劳工和农民群体的赋权，这反映出我们得益于"权力—资源"的研究视角，该视角对于发达福利国家的研究工作至关重要。但是，关键重组的结果不仅反映了上述群体的早期力量，而且也反映了政治精英们吸纳或排斥次属群体进入政治体系的策略和可利用的资源。起初势单力薄的劳工运动的影响可能会因精英们试图将其吸纳入执政联盟的努力而有所加强；相反地，在某关键时期初期相对强大的激进组织则可能被碾压。而工人阶级、农民以及代表这些群体的政党随后的政治和组织能力才是真正至关重要的。

本节我们将详细阐释拉美关键重组期间形成的各跨阶级执政联盟之间的差异，以及冷战期间分别在东欧和东亚上台的具强烈压制性的共产党和右翼政府。我们会讨论塑就关键重组的国际背景，及其对社会政策发展的长期影响。

1. 拉丁美洲：对寡头统治的挑战

拉美的关键重组表现为对农产品出口型寡头统治的改良派挑战，寡头统治至少从 19 世纪后半叶就一度主导拉美政治。在经济方面，寡头政治国家大体接受自由贸易和资本流动的原则，并依赖于欧洲大陆和美国的工业化所带来的对初级产品的旺盛需求。政治方面，这些政府为部分中产阶级提供了某些参政途径，但却不允许更广泛领域的参政，且政府对新兴劳工运动采取了压制和临时性妥协相结合的态度。农村地区由大地主和保守派政治领袖所主导，动员农民的机会极度受限。

对旧秩序构成挑战的政治力量包含从中产阶级甚至到上层阶级的相对广泛的多样化群体，包括中间派政客、知识分子、军官与寡头统治阶层持不同政见的派别。但是，正如露丝·克里尔（Ruth Collier）和大卫·克里尔（David Collier）（1991 年：7）所指出的，政治领袖也"开始比以往更广泛地寻求调动工会的机会，以作为寻求其支持的基础"。在改良派能够有所突破并掌权的地区，他们通过了综合性的劳工法规。这些法规对组织集会和集体式讨价还价有所限制，但同时也承认工会这一合法的政治角色。

当时的国际环境是有利于这些政治重组的,因为这一切都发生于20世纪上半叶的不同时间点,即冷战开始之前的时期,此时美国霸权仍主要限于中美洲和加勒比海地区。冷战压力的确成为拉美50年代政治格局的重要特征,尤其是继古巴革命之后。但至少在此之前,新任政治领导还不能指望国外庇护力量的支持来持续抑制独立的劳工运动,或借助外部威胁力量来证明这种做法的合理性。

表1-10在借鉴露丝·克里尔和大卫·克里尔(1991年)的开创性研究的基础上,总结了拉美关键重组的时间段,新兴政治精英对待劳工和左翼政党的策略,以及对随后的党派分歧的影响。[①] 我们也标明了这些突破性时期中重要社会政策举措出台的时段以及当时的政体类型。依据20世纪早期至中期的标准,许多拉美国家的政府都相对民主。然而,多数政府仍限制了选举权的程度、组织集会的自由度以及政党竞争。在某些案例中,反寡头政治挑战与政体的任何变化均没有联系。

表1-10　　　　　　拉丁美洲的关键重组,1900—1950年

	政府	对待左翼政党、劳工和农民群体的政治策略	政体类型	对党派分歧和劳工组织的影响	社会政策举措
阿根廷	军政府,1943—1945年;胡安·庇隆,1946—1955年	庇隆将劳工纳入民粹主义运动	军事独裁,1943—1945年半民主,1946—1952年	庇隆主义者和军事精英派之间的两极分化矛盾	1943年,庇隆执政期间医疗保险和养老金显著扩大
巴西	热图利奥·瓦加斯,1930—1945年	保守派联盟对劳工进行国家—社团主义控制,并禁止左翼政党	威权统治;以总统法令治国,1930—1937年;新国家体制,1937—1945年	正规工会周期性地受到激进运动的渗透	1934—1936年,养老金和医疗立法

[①] 这两位学者的研究没有包含哥斯达黎加。

续表

政府		对待左翼政党、劳工和农民群体的政治策略	政体类型	对党派分歧和劳工组织的影响	社会政策举措
智利	阿图罗·阿莱桑德里，1920—1924年；卡洛斯·伊瓦涅斯，1925—1931年	保守派联盟对劳工进行国家—社团主义控制；左翼政党被伊瓦涅斯政府禁止	阿莱桑德里，半民主；伊瓦涅斯，军事独裁	伊瓦涅斯政权倒台后，劳工组织由左翼政党主导	1924年，阿莱桑德里执政期间养老金和医疗得以立法，伊瓦涅斯执政期间获批生效
哥伦比亚	阿方索·洛佩斯，1934—1938年，1942—1945年	自由党的改良派试图吸纳劳工	半民主	传统政党持续主导竞选；工会仍处于政党框架之外	1936年，洛佩斯第一届任期内医疗保险得以立法；1943年，洛佩斯第二届任期内建立起养老金
哥斯达黎加	卡尔德隆·瓜迪亚，1941—1948年；何塞·菲格雷斯，1948—1950年	精英和教会中的改良派与共产党结盟	卡尔德隆，半民主；短暂内战后的临时政府（1948年）	立法部门中民族解放党的中左翼占主体；工会处于政党体系之外	1941年，卡尔德隆建立起医疗和社会保险基金，菲格雷斯执政期间获批生效
墨西哥	拉萨罗·卡德纳斯，1934—1940年；曼努埃尔·阿维拉·卡马乔，1940—1946年	卡德纳斯执政下激进民粹主义者与劳工和农民运动结盟	主导党威权统治	劳工以初级合伙人身份被纳入主导政党	1943年，阿维拉·卡马乔执政期间建立起养老金和医疗基金
秘鲁	何塞·路易斯·布斯塔曼，1945—1948年	布斯塔曼与基于劳工的阿普拉党联盟结盟	半民主	阿普拉党和军方精英之间的两极分化矛盾	1936年，"重大突破"时期之前保守派政府建立起养老金和医疗基金

续表

	政府	对待左翼政党、劳工和农民群体的政治策略	政体类型	对党派分歧和劳工组织的影响	社会政策举措
委内瑞拉	埃莱亚萨尔·洛佩斯·康特雷拉斯，1935—1941 年；伊萨伊亚斯·梅迪纳，1941—1945 年；罗慕洛·贝坦科尔特，1945—1948 年	民主行动党；试图与劳工和农民运动进行激进民粹主义结盟	洛佩斯－梅迪纳，军事独裁；贝坦科尔特，由民主行动党领导的军民融合军政府	与工会有紧密联系的中间派政党轮流占据总统职位	1936 年，洛佩斯·康特雷拉斯"保守现代化"政府期间养老金和医疗得以立法
乌拉圭	何塞·巴特列，1903—1907 年；1911—1915 年	红党的改良派尝试彻底的民主改革	半民主	传统政党持续主导竞选；工会仍处于政党框架之外	1912 年，巴特列支持养老金和医疗体系；巴特列第一届任期内义务教育得以普及

露丝·克里尔和大卫·克里尔的研究表明了拉拢劳工的不同策略是如何导致政党体系和阶级关系的整合或两极分化倾向的。不过，出于我们研究目的的考虑，这些关键时期的共同特征较之其差异更值得关注。工会虽易受国家控制，但在我们关注的每个国家都仍然扮演重要的角色。即使在威权政治下，直到 20 世纪 70 年代新自由主义独裁统治出现之前，都没有持续的遣散并摧毁整个工会运动的行为。即使在这些案例中，也只有智利的皮诺切特（Pinochet）政权近乎成功地做到了这一点。

民粹主义和左翼政党在拉丁美洲站稳脚跟困难更大，其权力在不同的国家差异巨大。但即便军事或右翼平民政府禁止这类政党参与选举竞争，他们也从未被完全清除过。在阿根廷和秘鲁，基于劳工的政党遭遇了最长时期的选举政治排斥。然而在阿根廷，庇隆主义政客们在由庇隆（Perón，又作贝隆）于四五十年代动员的强大工会运动中保持了其组织基础，该党派于 70 年代初重获合法性和政治权力。秘鲁人民党（阿普拉党，APRA）也仍是一支重要政治力量，尽管曾长期受到军方的压制。①

在巴西和智利，在关键重组时期起草的劳工法规旨在将工会运动与民粹主义以及马克思主义运动隔绝开来（克里尔和克里尔，1991年：169—196）。但这两个国家的方案均未获成功。在智利，经过卡洛斯·伊瓦涅斯（Carlos Ibáñez）政府的短暂压制后，社会党得以重新确立为竞选和工会运动中的一支重要力量。共产党人在1946年至1952年被认为是非法的，但他们参与了三四十年代的执政联盟，并在五六十年代再次成为一支强大的政治力量。他们与社会党联合，形成了萨尔瓦多·阿连德（Salvador Allende）领导的人民团结政府的一个关键组成部分。在巴西，20世纪30年代在热图利奥·瓦加斯（Getúlio Vargas）执政期间建立的社团主义制度在削弱快速壮大的共产党方面更为成功，但民粹主义政客依然具有影响力。事实上，瓦加斯自己也在50年代期间以民粹主义者的身份复出，且劳工运动在1964年军事政变之前的这段时期变得日益激进。

在乌拉圭、哥伦比亚和哥斯达黎加，主要政党没有与劳工运动建立起强大的组织联系，但左翼和民粹主义政治运动却是政治舞台上的重要角色。乌拉圭的红党（Colorado Party）是19世纪精英政治的自然结果，但从20世纪初至50年代期间却一直保持着强烈的中左意识形态倾向。类似地，在哥斯达黎加，主导党民族解放党（Partido Liberación Nacional，PLN）在劳工运动中获得的组织支持甚少，但在整个战后时期却由认同欧洲社会民主的政客所领导。哥伦比亚自由党（Liberal Party）的领导人则始终与传统的寡头政治保持着更紧密的联系，但即便是该党，也容纳了具有高度影响力的左翼派别。

另外，在墨西哥和委内瑞拉，基于劳工的政党开始主导各自政府数十年。革命制度党（The Institutional Revolutionary Party，PRI），奠定了墨西哥长期威权政体的基础。委内瑞拉的制度则更加民主，其民主行动党（Democratic Action Party，AD），从20世纪30年代到几乎20世纪尾

---

① 80年代中期阿兰·加西亚（Alan García）当选之前，人民党的影响力在1956年至1962年曼努埃尔·普拉多·乌加特切（Manuel Prado y Ugarteche）执政期间以及此后的60年代作为主导反对党期间达到了顶峰。

声一直都是主导政党;其选举和组织能力的关键是对劳工和农会的吸纳。民主行动党长期占据总统席位,并持续主导立法部门。革命制度党和民主行动党在战后都日益表现出非意识形态化和庇护主义倾向。但两大政党均与工会运动保持着强有力的社团主义联系,并依靠工会运动来获取支持。

工会和民粹主义政治运动在政治舞台上的整合——即使会受到周期性的控制——足以解释前一小节所描述的拉美福利制度的特征。无论是作为改良派"重大突破"的结果,还是作为由寡头在位者所采取的防御措施,全民养老金和医疗保险计划的启动都可以追溯至这一时期。这些体系起初仅覆盖较少人口,但却标志着扩大基于职业的社会保障制度的重要进步,并随后扩大至广泛的中产阶级雇员和城市蓝领工人。

改良派联盟通常包括庄园主和某些地主,以及蓝领工会和民粹主义政治运动。除墨西哥和委内瑞拉是部分特例外,改良派并没有对农村的主导阶层构成挑战。即使是在这两个特例中,农村激进主义最终都让位于更传统、基于赞助的选举机制的建立。其结果是,社会保障和医疗保险的正规机制一般严重偏向城市白领和蓝领工人。

教育领域的不公则深深植根于可追溯至殖民时期的财富和政治权力的集中。改革运动通常强调扩大教育权利的重要性,从而实现社会的现代化和整合。然而,改革举措不仅受到了寡头和教会的反对,而且也受制于改良派联盟本身的构成。联盟中的农村精英对这类计划不甚感兴趣,而中产阶级和工人阶级的需求又聚焦于城市地区的大学和公立学校。20世纪五六十年代,小学教育的确扩大到了农村地区,但这一进步并没有带来提高教育质量或有效性的持续努力,辍学率和复读率依然居高[恩格曼、马里斯科(Mariscal)和索科洛夫,2002年;伯索尔、罗斯和赛博特(Satbot),1995年]。

2. 东亚的反殖民运动与冷战

对东亚和东南亚大多数国家与地区而言,太平洋战争标志着根本性政治重组的开始,这与殖民统治结束、政治独立的到来以及民族主义运动力量的上升紧密相连(表1-11)。日本对韩国和中国台湾地区的统治于1945年结束。中国台湾地区的情况比较不同寻常,并非本土民族主义力量争取到权力,而是1947年至1949年,国民党在与共产党的较量中渐显劣势而从中国大陆撤逃至中国台湾,中国台湾岛从此被国民党(KMT)

政府控制。韩国于1948年赢得了正式独立,随后是3年的美军占领期。菲律宾曾在1935年有过短暂的自治,但直到1946年才完全独立。马来西亚和新加坡较晚脱离英国赢得独立,时间分别是1957年和1963年。只有泰国在这一时期前拥有完全未中断的正式政治独立历史,但国际和地区局势同样也对其1945年以后的政治产生了决定性的影响。

表1-11　　　　东亚的关键重组,1945—1960年

国家与地区,(政治)独立年份	政府	对待左翼政党、劳工和农民群体的政治策略	政体类型	对党派分歧和劳工组织的影响	早期社会政策举措
韩国,1948年	李承晚(1948—1960年)	美军占领压制了共产党和左翼民粹主义力量;左翼政党和工会受到压制	名义上民主但日益专制	无左翼政党;工会由政府控制	义务初等教育(1949年)
马来西亚,1957年	东古·阿卜杜勒·拉赫曼(1957—1969年)	独立前英国击败了农村叛乱并削弱了劳工运动(马来亚紧急状态)	半民主	民族政党和党派分歧占主导地位;软弱的左翼和劳工受各种控制	普及初等教育(1961年);农村医疗方案扩大
新加坡,1963年	李光耀[1959—1990年](1959—1963年,自治)]	早期策略是拉拢劳工和左翼。左翼选举失败,随后是对工会的压制和重新控制	民主,后变为一党专制	1963年后不存在具实际意义的反对党;工会由政府控制	普及初等教育(1959年);重大住房保障举措
菲律宾,1946年	[奎松(1935—1944年),自治]罗哈斯(1946—1948年);基里诺(1948—1953年)	保守派政府针对共产党左翼和人民抗日军,但给予工会运动适当空间	半民主	精英政党主导;无有效的左翼政党;工会享有法律保护但政治上软弱	普及初等教育(1935年)

续表

国家与地区，（政治）独立年份	政府	对待左翼政党、劳工和农民群体的政治策略	政体类型	对党派分歧和劳工组织的影响	早期社会政策举措
中国台湾地区，1949年	蒋介石（1949—1975年）	中国台湾地区的独立政治力量于1947年被镇压	主导党专制	无反对党；工会由政府控制	义务初等教育（1947年宪法）；军队和特定职工社会保险（1950年）；农村公共卫生和诊所
泰国，（一直独立）	銮披汶（1948—1957年）	军事—皇室联盟禁止共产党，并清算工会	名义上半民主，实为军事独裁	反对党势力薄弱，无左翼政党；国企部门工会由政府控制；1958年工会被禁止	

本地区内殖民统治的性质迥异，其中既有日本对韩国和中国台湾地区的严酷"开发式"专制统治，也有美国对菲律宾的半民主式监管，以及英国对新加坡和马来西亚的殖民统治。这些都影响了其各自的社会政策进程，后面将会加以阐释。然而，不论是哪个案例，其政治独立之前都有着复杂的民族主义政治，新兴政治精英力图动员各个群体至政治舞台，以达到争取政治独立和在各自的民族主义运动中击败对手从而夺权的双重目的［如史密斯（Smith），1981年］。

所有案例中的民族主义运动都有左翼的存在，通常以共产党为代表，力求在农村开展行动，同时也在城市寻求统一战线策略。因此，亚洲案例的一个突出特点就是农民运动更加广泛发生，在当时的中国、马来亚、菲律宾、韩国以及其后的泰国都是如此；另一个突出特点是保守派政治精英相应地关注击败这些运动并确保其不再复发。第二次世界大战后初期，我们样本中的两个案例——韩国和中国台湾地区——均实行了相当广泛的土地改革，极大地削弱了地主的势力。同时，所有的保守派政府都至少一定程度地重视农村地区，以抗衡城市激进主义。①

然而，在我们关注的所有案例中，民族主义运动的最终结果都表现为由反共政治精英主导的保守派政治联盟的崛起，以及共产党人、民粹主义者和劳工挑战者的湮没。国际因素在这些关键重组中至关重要。包括菲律宾和马来亚在内的一些国家动员曾反对殖民统治的民族主义运动继续进行抗日斗争。这些运动不同程度地从苏联和中国获得了外部支持，并在第二次世界大战后初期复出。但与此同时，美国想要抵制苏联扩大的决心日益坚定。中国和越南革命的进步以及分别于1949年和1950年取得的最终成功强化了美国的这一决心。朝鲜战争的影响彻底将冷战延伸至了东北亚和东南亚两个地区［杰维斯（Jervis），1980年］。

在最终决定曾分化了民族主义运动的冲突的结果方面，冷战冲突起到了决定性的作用。向美国看齐的政治运动及随后的政府显然不太倾向于包容或拉拢左翼政治力量。反共政治在韩国和中国台湾地区这样的冷战"前线"国家与地区表现得最为严厉，并得到了美国的大力支持。同时，亚洲其他地区也存在着类似的思潮。新加坡的李光耀就以共产主义威胁为由而将其对政治反对派的攻击合理化。独立后的马来西亚政局似乎与冷战格局不太搭调，但这种差异不应被夸大。独立之前的马来西亚曾发生的一场农村叛乱被英国击败，且第一届独立政府始终执行着一项内部安全法令，该法令在本书涵盖的时期内一直作为政治控制的工具而存在。

从某种程度上看，政府能寻求彻底压制左翼、劳工和农村社会运动的程度是政体类型的一项功能。但即使是在名义民主的环境下，如菲律宾，国际局势也限制了劳工、农村地区和左翼的选择余地。

---

① 韩国的改革在美占时期启动，朝鲜土地改革的范例和朝鲜战争期间进行的再分配推动了韩国的改革。在中国台湾地区，国民党作为一支外来占领势力，几乎不依赖于地方地主阶级。

在中国台湾地区，国民党清算了重要的中国台湾民族主义者、共产党人和其他独立政治力量，并迅速将劳工纳入公有和党派控制的工会。韩国和泰国在"二战"后初期经历了短期的民主或半民主治理，但也在独立后较早朝着威权方向发展。韩国独立前，美军占领政府击溃了农村叛乱、共产党人以及独立工会。李承晚（Syngman Rhee）政府是恶毒反共派，其最终继任者，在1960年的短暂民主间歇后上台的朴正熙（Park Chung-Hee）也是如此。在泰国，1947年的军事政变导致了对激进工会的清算，并利用反共法律监禁了左翼反对派。继1957年另一场政变后，沙立·他那叻（Sarit Dhanarajata）政府明显更加独裁，宣布戒严，废除议会，撤销了1956年简要制定的更自由主义的劳动法，并重新启动了国家—社团主义模式的劳工组织。

菲律宾、马来西亚和新加坡的政治起初更为民主，而这种政体差异对其社会政策产生了一定影响；不过，政治竞争的决定因素却由冷战政治所限定。菲律宾联邦共和国时期的曼努埃尔·奎松（Manuel Quezón）总统任期（1935—1944年）奠定了菲律宾政治的特点，并在1946年独立以后继续保持：不仅存在强大的总统权力、腐败和赞助政治，而且也存在反共产主义和农村持续的寡头政治霸主地位［麦考伊（McCoy），1989年］。美国在菲律宾的早期政策似乎支持从政治精英中清算日本人。但是，由于共产党、城市工人以及尤其是菲律宾人民抗日军（Huks）的农村叛乱表现出明显优势力量，道格拉斯·麦克阿瑟（Douglas MacArthur）不得不支持恢复保守统治。曼努埃尔·罗哈斯（Manuel Roxas）政府于1946年阻止了进步性代表的上任，破坏了左翼政党的形成。随着菲律宾人民抗日军叛乱分子夺得权力，共产党于1957年被彻底取缔。

在马来西亚，英国于1948年取缔了激进的马来民族主义党（Malay Nationalist Party），发起了反对马来西亚共产党的反叛乱运动，并鼓励保守的马来民族主义者［即马来民族统一机构（The United Malays National Organization），简称巫统（UMNO）］和商业倾向的华人政党［马来西亚华人公会（The Malaysian Chinese Association）］［斯塔布斯（Stubbs），1989年；乔莫（Jomo），1986年］。至1957年独立时，马来西亚紧急状态（The Emergency）在很大程度上击败了左翼并削弱了独立工会。随后的马印对抗（konfrontasi）为进一步镇压社会主义阵线提供了理由

[克劳奇（Crouch），1996年：89—91]。

在新加坡，殖民统治下的第一任民选政府（1955年）由工人党主导。李光耀的人民行动党（People's Action Party，PAP）仅仅是在竞争同一个城市选区的情况下，并通过承诺社会改革，获得了1959年的选举成功（巴尔，2000年：110—125）。但是，1961年至1962年，李光耀在与马来西亚合并的问题上巧妙地以谋略战胜了左翼，此后又以共产党对国家安全构成威胁为由来合理化其对左翼政客、劳工领袖和持不同政见的工会的压制措施。至60年代中期，人民行动党主导了新加坡政坛，政治反对派被削弱，且政府控制的全国职工总会（National Trades Union Congress）垄断了劳工组织。

本地区政府的保守倾向和左翼政党与工会的相对弱势（即便并没有被彻底压制），都有助于解释我们所观察到的和拉美福利制度的一些差异。首先，政治精英几乎没有动机来通过扩大社会保障寻求城市工人的支持。对基于职业的医疗保险或治疗性医疗的公共投资动机也相对较弱。一些国家倒是的确采取了相对积极的预防性和基本医疗措施；但除新加坡和马来西亚这两个继承了英式全民医疗体系的国家外，治疗性医疗主要是由家庭出资，并由私人医生和诊所提供服务。

与拉美一样，要解释东亚对初等教育的相对重视，就必须囊括各种独立于我们已确定的关键重组的因素，包括不同的殖民时期遗产。与拉美相比，扩大教育权利在整个东亚政界呼声高涨，而这是民族主义政治和反殖民文化政策诉求的一个组成部分。教育权利的扩大通常被写入独立宪法。第三章中我们将讨论民主治理——哪怕是短暂民主——如何也促成了教育权利的扩大（陈，2007年）。

中国台湾地区的案例表明，右翼威权政府同样也对教育感兴趣，尽管是出于不同的原因；他们认为这是宣传特定公民观念与特定政治意识形态，以及行使社会控制的一种方式。尽管东亚地区的民主治理后来让位给了威权统治，但独立时期关键重组期间确立的教育投入却依然保持了下来。

3. 东欧的共产主义政权

在两次世界大战期间，东欧国家的发展方式似乎与拉丁美洲相当[罗特希尔德（Rothschild），1975年；希罗（Chirot），1989年]。大量农村人口仍处于地主控制之下，仅通过农民政党被微弱代表。工人阶级运动和左翼政党尽管弱势，也已经开始出现在政治舞台，而政治格局仍由贵族精英、军方、官僚机构和城市知识分子主导。除匈牙利外，东欧第一次世界大战后的格局在名义上是民主的，但远不具代表性；随着大萧条的到来，除该地区最发达的国家捷克斯洛伐克外，各国的名义民主政体都让位给了各种形式的威权政体。

与东亚一样，国际事件急剧改变了东欧的发展进程。德国对该地区的控制一度削弱了其旧式统治精英；解放之后，各种政治力量，无论是共产主义和社会主义左翼政党，还是劳工工会，或是复苏的农民政党，都重新浮出水面，并运用手段谋取权力。这些新兴政治力量有着改良主义思想，并在共产党夺权之前影响着社会政策。然而，受苏联支持的共产党迅速结束了这一新兴多元主义并迅速重组了政治和经济体系。

东欧共产主义政治权威的巩固包括两套交叉动作［西顿－沃森（Seton–Watson），1956年：第八至十一章；布热津斯基（Brzezinski），1967年：第二至五章；哈蒙德（Hammond），1975年；罗特希尔德，1989年］。第一套是政治性的，首先是消除竞争政党或使其有名无实。共产党起初与社会民主党和其他政治力量共同组建临时联合政府，通常与构成主要左翼政治和意识形态力量的农民党派针锋相对［西蒙斯（Simons），1991年：63–65］。"莫斯科人（Muscovites）"试图通过控制关键部门、军队和警方来主宰联合政府。共产党的最终夺权通常结合了选举操控和对反对派的恐吓和暴力打击；表1–12显示了这些转折点的大致时间段。在所有案例中，国际环境的影响都至关重要，主要是来自苏联的支持，有时候也有军事占领，以及盟友最终不能当机立断的情况。

在雅尔塔（1945年2月4日至11日）和波茨坦（8月2日）召开的三巨头会议实际上承认了苏联在波兰驻军的现实，但也通过坚持联合政府和选举为伦敦政府保留了颜面。波兰联合政府的共产党核心层随后得以控制局面，并且，捷克斯洛伐克也由苏联军队解放。捷克共产党起初比波兰共产党采取了更温和的立场，但很快在苏联的压力下控制了暴力和恐吓的关键机构：警察、军队和"人民民兵"。共产党通过坚持将1948年的议会选举变成对国阵政府的全民公决，挑起了与更弱小的非左翼联合政府成员有牵扯的相关部长的集体辞职，从而为其夺权打开了门户。与捷克斯洛伐克一样，匈牙利临时政府的最初目的也显得较为温和。共产党在 1945 年 11 月和 1947 年 8 月举行的选举中表现不佳，随之便对其战略做了重新评估，并对联合政府政党施压以排挤持不同政见的政客。1947 年年末，议会被迫将权力授予政府，并且，至 1949 年 5 月召开的第三次选举之时，所有有名无实的议会程序都被取消，单一政府名单掌握了 95% 的选票。

罗马尼亚和保加利亚甚至比捷克斯洛伐克和匈牙利更加农村化，其共产党和工会运动相对薄弱。在罗马尼亚，1944 年 10 月成立的全国民主阵线（National Democratic Front）是共产党的分支机构。由美英督促的选举一直推迟到了 1946 年 11 月，此时共产党取得了压倒性的全国民主阵线胜利，国王最终于 1947 年年底退位。在保加利亚，共产党的部分行为令社会主义者和农民党派反应强烈。但是，美国在 1947 年 6 月签署了一项和平条约，有效地削弱了可能存在的任何障碍。随着农民联盟（Agrarian Union）被解散以及社会民主党强行合并，共产党随之迅速巩固了权力。

劳工工会是一个额外的杠杆来源，可能会对脆弱的政府产生影响。然而，工会只要一掌权就会被清洗，其功能也会发生改变；并成为最大化"原始积累"和输出的工具［普拉弗达（Pravda）和努贝尔（Ruble），1986 年］。

这三个地区中，东欧的关键重组最为显而易见；毫无疑问，共产党的掌权标志着一条完全不同的发展道路的开端。尽管存在国情的差异，但共产党的政权都遵循大致相似的政治路线，并随后又大体类似地向经济国有化和社会主义化转型。随着社会保险与服务的提供成为国家的必然，这些经济变化对社会政策也产生了立竿见影的影响。

4. 理论总结：路径依赖和连续性问题

我们已确定的关键重组标志着在统治精英构成和劳工、农村及左翼扮演的政治角色方面的根本性变化。然而，看待历史变化的路径依赖视角的一个核心论点就是关键重组时期会产生持久的影响。就我们已确定的拉丁美洲、东亚和东欧的政治重组而言，为什么会是这种情况呢？

表1-12　　　　东欧的关键重组，1945—1950年

国家	共产党政府的最终实际夺权	对待左翼政党和劳工的政治策略	政体类型	对党派分歧和劳工组织的影响
保加利亚	1947年6月，格奥尔基·季米特洛夫，1946—1949年	主导的社会党被禁止，少数社会主义者与共产党合并，工会受共产党控制	一党专政	无选举竞争，工会传统薄弱
捷克斯洛伐克	1948年2月，克莱门特·哥特瓦尔德，1948—1953年	社会主义者与共产党于1948年合并，工会受共产党控制	一党专政	无选举竞争，社会主义工会传统强大
匈牙利	1947年11月，拉约什·丁涅什，1947—1948年；伊什特万·道比，1948—1952年	社会主义者与共产党于1948年合并，工会受共产党控制	一党专政	无选举竞争，工会传统强大，分裂为社会主义者和共产主义者
波兰	1948年12月，波莱斯瓦夫·贝鲁特，1947—1952年	对社会主义者的广泛清算，被迫于1948年与共产党合并，工会受共产党控制	一党专政	无选举竞争，工会传统强大但分裂
罗马尼亚	1947年12月，康斯坦丁·巴洪，1947—1952年	社会主义者与共产党合并，工会受共产党控制	一党专政	无选举竞争，工会传统薄弱

首先，有必要强调从一开始便导致了政治重组的国际因素的持续意

义。在东亚和东欧，美国和苏联都提供了物质和组织支持，甚至进行了军事和政治干预来继续笼络其新的政治盟友。美国在冷战期间也扩大了自身在拉丁美洲的影响力，积极致力于破坏智利阿连德政权的稳定，并支持巴西、阿根廷和乌拉圭的右翼军事政变。但这些国家的共产主义威胁比亚洲的冷战"前线地区"要微弱，且美国提供给军政府的援助更为有限、更不确定。

其次，路径依赖也可以通过能够改变政治行为成本架构的制度性、社会和经济机制加以解释。在所有案例中，关键重组都使得新兴政治精英掌控了包括国家强制机关在内的国家资源。[①] 新兴政治精英也获得了可用于巩固其政治权威和支撑政治支持基础的财政资源。正是出于这个目的，社会政策才得以施行。关键重组之后启动的福利政策巩固了政治支持基础，同时也造就了现实中的利益相关者。拉丁美洲就是一个例子，其基于职业的养老金和医疗基金不仅产生了受益者阶层，而且也为政客和劳工领袖提供了赞助。社会服务提供方也是这一体系中的主要利益相关方，包括执政者和隶属工会的医务工作者与教师。这些政治力量造成了强大的倾斜性现状。

政策连续性的第三个来源与社会力量集体行动的机会有关。合法工会、其他利益集团和政党通过建立组织、招募人马并与国家及选民建立制度性联系而日益壮大。但是，社会生活中很少有完全不可逆的事物；这类组织有可能随之便被镇压，拉美20世纪六七十年代的官僚威权制度就是一个例子。当然了，它们也可能只是被削弱，只不过要付出一定代价。反过来，一旦代表劳工和农民的组织和政党被渗透或被破坏，它们便不可能在短期内恢复。被排斥的群体面临着艰巨的集体行动和组织问题，即使是在政治开放的情况下也是如此。

最后，在关键重组期间或之后所实施的发展战略强化了最初的政治结盟。下面就将转而讨论经济战略和福利制度这两者间的复杂关系。

二 发展战略

上面讨论的关键重组所展开的社会背景仍然以农业为主导，且

[①] 某种程度上讲，可利用镇压来维持权力的程度取决于政体类型，但在威权政体以及体制薄弱的民主政体中，对军队和警察的控制是一个重要的政治工具。

经济基础主要来自农业和矿业。随后的几十年里，经济增长和相应的结构性变化进程急剧地改变了一切，最突出的便是工业领域的急剧扩大。

与本书第二部分讨论的 20 世纪 80 年代以后的经济危机相比，"二战"后的快速增长形成了鲜明的对比。然而，高增长是通过完全不同的发展战略实现的，这些发展战略体现了对于国家角色和国内外经济关系的不同假定。

应当承认的是，"战略"这个词隐含了针对性这一意味，而这在当时常常是有所缺失的。东欧的社会主义经济政策最容易被追溯至不按常规经济蓝图行事的规划者们；而拉美和东亚奉行的模式则以一种更临时、不断演化的方式出现。同时也应当承认，在各国所实行的政策组合、时机和有效性方面，这些战略也存在着地区内部和跨地区的差异。尽管如此，仍有足够的证据表明，发展战略也呈现出地区趋同现象。由于这些发展战略以不同方式为企业和员工提供了激励机制，从而也对社会政策产生了重要的影响。

1. 拉丁美洲

直至 20 世纪 40 年代末"普雷比施主义（Prebisch doctrine）"的提出，拉丁美洲才明确提出详尽的进口替代发展战略［斯金克（Sikkink），1991 年］。但早在大萧条时期，甚至对于较大国家而言，早在 19 世纪末期［哈伯（Haber），2005 年］，进口替代型企业就在本土发展了起来，且拉美各国政府实行了各种政策，进一步鼓励了这些企业的成长。进口替代工业化政策在整个拉美表现出许多相似之处，最明显的是贸易和汇率机制。① 关税、配额以及复杂的多重汇率制的广泛实行保护了国内制造业。这些都在不同程度上得到了产业政策的补充，包括直接补贴和运用国有银行来支持工业化。

进口替代工业化通常开始于基本制造业活动，如纺织品、服装和食品加工。在全球经济萧条和战争的直接影响以及凯恩斯主义的散布和适应的刺激下，智利、阿根廷、巴西、乌拉圭、墨西哥在 20 世纪 30 年代中期到 40 年代中期这十年间转向了更刻意的进口替代工业化战略。经历了早期进口替代模式阶段之后，较大的经济体则在六七十年代实行了

---

① 布鲁顿（Bruton，1998 年）回顾了针对进口替代工业化的一场讨论。

"深化"战略,寻求将国内制造业的触角延伸至耐用消费品、中间产品甚至资本货物(考夫曼,1979 年)。哥伦比亚、委内瑞拉和哥斯达黎加在 50 年代实行了进口替代工业化政策。秘鲁在某种程度上则是例外,该国直到 60 年代前都保持着相对开放的经济。但在此之后,秘鲁也实行了类似的发展模式。

针对进口替代工业化战略的宏观经济影响有着大量的争论。没有理由认为进口替代模式的实行——本质上是一套微观经济政策——将必然与引起通胀的货币和财政政策相联系[罗德里克(Rodrik),2003 年]。① 然而,对亏损的国有企业进行补贴和转移支付却产生了不良的财政影响,而众所周知,拉美税基十分薄弱。特别是在福利制度成熟的国家——智利、巴西、乌拉圭、阿根廷——财政缺口和对养老金及医疗体系的补贴也给财政资源造成了重担。然而,货币政策倾向于适应通过金融体系而扩大的财政政策和财务激励,部分原因是结构主义思想对通货膨胀相对宽容。

这一战略的外部影响不太有争议。对出口的抵制和对进口与外国融资的依赖是该模式的"内置"特性。② 整个地区几乎所有国家都面临经常性的国际收支平衡困境,这强化了保护主义和外部控制的倾向。伴随出口不足的是对外债的日益依赖。至 70 年代,工业化和整体经济增长已越来越依赖外债,这为 80 年代的危机埋下了伏笔[弗里登(Frieden),1992 年]。

(1)进口替代工业化、劳动力市场和社会保险。甚至在进口替代工业化成为一个刻意的战略之前,拉美的保护主义政策就对其就业模式产生了众所周知的影响。保护主义导致了城市劳动力市场的二元性以及对农业和农村地区的公然漠视。③ 升值汇率的广泛采用利于对更加资本

---

① 例如,哥伦比亚就将进口替代与相对谨慎的宏观经济政策相结合,避免了一度困扰该地区许多其他国家的通胀反复发作、国际收支平衡危机和维稳力度。
② 迪亚斯-亚历杭德罗(Diaz-Alejandro,1965 年)对进口替代工业化的"进口强度"作了早期的分析。
③ 我们这里指的不是农业和现代行业之间的"经典"二元性[见刘易斯(Lewis,1954 年);斐和拉尼斯(Fei, Ranis,1964 年);菲尔兹(Fields,2004 年)的有关综述],而是存在于城市劳动力市场的正规部门和非正规部门之间的二元性,而正规部门至少部分体现为正规部门工资和监管保护措施。相关当前争议参见哈里斯和托达罗(Harris, Todaro,1970 年);菲尔兹(1975 年);马洛尼(Maloney,2004 年)。

密集型的产品和生产过程的投资,抑制了正规部门对劳动力的吸收,从而抑制了就业增长。

劳动力市场的二元性因劳动力市场保护扩大至城市工人阶级而有所增强。这些保护措施包括限制解雇正规部门员工以及慷慨的解雇金要求。但可以肯定的是,这种保护措施却经常被忽略,特别是在威权政治或经济危机时期。然而,通过对经济冲击这一变量进行控制,有研究发现,工作保障法规对就业分布和人员流动率产生了重大影响[赫克曼(Heckman)和佩吉斯(Pages),2004 年:2]。[1] 对单个国家的个案研究也得出了类似的结论。[2] 解雇金要求的作用无异于"为享受全面福利的工人私下提供的收入保险"[赫克曼和佩吉斯,2004 年:251;另见美洲开发银行(Inter-American Development Bank),2004 年]。贸易、工业和劳动力市场政策的结合也对本章第一节所述的拉美基于职业的社会保障立法有所补充。劳动力市场保护措施确保了正规部门的养老金和医疗保险受益者得以保留为其提供福利的工作。

这些保护措施的成本高昂。一项针对 100 个国家的研究[福特萨(Forteza)和拉玛(Rama),1999 年:50—53]表明,遵从工资税及其他劳动保护立法的直接成本(占月平均工资的百分比)在阿根廷、巴西、哥伦比亚、乌拉圭和秘鲁达到或高于 OECD 水平,并且远高于东亚国家和地区。在一些商业团体和国际组织中,如国际劳工组织(ILO),甚至拉丁美洲经济委员会(ECLA),[3] 这类成本挑起了对竞争力、效率和就业不足的经常性关注。然而,贸易保护使得雇主通过成本加成定价

---

[1] 马洛尼(2001 年:164)对 17 个拉美国家和 OECD 国家的有限样本分析显示,非正规性和劳动力流动主要受正规部门生产力、利率和教育的影响,而就业保障和工资税也存在影响。

[2] 对哥伦比亚[库格勒(Kugler),2004 年]和秘鲁[萨维德拉(Saavedra)和图瑞罗(Torero),2004 年]的个案研究显示,90 年代初劳动力市场自由化后人员流动有所增加。有关巴西的证据则更为复杂。佩斯·德·巴罗斯(Paes de Barros)和科塞伊(Corseuil)(2004 年)发现,继 1988 年宪法增加了就业保障后,短期内稳定局面有所增加,但在更长时期内却又实际有所下降。赫克曼和佩吉斯(2004 年:60)推测,这是由于资历更高的员工会有动机来强制解雇(或串通用人单位),从而获得对"不公正"解雇的罚金。

[3] 一项关于哥伦比亚的颇具影响力的研究曾提到美洲争取进步联盟委员会(Inter-American Committee for the Alliance for Progress, CIAP)指出:"某些拉美产业必须肩负与工资和边缘福利挂钩的相对沉重的财政负担。"援引自科尔多瓦(Cordova,1972 年:448)。

法将社会保障的高工资成本转嫁给了消费者。① 同样，构成全国工会运动关键组成部分的国企部门员工享有广泛的公费保障。

至五六十年代，劳尔·普雷比施（Raul Prebisch）、塞尔索·富尔塔多（Celso Furtado）和其他一些学者所提出的著名的"结构主义"观点不仅在经济学家、知识分子和政策精英之间产生了影响力，而且也在政界人士和广大公众当中具有影响力。这种结构主义观点强调慷慨的工资结算、社会保障和劳动力市场保护的刺激作用。福利和就业保障得以维持，这不仅因为有来自国家民粹主义政治联盟的压力，而且也因为进口替代工业化战略使其也可以容忍商界精英的主导力量。

阿德塞拉（Adserá）和博伊克斯（2002年）认为，贸易保护造成的经济封闭可以作为社会政策保障的替代，其途径是将国内市场与国外波动相隔绝。但扎根于凯恩斯主义传统的另一种视角则将经济的封闭视为维持就业保障、更高的工资税和更广泛的社会支出的一个必要前提条件。但是，这种政治讨价还价造成了重大的社会影响。由就业保障立法诱发的高工资成本僵化强化了劳动力市场的二元性，其结果是非正规部门员工与农村地区在福利制度中被边缘化。

（2）教育：被忽视的政治经济。进口替代战略同样也对教育政策和结果产生了明显影响。城市的非正规部门和养活城市的农村地区都对非技术劳动力和半技术劳动力的需求疲软。其结果是，这类工人接受中等教育甚至完成初等教育的动力有限；我们已经指出，该地区的辍学率出了名的高。

该模式的政治经济影响同样也限制了政府或企业解决这些问题的动力。20世纪六七十年代，整个地区的教育支出和招生显著扩大，但这种扩大的动力并非出于经济方面的考虑，而是政客借机通过教育预算来分配赞助和利益，以及教师工会借机增加其资源获取。支持教育扩大的联盟缺乏私营部门利益团体。鉴于技术工人的短缺，国内外企业宁愿"横向"地开拓新的产品市场，也不去创新和改进现有产品线的生产工艺，甚至都不去改造现有技术［施耐德（Schneider），2004年：16］。

教育的政治经济在中等教育阶段造成了掣肘性的差距，而该阶段是

---

① 有关封闭式经济中劳动力市场角色的结构主义思想的扼要综述，参见爱德华兹和勒斯蒂格（Edwards, Lustig, 1997年）；赫克曼和佩吉斯（2004年）；泰勒（Taylor）（1990年）。

半技术工人成长的关键时期。政府或企业对职业培训的支持也同样微乎其微。在工业化进程之初，一些国家的商业团体的确也支持了职业培训计划的建立，① 但对此类计划的兴趣却迅速消退，并且，除哥斯达黎加这个明显特例外，不论是按照亚洲标准还是 OECD 标准，融资水平仍都十分低下（施耐德，2004 年：12）。由于缺乏支撑公共教育的有效基础设施，实际存在的培训计划主要用于提供补救性指导，而不是面向劳动力市场需求的更高层次的培训（美洲开发银行，2004 年：277）。

2. 亚洲

"二战"后初期，受外界经济冲击和战后重建需求的共同驱动，东亚和东南亚同样奉行进口替代政策。新的经济理念（如印度式计划经济的吸引力）和民族主义执政联盟也发挥了作用。然而，该地区各政府在不同的阶段转而奉行面向国际市场生产劳动力密集型工业品的战略。

率先实施出口导向型增长战略的是四个"新兴工业体"（哈格德，1990 年）。韩国和中国台湾地区在 20 世纪 60 年代前半期就已朝着这个方向发展，部分原因是美国援助的减少。新加坡（与中国香港一样）长期以来一直是开放的转口港，但自从脱离马来西亚后，便在 60 年代后半期寻求吸引出口为导向的外国直接投资。较大的东南亚国家稍微有所滞后，但也跟了上来，且模式大不相同（麦金泰尔，1994 年）。马来西亚一直以来经济都相对开放，但槟榔屿和与新加坡最邻近的柔佛州则从 60 年代末才开始吸引出口导向型制造业。泰国则更晚，到了 80 年代早、中期才实施了类似的战略。

菲律宾则是该地区模式的一个重要例外，呈现出一些与拉美进口替代模式的相似之处。进口替代模式在 20 世纪五六十年代得到了民族主义政治家和国内私营部门的大力支持。费迪南德·马科斯（Ferdinand Marcos）总统在其 1972 年政变后宣布有意效仿东亚新兴工业体，但却并没有尽心尽力，而且该国在 20 世纪 80 年代初还经历了与拉美类似的债务危机。

出口导向型增长的界定性政策特征甚至一直都比进口替代工业化更

---

① 被该地区其他国家争相效仿的一个有影响力的模式是设立于 20 世纪 40 年代的巴西全国工业企业培训中心（Brazilian National Service of Industrial Training, SENAI），由政府征税的 1% 所资助，并由全国工商联合会（National Federation of Industries）进行管理。

具争议,且一些研究已经表明,不应夸大这些差异[韦德(Wade),1990年;罗德里克,1998年]。我们对此表示强烈认同。不过,东亚政策与拉美国家的政策体系相比也存在一些反差,首当其冲的就是贸易和汇率政策。东亚的贸易政策绝不是自由的,不过,各种促进出口的政策抵消了保护主义倾斜,这些政策包括授权出口商从事加工贸易出口、退税机制以及其他金融和财政激励机制。最重要的是,向出口导向型增长的转型通常是以改变整个经济相对价格的大幅贬值为信号的。

与拉美一样,东亚宏观经济政策和出口导向政策体系之间的联系并不明确。不过,财政和货币政策实施过程中的维稳举措和重大调整通常先于或伴随更外向型政策的实施而发生。出口导向战略的外部影响也不具普遍性,例如,韩国是一个大债务国,而中国台湾地区则早在20世纪70年代便是一个资本输出方。不管怎样,出口的快速增长使得像韩国一样的大债务国即使在面临经济冲击时也更容易持续获得资本市场;因此,当80年代的危机来袭,尽管韩国是第四大发展中国家债务国,它却不用面临像较大的拉美国家那样的痛苦调整。

(1) 出口导向型增长、劳动力市场和社会保险。韩国、中国台湾地区和新加坡的出口导向型战略转型所发生的背景是保守执政联盟已经建立了对隶属工会的劳工和左翼的多种控制。然而,政府和企业倾向出口导向型战略的动机同样也由该战略本身所塑造,其方式与拉美采取的进口替代模式形成了鲜明的对比。[①] 向更外向型战略的转型最初发生的背景是低生产力的农村劳动力大幅"过剩"和实际工资停滞。很快,出口导向型战略的成功带动了制造业就业的增长,吸收了剩余劳动力,收紧了劳动力市场,并使实际工资得以上涨(斐和拉尼斯,1964年;菲尔兹,1994年)。

在"第一梯队"新兴工业体,以及后来的马来西亚和泰国,这种动向促使其经常性地关注劳动力成本上升对竞争力的影响。亚洲人均收入的不均和由此带来的"雁行"发展模式更是强化了这种关注。[②] 新兴国家向出口导向型制造业的不断转型以及出口导向型跨国企业以

---

① 类似论证另见戴约(Deyo,1989年);韦尔马、科昌和兰斯伯里(Verma、Kochan、Lansbury,1995年);更明确的论证参见库鲁维拉(Kuruvilla,1996年)。

② 相关批评参见赤松(Akamatsu,1962年)、儿岛(Kojima,2000年),以及伯纳德(Bernard)和雷文希尔(1995年)。

较低成本在地区内转移生产经营的能力，意味着外向型发展战略总是会受到更低工资国家"自下而上"的挑战。第一梯队新兴工业体（NICs）——韩国、中国台湾、新加坡和中国香港——通过开展在日本已不再具有成本效益的行业和制造业活动而开始了工业化。下一梯队——马来西亚、泰国、菲律宾和印度尼西亚——则在20世纪70年代效仿了第一代新兴工业体。紧随其后的是第三梯队，主要是中国大陆和越南。

现在看来，很显然，这种梯队形的发展模式高度有利于本地区的经济增长，并且持续刺激着产业升级。随着劳动力成本上升和比较优势转移出轻微劳动密集型制造业，"第一梯队"经济体的企业通过增加实物和人力资本投资得以升级。[①] 对资本和技术工人要求更高的产业活动随后留在原地并得以蓬勃发展，而其他产品和生产活动则迁移至海外成本更低的地区。

但是，现在看来，这种调整过程表面上的不间断性并没有对研究其当时的政治经济提供有意义的参考。向竞争高度激烈、对价格敏感的产品市场出口的国内外企业对于劳资关系、工资制定过程、车间一级管理的灵活性以及任何增加劳动力成本的政策干预，都有着相当明晰且可预见的偏好。如果说拉美的私营部门可以允许一定程度的宽松劳务关系的话，那么东亚地区的商业协会和企业则自由度更低。

东亚政府不仅在政治上倾向于与这些商业企业产生共鸣，而且也为这种增长战略的成功投入巨大。与拉美相比，经济学家、政策知识分子和高级经济官员——其中许多人在美国接受过培训——普遍认同强调劳动力市场灵活性优势的论调。

（2）亚洲的发展战略和教育。我们已经表明了东亚的关键重组时期如何与教育权利的扩大相联系。去殖民化、民族身份的重新认同，以及至少是短暂的民主开放都为更加重视教育提供了强有力的政治动机。不过，向更加出口导向型战略的转变也影响了提供和接受教育的动机（陈，2007年）。

[①] 外商投资也随着劳动力成本的转移而转移。20世纪60年代，外发加工投资最初定位于中国香港、中国台湾、韩国和新加坡，涉及行业包括纺织品、服装和鞋类制造以及简单的电子元件和半导体封装与测试。由于成本上升，这些产业转移到了东南亚，后来又转移到了中国大陆。

与拉美一样，要理解这一点就必须先从劳动力市场层面入手。劳动密集型制造业的快速增长刺激了劳动力需求，这扭转了教育扩大会使教育和技能投资的回报递减的倾向。其结果是，东亚国家和地区走上了一条需求劳动力且吸收劳动力的增长道路。在劳动力利用的各种不同衡量标准上，如制造业的就业增长、实际工资甚至是总收入的劳动要素投入份额，东亚的表现都优于拉美，即使控制基本增长率的差异这一变量也是如此（伯索尔、罗斯和萨博，1995年）。东亚还表现出更强的全要素生产力增长［德费兰迪（deFerranti）等人，2003年］，而这对实际工资的长期增长是一个必要条件。教育投入、劳动力的供需以及经济增长本身这三者之间的"良性循环"已成为有关东亚经验的文献的主要内容，例如，菲尔兹（1994年）。

目前学界对这一进程的政治经济学关注得较少。社会总福利的视角主张，当教育投资回报高时，无论是政客还是家庭都会相应地进行投资。不过，尽管存在我们已指出的特例，拉美在没有政府响应的情况下，其小学教育回报也同样很高。

不同发展战略的政治逻辑有助于对此进行解释。出口导向型增长的早期阶段可以依靠吸收虽识字但相对无技术的农村劳动力。但久而久之，要继续奉行该战略就不能够继续仅仅依靠最初的劳动力"过剩"或对小学教育的更早投入。政府规划者和出口导向型企业都有意提升劳动力素质，以抵消劳动力市场无可避免地压力。企业所采取的方式包括内部劳动力市场策略和内部培训计划［阿姆斯登（Amsden），1989年］。政府也同样认识到了这些需求，并实施了教育和培训战略，补充了企业和家庭对于持续提升技能的需求［郑燕祥、汤森（Townsend），2000年］。

3. 东欧

由于苏联的巨大影响力，东欧各国的发展模式比其他两个地区表现出更大的一致性。共产党于20世纪40年代后期巩固了其政治权力，并随之实现了经济的国有化和向中央计划的转型。新时期的核心目标是强行走向工业化。

社会主义工业化存在一些众所周知的侧重点。斯大林式工业化意味着外贸和投资方面的独立自给，以及复制各国类似工业结构的倾向。国内方面，国家社会主义对工业，特别是重工业，以及资本品生产的重视超过了轻工业和消费品生产、农业和服务业。除波兰外，农业集体化是东欧各国发展战略的一个核心组成部分。集体化的目的是占据农业剩余，不过，对农村地区的控制也是社会保险与服务全面普及的一个重要前提。

随着斯大林主义消退以及社会主义经济开始遭遇不同强度的困难，形形色色的改革缓和了"高高在上的"社会主义原则。一些改革力图将经济计划过程"完美化"（如捷克斯洛伐克和保加利亚），而其他一些改革则转向了市场社会主义（匈牙利开始于1968年，波兰开始于1981年）。各国在利用国际关系紧张局面的缓和进程来扩大贸易开放、投资和向西方借贷的程度上同样各异。不论怎样，即使是在改良共产主义的情况下，指令性经济的一些基本原则仍然保持完好，包括对一切主要经济部门的国家所有制，对中央计划的依赖，以及对劳动力市场的密集调控。

（1）社会主义福利国家。斯大林时代早期的"大跃进"战略依赖于劳动力的强制动员和就业保障。行政裁决决定了就业安排和工资，而工人主要被视为社会主义规划过程的劳动工具，在这层意义上，劳动力被"去商品化"了。将农村劳动力动员到工业部门的做法使很大一部分农民得以转型，为其提供了向上的流动性，同时行业间工资差距急剧缩小。然而，早期工资却很低，这是为了与挤压工资和消费从而最大化资本投资的总体目标保持一致；在早期的计划时代，实际工资大幅下降，且之后通常滞后于生产力［亚当（Adam），1984年：21］。①

社会主义就业制度的一个特点是难以厘清总薪酬中的工资和非工资组成部分；这一点对于理解社会福利制度的性质至关重要。国家不仅有义务提供就业，而且也有义务通常以补贴价格提供基本食品。提供住房同样也是国家的责任，尽管总是供不应求；企业也提供了其他社会便利服务，包括儿童托管和集体度假等。社会契约的本质因此极大地依赖于企业及其在国家整体经济计划过程中享有的优先特权。这样一来，人民享有的全部福利就不仅简单取决于工资水平或社会福利，而是与消费

---

① 但是，薪酬结构在行业之间和行业内部都相对压缩。受优待的行业比其他行业工资更高，且享有诸如住房这样的福利［施尔尼（Szelnyi），1983年：19—98］。

品、住房、企业层面服务的提供和价格息息相关。

在缺乏由私营机构提供社会保险与服务的情况下，养老金、医疗和其他必要社会服务的融资与提供就成为国家的责任。社会主义时代伊始，社会保险制度存在着一些基于职业的区别，且农业部门被排除在社保覆盖之外。但社会主义经济战略本身弥补了福利未能普及的状况。随着工业部门的增长，城镇职工享有的福利必然会覆盖越来越多的人群。同样重要的是，随着农业的集体化，农民也被有效地纳入了社会主义福利体系中，这与拉美一直存在的农村边缘化形成了鲜明对比。

（2）社会主义办学。发展战略和教育规划之间的关系在社会主义经济中最为直接。与东亚的威权案例一样，共产党领导人有着强烈的政治动机来扩大教育。[①] 然而，相较于拉丁美洲和东亚，早期社会主义教育工作最鲜明的特点体现为完全从属于更宏观的国家计划工作；发展战略和教育政策密不可分。这种社会主义战略意味着总体课程设置轻人文艺术而重数学和自然科学，并且各种职业教育迅速发展：如新设的技术、农业和经济类中学；非全日制、夜校和成人课程；学徒式培训中心网络。

这些转变造成了学生选择面的缩小或完全丧失，以及以行政手段引导学生的主导局面。学生完成义务教育后便进入中学和职业培训学校，尤其是基于计划配额的特定类型的职业培训学校。同样的体系也适用于职业高中毕业生和大多数大学毕业生［施普尔伯（Spulber），1957年：395—401；亚当，1984年：107］。格兰特（Grant，1969年：84）恰如其分地总结道："尽管［各国］存在诸多差异，但是新体系也有着相似点，表现为带来一致性、全面教育、各个层次的扩大以及对技术学校的更加重视等方面……总之，筛选性体系变成了大众体系，并处于全盘控制之下，以使统筹规划成为可能。"

4. 发展战略和社会政策：总结

这三个地区采取的发展战略与上一小节讨论的关键政治重组有着复杂的关系。上文所追溯的政治进程先于或伴随此处讨论的战略实施而发

---

① 继夺取政权后，政府清洗了教师队伍并全面修订了课程大纲。共产党在正规学校体系中保留着实施和监督政治教育的独立机制［希思（Heath），1981年：229］。学校体系的政治使命还很早就被补充以青年组织这一复杂制度（格兰特，1969年：123—138）。

生，并且可以说提供了使后者成为可能的政治条件。同时，特定发展战略和与之相随的社会政策的选择同样也对根本的政治利益联盟产生了反馈影响。社会政策的选择有助于通过对政客、私营部门人员，甚至劳动力产生激励来加强整体政治平衡。

首先，我们已描述过的福利政策工具是服务于政治精英们的目标的。这在拉美案例中最为明显，其对城市工人阶级社会保障措施的提供有助于巩固重要的城市政治支持基地。不过，在东亚更为严格的政治环境中也是如此。亚洲的极简主义福利国家极少为城市工人阶级提供正规保障，但接受教育的机会提供了就业机会和向上流动性，并且个人储蓄积累也可缓冲风险。在苏联的去斯大林化之后，东欧共产党走向了一条有着些微不同的政治路线，稍微更注重消费和社会保障的扩大。[①] 本书第二部分我们将会提到，这一路线在选民和利益集团中间产生了强烈预期。

发展战略和福利政策的选择也催生了来自管理精英（为方便起见，该术语在此包括了国有企业各种情况的管理者）的支持，或者至少是默许。在拉丁美洲，保护主义、补贴和其他政策性准入障碍降低了企业接受基于职业的社会保障的成本。类似地，在东欧，国家所有制和弹性预算约束使企业管理者承担了一系列福利责任，尽管也的确产生了亚诺什·科尔内（1992年：324—325，417）最为透彻概括的各种反常动力激励措施。在东亚，国内外企业都受益于对劳动力的控制和对技能发展的重视。

最后，也是最具争议的，发展战略和与之相关的福利综合措施甚至对劳动力的行为也产生着影响——即使不一定表现在基本的工作忠诚度方面。所有这些地区都未能免于劳工抗议的爆发，某些情况下甚至是农民武装暴动，且最终都不得不在其政体类型的约束下诉诸强制手段来加以应对。但总体经济战略和随之而来的福利政策却意义重大。这一点在拉美最为明显，该地区的核心进口替代和国企部门的工会被纳入政治体系中，并获得可观的福利。在东亚和东欧，收入的不断增加——并且在社会主义案例中，福利保障的不断扩大——即使没能完全解除劳工武装，也无疑起到了制约的作用。

---

① 尤其参见库克，1993年。

三　民主、威权主义和社会契约本质

现在我们可以来重新审视政体类型对社会政策的影响。引言已提到，我们有充分的理论依据来相信，在其他条件不变的情况下，民主会带来更大程度的收入再分配和对提供社会保险与服务的更大重视。本章已经指出，这一其他条件不变的前提至关重要，因为政体类型的影响可能差异巨大，这取决于潜在政治利益联盟和发展战略的本质。尤其是，我们已经指出，尽管东欧的社会主义重组导致了专制政体，但却仍然寻求十分全面的福利保障。

然而，除社会主义案例外，我们还是可以预期政体类型会影响到社会政策的进程。在后续的案例分析中，我们将探讨各国与地区内部政体变化的影响，并比较不同政体类型的影响，以验证这些观点。不过，这就需要我们首先探讨关于如何最好地划分政体类型的错综复杂的方法论。

在这方面，指标的选择始终是个互相权衡的过程。一方面，二分法衡量方式的简单性反映了我们对民主和威权政体之间根本的定性差异的直观感觉。普沃斯基等人（2000 年）采用了这种衡量方式，收效良好。但是，我们所研究的许多国家的政体显然是混合型的，这样一来，二分法便不再是把利器。而另一方面，尝试构建民主或威权的程度化量表也存在挑战，因为往往很难判断连续量表中增量差的概念化意义，且难以确保其各点间隔都具有同等意义（例如，从 1 到 2 的变化相当于从 6 到 7 或从 9 到 10 的变化）。

在后续几章中，我们在梅因沃林、布林克斯（Brinks）和佩雷斯·利南（Pérez-Liñán）设计的有效编码方案（2001 年，以下简称 MBP-L）的基础上做了调整，该编码方案在各种可能的方法中找到了一种折中的方法。他们在与我们的理论兴趣直接密切相关的四个维度上对政体进行了编码：全国大选的诚信度和竞争度；选举权的包容性（依据该时期的历史标准）；对公民自由的尊重（包括利益集团的组织自由）；民选政府是否实际控制着政策决策（有关该编码方案的完整描述见附录四）。没有明显"违反"这些标准的国家被编码为民主。"重大"违反一个或多个标准的国家被编码为威权。MBP-L 编码方案还将那些"轻微"违反一个或多个标准的国家归为第三类，即"半民主"。

由于我们在理论直觉上认为选举竞争在社会保障扩大中扮演着重要

角色，因此我们在几个重要方面对该编码方案进行了补充。首先，尽管一些民主体的选举权"依据当时的标准"来看可能具有包容性，但也有必要考虑被 MBP－L 编码为"民主"或"半民主"的一些拉美政体对选举权的显著限制；这些限制在表 1－13 中有所体现。

另外，遵循列维茨基和维（2002 年）的做法，我们在有否选举竞争的基础上对"竞争性"和"刚性"威权政体进行了区分。"竞争性"威权政体对这四项标准存在一个或多个重大违反，但却允许选举竞争，且反对党被给予一定的回旋余地来动员选民支持。这样的竞选通常在审查反对党的基础上进行，而且并不认定反对党会实际走马上任。但选举竞争的确催生了现任威权统治者出于竞选目的而制定社会政策的动机。

表 1－13 总结了拉美和亚洲国家与地区从 1945 年到 1985 年在这些指标上每年的得分①（东欧案例不包括在内，因为按照此处的衡量标准，东欧各国都会被归为威权政体）。出于比较的目的，我们还列出了来自其他三个数据源的民主得分：Polity Ⅳ 政体指数数据库［马歇尔和贾格斯（Jaggers），2004 年］、普沃斯基等人（2000 年）的二分法衡量方式，以及布尔诺·德·梅斯奎塔等人（2003 年）的 W（Winning，译者注）衡量方式，意在体现"获胜执政联盟"的规模。每种衡量方式都强调些微不同的民主治理综合特性；虽然彼此相关，但我们可以看出，这些特性并不完全相似。② 不过，当这四种衡量方式互相结合时，则可概括拉美和东亚在本书第一部分所关注的几十年间的

---

① 选择将 1985 年作为分界点造成了些许地区差异，因为秘鲁在 1980 年经历了民主转型，阿根廷在 1983 年成为了民主国家。不过，这些额外的民主年份并不显著影响这两个地区之间的总体差异。

② 表 1－13 及本书其他地方所报告的 Polity Ⅳ 政体指数数据，是指被广泛使用的民主和威权得分差异，两者均以 0—10 分的量表来衡量。通常 6 分是民主的门槛分数，我们也沿袭了这一做法。格莱迪奇和沃德（Gleditsch, Ward, 1997 年）令人信服地表明，这一衡量方式很大程度上由体现了对行政部门的决定性制约的指数成分所驱动。梅斯奎塔等人（2003 年）在构建其衡量方法时特意排除了该指数的制约性成分，他们的衡量方法意在体现获胜执政联盟的规模（见梅斯奎塔等人，2003 年：51—55）。W 在其他四个指标的基础上加以构建——招募成员的开放性和竞争性、参政的竞争性、政体的平民性质——并以从 0 到 1 的五分量表来衡量（0、0.25、0.50、0.75、1）。1 分代表最具包容性的民主政体；0.75 分则表示对获胜执政联盟等的规模有所限制。最后，普沃斯基等人的二分法衡量方式要求民主政体须有民选的行政机关和立法机关以及不止一个政党。其编码方式的一个极具争议的特点是，一个国家只有在新当选的任职者又在后期的某次竞选中被击败的情况下才能被归为民主国家，而新当选的任职者连任且最终并未竞选失利的国家则不属于民主国家。这一规则的理论依据是，人事变更是决定政治制度是否事实上真正具备竞争性的重要指标。针对二分法衡量方式的批评，参见埃尔金斯（Elkins, 2000 年）。

民主存在情况。

表1-13　　政体类型衡量数据

	民主年限（1945年/独立—1985年）	半民主年限（1945年/独立—1985年）	"竞争性"威权年限（1945年/独立—1985年）	"刚性"威权年限（1945年/独立—1985年）	Polity IV 政体指数民主年限（1945年/独立—1985年）	普沃斯基民主年限（1950—1990年）	梅斯奎塔 W=1 民主年限（1945年/独立—1985年）
			拉丁美洲（自1945年起）				
阿根廷	5	13	8	15	5	18	0
巴西	1	18[a]	21	1	5	21	0
智利	29[a]	0	0	12	10	14	0
哥伦比亚	12	19	0	10	29	23	2
哥斯达黎加	37	4	0	0	41	36	39
墨西哥	0	0	41	0	0	0	0
秘鲁	11[a]	9[a]	0	21	6	17	0
乌拉圭	28	0	0	13	21	24	20
委内瑞拉	29	1	0	11	27	27	17
拉丁美洲总量与所占比例	152 占总年限的41.2%	64 占总年限的17.3%	70 占总年限的19.0%	83 占总年限的22.5%	144 占总年限的39.0%	194 占总年限的59.7%	78 占总年限的21.1%
	(N=369)	(N=369)	(N=369)	(N=369)	(N=369)	(N=325)	(N=369)
			东亚［自1945年起或自（政治）独立起］				
韩国（自1948年）	1	0	21	16	1	1	0
马来西亚（自1957年）	0	12	15	2	12	0	12
菲律宾	0	27	8	5	0	14	0

续表

	民主年限（1945年/独立—1985年）	半民主年限（1945年/独立—1985年）	"竞争性"威权年限（1945年/独立—1985年）	"刚性"威权年限（1945年/独立—1985年）	Polity IV 政体指数民主年限（1945年/独立—1985年）	普沃斯基民主年限（1950—1990年）	梅斯奎塔 W = 1 民主年限（1945年/独立—1985年）
新加坡（自1959年）	4	5	18	0	4	0	0（自1965年）
中国台湾地区（自1949年）	0	0	0	37	0	0	0
泰国	0	3	23	15	0	4	0
东亚总量与所占比例	5 占总年限的2.4%（N=213）	47 占总年限的22.2%（N=213）	85 占总年限的40.1%（N=213）	75 占总年限的35.4%（N=213）	17 占总年限的8.0%（N=213）	19 占总年限的9.9%（N=194）	12 占总年限的5.8%（N=205）

注：政体类型的划分依据为某年度绝大多数时间的政府性质。因此，如果在某年的7月1日前有政变颠覆了民主政权，则该年整个年度就被归为威权；如果政变发生于7月1日以后，则该年整个年度可被归为民主。

a 梅因沃林、布林克斯和佩雷斯·利南认为民主体也会对选举权进行限制，如果这是该历史时期的典型特征的话，参见附录四。不管怎样，我们也注意到了这些限制：在智利，农村直到1958年才有了无记名投票；在秘鲁和巴西，文盲没有选举权。

资料来源：拉丁美洲数据来自梅因沃林、布林克斯和佩雷斯·利南（2001年）；亚洲数据由作者计算。

根据 MBP-L 编码标准，对拉美而言，所有年份中约有40%被评定为民主，另有17%的年份被评定为半民主。在亚洲，只有约1/4的年份达到了民主的门槛要求，且除少数年份外，所有剩余年份也仅达到半民主。即使我们考虑到表中所列的针对选举权的限制，就民主和半民主治理的整体存在情况而言，这些差异仍然显著。在 Polity IV 政体指数以及普沃斯基等人或布尔诺·德·梅斯奎塔等人使用的衡量方式方面，地区差异即便没有表现得更加明显，也是同样明显的。尽管在第三章中看待具体案例的方式有所不同，但前述的四个编码方案都没有发现东亚的相关年份中完全民主年份超过 10%。

同样具有重要方法论意义的是每个地区内部政体类型的差异。我们在拉美尤其看到，既存在没有或几乎没有完全民主经验的国家（墨西哥、阿根廷和秘鲁），也存在 1945 年至 1990 年经历了近 40 年民主治理的国家，如哥斯达黎加。半民主和竞争性威权政体的国家同样也广泛存在；墨西哥在该时期是一个基于选举的专制国家，而巴西的军事独裁也在近 20 年中保持了一定程度的选举竞争。同样地，国家内部也存在可观的历时差异，这一点将在第二、三章更详细的地区表（表 2–1 和表 3–1）中有所呈现。这些地区内部差异和历时变化使我们得以在控制地区特定影响这一变量的同时，探寻民主化或其逆转是否具有重要影响。

亚洲也表现出地区内部差异。菲律宾曾一度持续有着半民主治理，从 1946 年起，直至 1972 年的马科斯夺权，这段时期都存在选举竞争；马来西亚在独立初期亦是如此。新加坡则很快从民主竞争转向了半民主，并最终转向了竞争性威权政治。韩国、中国台湾地区和泰国则更多的是刚性威权政治。尽管如此，我们也会表明，哪怕是短暂的、不完全的民主开放也会产生扩大公共保障的动机，并预示着紧随 20 世纪 80 年代末第三波民主化浪潮的更引人注目的福利扩大。

后续几章中，我们将采取直截了当的方法。对于拉美和东亚案例，我们将更详细地考虑其基本政治重组、发展战略和政体类型的影响。东欧案例并没有表现出我们所定义的政体类型差异，但在与我们在此考虑的政治机制（即选举竞争和利益集团压力）有着功能对等联系的社会政策保障扩大的程度或时机方面，可能还是会有一些差异。我们将着重探讨继任斗争或来自下层的社会抗议是否可能催生压力来通过福利妥协建立支持。我们的结论是，这些因素并不具有持久的意义。相比其他任何两个地区而言，更加有必要将针对东欧的制度争论置于上述的更宏观的政治重组和发展模式的背景下。

第二章　拉丁美洲福利保障的扩大：
1945—1980年

上一章已提到，拉丁美洲的分层化福利制度体现了向寡头统治做出挑战的政治联盟对城市的倾斜，而进口替代发展模式的转向又强化了这种倾斜。然而，本地区各福利国家的规模和福利覆盖范围差异巨大。更"发达"的福利国家，如乌拉圭、智利、哥斯达黎加和阿根廷，比其他一些国家，如秘鲁、哥伦比亚或墨西哥，提供了虽仍不均衡，但却更为全面的福利。本章我们将研究政体类型是如何导致这些差异的。我们发现，民主国家、部分半民主国家和竞争性威权国家在社会保障、医疗覆盖和教育的扩大上，采取了与刚性威权国家所不同的措施，尽管教育扩大的差异不那么大。

促成这种扩大的机制十分复杂。在为数不多的长期民主国家，以及在阿根廷，选举权的扩大和面向大众的政党之间的竞争在社会福利保障的历时增长方面发挥了重要作用。选举联合和民主治理的绝对长度至关重要。除墨西哥和巴西的竞争性威权政体外，独裁政体更倾向于紧缩支出以维持现状，或"深化"已被纳入福利制度的少部分强权集团所享有的福利。

民主政治也扩大了劳工工会在政治舞台上进行利益诉求的机会，但这种利益集团渠道带来的结果却并不明确。与欧洲不同的是，拉美的工会仅代表了范围相对较窄的劳动力群体，且通常无法与农民或城市非正规部门结盟。尽管工会极力要求扩大福利支出，但这一要求主要针对社会保障和养老金计划，而这两者就收入分配而言恰恰是最不具进步性的，甚至是倒退性的。

本章将首先综述拉美政体的多样性以及政体类型与社会政策的方方面面相关联的程度，然后更详细地探讨社会政策的发展。我们将首先讨论民主案例，然后讨论威权案例。最后一节会进行总结，并就福利遗产的地区内部差异及其对1980年以后福利改革政治的影响进行讨论。

第一节 拉美国家的各种政体

在我们感兴趣的时期里，拉美在政体类型上表现出比东亚和东欧更广泛的差异性，从相对持久且包容性的民主政体到"强硬"独裁政体一应俱全。表2-1运用第一章介绍的MBP-L编码方案，对拉美各国从1945年至1985年进行了政体类型分类。尽管对各案例的MBP-L编码分类并不完全与表中列出的其他编码方案相对应［即复合型Polity IV政体指数民主—威权（DEM-AUTH）得分、普沃斯基等人（2000年）衡量标准和布尔诺·德·梅斯奎塔等人（2003年）衡量标准］，但我们在此仍然沿用该编码方案，因为该方案比其他分类方法提供了更细致、更真实的政体间差异观。

表2-1 拉丁美洲的政体类型，1945—1985年

	民主年限	半民主年限	"竞争性"威权年限	"刚性"威权年限	Polity IV政体指数民主年限：1945—1985年	普沃斯基民主年限：1950—1985年	梅斯奎塔W=0.75民主年限	梅斯奎塔W=1民主年限
阿根廷								
年限	5	13	8	15	5	18	14	0
时期	1973—1974年 1983—1985年	1946—1950年 1958—1961年 1963—1965年 1975年	1945年 1951—1957年	1962年 1966—1972年 1976—1982年	1974—1975年 1983—1985年	1950—1954年 1958—1961年 1963—1965年 1973—1975年 1983—1985年	1958—1965年 1973—1975年 1983—1985年	
巴西								
年限	1	18[a]	21	1	5	21	19	0
时期	1985年	1946—1963年	1964—1984年	1945年	1946年	1950—1963年	1946—1963年	

续表

	民主年限	半民主年限	"竞争性"威权年限	"刚性"威权年限	Polity IV政体指数民主年限：1945—1985年	普沃斯基民主年限：1950—1985年	梅斯奎塔 W=0.75民主年限	梅斯奎塔 W=1 民主年限
					1958—1960年 1985年	1979—1985年		
智利								
年限	29a	0	0	12	10	23	27	0
时期	1945—1973年			1974—1985年	1964—1973年	1950—1972年	1946—1972年	
哥伦比亚								
年限	12	19	0	10	29	28	29	2
时期	1974—1985年	1945—1947年 1958—1973年		1948—1957年	1957—1985年	1958—1985年	1945年 1948—1985年	1946—1947年
哥斯达黎加								
年限	37	4	0	0	41	36	2	39
时期	1949—1985年	1945—1948年			1945—1985年	1950—1985年	1945年 1948年	1946—1947年 1949—1985年
墨西哥								
年限	0	0	41	0	0	0	0	0
时期			1945—1985年					
秘鲁								
年限	11a	9a	0	21	6	17	19	0
时期	1963—1967年 1980—1985年	1945—1947年 1956—1961年		1948—1955年 1962年 1968—1979年	1980—1985年	1956—1961年 1963—1967年 1980—1985年	1946—1947年 1956—1961年 1963—1967年 1980—1985年	
乌拉圭								
年限	28	0	0	12	21	24	6	20
时期	1945—1972年			1973—1984年	1952—1971年	1950—1972年	1946—1951年	1952—1970年

续表

民主年限	半民主年限	"竞争性"威权年限	"刚性"威权年限	Polity IV 政体指数民主年限：1945—1985年	普沃斯基民主年限：1950—1985年	梅斯奎塔 W = 0.75 民主年限	梅斯奎塔 W = 1 民主年限
				1985	1985		1985

				委内瑞拉			
年限	29	1	0	11	27	27	10	17
时期	1947年 1958—1985年	1946年		1945年 1948—1957年	1959—1985年	1959—1985年	1959—1968年	1969—1985年
合计 (N = 369)	153	64	70	82	143 (N = 369)	194 (N = 325)	126 (N = 369)	78 (N = 369)
占总年限的百分比	(41.5)	(17.3)	(19.0)	(22.2)	(38.8)	(59.7)	(34.1)	(21.1)

注：政体类型的划分依据为某一年度绝大多数时间的政府性质。因此，如果在某年的7月1日前有政变颠覆了民主政权，则该年整个年度就被归为威权；如果政变发生于7月1日以后，则该年整个年度可被归为民主。Polity IV政体指数民主年限指民主—威权（DEM - AUTH）变量大于或等于6。

a 对选举权存在主要的教育程度限制。智利直至1950年的系列改革才将其取消。

资料来源：梅因沃林、布林克斯和佩雷斯·利南，2001年；普沃斯基等人，2000年；布尔诺·德·梅斯奎塔等人，2003年；马歇尔和贾格斯，2004年。

哥斯达黎加和乌拉圭（1973年军事政变前）曾有着最长时期的连续竞争性政治。智利直至1973年皮诺切特政权上台前，也经历了数十年的宪政；不过，无记名投票的缺乏有效地剥夺了农民的选举权，这一状况一直持续到20世纪50年代。1958年至90年代末的委内瑞拉也可被归为民主国家。其余多数国家则要么在军事独裁和民主之间不断更迭，要么经历了对政党竞争的显著限制，如哥伦比亚。墨西哥的主导党政权则是本地区唯一一个连续性威权体制。

各国福利保障与服务扩大的差异在多大程度上与其政体差异相关联?四个长期民主国家当中有三个国家(智利、乌拉圭和哥斯达黎加)的大多数人口直至80年代初均享有某种形式的医疗保险,并能获得公共服务。这些国家的社会保障覆盖面也位居该地区最高行列——占经济活跃人口的60%—80%(梅萨-拉戈,1989年:10)。但是,在同样经历了长期民主治理的委内瑞拉,享有社会保障的经济活跃人口的比例却较低。不过,这一数据并不包括参保非主流社保计划的大量人口。

间歇经历民主的国家在福利覆盖方面的记录则更加复杂。阿根廷于庇隆时期建立的福利制度与哥斯达黎加、智利和乌拉圭不分伯仲。巴西由于70年代中期建立了非缴费型养老金,其覆盖面也较高,但其利益分配在本地区一直处于最不公平国家之列。在墨西哥、秘鲁和哥伦比亚,50%—80%的人口被排除在核心社会保障和医疗保险计划之外(梅萨-拉戈,1989年:10)。

我们在第一章已表明,拉美公共福利保障程度的差异可部分地由社会和人口结构因素来解释。相较于公共福利保障更广泛的国家而言,许多福利制度有限的国家更贫穷,且城市化水平更低。然而,如表2-2所示,这些差异能否说明全部问题是值得怀疑的。墨西哥虽是福利制度最有限的国家之一,却反而比哥斯达黎加和智利更加富裕,而秘鲁仅仅只是稍微更穷一些。与城市化的相关性也相当不完美:虽然三个大型福利国家——智利、乌拉圭和阿根廷——都有着相对庞大的城市人口,但哥斯达黎加的城市化水平却在样本中所有国家里处于最低。尽管经济程度和城市化水平影响了福利保障,但其他一些政治因素也同样十分重要。

为了更清晰地认识政体类型如何影响社会政策,我们聚焦于两类政策措施的实施情况:扩大福利覆盖至更广类别的蓝领、非正规部门或农业部门工人,或是增加现有福利方案的待遇。同时,我们也会讨论旨在削减福利和资金或是合理化公共融资或社会保险与服务交付的举措。确定这些举措的实施时间段或多或少存在问题,因为许多政府在短期内操纵福利或其他利益,以奖赏其支持者或安抚潜在反对者[艾姆斯(Ames),1987年]。不管怎样,我们都试图找出在社会政策体系的覆盖面、福利待遇及管理方面有着重大改变的政策措施,而不是短期参数性调整的政策措施。①

表2-3与表2-1列出的政体类型信息相对应，呈现了各国提供社会保险、医疗服务和教育的重大举措的时间段。不出所料，表2-3显示，民主和半民主政府比威权政府更有可能扩大社会保险与服务。在三个辗转于民主和威权政府之间的国家，扩大社会保险和医疗体系最显著的举措均来自民主或半民主政府：即秘鲁的曼努埃尔·普拉多时期，哥伦比亚的国民阵线建立后时期，以及阿根廷的庇隆执政时期。委内瑞拉在佩雷斯·希门内斯（Pérez Jiménez）军事政权被推翻后，于60年代通过了重大社会政策立法；而在智利和乌拉圭，扩大社会保险与服务的所有重大举措都出现在1973年民主被颠覆之前。

表2-2　拉丁美洲的不公平、城市化和人均收入，1980年左右

	基尼系数（1980年左右）	城市化百分比（1980年）	人均GDP（PPP）
阿根廷	41.0	83	9200
巴西	58.0	67	6070
智利	51.9	81	4533
哥伦比亚	51.5	63	4706
哥斯达黎加	45.5	47	5635
墨西哥	53.9	66	7130
秘鲁	48.0	65	4496
乌拉圭	45.0	85	5872
委内瑞拉	44.4	79	5326
拉美平均水平	48.7	70.7	5885

资料来源：基尼系数数据来自戴宁格尔和斯奎尔（Deininger, Squire, 1996年）；城市化和人均GDP：世界发展指标（世界银行，2007年）。

除巴西和墨西哥外，威权政府普遍没有扩大社会计划。相反，其社会政策举措旨在要么增加特权阶层的福利，要么巩固现有计划。安第斯国家发生的军事政变——委内瑞拉（1948年）、哥伦比亚（1953年）

---

① 卡梅洛·梅萨-拉戈（Carmelo Mesa-Lago, 1978年, 1989年）的开创性研究确立了针对我们样本中许多国家的里程碑式立法措施。

和秘鲁（1948年和1961年）——中断了其社会政策举措。秘鲁在60年代末贝拉斯科（Velasco）时期建立的左翼独裁政权下，其社会政策扩大也少得惊人，且主要集中于统一社会保障体系（梅萨-拉戈，1978年：120—125）。南锥国家的官僚威权政体则主要关注现有制度的合理化或缩减。我们将在本章后续小节中更细致地探讨这些情况。

第二节　民主治理下的福利扩大：长期民主体

我们首先探讨20世纪80年代前民主治理时间最长的国家：乌拉圭、智利、哥斯达黎加和委内瑞拉。引言已指出，民主治理的时长是至关重要的：长期民主体有着更广泛的机会来动员吸引低收入阶层的党派和利益集团，并为社会保障的历时性累计增长提供了更大可能性。这就是为什么这些国家有别于半民主或民主持续时间较短的国家。

一　乌拉圭

乌拉圭的民主和综合社会福利制度均可追溯至20世纪初的关键重组时期。在红党领导人何塞·巴特列·奥多涅斯（José Batlle y Ordóñez）执政下，政府开展了广泛的改革计划，其中包括建立普选权，提供广泛社会保障，甚至开始展开由政府牵头的推进工业化举措。在巴特列的第一个总统任期（1903—1907年），劳工运动仍然非常薄弱，但他认为，城市工人可能会打破他所在的红党与白党（Blanco Party）反对派之间密切的政治平衡（克里尔和克里尔，1991年：279）。推动有组织的工人运动和扩大公共福利因而成为他更宏大政治计划的一个必不可少的部分。

表2-3　　拉丁美洲的政体类型和社会保险与服务举措

	年份 （N=361）	举措（行政措施）
民主政体（N=145）		
哥斯达黎加	1949—1980年	1961年，修宪以普及养老金和医疗保险。 1971年，将个体经营者和所有农民工纳入医疗和养老金体系；增加工资税以扩大福利待遇

续表

	年份 (N=361)	举措（行政措施）
乌拉圭	1945—1973 年	1943 年，新增家庭津贴和生育补助费福利；覆盖面扩大至工商业界所有员工。 1954 年，社会保障扩大至农民工。 1961 年，社会保障扩大至无业者。 1970 年，所有公共和私营部门员工实行强制医疗保险；卫生部增加了针对穷人的服务
智利	1945—1973 年	1952 年，养老金扩大至新兴蓝领阶层。 1958—1973 年，弗雷和阿连德执政时期初等教育扩大。 1964 年，启动并扩大基本医疗计划（弗雷和阿连德时期）。 1970—1973 年，社会保障覆盖面扩大至个体经营者；蓝领工人养老金提高
阿根廷	1973—1974 年	拟建立统一、普及性社会保险和医疗体系的计划因利益集团对标准化的抵制和军事政变而流产
哥伦比亚	1974—1980 年	小学建设计划，扩大全民公立教育体系，由教师工会所推动
秘鲁	1963—1967 年	改善受惠群体的福利保障，同时福利也一定程度扩大至部分未曾参保的农民群体（特定印第安人社区、土地改革和殖民化涉及的农民）。医院网络扩大至未覆盖地区。 医疗和社会保障支出大幅提高（分别提高了66%和250%），但国家并不缴纳费用，随之发生了巨大赤字
委内瑞拉	1958—1980 年	1961 年，新宪法保障免费初等教育，使入学率极大提升。 1966 年，新增老龄养老金、综合医疗援助、伤残和遗属抚恤金社保福利。覆盖面扩大至公共雇员和家庭佣工
半民主政体（N=43）		
阿根廷	1946—1950 年	社会保障和医疗保险扩大至多数劳动力。1954 年，医疗保险法确立了固定医疗保险收益原则，呈渐进性分布
	1958—1961 年	1959 年，弗隆迪西增加了福利受益人的待遇
	1963—1965 年	无重大举措
巴西	1946—1963 年	受惠行业新增福利。1960 年，享受养老金资金的员工的最低年龄资格要求被取消

续表

	年份 (N=361)	举措（行政措施）
哥伦比亚	1945—1947 年	1946 年，社会保障立法扩大
	1958—1973 年	1958 年，全民公决规定至少 10% 的政府支出须投入教育。 1962 年，家庭补偿基金设立。为隶属工会的白领工人提供医疗卫生和教育补贴
秘鲁	1945—1947 年	扩大白领和蓝领工人社会保障覆盖的举措因曼努埃尔·奥德利亚将军的军事政变而中断
	1956—1961 年	阿普拉-普拉多联合政府将社会保障扩大至蓝领和公共部门员工。蓝领工人福利资金投入增加，受惠条件大幅降低，为蓝领工人设立老龄养老金、伤残和死亡抚恤金
委内瑞拉	1945—1947 年	1946 年，法律强制化初等教育（于 1948 年撤销）。 1945 年，设立疾病和生育基金
竞争性威权政体（N=77）		
阿根廷	1945 年	无重大举措
	1951—1957 年	无重大举措；OBRAS 扩大，但公共卫生体系有所削弱
巴西	1964—1984 年	1971 年，FUNRURAL 将有限的社保福利扩大至农民工，且无缴费要求。 1974 年，养老金扩大至曾经缴纳部分费用的老龄或残障城镇人口。 1976—1977 年，通过 FUNRURAL 扩大了紧急医疗服务。 1977 年，PIASS：东北部各州有限地扩大了诊所和卫生项目
墨西哥	1945—1990 年	1960 年，养老金覆盖面扩大（洛佩斯·马特奥斯时期）。 1973 年，养老金和医疗保险扩大至农村地区（埃切维里亚时期）
刚性威权政体（N=96）		
阿根廷	1962 年	无重大举措。
	1966—1972 年	部分巩固了社会保障资金，对资格要求有了新的限制。科尔多瓦工会动乱之后，随着省级员工被纳入体系内，福利覆盖有所扩大。OBRAS 也在动乱之后大幅扩大了覆盖面，但政府同时也鼓励私人提供方的壮大
	1976—1983 年	员工不再缴纳费用，这增加了社保体系的财政负担。 初等教育体系权力下放至省级，联邦财政资金投入减少

续表

	年份 （N=361）	举措（行政措施）
智利	1973—1980 年	1975 年，引入有针对性的工作计划。减少蓝领和白领工人福利。部分巩固了社会保障资金。 1980 年，为所有从业人员设立强制性个人养老金账户。 1981 年，设立私立医疗保险基金（ISAPRES），设立私立学校与公立学校竞争
秘鲁	1948—1955 年	无重大扩大举措。为白领工人提供一些福利
	1962 年	看守型政府；无重大举措
	1968—1980 年	着力巩固蓝领和白领工人的社会保障资金并标准化福利待遇，稍微改善了蓝领工人的福利覆盖。并未明确优先扩大覆盖面至农民工和个体经营者，造成福利体系资金不足
乌拉圭	1973—1984 年	部分巩固了社会保障资金，但提高了退休年龄并降低了待遇。 1981 年的法律消除了对老龄人口和孕妇共有基金附属的限制，但决定大幅削减支出。 尝试更大程度地对教育进行控制和中央集中化，但并无重大变化。支出滞后于入学率的提高
哥伦比亚	1948—1957 年	无重大扩大举措
委内瑞拉	1948—1957 年	无重大扩大举措

巴特列在其第一个任期内主要关注抵御武装挑战，并巩固对红党本身的控制（克里尔和克里尔，1991 年：273）。尽管如此，他仍制定了若干重要举措，奠定了在随后几年里福利国家进一步扩大的基础。最重要的是，选举权扩大至多数成年男性公民，并且到 1920 年，对成年男性选举权的一切限制都被废除。[1] 与选举权的扩大齐头并进的是扩大初等教育的努力：在此期间通过的新立法规定了免费、世俗、义务初等教育，并加大了教育在政府预算中的比例（恩格曼、马里斯科和索科洛夫，2000 年）。1904 年公务员退休基金的设立标志着广泛社会保险制度

---

[1] 选举权最早于 1932 年也扩大至所有成年女性公民。

的建立迈出了重要一步（梅萨-拉戈，1978 年：72）。

至巴特列的第二个任期（1911—1916 年），他已巩固了对红党的控制并确立了该党的政治主导地位，为自己和其继任者推动社会改革计划铺平了道路。巴特列时期起草了额外的社会保障立法，并由其下一任总统于 1919 年和 1920 年通过。同时，巴特列政府还为公用事业员工新增资金，提供了针对老龄、伤残、死亡和失业的社会保障（梅萨-拉戈，1978 年：73），并为穷人提供了非缴费型养老金，这也是该时期的一项独特举措。1920 年，政府增加了生育医疗卫生方案，并大幅扩充了公立医院［菲尔盖拉（Filgueira），1995 年：5］。巴特列政府还继续推进劳工工会事业，通过了劳工法规，确立了工会组织和罢工的广泛权利。

大萧条的冲击导致了加布里埃尔·特拉（Gabriel Terra）执政时期（1933—1938 年）政治控制的收紧。但 1942 年就又恢复了完全民主和不受限制的政党竞争，为第二波社会保障举措开辟了道路。1941 年至 1957 年，由巴特列·奥多涅斯的侄子路易斯·巴特列（Luis Batlle）领导的红党的主导派别执行了一项经济和社会改革议程，包括进口替代工业化和社会保障覆盖面的大幅扩大。1943 年，家庭津贴被纳入社会保障计划中，并扩展至工商业界所有工人。1954 年，政府将农民工纳入了这一体系（菲尔盖拉，1995 年：21）。

选举竞争很大程度上推动了福利的扩大。例如，在 1958 年总统大选的预备阶段，时任红党政府将家庭津贴扩大至失业蓝领和白领工人，并批准城镇职业女性带薪产假（梅萨-拉戈，1978 年：77）。在 1965 年大选的预备阶段，时任白党政府将福利覆盖面扩大至了农村选区，尽管当时经济状况不断恶化且存在高通胀（梅萨-拉戈，1978 年：79）。

医疗体系的扩大稍慢，且仍偏重于治疗性医疗。不过卫生部的确在 20 世纪初就建立了低成本公共卫生服务，并从 40 年代起开始将一些资源转移到预防性医疗保健（菲尔盖拉，1995 年：5）。与阿根廷一样，许多蓝领阶层通过半自主的医疗保险基金得以参保，而非通过社会保障制度本身。然而在 1970 年，所有公共和私营雇员（约占人口的 60%）都被强制参保医疗保险，并且城市和农村贫困人口也获得了公立和大学医院以及农村诊所的服务。与该地区几乎所有国家的情况一样的是，服务质量仍不均衡。尽管如此，至 20 世纪 80 年代初，大多数人口已然能够获得基本的医疗服务。

由于来自肉类和农产品出口的财政收入下降,乌拉圭的福利状况在20世纪50年代中期经济压力逐渐增大。但直至该时期前,民主政府若要挑战既有福利的话,是会付出高昂政治代价的。即使是1973年以后的威权政府也没有改变福利制度的基本结构(卡斯蒂廖尼,2005年:41—61)。

二 智利

与乌拉圭一样,智利社会保险制度的基础于20世纪20年代中后期对寡头国家的决定性挑战时期建立。1920年,阿图罗·阿莱桑德里·帕尔马(Arturo Alessandri Palma)在北方采矿营地和城市中产阶级的一波民众抗议中当选为总统。保守派国会将社会立法搁置了数年,但在1925年,来自军方的压力打破了僵局,促成了一系列立法举措。这些举措包括为矿工、蓝领工人和白领员工建立养老基金,并保证蓝领工人能够就医。

该社会保险制度为不同类别的白领工人和蓝领工人提供专项基金,这反映了保守派有意拉拢和分化工人运动的策略。这种做法为新型基金的多样性提供了制度化模板(至70年代,已有160多项不同的基金),并形成了在福利待遇和财政资助方面分散且高度分层化的社会保险制度[波茨斯基(Borzutzky),2002年:49—50]。然而,整体来看,该制度至少为相对广泛的城市工人阶级提供了一定程度的安全网。

在整个20世纪三四十年代,随着相互竞争的中左和中右派联盟试图在部分工会运动中巩固其追随者,社会保障和医疗福利均不断扩大(梅萨-拉戈,1978年:29—30)。医疗制度的发展在1938年迈出了重要的一步。当年新当选的中左派政府,其中就包括时任卫生部部长萨尔瓦多·阿连德,为享受社会保障的工人家属出台了一项母婴医疗保健计划(麦圭尔,2001年a:1683)。新的医疗保健计划使得参保人口的婴儿死亡率大幅下降(波茨斯基,2002年:61)。

然而,各种福利政策的重大推进却直至20世纪60年代和70年代初才得以发生。当时的一系列选举改革起到了刺激作用,极大地提升了公民选举权,包括首次实现妇女选举权和农村的无记名投票。这些改革导致了改良派基督教民主党和由阿连德领导的社会主义—共产主义联盟在农村的选票竞争的加剧[巴伦苏埃拉(Valenzuela),1978年:26—

39]。趁着选举权的扩大,爱德华多·弗雷(Eduardo Frei)领导下(1964—1970年)的基督教民主政府承诺"自由的革命",并开展了重大社会举措,以建立农民和城市非正规部门对其的支持。财政紧缩迫使政府在就任头三年后放弃了其最初的目标,并且,政府想要整合和整顿分散养老基金的努力由于左翼政党和结盟工会运动的反对而失败(斯托林斯,1990年;波茨斯基,2002年:116—117)。不过,医疗卫生和教育方面的举措却更为成功。在此期间,教育经费翻了一番,而学龄儿童的小学入学率则从67%提高到100%。弗雷政府还扩大了基本医疗卫生服务,建立起农村卫生诊所,培训社区卫生工作人员,并从医院转移财政和人力资源至社区卫生服务中心。这些努力使得六七十年代婴儿死亡率锐减(麦圭尔,2001年a:10—13)。

这些计划在萨尔瓦多·阿连德短暂而动荡的任期内(1970—1973年)有所推进。与弗雷一样,阿连德亦无法挑战控制着既有社会保障基金的行政利益集团和有组织的受益者。但他确实提高了蓝领工人的养老金待遇,并扩大覆盖面至约90万名个体经营者。这些举措使约76%的经济活跃人口得以享受完全的社会保障(波茨斯基,2002年:140—141)。阿连德还扩大和深化了弗雷时期推出的医疗和教育计划。

但是,这些举措却是在经济民粹主义和对土地改革与国有化的日益意识形态两极分化的更大背景下所开展的。此外,它们对财政资源造成了严重的压力,从而导致了阿连德时期更大范围的经济恶化。当政府无法与反对派基督教民主党就维持稳定或国有化的步伐达成妥协时,宪政僵局便接踵而至。1973年,当局被一场血腥的军事政变所推翻(巴伦苏埃拉,1978年:93—98)。政变所形成的皮诺切特独裁统治开辟了一个全新的福利政策时期;我们会在后续讨论威权政体时对这些进展再详加阐释。

三 哥斯达黎加

哥斯达黎加首个重大社会保障基金的建立可追溯至20世纪40年代初的关键重组时期。时任改革联盟的领导者拉斐尔·卡尔德隆·福涅尔(Rafael Calderón Fournier,1941—1945年)来自一个古老的家族,并当选为仍由寡头主导的体制的总统。尽管如此,由改良派天主教神职人员和共产党主导的工会所出奇结成的联盟却在其雄心勃勃的改革计划背后团结起来。在整个40年代，冲突有所加剧；在一场针对1948年选举结果的争议中，曾支持卡尔德隆的联盟在短暂内战中被反对派武装击败。然而，尽管保守派是反对派运动的一部分，中产阶级改革者才是主要的赢家。虽然中产阶级是坚定的反共派，但却大体认同卡尔德隆所追求的进步性目标。在中产阶级政党（民族解放党，PLN）的领导下，民主得以迅速恢复，并且于40年代建立起的福利制度在随后的几十年中得以扩大。

卡尔德隆时期初步建立的哥斯达黎加社会保障基金（CCSS）是福利提案的重要来源。其官员借鉴了国际劳工组织（ILO）的意见，要求推出一项比乌拉圭和智利更统一的行政和财务框架。但是，CCSS的影响力取决于议员的支持，尤其是中左派民族解放党的支持。广泛的社会政策为民族解放党提供了一个重要资源来应对竞争高度激烈的总统选举中更保守的挑战者，从而得以主导议会。

虽然社会保障覆盖面在50年代不断扩大，但第一次重大推进却于1961年才发生，当时出台的宪法修正案规定十年内必须强制普及养老金和医疗保障。这项举措起初源于CCSS基金，该基金寻求更多的、不受议会自由裁量权约束的资金。民族解放党议员支持了专项资金的请求，但坚持将其用于逐步扩大全体人口的福利覆盖面。虽然这一目标没有如期达成，经济活跃人口的福利覆盖面却的确翻了一番，从约25%扩大到超过50%［罗森伯格（Rosenberg），1979年：127］。

第二波福利扩大发生于70年代民族解放党总统何塞·菲格雷斯·费雷尔（José Figueres Ferrer，1970—1974年）和丹尼尔·奥杜维尔·基罗斯（Daniel Oduber Quirós，1974—1978年）执政时期。福利扩大的财政支持来自一系列巩固CCSS财政基础的举措。议会提高了缴纳社会保险的工资上限，增加了用人单位的缴纳比例。这些改革为新立法提供了资源来规定强制性为个体经营者覆盖养老金，并扩大医疗卫生和家庭补助金至所有人口。民族解放党政府也为穷人建立了非缴费型老龄养老金，这是本地区首个类似计划之一［杜然-巴尔韦德（Durán-Valverde），2002年：14］。与20世纪六七十年代的智利一样，福利的扩大还包括在农村大力建立基层医疗卫生单位，首当其冲的便是1973年的农村医疗卫生计划。在接下来的五年里，200多家医疗卫生中心为额外的60万人提供了服务，这些医疗卫生中心主要位于500人以下的社区。相较于其他多数拉美国家，这种覆盖农村地区和贫困社区的努力独具一格，并对降低不公、贫穷和婴儿死亡率产生了积极的影响（麦圭尔，2001a：7—10）。

四　委内瑞拉

与乌拉圭、智利和哥斯达黎加不同的是，保守派军政府在整个20世纪上半叶主导了委内瑞拉。其中一届军政府由埃莱亚萨尔·洛佩斯-康特雷拉斯（Eleazar López-Contreras，1935—1941年）领导，于1940年通过了第一项重大养老金和医疗立法，以转移由改良派知识分子运动激发的民众不满。不过，洛佩斯-康特雷拉斯及其军事继任者不愿与改良派分享权力，并对扩大社会政策兴趣寥寥。

1945年，一场以军方和民众改革派为首的政变开辟了短暂的民主时期。与我们对民主影响的预期相一致的是，1945—1948年——俗称三年期（trienio）——的特点是雄心勃勃的社会和政治改革计划。由中左派民主行动党（AD）领导的军民执政联盟起草了宪法，消除了对选举权的重大限制并强制规定了全面的社会保障和医疗覆盖。该执政联盟还大幅重视公共教育，用于这方面的资金增至三倍［马茨（Martz），1966年：81—89］。而且，与本地区其他多数民粹主义运动不同的是，该时期也致力于组织农会并开展土地改革计划［鲍威尔（Powell），1971年］。

但是，这些社会举措遭到了强烈的反对。军方和商业精英对土地改革计划尤为警惕，而天主教会也将扩大公共教育的努力视作对其控制教育体系的威胁。1948年，改良派计划因另一场由商界领袖、教会和众多中产阶级所支持的军事政变而失败。在接下来的十年里，委内瑞拉再次由以马科斯·佩雷斯·希门内斯（Marcos Pérez Jiménez）为首的保守派军事独裁政府统治（1948—1958年）。新政权经历了一段经济高速增长期，而迅猛发展的石油财政收入则被军方和商业亲信大肆挥霍。但与此同时，该政权也削减了"三年期"时期的教育和公共卫生投入（马茨，1966年：91）并压制农会。直至50年代末转为更持久的民主时期前，社会保障始终局限于加拉加斯和其他少数大型城市中心的工人。

佩雷斯独裁于1958年被推翻之后，委内瑞拉进入了更持久的民主治理时期。民主依赖于主要政党和其他组织利益之间的一系列权力分配协定。经过了十年的被压制或放逐的磨砺,民主行动党的领袖和城市工会运动的支持者都愿意放弃"三年期"时期的农村激进主义并相应缩减其他社会改革计划。经过佩雷斯执政时期的十年腐败和裙带主义后,保守派政客、商界精英和教会领袖也倾向于妥协。20世纪60年代初形成的广泛执政联盟对于建立政治精英间非正式的合作规范必不可少,但却不利于重大社会政策改革。

但是,在60年代中期,两大主要政党——民主行动党和其主要反对党基督教社会党(COPEI)——开始了更直接的选票争夺。对财富集中的激进抨击依然是不予考虑的,不过扩大更传统形式的社会保险与服务的举措却成为政治辩论的主要内容。正规部门和国家工作人员是主要的受益者。1966年,劳尔·莱昂尼(Raúl Leoni)总统执政的民主行动党政府(1964—1969年)将社会保障覆盖面扩大至正规私营部门更广泛的工人群体,并增加了一系列新型福利,包括长期伤残、老龄和遗属养老金[马奎斯(Márquez)和奥斯都(Acedo),1994年:156—157]。反过来,来自民主行动党的竞争压力诱使其主要竞争对手基督教社会党也开始考虑隶属工会的蓝领工人。由基督教社会党总统拉斐尔·卡尔德拉(Rafael Caldera,1969—1974年)支持的就业保障立法有助于该党在工会运动中建立起重要的支持基础。

虽然社会保障举措仅限于正规部门员工,20世纪60年代在医疗和教育领域也取得了实质性进展。各国政府往往过度投入针对中产阶级群体的服务,如医院和大学;即便如此,疟疾还是被根除,儿童死亡率亦有所下降。初等教育也得以扩大,同时15—24岁年龄段的成人文盲率也从1970年的超过10%下降至1980年的不到6%和1990年的4%[联合国教科文组织(UNESCO),2002年]。

为这些新举措提供资金的石油经济也造成了众所周知的不正常现象和脆弱性。70年代繁荣时期资源的大量涌入资助了医院建设,并以不隶属工会的工人为代价,深化了中产阶级和蓝领工人的福利待遇(马奎斯和奥斯都,1994年:163—164)。主导政党和工会之间的密切关系也可能鼓励了这种倾斜性做法。随着80年代初繁荣结束,增长崩溃,人均收入和社会保险与服务一落千丈。在整个80年代中期,政府试图通过价格管制和赤字支出来缓解油价的下跌。此外,社会保障机构(IVSS)被迫积累非流通国库券,这对其财务状况造成破坏性影响。至

90 年代初，针对受益人的福利支付处理有所积压，且福利待遇实际价值大幅稀释。

第三节 短期民主体和半民主体

相较于乌拉圭、智利、哥斯达黎加甚至委内瑞拉，拉美其他国家的民主经历就持久性或竞争力而言更加有限。除上述四个国家外，表 2-1 中我们鉴定为完全民主的大部分政府在被军事政变颠覆之前只存在了几年。在这些案例中，选举或利益集团压力根本性改变社会政策走向的机会远比更长期的民主体有限。半民主政体虽然允许选举竞争和利益集团组织，但选举权限制、军方否决和将特定问题免于有效政治辩论的精英协定削弱了政客和社会团体对政府提出分配要求的能力。因此，在大多数案例中，福利的覆盖面和待遇水平仍然有限。

一 阿根廷

在上述的普遍情况中，阿根廷是个例外：尽管对民主有着经常性的限制，该国福利状况的全面性却同智利、哥斯达黎加和乌拉圭不相上下。这一状况可部分追溯至 20 世纪早期受过教育的，且通常高度激进的移民工的涌入和相应的高度城市化水平。① 尽管如此，直到 20 世纪 40 年代末和 50 年代初胡安·庇隆上台，才出现了重大突破，这一时期政治竞争相对开放，我们认为该时期标志着阿根廷的关键政治重组。

我们将该时期归为半民主的做法是值得商榷的。庇隆经常用严厉手段来对付持不同政见者，并在 50 年代初愈加变本加厉。但不管怎样，从 40 年代中期到 50 年代初，民主政治的重要特征仍然存在。1946 年，庇隆在竞争高度激烈的选举中竞选总统，击败了由共产党人、社会主义者和中产阶级激进党组成的广泛而资金充足的联盟。而且，庇隆在其第一届任期的多数时期均面临来自农民利益群体和其他保守派团体的强劲的反对施压和批评。直到 50 年代初，特别是在其第二届任期（1952—

---

① 扫盲率在 19 世纪后期大幅增长，从 1869 年的占人口的约 1/4 增长到 1900 年的超过半数（恩格曼、马里斯科和索科洛夫，2000 年：表1）。但造成这种增长现象的主要原因是在原宗主国接受过教育的移民的大量涌入。

1955年）内，庇隆才开始打压其政治挑战者，并越来越专制独断，控制了工人运动中支持自己的阵营。

直到庇隆上台之前，阿根廷的社会保险保障主要局限于军队、白领员工及一些战略部署的蓝领工会。庇隆在争取建立民众基础的过程中，启动了一项大胆的进口替代计划，并将社会保障作为主要工具来巩固蓬勃发展的劳工运动对自己的支持，同时对劳工运动加以控制。从40年代中期到50年代初，庇隆将养老金覆盖面扩大至约70%的劳动力（梅萨－拉戈，1978年：164—165）。政府还通过工会所有的基金［社会工程（OBRAS）］来资助医疗保险的扩大，并建立了广泛的公立医院网络，将医疗服务扩大至低收入人群［克里尔和克里尔，1991年：341；罗克（Rock），1985年：263—265；劳埃德－夏洛克，2000年：146—148］。

正如梅萨－拉戈（1978年：165）所指出的，庇隆同样也谨慎地扩大了先前已受福利惠及的强大团体的利益，包括军队、公务员、铁路工人和商船队。与智利和乌拉圭的情况一样，资金和福利待遇的碎片化产生了不公现象和财政压力，并在后续几十年中困扰着福利制度。不管怎样，福利的迅速扩大吸引了强大工会运动的大力支持，并建立了广泛的福利框架，且至少直到70年代中期之前都没有受到继任的军事或民主政权的根本性挑战。

二 秘鲁

秘鲁福利制度扩大的社会政治背景与阿根廷有着天壤之别，其中一大差异就是秘鲁拥有更庞大的农村人口。此外，文化程度和选举权的限制剥夺了大多数本地人口的公民权。秘鲁进口替代政策的启动远远晚于其他拉美国家。有限的工业化和长期将农村与本地人口排斥在政治体系之外的做法有助于解释包括教育在内的福利和基本社会服务的有限覆盖。但是，周期性的政治开放的确为以大众为导向的阿普拉党提供了争夺权力的机会，并利于城市工人获得社会保障。

针对蓝领工人的主要社会保障基金框架，即强制性社会保障基金（SSO），于1936年的奥斯卡·贝纳维德斯元帅（Óscar Benavides）（1933—1939年）保守派政府时期设立。这项举措响应了标志着秘鲁关键重组时期肇始的阿普拉党（Aprista）挑战（见表1－10）。然而紧接着，贝纳维德斯再次打击了持不同政见者，SSO 也收紧了资格要求并限制了孕产保健福利，1946—1947 年，曼努埃尔·普拉多执政时期的第二轮简短政治开放也促成了新的举措（梅萨－拉戈，1978 年：117）。这些举措主要惠及白领工人，但也允许 SSO 扩建医院并提供职业病和工伤保险。然而，福利扩大势头再次被军事政变中断，这场军事政变促成了曼努埃尔·奥德利亚将军（Manuel Odría，1948—1956 年）的上台。奥德利亚政府建立了各种新型基金用于军队、警察、海军、公务员和白领工人。但 SSO 提供的福利待遇仍然受限，且筹资被大幅削减。

80 年代前最显著的变化发生于紧随奥德利亚独裁统治结束且阿普拉党重新进入政治体系之后的半民主和民主时期。从 1956 年到 1962 年，曼努埃尔·普拉多与阿普拉党结成执政联盟，重新掌权。梅萨－拉戈（1978 年：118）将该时期通过的社会保障立法描述为社会保障体系的"重新建立"。与以往一样，政府对来自白领群体的巨大压力做出了反应，为公务员出台了新的养老金立法。但这项立法带来的不公平引发了由阿普拉党主导的工会的公开示威和抗议，并催生出强大压力为城市工人提供充分的养老金制度（梅萨－拉戈，1978 年：118）。1961 年，在阿普拉党国会议员的支持下，政府为蓝领工人建立了新型退休基金，这大幅降低了 1936 年立法所制定的准入条件，并将参保人员的老龄养老金待遇翻了两番（梅萨－拉戈，1978 年：158）。

另一场短暂的军事干预使得阿普拉党在 1962 年总统选举中的可能胜出破产。但选举政治仍于次年恢复。新总统费尔南多·贝朗德·特里（Fernando Belaúnde Terry，1963—1968 年）确定了与进步联盟（Alliance for Progress）的温和改良派一致的目标，但却面临着经济困难和秘鲁社会的结构性不平等问题。尽管政府继续修建学校，但农村地区的教育仍然严重资金不足。贝朗德政府还在蓝领社会保障基金（即 SSO）或白领社会保障基金（即职工社会保障基金，SSE）尚未覆盖的地区修建医院；但其重点仍主要针对城市人口的治疗性医疗（梅萨－拉戈，1978 年：134）。来自反对派阿普拉党和共产党政客的竞争压力倒也鼓励了社会保障与医疗保险覆盖面的扩大，覆盖的经济活跃人口的比例从 1961 年的约 25% 增加至 1969 年的 1/3 以上（梅萨－拉戈，1978 年：134）。然而，此阶段多数时期里，政府均未能履行其法定的资金拨款，并且在该十年的末期，资金的财务状况日益不稳定（梅萨－拉戈，1978年：145）。至1968年，随着贝朗德的计划陷入僵局，该时期的民主政治因另一场军事政变和军事独裁的建立而告终。

三 哥伦比亚

哥伦比亚的基本社会保障基金于自由党改革者阿方索·洛佩斯·普雷马霍（Alfonso López Pumarejo）的两届总统任期内（1934—1938年、1942—1945年）建立，这标志着哥伦比亚的关键重组时期。但是，在随后几十年的党派间内战和古斯塔沃·罗哈斯－皮尼利亚（Gustavo Rojas-Pinilla）的军事独裁（1953—1957年）期间，福利的扩大却被中断。

随着国民阵线的建立，平民政府于1958年重返哥伦比亚。然而，国阵时期（1958—1974年）的政体形式被归为半民主是最贴切不过的。精英的权力分配协定将所有政府机关划分为主导的自由党派和保守党派，排除了新兴政治力量的竞选挑战，这种情况一直持续到1974年。

在此期间，在城乡扩大社会保障和医疗覆盖的举措仍然温和。社会保障方面，1962年的一项新举措为已被纳入社保体系的群体提供家庭补助金，在随后几十年中，新的群体亦逐渐被纳入［布什内尔（Bushnell），1993年：226］。

国民阵线也的确扩大了公共教育，尽管结果有所不同。于1957年被推翻的军事独裁者罗哈斯曾提供过一些口惠而实不至的公共教育承诺，但多数教育扩大都只发生于私立教育部门［阿沃尼（Arvone），1978年：3］。相比之下，20世纪六七十年代的一系列立法举措扩大了公立初等教育。新宪法强制规定了教育支出最低须至少占中央政府预算的10%（布什内尔，1993年：226）。50年代初至1980年，15岁至24岁人群的文盲率从38%下降到仅为7.5%（联合国教科文组织，2002年）。但是，教育改革举措遇到了来自教会反对派、私立教育机构和醉心于赞助提供的政客的强大阻力。其结果是，教育体系的质量仍然非常低下，特别是在农村地区（阿沃尼，1978年：10）。并且，高度中央集中的教育政策巩固了强大的教师工会，这严重阻碍了90年代旨在提高教育质量的改革举措（洛登，2004年：357—359）。

四 巴西

在 20 世纪三四十年代的关键重组时期，热图利奥·瓦加斯独裁政权落实了将蓝领工人增选进政治体系的首次全面尝试。[①] 与智利一样，社团主义制度和相应的社会保障制度"自上而下"地得以实施，并有意将工人依据其职业进行分化。但与智利不同的是，政党竞争在四十年代中期之前完全被禁止，这消除了自下而上的选举挑战和争夺低收入群体选票的动机。其结果是，瓦加斯执政期间发展起来的社会福利制度不仅存在内部分层化，而且其整体覆盖面也十分有限。

1946 年立宪政府的重新建立本来可能会导致这种状况的改变，但新的政治秩序的另一个特色是对政治竞争的显著限制。[②] 1945—1964 年的多数时期，多数总统在广泛联盟的支持下执政，其中就包括瓦加斯时代的两个产物：由农村寡头主导的民主社会党（PSD），以及更迎合城市民众的巴西工党（PTB）。然而，文化程度的要求限制了选民的规模，且工会仍然受到第一任瓦加斯政权时期建立的社团主义控制的桎梏。此外，竞选上任的政府均面临军事政变或否决的持续威胁，而该时期五位总统中只有两位成功地走完了任期。

在这种情况下，扩大社会保障体系的动力一直疲弱。为维持其异构性联盟，各政府主要依赖于广阔的发展主义和民族主义诉求，而非社会政策。热图利奥·瓦加斯（1951—1954 年）于 1951 年当选为总统，重新掌权，并主要关注推动进口替代工业化。他也曾尝试提高最低工资标准（该举措引起了极大的争议），但却没有推行重大举措来扩大或重新制定社会保障或医疗卫生体系。儒塞利诺·库比契克·德奥利维拉（Juscelino Kubitschek de Oliveira，1956—1961 年）在短暂的军事空位期后继任瓦加斯；他也奉行了发展主义议程，包括"深化"进口替代工业化和在巴西利亚修建新首都。然而，于 1960 年通过的该时期唯一的重大社会政策举措，通过消除养老金领取资格的最低年龄要求并完全根据服务年限来领取养老金，提高了参保人群的福利待遇（韦兰，1996

[①] 瓦加斯在由 20 年代保守派政府开展的更有限措施的基础上展开其举措［马洛伊（Malloy），1979 年］。

[②] MBP–L 编码方案将 1946 年至 1964 年年初的巴西政体归类为民主，但也认为同样有理由将该时期政体归类为半民主。

年：90）。

教育政策也反映了异构性精英利益联盟的影响。初等教育的扩大为维持统治集团的城市据点的支持提供了重要手段，但将教育扩大至农村地区的动力却因选举权限制和对民主社会党庄园主的依赖而决定性地减弱。至1964年，城市地区的小学入学率接近90%，而农村地区则仍低于50%［埃默（Heimer），1975年：58—59］。农村学校的质量也仍然远远低于城市标准。许多学校针对所有入学的学生仅配备了一名教师和一间教室，辍学率和复读率大约是城市学校的三倍（埃默，1975年：59）。

从20世纪50年代后期开始，激进工会和新近动员的农民运动开始抗议巴西社会的根本性不公现象，政治逐渐变得两极分化。然而，与后来阿连德时期的智利一样，社会政策问题被严重的宏观经济不稳定和就土地改革、外国投资与国有化的深入冲突所掩盖。随着若昂·古拉特（João Goulart）的时任政府（1961—1964年）日益左翼化，古巴革命的冲击波强化了军方和商界的反对。1964年，古拉特政府被一场由美国支持的军事政变所推翻。讽刺的是，我们在接下来也将会看到，恰恰是在军方夺权以后，政府才尝试将基于社团主义的福利制度延伸至农村地区，以平息民众的激进力量。

第四节　巴西和墨西哥的威权政体：竞争性威权的福利举措

总体而言，相较于更民主的政体，拉丁美洲的威权政体更不太愿意扩大福利保障与服务，而宁愿增加政府核心利益集团或强势的既得福利群体的利益。不过，有两个竞争性威权政体却明显例外：巴西长达20多年的军事独裁统治（1964—1985年）和墨西哥的长期主导党政府体制。与下节讨论的刚性威权政体不同的是，巴西和墨西哥的政府依靠受操纵的选举竞争和民主政府的其他程序来使其统治合法化。20世纪70年代，这些半竞争性的制度框架鼓励了社会福利制度覆盖面的扩大，尤其是在农村地区。

一 巴西

巴西在 1964 年至 1985 年的军事独裁与后来在南锥地区上台的官僚威权政体有着许多类似特征，包括雄心勃勃的发展计划和对工会与政治左翼的限制性政策。然而，军方对立宪政府外在形式的保留却是一个重要差异。军事精英们从未放弃对重大决策的控制，并且强硬派对任何迹象的异议都不断镇压。但经过 60 年代末和 70 年代初的强硬军政府统治时期以后，该政权开始逐渐重视半竞争性立法选举和渐进的政治自由化，以作为转移反对派视线的手段。在 1964 年之前的政党格局中，当局成立了"亲政府"党——国家革新联盟党（ARENA），由政变的保守派支持者领导，并鼓励"信得过"的政治领导人组建一个正式的反对党，即巴西民主运动（Democratic Movement of Brazil，MDB）。

事实证明，随着 MDB 在 1974 年国会选举中展现出惊人的实力，管理这一反对党比预期还要困难。政府修改了选举法，以回击反对党的选举成就，旨在将其分裂为互相竞争的党派。但 MDB 的继任者，即现在的巴西民主运动党（Party of the Brazilian Democratic Movement，简称 PMDB），继续拉拢支持，尤其是在全国较发达的地区。主导亲军方的国家革新联盟党的是以欠发达的东北地区为主要据点的政治领袖。随着选举挑战增加，军方日益依赖国家革新联盟党政客来维持对国会、州议会和名义上负责总统选举的总统选举人团的控制。

选举联合对军方社会政策的影响虽然显著但却不完全直截了当。在农民工援助基金（FUNRURAL）的支持下，军政府于 1971 年将非缴费型老龄养老金扩大至农民和农村贫困者，这是军政府时期最重要的社会政策举措之一，当时军方的强硬派仍占优势地位。虽然这项举措源于福利官僚机构［施瓦泽（Schwarzer）和克里诺（Querino），2002 年：8］，它却服务了预防农村动乱复苏的政治目的，并且遵循的是瓦加斯时代的社团主义原则，而不是选举因素。与之前的半民主政府不同的是，军政府处于更有利的地位，从而可以不予理会城市工会的反对，后者担忧其基金资源将会有所流失。

不过，随着军方的更温和派恢复了对政府的控制，并启动了受操控的政治自由化进程，选举动机倒也成为 70 年代中期社会保障计划扩大的一个主要因素。该战略的一个重要特点是强化了国家革新联盟党文职领导人的地位，特别是在东北农村。农民工援助基金计划迅速成为国家革新联盟党政客和由政府资助的农会的一个主要赞助来源（韦兰，1996年：100），紧随其后的是一些额外的扩大城乡贫困人口福利覆盖和待遇的举措。1979年，政府启动了一项计划，通过室内健康与卫生计划（PIASS）来扩大贫困的东北地区的农村诊所，并将接受紧急医疗服务的权利延伸至所有公民。

至70年代末，90%以上的人口均已至少享有某些正规社会保障与医疗福利。尽管这一变化的确有着积极的再分配影响，但农村和城市非正规部门的现金收益——约为最低工资的一半（施瓦泽和克里诺，2002年：9）——与公务员、其他正规部门工人和军队本身（毋庸讳言）相比仍然微乎其微。直至80年代中期，大约80%的农业劳动者和三分之一的非正规部门均没有被正式纳入社会保障和养老金体系（韦兰，1996年：134—135）。而且，即便那些被纳入体系的人，也必须通过国家革新联盟党中介机构来申请福利兑现，后者则以换取选票为前提来提供必要的文件证明（施瓦泽和克里诺，2002年：9）。

军方和国家革新联盟党的赞助政客之间的联盟也倾向于以各种方式削弱医疗和教育计划的进步影响。社会保障官僚机构和私立医院的政治关系耗尽了扩大公共卫生体系的资源。针对东北农村地区的农村卫生计划（即PIASS）仅覆盖了其目标人群的25%（麦圭尔，2001b：16）。

在教育领域，军方的确也做了一些尝试，以加强对初等教育的融资；于1983年通过的一项宪法修正案规定，各州必须至少将联邦拨款的15%用于初等教育。不过，该政府更优先支持大学教育，这对其中产阶级支持者而言远远重要得多。此外，加强初等教育的努力由于对教育部的保守政治控制而减弱。教育部成为赞助修建合约和就业的重要来源，其影响可以预知。1980年，青壮年文盲率为12%；尽管自1970年以来下降了7个百分点，这一比例仍然是本书讨论的拉美国家中迄今为止最高的——远高于秘鲁和墨西哥，以及该地区更民主的国家（见表2-2）。仅仅当80年代中期民主到来后，巴西才显著加大努力，来解决教育体系的不公现象，并且改善基本医疗普及情况。

二　墨西哥

墨西哥的早期大众教育建设和社会保障的缘起均与政治制度的根本

性重组紧密联系。随着后革命精英开始巩固权力，联邦政府于20世纪20年代开始扩大对教育体系的管辖权。在当时的强硬派人士普鲁塔尔科·卡列斯（Plutarco Calles）执政下，该政权创建了首个联邦教育部，并大幅增加教育预算。如恩格曼、马里斯科和索科洛夫（2000年：27）所言，这标志着"前所未有的全国扫盲运动"。首项重大社会保障立法直到后来在曼努埃尔·阿维拉·卡马乔（Manuel Ávila Camacho）执政时期（1940—1946年）才得以通过。但该举措是在劳工整合的最激进阶段和占主导地位的革命制度党的社团主义重组之后推出的；其目的在于孤立更激进的工会领袖，并巩固革命制度党统治精英和其在工会运动中的盟友之间的关系。

第二次世界大战后早期社会政策的后续演变可划分为两个截然不同的阶段。第一阶段大致是五六十年代，曾被称为稳定发展时期。政治上而言，这几十年的特点是执政党巩固了对劳工运动和选举舞台的控制，以及执政精英和进口替代私营部门之间的持续合作。这一时期的福利举措相对有限。第二阶段则跨越了接下来的两届总统任期，分别是路易斯·埃切维里亚·阿尔瓦雷斯（Luis Echeverría Álvarez）（1970—1976年）和何塞·洛佩斯·波蒂略（José López Portillo，1967—1982年）。这些政权受到了更大经济动荡的冲击（至少有一些动荡是其自身造成的），同时也受到了威胁政权自身稳定的严重政治挑战的冲击。为了应对这些挑战，政府开始更加重视社会政策。

如前所述，社会保障制度和其他社会服务在"稳定发展"时期扩大得十分缓慢。即便到了1960年，社会保障也仅覆盖了12%的劳动力人口（梅萨-拉戈，1989年：150）。到1975年，覆盖率估计仍然只有27%［斯伯丁（Spalding），1980年：427］到约35%（梅萨-拉戈，1989年：151）。这一覆盖率远低于包括委内瑞拉在内的长期民主体。人口结构变化和工业化显然是仅有的社保扩大背后的驱动力。斯伯丁（1980年）表明，城市化和工业生产的差异解释了墨西哥31个州和联邦特区的福利覆盖的几乎所有差异，而工会组织和选举反对党方面的差异则无明显影响。

这种在社会政策上相对被动的做法反映了该政权的政治稳定性，这由其选举主导地位和有意义、有组织的社会挑战的缺乏所决定。由于缺乏这类挑战，该政权对城市中心的集中关注几乎不会耗费显著的政治成本，且会带来一些好处。斯伯丁（1980年：431）认为，福利受益者集中在高生产力的城市工业中心，这简化了福利制度的行政负担，且使墨西哥社会保障机构（IMSS）得以将成本转嫁给用人单位和员工。与此同时，基于城市的社会保障体系服务了"防范公开政治异见爆发的长期目的"，同时避免了由于扩大社会保障至"很少构成政治威胁"的"无组织和无权部门"而可能带来的威胁经济稳定的风险（斯伯丁，1980年：431—432）。

但是，该时期末却的确出现了严重的政治挑战，政治精英的算盘也发生了相应的改变。与巴西相比，墨西哥的选举反对党对社会政策的重要性更弱，因为反对党主要来自国家行动党（PAN），该党比革命制度党更加右派。然而，60年代末学生抗议活动的爆发和70年代初对农村土地的吞并促使政府更加重视左翼和农村地区的要求。农村动荡尤其令人担忧，因为它威胁到了并可能会破坏革命制度党选举成功的关键支柱：对农民选票的严格控制。

在埃切维里亚·阿尔瓦雷斯执政时期，政府的反应远远超出了我们所界定的福利举措范围，包括备受争议的土地改革举措，这造成了政治两极分化和经济的不稳定。新型福利的确从经济活跃人口的约35%扩大至44%，但政府未能实现其在正规部门以外推进福利覆盖的既定目标（梅萨-拉戈，1989年：146—147）。1973年，新的社会保障立法建立了惠及农村和城市非正规部门工人的原则，但经济恶化和政局不稳定限制了其有效的实施。

随着墨西哥经济开始复苏，洛佩斯·波蒂略执政时期实现了更大幅度的进展。政府实行了一系列选举改革，旨在鼓励左翼力量从直接诉诸运动转移至选举舞台，而革命制度党则继续在选举舞台上拥有压倒性优势。与此同时，革命制度党继续巩固其在农村的选举力量，出台了各种新的社会计划。教育方面，这些计划包括在与该党结盟的教师工会的要求下，迅速扩大小学建设。入学率在此期间急剧提升，青壮年文盲率从约13%下降至8%。

医疗卫生方面，政府设立了"贫困地区和边缘群体国家计划总协调纲领"（COPLAMAR），这是为低收入群体扩大医疗保健的首个重大努力，在扩大医疗服务至农村地区方面取得了显著进展，在原先受主要社保基金覆盖的44%的总人口基础上增加了约10%（梅萨-拉戈，1989

年：151）。但是，尽管就墨西哥的以往纪录而言，这些扩大举措显得十分显著，但却远远不及长期民主体的标准。几乎一半人口仍缺乏有效的社会保障或医疗覆盖，而这些被排斥的群体主要集中在最贫穷的阶层和全国最不发达的地区。

第五节　刚性威权政体

刚性威权政体在其正式政治结构和意识形态目标方面差别很大，但由于缺乏选举动机或有意义的利益集团组织，此类政体极少致力于扩大社会保险与服务。许多此类政体均是个人独裁统治，仅寻求建立"秩序"，并获得财富和权力。此类政体中最持久的当属哥伦比亚、委内瑞拉和秘鲁20世纪四五十年代的罗哈斯－皮尼利亚、佩雷斯·希门内斯和曼努埃尔·奥德利亚执政时期。这些政府也确实为其亲信和白领群体分配了大量的财政资金，而且在某些情况下，也开展了公共工程建设，从而与城市贫民建立了庇护关系（克里尔，1976年）。但是这些统治者对于扩大现有社会保障体系或实行新的社会计划都没兴趣。

在秘鲁的胡安·贝拉斯科（Juan Velasco）的民粹主义军政府时期（1968—1975年），以及六七十年代在南锥地区建立的排他性政权时期，执政者都奉行更为一致的现代化计划，纳入了一些重要的社会政策成分。但是，这些政策尽管各有差异，却通常都意味着要么终止福利和服务的扩大，要么积极致力于对其进行巩固或缩减。

一　包容性威权统治：1968—1980年的秘鲁

经济民族主义和民粹主义是胡安·贝拉斯科·阿尔瓦拉多（Juan Velasco Alvarado）执政时期（1968—1975年）秘鲁军政府的特点，与阿根廷、乌拉圭和智利同期建立的排他性政府明显不同。其他这些政权在开展宏观经济稳定和市场化改革之时，贝拉斯科却走了"左"倾的道路，启动了一项进口替代的应急计划，国有化了原属美国控股的国际电话电报公司，并进行了雄心勃勃的土地改革。政府集中致力于动员工人和农民进入国家控制的社团主义体制，并推动工资增长，以作为维持内需的手段。政府也对工资再分配政策和土地改革给予了高度重视。

但是，从我们的研究目的考虑，秘鲁军政府这一激进时期最显著之处是其对阿普拉党和该党在隶属工会的劳工据点的持续敌视，以及其对选举进程的拖延。自上而下的模式预先排除了政客或利益集团敦促社会保险与服务的机会。虽然贝拉斯科政府也确实力图巩固现有计划，但却没有对其扩大。而且，一旦70年代中期爆发经济危机，贝拉斯科的军事继任者便实行了重大的紧缩政策。

该政权在60年代末夺权以后便开始规划巩固社会保险制度，但直到70年代初才开展这方面的立法程序。1974年，贝拉斯科政府创建了一项单一医疗和社会保障基金，即秘鲁社会保障机构（IPSS），并开始逐渐整合先前由分散的社保基金和卫生部管理的医院［梅萨-拉戈，1989年：177—179；克鲁兹-萨科·奥亚格（Cruz-Saco Oyague），1998年：167］。不过，解开庇护主义和政治影响的复杂网络却十分困难。正如南锥国家的情况一样，由于武装力量和其他特权群体被免除在外，也就是其养老金仍完全与有效工资挂钩，因此整合社保基金的影响力有限（克鲁兹-萨科·奥亚格，1998年：171）。改革也没能提高效率或实现会计和人事的更大透明度。直至20世纪70年代末，新设立的社保机构仍然没有成功建立起受益者统一登记制度或准备好精算研究和统计序列。而且，据估计，行政成本约为社会保障总支出的11.5%，几乎比阿根廷高出7个百分点，比乌拉圭和智利高出约4个百分点（梅萨-拉戈，1989年：181，195—196）。

社保体系的整合旨在为纳入农民和非正规部门工人铺平道路，但扩大覆盖面的计划却未能实现。至1975年，该政权的扩大主义经济政策已经导致了一场重大的宏观经济危机，且政府实际被弗朗西斯科·莫拉莱斯·贝穆德斯（Francisco Morales Bermúdez）所领导的军方的较温和派控制。面对严峻的财政压力，莫拉莱斯转而遏制公共支出，但政府却不愿削减军费，或承担债务违约的风险。社会支出急剧减少。莫拉莱斯掌权时期，社会保障、医疗和教育的公共支出从占GDP的5%以上降至3%以下（塞古拉-乌维尔戈，2007年：235）。1977—1979年，政府不再履行其对IPSS的财政义务，使得该机构负债累累，从而困扰着80年代的民主政府（梅萨-拉戈，1978年：178）。

二 官僚威权政体：智利、阿根廷和乌拉圭

不同于秘鲁的是，对20世纪六七十年代的智利、阿根廷和乌拉圭

而言，冷战时期的反共意识形态、对严峻宏观经济不稳定的担忧以及对劳工工会和民粹主义政治运动会威胁国家安全的恐惧，刺激了其官僚威权政体的形成。① 所有此类政权都清算了劳工运动，禁止罢工，逮捕或驱逐政治对手，并试图摧毁基于民众的甚至是中间派的政党组织，尽管压制的严重程度各有不同。70 年代此类政体所施加的打击尤为严厉；除政治领袖和激进分子外，数以千计的普通民众被监禁，且常常受到折磨，甚至被杀害。可以预见，虽然这些政体在社会政策做法上有所不同，但多数政体应对极高通胀和财政危机的方式都预示了今后应对经济危机的方式，这将在第二部分加以讨论。大量宏观经济权力被委派给自由派技术官僚，且前几十年所建立的社会计划被大力削减或重组。

智利的皮诺切特政府所展开的社会政策可谓进行了最根本的变革，这是其更广泛的新自由主义改革和政治变革计划的一部分。在应对阿连德时期遗留的经济危机时，皮诺切特最初依赖于温和派商界领袖和经济学家，他们主张在进口替代模式中逐步寻求改变。但宏观经济形势仍然极不稳定，并且，1975 年，主要部委的温和派被更激进的技术官僚，即著名的"芝加哥男孩"（一批信奉经济自由主义的经济学家，即 Chicago boys）所取代。受米尔顿·弗里德曼（Milton Friedman）和阿诺德·哈伯格（Arnold Harberger）的新自由主义理论的启发，智利的这些技术官僚着手实行了一项激进的市场改革计划，并反转公营部门的范围和职能。该计划不仅旨在振兴经济，而且还要通过阻断用以调动政治支持的资源，来破坏现行政党制度和工会运动的基础。

通常认为，缩减和调整福利状况是该计划的重要环节，分为两个阶段执行。在整个 70 年代后半期，来自社会官僚机构和军政府内部持社团主义倾向的官员的反对阻碍了自由派在宏观经济部门的重组计划（波茨斯基，2002 年）。然而，自由派却得以急剧减少社会支出，并将资金重新分配给最贫困的群体（塞古拉－乌维尔戈，2007 年：177—191）。有针对性的反贫困计划提供了产前和婴儿保健，并成功地降低了婴儿死亡率。但社会支出的总体削减意味着在贫困线上挣扎的家庭蒙受了巨大损失，这些家庭依赖于国家资助的社会保障，以维持其生活水平。其结

---

① 另见欧·唐奈（O'Donnell），1971 年；克里尔，1979 年；考夫曼，1979 年；雷默（Remmer），1989 年。

果是，尽管在70年代末和80年代后半期智利两次实现了高增长率，不公和贫困现象仍有所增加。

20世纪80年代初，"芝加哥男孩"巩固了其对关键社会部委的控制，政府实行了更激进的福利制度框架重组。1979年养老金制度开始有所改变，展开了节约成本的大型改革，提高了退休年龄，并消除了公务员的特权养老基金。1980年，在这些初始举措之后，又建立了一个固定缴款养老金计划，强制要求所有于1981年5月以后参加工作的人员参保（卡斯蒂廖尼，2001年：40）。继养老金制度革新之后，80年代初教育和医疗卫生领域亦实行了类似措施。政府出台了一项学校代金券计划，允许私立学校与公立学校共同竞争获拨国家资金。政府还推行了全面的改革，允许将强制性工资缴纳保费转入与公立医疗服务机构竞争的私立医疗服务机构。

"智利模式"成为20世纪90年代关于拉美社会政策的争论的重要参考点。智利的改革向其支持者证明了，以市场为导向的政策能有力、高效地提供社会保险与服务。然而，改革的再分配和福利影响也存在很大的问题。多数情况下，低收入工人和个体经营者仍被排斥在私有化的养老金制度之外。虽然这一制度起初受到了参保工人们的欢迎，但随着时间的推移，由于极度高昂的行政成本和股市的波动，该制度也失去了支持。新型医疗和教育制度倾向于重现甚至加剧智利社会结构的不公现象。中产阶级家庭倾向于接受私立学校和医疗计划，而穷人则只能选择公共部门的设施。

无论其整体效果如何，自由化的福利制度都标志着与民主时期发展起来的更加国家主义计划的尖锐差异。这是一项本来仅能够由像皮诺切特这样的独裁者来谋划的转型。此外，这些社会政策改革产生了持久的影响。即便在90年代过渡到民主治理之后，更高收入的利益相关者又完全转而支持先前体系的政策，而这在政治上是不可能的。

其他南锥国家的军政府并没有尝试对其福利制度展开如此激进的重组。但是，在这些专制环境下，自由派技术官僚确实对社会政策产生了相当大的影响力，且全都试图大幅削减现有的公共福利。阿根廷官僚威权统治的第一阶段（1966—1973年）是最温和的，但福利政策也远远不够慷慨。虽然政府为部分受优待的工会提供福利，但也从整体上重拳打击劳工运动。尽管阿根廷经济在1966年至1970年得以强劲增长，但经济活跃人口的社会保障覆盖率仍然从约55%降至48%（梅萨－拉戈，1978年：180）。

1970年，阿根廷爆发了由庇隆主义者领导的罢工和社会抗议，这导致了胡安·卡洛斯·翁加尼亚（Juan Carlos Onganía）的下台和军方更温和派的上台，后者寻求与庇隆派达成和解。这一政治解压使得该军政府集团实行了唯一一次的显著福利扩大。新政府采取的措施包括由联邦政府负责省级养老基金，其结果是，全国劳动人口的福利覆盖率从一半以下增加到近70%（梅萨－拉戈，1979年：180）。政府还扩大了由社会工程（obras sociales）提供的医疗保险覆盖。该举措是对控制了社会工程的工会的一个明显让步，尽管私营部门承包商也从中得以受益〔阿朗索（Alonso），2000年：67〕。

然而，就整个南锥地区而言，阿根廷"第一轮"右翼军事统治的相对温和只是个例外。阿根廷的继任政权（1976—1983年）和在乌拉圭上台的军事独裁政权（1973—1985年）都奉行了与智利相当的新自由主义计划，并力求粉碎而不只是满足于操纵工会运动。

相较于智利，阿根廷和乌拉圭的军政府更不愿意私有化过去几十年发展起来的社会保险与服务提供机构；这些机构并没有像智利一样被解除。但军政府比前任的民主政府远远更乐意限制资金和降低福利的慷慨程度。阿根廷的政权对现收现付养老金制度没有做出重大改变，但却通过消除雇主的工资税缴款而挤压了资金的流动。教育方面，政府力图通过将初等教育责任转推给省级政府来卸除其财政负担，这一做法被广泛认为打击了教育体系的质量（科拉莱斯，2002年）。

乌拉圭政府则最小幅度地对其福利制度进行了结构性改变（卡斯蒂廖尼，2005年：141—161）。虽然政府尝试整合分散的养老基金，但却没有恢复法定保障或覆盖的打算。另外，政府也通过通胀稀释了养老金的实际价值，尤其是在80年代初的经济危机期间（卡斯蒂廖尼，2005年：44—45）。

总之，阿根廷和乌拉圭的军政府福利政策虽然不如智利的激进，但也背离了福利的竞争性扩大和其前任民主政府的相对慷慨。我们在第二部分将会看到，经费的削减，再加上福利机构与保障的结构连续性，对80年代中期恢复民主后的政治产生了影响。比智利有过之而无不及的是，民主化为养老金领取者和旧体系的其他利益相关者开辟了道路，来施加对公营部门工资增长和改善福利待遇实际价值的法律和政治诉求。

第六节 结论：政体类型和拉丁美洲福利国家的扩大

在第一章讨论的关键重组时期，拉丁美洲的威权及民主政体均建立了社会保障基金，以试图拉拢既有城市选民。内向型发展模式的奉行伴随着或加强了这些最初的举措，提供了有利于城市中产阶级和工人阶级的社会保险制度与社会服务的经济基础。而且，事实证明，在随后的几十年中，这些模式的跨阶级基础是与多种政体相兼容的：民主、威权以及一些中间形式的政体。

本章我们考虑了政体差异对提供社会保险与服务的影响。我们发现，政体类型确实显得举足轻重：社会保险与服务的扩大跟选举动机和利益集团增加新的受益者和福利待遇并启动新计划的压力息息相关。这些因素在智利、乌拉圭和哥斯达黎加这样的更长期民主体中最为强烈。这三个国家的政府最有可能实施改革，并不仅仅局限于逐步扩大基于职业的社会保障计划，而是同时还纳入全新的群体，包括农村人口。

更短期的民主体、半民主体甚至竞争性威权政体也存在类似的动机。但在更短暂的民主时期，政府扩大福利制度的机会却更有限，并没有太多的举措。稳固选举支持的努力也影响着墨西哥和巴西的竞争性威权政体的社会政策决策，但这些影响因为对名副其实的选举挑战的限制而有所弱化。此外，最严厉管制政治竞争的"刚性"威权政体也更有可能限制社会计划的扩大，或是对其完全紧缩与重组。

我们发现了进一步的证据来证明选举竞争在选举权对社会政策政治的影响中的重要性。下一章将会看到，独立浪潮使得东亚的选举权迅速扩大，即使民主尝试被随后关闭，但这些民主时期对教育的扩大尤具重要意义。相比之下，拉美选举权的扩大则更为渐进，并且，在我们的样本中的一些国家，农村选举尤其受制于无记名投票的缺乏，或财产与文化程度要求。表 2-4 呈现了我们关注的时期伊始的选举权信息，以及实际投票的人口比例数据。

在我们关注的时期伊始，哥斯达黎加、乌拉圭以及阿根廷对于选举权的限制更少，且选举人团投票的比例最高。智利在 50 年代末进行农村选举程序改革后，左翼和基督教民主派便马上提出要将基本医疗卫生和教育扩大至农村地区。在此之前，包括共产党和社会党在内的所有主要政党均主要关注其城市和矿区选民。另外，第二次世界大战后最初几十年里，秘鲁对文化程度的要求持续剥夺了本地人群的选举权。"广大的印第安农民对于像阿普拉党和人民行动党（Accion Popular）这样的政治团体而言无足轻重。"（梅萨－拉戈，1978 年：126）尽管这两个政党都有着改革派的意识形态，却都没有采取重要措施来吸引或纳入这些群体，即使是在民主和半民主治理时期也是如此。巴西五六十年代的半民主政府持续实行的选举权限制同样也弱化了改变该国高度分层化和排斥性的福利制度的动机。

民主和半民主政体也比"刚性"威权政体更有可能应允工会对于扩大社会保险的要求。然而，就分配意义而言，让步于（或预料）工会的要求至多只能说是祸福参半。将蓝领工人纳入福利制度的确为虽然不是最穷困但也极易受市场风险伤害的群体提供了保障。但是，社会保障体系的扩大常常不会对整体收入分配产生预期的影响。工会所呼吁的社会保障通常仅限于他们所代表的特定职业范畴，而社保成本则更普遍地由税收和其他渠道来承担，如由进口替代行业收取的更高价格。我们在第二部分将提出，工会对这些福利保障的捍卫常常极大地妨碍了旨在为极度贫困人群重新分配资源的改革。

表 2－4   选举权和有效选举的相关法规，1940 年左右

	无记名投票	财产要求	文化程度要求	投票人口百分比（年份）
阿根廷	是	否	否	15.0%（1937）
巴西	否	是	是	4.1%（1930）
智利	否	否	是	6.5%（1931）
哥伦比亚	是	否	否	11.1%（1930）
哥斯达黎加	是	否	否	17.6%（1940）
墨西哥	是	否	否	11.8%（1940）
秘鲁	是	否	是	—
乌拉圭	是	否	否	19.7%（1940）
委内瑞拉	是	是	是	—

资料来源：恩格曼、马里斯科和索科洛夫，2000 年：表 2，226。

民主也加大了中左翼政党出现的机会。这些政党比工会更能够正面影响社会政策规划。这同样在参政障碍最有限的长期民主体最为明显。乌拉圭在20世纪四五十年代形成了福利国家的广泛特征，当时占主导地位的红党持进步性思想倾向，且尚未演变成60年代那样的非意识形态化赞助党。在哥斯达黎加，与社会民主价值姑且达成一致的民族解放党在整个战后时期不断赢得议会多数席位，并在六七十年代支持推动医疗服务和其他社会保障的普及。智利在1958年至1973年，基督教民主党和社会党—共产党联盟之间的竞争促使社会服务向农村扩大。①

很明显，只有智利左翼政党和基督教民主党（更小程度地）与劳工运动有着密切的组织联系，这一事实可部分解释该国福利制度尤其是极端的分层化特征。在哥斯达黎加和乌拉圭，工会都倾向于支持民族解放党和红党的对手，并且很可能正是因为这些政党独立于隶属工会的劳工的诉求，才缓解了该地区随处可见的社会保障制度的累退效应。梅萨-拉戈（1978年：292）认为乌拉圭的福利制度尽管存在内部分层，也不像智利那样不公平，而且有可能哥斯达黎加的福利制度（未包含在梅萨-拉戈的排名内）也对收入分配有着进步性影响。

在纯粹庇护型政党主导选举竞争的情况下，在正规部门以外扩大社会计划的压力要小得多。第三章将会看到，菲律宾也属于这种模式。可以说，庇护型政党的主导可部分地由选举法规和其他制度性框架来解释，这些法规制度鼓励政客通过政治分肥计划和政治赞助来扩大个人选票；庇护主义可能并不是政体类型的结果，而是民主治理特定特征的结果。但是，庇护型政党的主导也是排他性做法的作用所在，这要么提高了更进步的、基于民众的政党的准入门槛，要么将此类政党完全排斥。在秘鲁，阿普拉党经常性的长期压制限制了低收入群体争取更广泛社会计划的机会。在哥伦比亚和巴西的半民主时期，左翼政党的弱势也与精英权力分配协定、军事否决和投票权限制大有关系，而这些都限制了参政与民众组织的机会。只有当这些限制在八九十年代民主化时期被取消后，更明确拥护再分配政策的政党才成为更重要的政治角色。

---

① 共产党于1946年至1953年被查禁，但社会党从30年代末到50年代连续参与选举政治和执政联盟，且50年代初对共产党人的限制被取消。

第三章　东亚社会契约的演变：1950—1980年

东亚的社会政策模式与拉美普遍存在的模式截然不同。① 在我们所关注的各个维度上，该地区政府普遍采取了极简主义方式来提供社会保险：包括公共福利保障的程度、融资性质以及覆盖面的广度和深度。在某些方面，新加坡和马来西亚是个例外，因为这两个国家继承了英式中央公积金和公共医疗卫生制度。但公积金模式仅涉及最小化的政府财政承诺，且几乎不具备再分配性质，医疗卫生制度也随时间的发展而变得更加市场导向化。

与此同时，人力资本形成所扮演的角色一直是有关该地区经济增长的文献讨论的主题。② 政府在多大程度上承诺提供基本医疗保健仍然是争论的一个重要议题，并且该地区在这一领域的表现千差万别。麦圭尔（2001年a）认为，一些东亚国家健康状况的改善既归结于收入的快速增长，也归结于公共医疗保健提供的程度和质量，这两者同等重要。但是，尤其是在韩国、中国台湾地区、新加坡和马来西亚，政府为初等教育的扩大提供了尽早和强有力的支持。同时，除了泰国明显有所不同，东亚政府也及时地转而支持中等教育的扩大。

我们解释这些跨地区差异的出发点是伴随独立浪潮和冷战初期而来的政治重组的保守性。新加坡在独立之前，就由社会—民主主义倾向的政党掌握权力，而韩国（1960年）和泰国（1974—1976年）在短暂的

---

① 有关东亚福利状况的本质，参见狄克逊（Dixon）和金，1985年；戴约，1989年；古德曼（Goodman）和彭懿德，1996年；古德曼、怀特（White）和权诗朱（Kwon），1998年；权诗朱，1999年；艾希尔（Asher），2000年；拉梅什，2004年；霍利迪（Holliday），2000年；唐（Tang），2000年；高夫，2002年；霍利迪和王尔丁（Wilding），2003年。

② 例如：世界银行，1993年；伯索尔、罗斯和萨博，1995年。对此持更加怀疑的观点，可参见布施（Booth），1999年。

政治开放期间出现了左翼或民粹主义运动。但冷战时期亚洲的战略环境并不利于社会民主政党和独立工会与社会运动,尤其是在韩国、中国台湾地区及后来的泰国这样的冷战"前线"国家与地区。我们发现,东亚与哥斯达黎加的民族解放党、智利的左翼联盟,甚至阿根廷的庇隆主义者或秘鲁革命党的持续政治影响力没有什么可比性。即便是民主时期,东亚政局也整体上由中间派或右翼政党所主导。

尽管政治重组存在保守性,但民主时期仍然伴有政府优先重心的转移和社会保险与服务的扩大;政体类型也扮演了重要角色。但是,正如第一章所提到的,民主在亚洲的总体存在情况比拉美要少得多,且特定民主体的持续时间也更短(表3-1)。① 在我们归为民主或半民主的七个案例中,四个案例仅持续了五年甚至更短时间。并且,可能除菲律宾和马来西亚外,没有一个亚洲国家和地区经历了乌拉圭、哥斯达黎加和智利那样的明显长期竞争性政治历史。后面将会看到,这些限制对社会政策举措的实施和类型均产生了影响,表3-2对其做了概述。

表3-1　　　　　　东亚的政体类型(1945—1985年)

	民主年限	半民主年限	"竞争性"威权年限	"刚性"威权年限	Polity IV 政体指数民主年限[1945年/自(政治)独立至1985年]	普沃斯基民主年限(1950—1985年)	梅斯奎塔 W = 0.75 民主年限	梅斯奎塔 W = 1 民主年限
韩国(1948年起;38年)	1(1960年)	0	21(1948—1959年;1964—1971年;1985年)	16(1961—1963年;1972—1984年)	1(1960年)	1(1960年)	10(1960年;1963—1971年)	0

---

① 针对菲律宾和马来西亚的编码方案有所不同,但这两国对政治竞争和公民自由的重要限制使得我们将其归为半民主。

续表

	民主年限	半民主年限	"竞争性"威权年限	"刚性"威权年限	Polity IV 政体指数民主年限[1945年/自（政治）独立至1985年]	普沃斯基民主年限（1950—1985年）	梅斯奎塔 W=0.75 民主年限	梅斯奎塔 W=1 民主年限
马来西亚（1957年起；29年）	0	12（1957—1968年）	15（1971—1985年）	2（1969—1970年）	12（1957—1968年）	0	17（1969—1985年）	12（1957—1968年）
菲律宾（41年）	0	27（1946—1972年）	8（1978—1985年）	5（1973—1977年）	0	14（1950—1964年）	26（1946—1971年）	0
新加坡（1959年起；27年）	4（1959—1962年）	5（1963—1967年）	18（1968—1985年）	0	4（1959—1962年）	0	21（1965—1985年）	0
中国台湾地区（1949年起；37年）	0	0	0	37（1949—1985年）	0	0	0	0
泰国（41年）	0	3（1974—1976年）	23（1945—1956年；1969—1971年；1978—1985年）	15（1957—1968年；1972—1973年；1977年）	0	4（1975年；1983—1985年）	10（1974—1975年；1978—1985年）	0

续表

	民主年限	半民主年限	"竞争性"威权年限	"刚性"威权年限	Polity IV 政体指数民主年限[1945年/自(政治)独立至1985年]	普沃斯基民主年限(1950—1985年)	梅斯奎塔 W=0.75 民主年限	梅斯奎塔 W=1 民主年限
东亚(N=213)总额与比例	5 (2.4%)	47 (22.2%)	85 (40.1%)	75 (35.4%)	17 (占总年限的8.0%) (N=212)	19 (占总年限的9.9%) (N=191)	84 (占总年限的40.2%) (N=205)	12 (占总年限的5.8%) (N=205)
拉丁美洲(N=369)总额与比例	152 (41.2%)	64 (17.3%)	70 (19.0%)	83 (22.5%)	144 (占总年限的39%) (N=369)	194 (占总年限的59.7%) (N=325)	126 (占总年限的34.1%) (N=369)	78 (占总年限的21.1%) (N=369)

注：1963—1965年，新加坡名义上是马来西亚的一部分，但新加坡政府享有一定的内部政治事务自主权。

资料来源：见表1-13。

与拉美的情况一样，威权政治并不一定意味着对社会福利问题的漠视。然而，保守的政治利益联盟给东亚的威权社会政策打上了独特的印记。军队和公务员通常享有相当慷慨的福利保障；但是，由于缺乏来自独立左翼政党或工会的压力，享受社会保险的城市工人阶级比例很小。此外，针对私营部门员工的福利计划通常为缴费型的，且公共财政承诺或再分配相对有限。

摆在我们面前的一个主要难题就是为什么这些保守政府——包括威权和民主政府——在提供基本社会服务方面的策略更加急迫。其中一些福利保障，最明显的如教育方面，最初在独立宪法中有所体现，反映了民主政治的预期。威权政体继承了这些福利保障，但转而用其来达成自己的政治社会化和控制的政治目的。

表3-2　东亚的政体类型和社会保障的扩大（1950—1985年）

	年份 （N=213）	举措
民主政体（N=5）		
韩国	1960	无重大举措
新加坡	1959—1963	大规模学校修建和教师培训举措 重大住房建设举措，同时基本公共卫生服务扩大
半民主政体（N=47）		
菲律宾	1946—1972	1954年，社会保障体系（SSS）立法通过 1955年，出台工人补偿法 1958—1960年，社会保障扩大至所有私营部门员工 1969年，医疗法令使全民医疗保险得以立法
马来西亚	1957—1968	农村医疗服务计划扩大 1961年，教育立法后实行了大规模学校修建计划 1969年，雇员社会保障法令为因公伤残设立保险
新加坡	1963—1967	无重大举措
泰国	1974—1976	重大教育和医疗举措提案
"竞争性"威权政体（N=85）		
韩国	1948—1959	1954—1959年，大规模学校修建计划，主要针对小学
韩国	1964—1971	1965年，医疗保险试点计划（非强制性） 1965年，公共救助计划 1968年，中学入学考试废除
韩国	1985	提出医疗保险和公共养老金扩大的重大提案，后续民主政府将其立法通过
马来西亚	1971—1985	1971年，有利于土著马来人的新经济政策，在高等教育和其他再分配措施中纳入种族配额
菲律宾	1978—1985	1978年，孕产福利扩大至SSS成员 1980年，社会保障扩大至个体经营者

续表

	年份 (N=213)	举措
新加坡	1968—1985	1979年，重大教育改革，确立了早期"分流" 1984年，通过中央公积金实行强制性医疗保险计划 中央公积金规则的持续不断变化促成更广泛的资金使用和更大的投资选择
泰国	1945—1956 1969—1971 1978—1985	1956年，工人补偿（雇主责任制模式） 1978年，重大教育改革，包括六年小学义务教育，取消中学入学考试，扩大职业教育 1983年，私人公积金立法通过 1980—1988年，各种农村卫生和营养举措
"刚性"威权政体（N=75）		
韩国	1961—1963 1972—1984	1963年，政府员工养老金计划 1963年，工伤事故保险 1973年，全民养老金计划（未实施） 1974年，高中入学考试废除 1975年，私立学校教师养老金计划 1977年，全民医疗保险，起初仅限于大型企业员工
马来西亚	1969—1970	实施新经济政策
菲律宾	1973—1977	1975年，改革工人补偿制度
中国台湾地区	1949—1985	[1947年，承诺普及初等教育，随后是学校修建计划] 1950年，劳工保险计划 1964年，启动人力规划 1968年，义务中等教育 1974年，劳工保障与医疗（养老金计划） 1972—1975年，针对职业培训、儿童福利和公共住房的社会救助立法
泰国	1957—1968 1972—1973 1977	1958年，教育改革 1972年，工人补偿基金

然而，教育方面的跨地区差异也反映了"二战"后初期政治利益联盟的政治角色，特别是农村的政治角色，以及发展战略影响的差异。在拉丁美洲，我们所确定的政治重组扩大了城市政治势力的影响。农村的重要地区直至20世纪后半叶仍有效处于寡头统治之下。相比之下，在东亚地区，拥有土地的精英势力更为薄弱，菲律宾除外；且农村叛乱的历史刺激了威权领导人提供基本服务。尤其是在威权领导人受制于被操控的竞选的情况下，农村选民为城市反对派充当了保守性的抗衡力量。

威权政府同样也表现出对教育的兴趣，尽管其经济战略原因与拉美迥异。特别是在"第一梯队"新兴工业体，即韩国、中国台湾地区和新加坡，教育政策与总体发展战略和人力资源规划相联系，这在强大的职业轨迹发展和对学生选择的严格限制方面显而易见，这种教育制度的特点在东欧案例中甚至更加明显。

本章我们讨论的时间范围从东亚政治独立开始，对于当时已经政治独立的泰国则从1945年开始，结束点对于菲律宾、韩国、中国台湾地区和泰国是20世纪80年代的民主转型时期，对于新加坡和马来西亚这两个没有发生实质性政体变化的国家，我们则将部分发展情况的分析延伸至80年代，不过我们还是会更多地在第六章更详细地讨论80年代以后的时期。

我们首先讨论三个案例：菲律宾、马来西亚和新加坡。这三个国家独立之初尽管存在冷战格局带来的重要制约，但仍都具有较强的竞争性政治。我们随后研究这些国家转型为威权政体后的福利制度情况。最后，我们分析该地区威权统治较为固定——哪怕其形式不稳定——的三个国家与地区：中国台湾地区、泰国和韩国。针对泰国和韩国，我们同时也探讨其更开放、更具竞争性的短暂政治时期的影响。

第一节 菲律宾：从半民主治理到独裁统治

美国监管下的保守性恢复重建造成了菲律宾政治制度的众多持续性特点：两大主导政治机器的寡头性质；其对税收的抵制和赞助与利益取向；任何社会—民主主义或面向大众的替代型政治机器的弱势。由于菲律宾对政党竞争规模的早期限制，随后对左翼的限制，以及整个国家都被约翰·赛德尔（John Sidel，1999年）所谓的"头领支配"所主导的事实——实际上是地方威权统治，我们将该国从1946年到1972年马科斯建立独裁统治这一时期归为半民主。[①] 20世纪50年代向进口替代工业化战略的民族主义转向带来了动员工会的更大机会，这与拉美经验存在有趣的相似之处。但劳工运动由于制造业规模小、失业率高和组织碎片化而有所削弱［拉莫斯（Ramos），1990年；希门尼斯（Jimenez），1993年］。第一章概述的政治限制也起了至关重要的作用，并且具讽刺意味的是，这还促成了该国叛乱频频复发的历史。

尽管存在这些限制，但在我们关注的时期里，菲律宾经历的竞争性政治时期在亚洲仍然最长。虽然选举竞争范围受限，但各党派都的确能够积极竞争，轮流执政。利益集团组织，无论是城市还是农村，也都影响了社会政策的进程。

直至马科斯第二届任期（1969—1972年）内城市激进主义的出现，并在1980年后快结束威权统治之时，菲律宾的主要政治和社会挑战都来自农村，包括经常性的武装叛乱。社会服务显著扩大的第一个阶段发生于20世纪50年代初雷蒙·马格赛赛（Ramon Magsaysay，1954—1957年）担任总统期间，以应对农会的壮大和农村激进主义的蔓延。在臭名昭著的美国顾问爱德华·兰德斯戴尔（Edward Landsdale）的督促下，马格赛赛作为国防部部长曾制定了一项军事政治战略，以对付人民抗日军（Huk）的叛乱。这一战略包括改善受叛乱影响地区的基本社会服务［克尔克弗利特（Kerkvliet），1977年；丹圭兰（Danguilan），1999年］。在1953年总统竞选中，马格赛赛的竞选口号包括土地改革、农村发展和提供社会服务［斯塔纳（Starner），1961年：39］，这些都与其1963年的再次竞选口号相呼应。经济看涨的势头、马格赛赛的民粹主义以及来自农村的威胁也让他暂时从财政保守的国会提取了更多的资源。在其执政期间，医疗卫生和教育支出——后者得到了美国的广泛支持——得以显著增长［阿布耶娃（Abueva），1971年：422—423］。

马格赛赛的主要政策措施是针对农村的。但是，越来越多的罢工运

---

① 在此谨感谢艾伦·希肯、保罗·赫奇克拉夫特和加布里埃拉·蒙蒂诺拉对政体归类问题的深度讨论。

动和对新兴工会运动去激进化的关注促使其出台了涉及城市劳动力的政策措施,这与拉美模式多少有些相似。1953年,马格赛赛的前任迈出了安抚城市工人阶级的第一步。当时的基里诺(Quirino)政府通过了一项工业和平法令,彻底修复了劳资关系制度,为集体谈判做了准备,并为工会形成建立了激励机制。这项措施在美国的援助下得以开展,部分旨在引导工会工作从政治问题转向基本生活问题[沃费尔(Wurfel),1959年],并打破劳工和农村激进势力之间日益壮大的联系(拉莫斯,1990年:44—45)。不过,这一改革也是为了应对伴随"二战"后进口替代的不断增多的罢工运动。与拉美案例进一步相似的是,1954年,马格赛赛政府立法通过了大致仿照美国模式的相对广泛的规定受益养老金制度。虽然社会保障体系(SSS)起初提供的社会保险只针对50名以上员工的企业,但在1958年,福利扩大到至少有6名员工的企业,并在1960年扩大到至少有1名员工的所有私企。1955年,马格赛赛政府也通过了一项工人补偿法。

选举竞争也是增加政府支出的压力来源,尽管与哥伦比亚和巴西一样,菲律宾社会支出的影响也被有利于特殊主义、赞助和利益的选举动机所稀释。在第一届马科斯执政(1966—1969年)的分裂政府时期,政治的经济周期达到了顶峰,当时总统利用对农村地区政治分肥支出的行政控制,包括广泛的学校建设运动,来绕过国会的政党精英而行事[多罗尼拉(Doronila),1992年;阿弗里奇(Averich)、克勒(Koehler)和丹顿(Denton),1971年:98—102]。

1969年大选之前,政府通过了一项医疗法令[Medical Care Act,又名医疗保险计划(Medicare),于1972年开始执行],提供全民医疗保险。1969年的医疗保险计划最初仅限于被纳入社会保险体系的正规部门员工[罗伊默(Roemer),1993年:300;拉梅什,2000年:94]。虽然这项最初的法令有意在未来进行扩大,但在马科斯独裁统治下,扩大的举措却不断被推迟。除少数特例外,该体系并没有运行其附属的医疗设施,因此医疗服务提供被私营部门主导。针对私营医疗机构的报销比例并没有跟上不断上涨的医疗成本,且政府对私营部门定价未进行控制[兰伯特(Lamberte),1986年:102—103]。福利待遇的实际价值因此随时间的推移而有所稀释,从计划开始之初的占医院平均费用的

70%下降到1988年的仅略高于30%（世界银行，1994年a）。① 该法令也没有采取任何措施来增加公共医疗支出，这使得菲律宾在这方面的支出水平在该地区始终处于最低行列。

政府依据宪法普及了初等教育，就该国的收入水平而言，其小学入学率一直较高（表1-3）。但是，尽管有美国的援助，菲律宾的整体教育支出以地区标准来看仍然很低，教育体系的效率也是一样［表1-3；谭（Tan）和明加特（Mingat），1992年］。实体基础设施的扩大有利于政治庇护的目的，但却与持续关注提高教育质量这一更艰巨的任务不相匹配。

1972年向威权统治转型所发生的背景是日益壮大的城市和农村的政治动员，包括左翼和劳工团体。政府采取了一些措施来遣散反对派，其部分依据是技术官僚建议模仿韩国和中国台湾地区的出口导向型战略。然而，马科斯也试图组织地方代表顾问，并启动一项新型土地改革计划，以应对持续的农村动荡。政府利用SSS作为扩大新型福利并纳入新工人的工具。分散的工人补偿制度于1975年被整合进SSS；政府于1978年为SSS参保者提供了生育补助费，并于1980年将社保福利扩大至个体经营者。

然而，这些新型社会政策举措却没能深入执行［诺布尔（Noble），1986年：100—101］。社会保障的执行力度（福利支付和工资税征收）和腐败（SSS资金的管理）等一开始就存在的问题在马科斯执政期间愈演愈烈。与拉美一样，表面上虽然纳入了个体经营者，但他们却受到须同时承担雇员和雇主缴纳费用的要求的限制。公共教育和医疗体系的表现依然很差。仅仅到了马科斯执政晚期，政府才试点扩大支持基本医疗［包蒂斯塔（Bautista），1999年b：29—30］。其他社会举措——如在伊梅尔达·马科斯（Imelda Marcos）直接控制下的城市重建计划——则声名狼藉地陷入了腐败和赞助的泥沼。农村发展这一更显著的问题远远超出了本研究的范畴，但值得一提的是，政府的早期改革主义让位给了关键行业的裙带经营垄断企业，如有着高度累退效应的椰子和糖产业。这些政策促使收入分配严重恶化［博伊斯（Boyce），1993年］。

总之，菲律宾的竞争性政治周期性地产生了社会政策举措，其激励

---

① 下降的部分原因是对迅速扩大的私营医疗部门缺乏成本控制［格特勒（Gertler）和索伦，2002年］。

机制既包括选举机制，又包括对城乡组织和激进主义的应对。但是，这些举措受限于执政精英根本性的保守本质、各政党的笼统性以及对完全民主治理的约束，包括对左翼政党和工会的不断压制和这两者的自身弱势。菲律宾政治的这些特点在马科斯独裁统治时期变得更加明显，就社会政策、贫穷和不公而言，这段时期被证明是倒退期。马科斯独裁统治也没有启动向出口导向型战略的重要转向，而这本可以刺激增长并推动政府和企业就提升人力资本项目展开合作。直到重回阿基诺（Aquino）、拉莫斯（Ramos）、埃斯特拉达（Estrada）和阿罗约－马卡帕加尔（Arroyo－Macapagal）的民主治理时期，政府才重新开始着手解决社会问题。

第二节　从竞争性政治到主导党执政：
新加坡和马来西亚

与菲律宾一样，新加坡和马来西亚在自治和独立之后亦经历了竞争性政治时期。新加坡的左翼起初是支较强大的力量，而在马来西亚，持再分配目标的民族政党则扮演了主要角色。由于两国第二次世界大战后初期的政治利益联盟存在些许不同，可以预期，其早期的民主治理会带来比菲律宾更强劲的社会举措；这种预期事实上被证明是正确的。然而，随着时间的推移，这两个国家的政治变得更加局限化，对社会政策的开展产生了显著的影响。这种变化在新加坡尤其明显，其威权统治结合了对出口导向型增长战略的一味追求，重点是吸引外资。

一　新加坡

在我们的样本中，新加坡的政治起初居于最具竞争性之列。1955年在殖民当局授权下的第一次大选中，大卫·马歇尔（David Marshall）的劳工阵线（Labor Front）获胜。在1959年的自治选举中，由李光耀领导的更温和的人民行动党与左翼政党竞争，赢得了多数选票。当时的政治环境包括强大的工会和组织良好的民族协会。与其对手一样，人民行动党也积极开展社会事务，并采取了再分配的立场。

鉴于拥挤的城市环境，人民行动党的早期社会议程特别强调通过建屋发展局（HDB）建立公共住房。通过打破各族裔聚居地，住房保障有助于达成李光耀的国家建设目标，并通过为人民行动党建立支持，有助于实现其更狭隘的政治目的。通过将学校和诊所纳入政府组屋，住房保障与基本社会服务的提供得以联系起来；并且，通过新的住房存量建设和贫民窟的清除，公共卫生得以总体改善。有关新加坡社会政策的描述中，住房保障一直被视为人民行动党早期政治和社会战略的核心。①

由英国人建立的全资社会保险方案——中央公积金（CPF）——以意想不到的方式在政府的社会政策战略中扮演了角色。英国此前通过推出中央公积金来收买激进的劳工，同时减少殖民政府的财政责任（刘琳达和欧大俊，1997年：14—21）。中央公积金设立以后，就为应对退休需求提供了途径，且政府不用做出任何财政承诺。② 同时，政府也可以利用公积金来资助组屋建设。1964年，人民行动党推出了一项自有住房计划，并于1968年实现个人能够利用其公积金账户以高补贴价格购买组屋，开启了公寓所有权的爆炸性增长。

教育权利的扩大也是人民行动党政治战略的一个明确组成部分［戈皮纳坦（Gopinathan），1974年］。1959年后，马来裔群体质疑人民行动党对马来裔教育的承诺，国阵（BN）也对华语教学存在类似的质疑。马来人和华人教师工会，以及华文中学被动员了的学生团体，强化了这方面的压力。政府的反应是降低处理四大语言流派方面的不平等现象，并特别关注马来群体需求。不过，正如布施（1999年：293—295）论述道，随着父母都将子女送入理想的英语授课学校，对多语教学的维持实际上对成绩表现产生了不利影响。然而，政府的承诺是明确的：人民行动党迅速扩大了学校的数量，并且小学入学总量在1959年至1965年间从26.1万跃升至36万人。与此同时，政府逐渐集中控制多样化的教育机构，为更自上而下地控制教育体系铺平了道路，这在70年代变得十分明显。

随着民主政治让位于主导党威权制度，社会政策举措的形式发生了微妙的变化。随着左翼倒台，以及劳工被社团主义工会结构和1967年出台的对罢工能力的新限制所控制，社会政策的再分配成分减弱。对劳

---

① 例如：蔡（Chua），1997年；刘琳达和欧大俊（Tar-Choon Aw），1997年：39—53；特里姆伊万（Tremewan），1994年。

② 早期覆盖面的扩大是通过经济的结构性改变和正规部门的增长来实现的，而不是通过纳入新的劳动力群体的政策措施来实现的。

工的控制显然与依赖于吸引出口导向型跨国企业的新型增长战略相关 [戴约，1989 年；罗丹（Rodan），1989 年]。1968 年的就业法令和劳资关系法令（修订）标志着在这方面的显著转折点。这些法令建立了工人的非工资性福利，但也存在严格的上限，并禁止工会谈判涉及所有人事职能的管理特权：如晋升、聘用、解聘和任务分配。

20 世纪 70 年代社会保险的基本结构变化不大，但仅有的变化却倾向于减弱而不是增强政府的作用。1982 年，政府曾考虑过推出公共医疗保险，不过却以道德危机为由将这一想法束之高阁；有人担心，这会导致医疗服务供过于求，且受益者可能会滥用服务（拉梅什，2004 年：90）。我们已提到政府如何利用公积金转向住房的私人融资模式，尽管存在大量隐性补贴。1984 年，政府用中央公积金设立了一项强制性医疗储蓄计划。与此同时，政府开始鼓励私人医疗服务提供的扩大，并给予公立医院更大的公司自治。我们将在第六章看到，这些改革改变了公营部门在医疗服务融资和提供方面的角色，而这最初沿袭了英式全民医疗体系模式（拉梅什，2000 年：97）。除扩大通过志愿机构运行的一项小规模社会救助计划外，政府一贯抵制再分配性质的社会保险计划（拉梅什，2000 年：164）。

新加坡教育政策的重点也在威权时期发生了改变，这由出口导向型工业化战略所决定。早在第一项教育计划及 1961 年的调查委员会之后，政府就修订了课纲，更加倚重数学和科技课程，并创设了职业和技术商业学校。经济发展局（Economic Development Board）也开始参与劳动力培训。但在转向由跨国企业主导的出口导向型模式之后，又加快了重心从学术型向技术型教育的过渡。1968 年，教育部成立了一个技术教育部门，从 1969 年起，所有初中男生均需学习技术课程。高中则引入了严格的分流制度；20 世纪 70 年代，中学的入学率增长实际上有所放缓（布施，1999 年：295）。

在此之后，政府又采取了大量的人力措施（谭鹏夫，1997 年），以及在教育和培训政策方面更紧密的公私合作。1973 年，政府成立了工业培训局（Industrial Training Board），其中包括来自教育部、劳工部和贸易部的代表，以及劳工和私营部门的代表。1979 年，工业培训局的职责做了修改，纳入了职业培训，并设立了职业技术教育理事会（Council on Professional and Technical Education），以关注已加入劳动力大军的人群（里奇，2001年：181）。

1979年至1981年，政府试图通过急剧的工资上调来对跨国企业进行强制升级，产生了多重效果，但又在这些措施的基础上补充开展了一系列旨在培养特定行业技能的培训计划，包括技能发展基金（Skills Development Fund），用以鼓励在职培训并与国外合作伙伴创建一些专门机构，旨在发展特定行业技能。1979年，通过一项建立早期分流并扩大技术和商业教育的改革，政府对职业教育的强调在核心教育体系中更加突兀。新加坡的教育政策比我们样本中其他任何非社会主义国家都更有效，且与劳动力市场需求和更宏观的经济战略指导紧密结合［戈皮纳坦，1991年；黄（Wong），1993年；谭鹏夫，1997年］。

总之，新加坡的早期政治竞争并没有改变其继承的全资社会保险模式，但却的确影响了社会服务的提供，特别是教育和住房。在更威权的时期，新加坡社会保障体系的全资性质保持完好，而中央公积金模式也扩大至支持医疗融资。但政府始终有意识地抵制聚集风险的保险计划和涉及再分配的转移支付计划。教育得以持续大力扩大，但却越来越强调职业培训，且注重与国家的出口导向型增长战略指导相适应。

二 马来西亚

由于马来西亚对政治竞争规模的限制，我们将其独立后政治的第一个十年归为半民主。与新加坡不同的是，英治时期的马来亚紧急状态和1963年的马印对抗相结合，几乎消除了左翼这支在马来西亚颇有组织的政治力量。马来西亚的劳工组织比新加坡甚至比菲律宾都更薄弱，且受到各种控制（乔莫，1986年：244）。尽管如此，正规部门员工却的确享受到了缴费型雇员公积金（Employees Provident Fund，与新加坡的中央公积金类似）和同样在英治时期启动的一项工人补偿方案（Workman's Compensation Scheme）的福利。在1969年竞争高度激烈的选举之前，联合政府还通过了一项"雇员社会保障法案"（即社会保障机构，SOCSO），为正规部门低收入员工建立起缴费型因工伤残养老金计划（Employment Injury and Invalidity Pension Schemes）（艾希尔，1994年：23—25）。

然而，在多数情况下，马来西亚的政治竞争和社会政策的政治都沿着民族而非阶级路线而分化。独立后的第一个十年里，由马来民族统一机构（UMNO，简称巫统）主导的联合政府专注于以农村为主的马来人据点，主要实施了农业发展计划、农村基础设施建设、定价政策，以及土地和信贷计划［米尔曼（Meerman），1979年；斯诺德格拉斯（Snodgrass），1980年］。但是，基本社会服务的提供也是巫统的农村战略的重要组成部分。政府兴建学校，并培训教师，这些教师后来成为地方执政党的重要支柱；小学入学率急剧提高，尽管其基数比中国台湾地区和韩国要低（见表1－3）。

与新加坡一样，独立时期政府继承了一套复杂的医疗体系，以公营部门提供为主，其资金来源是"公立医院的各级收费、政府拨款、有限的保险、一些强制性储蓄和大量付现费用"（拉梅什，2000年：91）。独立后的历届政府积极扩大农村医疗服务计划，有意思的是，该计划是由英国人为应对马来西亚紧急状态而设立的初级医疗保健办法的前身。该计划提供免费医疗就诊服务。多项研究表明（米尔曼，1979年；斯诺德格拉斯，1980年），20世纪60年代的公共支出模式是亲马来人和亲穷人的，并且包括农村卫生成效在内的一些基本社会指标都稳步提高［王俊梁（Heng）和霍伊（Hoey），1997年］。

继1969年大选之后，该国经历了种族暴乱的阵痛。学界普遍认可的解释是将此事件归因为政治控制的逐渐收紧和新经济政策（NEP）的推出（例如，乔莫，1986年）。并非所有对政治活动的限制都是新近出现的（克劳奇，1996年）。例如，国内安全法令（Internal Security Act）就继承于英殖民时期，并在"刚性威权"时期（1969—1971年）被有效利用以关押反对派领袖，以及在70年代中期用来巩固巫统内部的权力。1971年回归议会政治后，对政治话语和组织的一系列限制继续存在，并增加了新的限制［范尹文（Hwang），2003年：91—134］，其中较重要的是对工会参政、组建总工会以及罢工能力的限制。虽然这些措施从源头上看主要是政治性的，但在70年代，这些政策被加以拓展，反映了对出口导向型增长和外商投资的全新强调［阿亚杜莱（Ayadurai），1996年］。

尽管存在这些政治约束，竞争性政治压力仍然继续在巫统内外运作。1969年巫统和其华人合作伙伴的选举挫败似乎挑战了马来人的特权。但是，联合政府的损失不仅来自马来人，也来自非马来人，并且夯实该党的选举据点成为政府的首要目标。巫统通过建立一个更广泛的联盟，即国阵，来回应骚乱。国阵为巩固马哈蒂尔（Mahathir）执政时期（1981—2003年；见第六章）的一党统治提供了选举工具。

对新经济政策的分析一般集中在其所谓的"结构重组"力度方面，或减少族群之间的收入和财产分配不公方面[乔莫，1986年；杰苏达森（Jesudason），1989年]。大部分此类措施——包括备受争议的实现马来人拥有全部资产的30%的目标的努力——并不在我们的研究范围之内。不过，事实上，新经济政策旨在提出第二个社会目标，即消除贫困，而无论其种族（乔莫，1994年）。新经济政策的反贫困成分主要包括具有强烈赞助成分的农村发展计划。但政府也继续稳步扩大中小学教育，并于1971年将马来语指定为全国教育教学的语言，同时提供基本医疗服务（见表1-2和表1-3）。

马来西亚向出口导向型增长战略的转型比韩国、中国台湾地区和新加坡要晚，因此在我们关注的时期里，该战略不像这三个新兴工业体那样在社会政策中发挥同样的核心作用。尽管槟榔屿自20世纪60年代末起就已经开始吸引外国直接投资，但1975年工业协调法令（Industrial Coordination Act）的通过才标志着政府吸引外国投资的更强劲努力。里奇（2001年）详细阐述了就技能发展而言，国家层面的努力并不如地方层面的努力有效，后者如槟榔屿技能发展中心。尽管如此，他也提供了充足的证据来证明战略转型与职业培训的大力投入、技能提升以及与私营部门的协调之间的联系。

新加坡、马来西亚和菲律宾竞争性政治的早期经验是如何影响其社会政策进程的？新加坡是该地区一个将相对竞争性的民主政治与强大的左翼和工会相结合的国家。人民行动党清楚地看到，提供住房和基本社会服务是其与左翼进行政治竞争的核心。早期的马来西亚政府并没有面临来自有组织的左翼的类似挑战，但马来西亚紧急状态的经验教训和主导的马来政党的农村根据地使政府关注在农村提供基本社会服务。因此，尽管处于更保守的政治环境中，且缺乏强有力的左翼和基于劳工的政党或工会运动，仍然有证据表明，新加坡和马来西亚的政体类型影响着其社会政策进程。

类似的论证也适用于菲律宾。该国精英主导的政党和在一些农村地区寡头政治的持续主导地位挫伤了民主治理的效力。有据可查的中饱私囊的支出倾向也影响了社会政策的本质。尽管如此，各政党都的确在一定程度上通过社会政策承诺来进行竞争，并且执政者——尤其是费迪南德·马科斯——利用社会支出以建立对其个人的支持。

民主化也影响了教育政策的进程。这三个国家的独立宪法都包括了对扩大教育的坚定承诺。在新加坡和马来西亚，教育政策都是高度紧张的政治问题，吸引着组织精良的各族群选民的注意力。在菲律宾，教育政策融入了庇护性的成分，且教育质量与其普及状况不相匹配，但政府却不得不兑现其独立宪法中的教育承诺。如表 1-3 所示，小学入学率与拉美的最高值相当，中学入学率则超过了拉美样本中所有国家，且毕业率与拉美具有可比性。

随着政府变得日益威权化，社会政策也发生了转变，政体类型影响的证据从中可见一斑。在新加坡，社会政策日益顺应显而易见的出口导向型增长战略的影响：无论是在努力控制劳工和限制强制性收益方面，还是对技术教育的重视方面。菲律宾威权主义并没有表现出同样的战略目标单一性，但核心的比较点仍然存在；社会政策有所转变，且随着政治竞争和利益集团组织逐渐受限，社会政策的再分配性质也日益减少。

第三节　长期威权统治：中国台湾地区、韩国和泰国

从以上对新加坡和菲律宾的讨论可以看出，亚洲的威权主义不拘一格，形式多样。在我们就政体类型的影响做出确切的结论之前，有必要首先探讨长期威权主义的案例。亚洲样本中只有中国台湾地区是个持续的"刚性"威权统治的例子，但即便如此，政党也允许在各级展开一些高度受控的选举竞争。与多数拉美国家一样，韩国和泰国的威权政体取决于军方而不是主导党。各政府政权不断波动于刚性威权时期、允许一定程度选举竞争的"竞争性"威权时期以及至少两段更名副其实的短暂民主期（韩国是在 1960 年；泰国是在 1974—1976 年）之间。这两个国家的民主时期虽然短暂，却有别于其先前的威权统治，也有别于拉美和东亚其他地区的民主时期。

这三个国家与地区的威权政体绝非不受政治挑战的影响；的确，威权政体建立之前的政治挑战越大，政府就愈加响应社会举措。不过，这类举措也表现出与该地区其他国家的威权主义福利政治一定的相似性，其特征包括社会保险覆盖面有限，以及对全额资助或雇主责任制模式的

依赖。凡实行出口导向型增长模式的情况下,雇主对成本的担心均限制了福利的慷慨性。医疗体系侧重于基本公共卫生,回避社会保险,并严重依赖私人融资和服务提供。

教育改革则更加多样化。冷战"前线"国家与地区的教育政策甚至比新加坡和马来西亚更体现出对社会控制和意识形态灌输的政治意图。但是,随着时间的推移,韩国和中国台湾地区这样的威权"发展中政体"也日益重视符合出口导向型增长战略转向的职业教育、综合教育和人力规划工作(郑敦仁,1992年:93)。

一 中国台湾地区

国民党在被共产党压倒性政治击败之后来到中国台湾地区,当时共产党的军事组织更优越,且更能有效响应和动员城市与农村的不满情绪。尽管国民党的组织结构高度威权,但其在中国台湾早期历史的主旋律是决定不再重蹈在大陆犯下的错误;因此,国民党的社会政策不仅反映了该政权的威权形式,而且反映了可预见的政治挑战。

中国台湾地区在追求社会保险模式方面在东亚独树一帜,其所谓的劳工保险条例(Labor Insurance Scheme)在原则上针对一系列风险提供保障,包括养老、伤残、死亡和遗属抚恤金、疾病、工伤和生育。中国台湾光复后,社会保险由省级政府很早就发起了(1950—1951年)。然而,该保险最初仅限于军队(另一项单独的、更慷慨的方案)以及国企和大型私企员工,此后才缓慢扩大至各种具有政治影响力的职业类别。[①] 但是,至1979年大幅修订劳工保险条例时,该保险仅覆盖了约15%的人口[詹火生(Chan),1987年:333;古允文,1997年:38]。

仔细研究该条例发现,它与拉美模式几乎一点也不类似,并且可以说根本就不是社会保险制度。即使该条例逐渐扩大,但受惠人群很大一部分是政府工作人员,或许多达2/3。此外,政府的财政承诺仅限于军队和公务员,他们享有更丰厚的福利。对私营部门员工而言,这一体系

---

① 保险计划是劳工保险条例的一部分,参见詹火生(Chan),1987年;古允文,1997年:31—34;唐,2000年:72—78;孙(Son),2001年;艾斯博尔特(Aspalter),2002年:51—58。

则纯粹是缴费型的,尽管雇主支付了 75%—80%。① 正如权诗朱(Kwon,1998 年:44)总结道,"劳工保险条例于 1950 年推出以后,直到八十年代之前福利制度都处于停滞状态"。对穷人的社会救助也极其有限,且这种情况一直持续到 20 世纪 80 年代向民主治理转型之前(古允文,1997 年:38,236—239)。

相比之下,致力于人力资本发展被广泛认为是中国台湾地区经济增长的显著特征,这体现在较早大力承诺基本医疗和教育,尤其是后者。医疗保险仅限于劳工保险条例所覆盖的政府雇员和正规部门员工。此外,私营部门主导了医疗服务的提供。② 然而,在 20 世纪 50 年代,作为其更广泛的重视农村发展的一部分,中美农村复兴联合委员会(农复会,JCRR)协助了农村基础卫生站的扩建,着重公共卫生、免疫接种、健康教育和计划生育的发展[耶格尔(Yager),1988 年:195—209]。正如麦圭尔(2001 年 a:1688)指出的,这些干预措施几乎的确使得 50 年代婴儿死亡率急剧下降。

古允文(1997 年:176—181)的研究表明了政治和意识形态动机是如何在国民党早期教育战略中扮演重要角色的。国民党接管了高度集中化的日式教育体系,并加以改造以迎合新的政治目的;其手段包括德育及公民教育,对师生的严格政治控制,以及灌输国语以作为通用语和尝试作为民众政治身份的基础。尽管私人服务提供得到允许,它却被严格规范并受到类似的管制。初等教育在 20 世纪 50 年代急剧扩大,并且,政府于 1968 年将义务教育和免费教育扩大至初中。

从 1964 年开始,教育发展日益被纳入整体经济规划中。正如艾什顿(Ashton)等人(1999 年:88)总结道,"这些计划从一开始就对工业部门增长做出预测,并对各种教育水平的人力需求、就业(和就业水平)和教育机构的入学(后变为配额)分布做出预测"。此外,这些计划还得到了艰难的决策支持。对于家长和学生首选的普通学校,其扩大受到了限制,而更严格的中学入学考试则将学生分流进职业教育轨道

---

① 从 1950 年到 1979 年,保费缴纳实际上超过了福利支出的 40%[艾斯博尔特,2002 年:53(表 3)]。

② 黄一庄(2004 年)发现,20 世纪 70 年代公立医院病床占所有医院病床的比例下降至约 1/3,并且大型私立医院在医疗服务的定价上有着实质性的影响,无论该服务项目在不在参保范围之内。

(郑敦仁，1992年：93）。60年代末和70年代还启动了政企培训合作伙伴关系，通过建立职业培训基金并对大公司征费而得以资助。70年代晚些时候又实行了类似的举措，使高等教育更紧密地符合产业转移的需求，不过这已超出我们此处的研究范畴了。

二　泰国

就时长而言，泰国的威权制度与中国台湾地区旗鼓相当，但不断波动于或多或少的封闭时期之间。1958年至1972年，泰国在沙立·他那叻（Sarit Thanarat）和其继任者执政下转向了刚性威权统治。这是一个显著转折点。然而，即使议会被允许运行，泰国的体制就被代表的政治势力的范围而言却极具限制性。国家由武装力量、警察和官僚所主导。各政党高度个人化，议会通常包括委任议员，且选举规则允许政府官员同时也出任议员。我们在第一章已提到，泰国第二次世界大战后初期的特点是对城市反对派、左翼和劳工的有效清洗，只不过政府后来在20世纪六七十年代遇到了催生出反贫困举措的顽固农村叛乱。然而，由于泰国有组织的社会力量特别薄弱，我们对其"竞争性"威权统治的影响的预期比其他国家和地区要稍温和。

直至20世纪八九十年代的政治自由化之前，泰国的社会保险范围都非常狭窄。1951年，长期存在的官僚特权被纳入非缴费型政府官员养老金法令（Government Officials Pension Act）。但是，将社会福利扩大至国有部门以外则遭遇了反对，这强烈反映出威权制度下的福利政治［帕瓦迪（Pawadee），1986年］。1938年和1946年，议会否决了包含养老金和工伤计划的劳工法案，理由是华裔劳工享受的福利多过泰裔。1954年，议会批准了一项雄心勃勃的政府法案，涉及生育、疾病、残疾、育儿、养老和死亡，但保险公司、公有和私有企业及大众媒体均表示反对。企业对员工的工伤和疾病承担责任制，其结果是，劳工也遭到抵制，因为改革将意味着企业缴纳更高的工资税。

刚性威权的沙立政府（1958—1963年）继而压制劳工组织，但将1954年的福利法案修订后重新提交给了议会。然而，该法案在经历了7年的议会和其他机构的修订和审查后，最终于1965年正式被废弃。在出台第六章将讨论的20世纪80年代初的举措之前，泰国政府仅实行了一项重大社会保险举措，该举措符合我们在此描述的更宏观的威权模式：工人补偿从引发大量劳工不满的雇主责任制模式，转变为 1972 年的工人补偿基金（Workmen's Compensation Fund）。该基金完全由雇主出资，起初仅限于曼谷大都会地区规模较大企业的员工。

基本社会服务的分布——医疗和教育——反映了威权控制与薄弱的社会组织的结合，并表现出显著的不公。王室曾长期对医疗和公共卫生感兴趣，并早在 20 世纪 30 年代，就建成了一批农村卫生站（麦圭尔，2002 年 b）。50 年代，在美国的援助支持下，农村卫生设施的数量稳步增加。到 1959 年，泰国的每个地区（当时约为 500 个）都至少有一家二流的卫生中心（由医务辅助人员和助产士组成），且约 1/4 的地区拥有一流的卫生中心（理想情况下由一名医生和一名护士组成）。五六十年代，政府也开展了各种公共卫生措施，如开展有效的防疟疾运动，要求自 1967 年起由政府出资培养的医护人员必须在缺医少药的农村地区工作一段时间，以及于 1970 年推行了全国计划生育方案。不过，对泰国医疗体系的大多数评价都得出这样的结论：医护分布高度不均，且公共福利保障表现出对治疗性医疗和城市地区的强烈倾斜及对基本医疗有限的财政承诺［例如，科隆科夫（Krongkaew），1982 年；科恩（Cohen），1989 年；麦圭尔，2002 年 b］。直至 70 年代这些倾斜现象才被认真对待。

亚洲其他国家和地区教育政策的一个共同特点是教育承诺的扩大与独立于殖民统治相关；菲律宾、韩国、马来西亚、新加坡都是如此。泰国并没有经历类似的政治转变。不无巧合的是，泰国也表现出教育的逐步扩大过程和教育支出与成就的更加分布不均。泰国第一条义务教育法律于 1921 年通过，但直至 1932 年的军事政变以及君主立宪制转型，初等教育都不是政府的重大目标。即使在当时，教育支出也主要集中在大曼谷圈和高等教育方面；私立机构被鼓励经营其余部分，尤其是针对中学阶段［尼坦科恩（Nitungkorn），1988 年］。1958 年沙立政变之前爆发的动乱的原因之一就是教育问题，因为农村地区感到被政府忽略。1961 年的首个全国经济发展计划包含了教育成分。新政府将义务教育从 4 年扩大至 6 年，且职业教育得到了比以往更多的重视。但总体的教育投入仍然薄弱；小学入学率曾在 1970 年达到了 85%，但中学入学率只有 16%（尼坦科恩，1988 年：28）。70 年代中期的民主开放推动产生了对教育改革更持续的关注。

1973年10月至1976年10月的"半民主"开放期最终昙花一现。我们并不期望这样的开放期能产生持续的举措，但它确实相当明确地体现了更具竞争性的政治和关键重组对社会政策举措的重要意义。在此期间，军方与商业精英和保守派政客都保持了实质性的影响，但左翼政党的兴起和来自新动员的劳工与农民组织的社会需求风潮——其中一些受到与之共鸣的学者和学生的政见导向——严重影响着社会政策举措［贝克（Baker）和冯派切特（Phongpaichit），2002年：314—324］。

泰国政治开放的标志是涌现了大量不只设法安抚农村，而且以更持续的方式调动农村地区进入政坛的提议。许多措施，如土地改革、农业补贴和农村基础设施建设的支出增加都超出了本研究的范畴。但其他一些措施则建立了重要的社会政策先例。低收入健康卡计划（Low Income Card Scheme）成为20世纪八九十年代医疗保险随后扩大的模板（见第六章）。凡是通过了经济状况审查的家庭，都可以得到低收入健康卡，并能在政府诊所和医院获得各种医疗服务，只不过受制于严格的转诊制度。1978年，这项工作被补充以农村基本医疗扩建工程（Rural Primary Health Care Expansion Project），该工程旨在将五十多万村民培训成业余卫生工作者。

低收入健康卡制度招致了一些批评，包括缺乏有效沟通、低收入状况被公开所带来的耻辱感，以及医疗支出的倾斜性质；所有这些因素都限制了该方案的施行。不管怎样，该方案启动之时近70%的人口都满足了收入临界点，尽管实际覆盖率仅有这一比例的1/5［米尔斯（Mills），1991年］。时任民主政府也回应了压力，通过扩建农村地区中学来均衡教育机会（尼坦科恩，1988年）。在民主开放时期前制订的早期计划曾考虑在泰国各行政区建设一所中学。出于政治压力，教育部被迫承诺在村一级（tambon）也设立中学。民主时期的许多改革提议最后都不了了之，并被1976年的威权政治反扑所终结，但该时期却产生了可以追溯至政治开放期的若干重要举措。

三　韩国

第一章已提到，韩国独立时拥有该地区最高度动员的左翼，包括共产党和高度动员的工人与农民组织。这些政治势力在美占时期，以及自独立至半岛战争爆发期间受到了严重压制，对韩国政治具有持久的影响。

不过，韩国政治制度的波动和政权的频繁更迭使描绘韩国随后社会举措的政治变得复杂。日益专制的李承晚政府在1960年招致了学生的抗议和更广泛的社会不满情绪。与泰国一样，韩国也经历了一段短暂政治开放期（1960—1961年的第二共和国），其特点是广泛的社会动员以及社会和政治不满情绪的表达。然而，政府的瘫痪为1961年的军事政变以及1961年到1963年这段彻底军统时期制造了背景。在美国的压力下，朴正熙举行了总统选举，并以平民身份获胜，于1964年实行了向名义民主的转型。这次转型允许一定程度的选举竞争（1963年、1967年和1971年举行了总统选举），但却处于高度受控的环境下，且普遍存在行政权力滥用现象。

即便是这种半民主制度也于1972年夭折，并开始了十月维新（Yushin）时期的"刚性"威权统治。1979年朴正熙总统被暗杀后，以及1980年短暂的"首尔之春"（"Seoul Spring"）后，维新时期落下了帷幕。但是这一短暂的政治开放期也随着1980年5月戒严令的宣布而迅速崩溃。韩国经历了又一时期的威权统治，其间从1981年至1987年在全斗焕（Chun Doo Hwan）执政下举行过受控制的选举。仅当1987年卢泰愚（Roh Tae Woo）当选之时——即本章讨论的结束点——民主转型才得以完成，即便这样，最终也是由曾担任军官且是全斗焕亲信的人物担任了总统。

这一短暂历史表明，尽管韩国在"二战"后多数时期民主经历极其有限，但威权精英们亦面临着严峻的政治挑战。在1961年、1972年和1980年，城市的社会动员和抗议是对劳工和左翼进行政治封锁与控制的前奏。虽然紧随政体变化之后的是对劳工的全新控制，但政府也有兴趣战略性地安抚城市工人阶级中的重要力量，并保持对农村地区的默许，即使不一定对其支持。与拉美官僚—威权体制不同的是，韩国军方在1961年政变以后表现出特别强烈的民粹主义倾向，此前曾经历了一段时期的经济增长放缓，就业停滞，甚至粮食短缺。

与亚洲其他国家与地区一样，韩国社会保险也始于李承晚末期启动的公务员和军队养老金计划。在该特殊体系下，政府如同雇主一样进行缴款，且福利范围逐渐扩大。针对私营部门员工的福利保障则是极简主义的。新任军政府出台了工伤事故保险（即industrial accident insurance，由军队执行,在1963年总统大选之前)和试点医疗保险计划(1965年)。两者的规模都存在根本限制,工伤事故保险计划最初的覆盖面受限(仅针对500名员工以上的企业),而医疗保险计划事实上也不是强制性的。随着时间的推移,由雇员出资的工伤事故保险计划通过逐步缩小能享受福利的公司的规模而提供了覆盖面扩大的样板。相比之下,医疗保险计划并没有扩大,因为不想支付保险的雇主和雇员都可以选择退出。朴正熙时期的早期重要创新之一是实行了基于经济状况审查的公共救助计划,为若干弱势群体提供转移支付,包括年老穷人、无家可归者以及精神残疾者。尽管这项举措极度温和,它却是该地区最早的同类社会救助计划之一(权诗朱,1999年a:84—88)。

接下来一轮的福利举措也伴随着政体的改变,即1972年威权性质的维新宪法的制定。韩国在20世纪60年代末和70年代初经历了日益增长的政治两极分化,社会问题在这一过程中发挥了重要作用。金大中(Kim Dae Jung)在其1969年总统竞选期间借以发挥这些问题,且劳工和学生斗争急剧增多。政府的反应之一就是通过一项重大农村公共工程计划,即新村运动(Saemaul Undong,或New Community Movement),来巩固政府的农村选民基础。这项复杂的公共工程支出计划于1970年宣布,成为维新时期农村社会政策的一大主要工具。

维新时期的这项举措伴随着若干其他福利措施,同样大致符合这一俾斯麦式威权主义模式。政府提出了全民养老金制度,以部分用来为朴正熙雄心勃勃的重工业建设动员储蓄。但该举措随着第一次石油危机的到来而被推迟,并直到民主转型的前夕才得以恢复;我们将在第二部分讨论这项举措。

韩国于1977年推行了全民医疗保险,以及一项针对穷人的温和医疗援助或补助计划,覆盖了急需医疗和根据经济状况审查判定的低收入家庭。最初的保险计划由两部分组成:一项是针对大型企业(500人以上)的员工的强制性计划;另一项是为其他各类群体提供医疗保险的自愿性、基于社区的计划。政府雇员和私立学校教师则享受1979年推行的另一项较丰厚的强制性计划。综合来看,这些计划的覆盖率也仅稍微超过总人口的10%,而医疗援助计划也仅覆盖了另外6%的人口[参见权顺万和雷奇(Reich,2005年)有关覆盖率变化的讨论]。

在接下来的十年里,该计划大幅扩大,但这并非公共投入增加所致，因为该计划是由雇主和雇员全额出资。相反，该计划扩大的原因包括对参保企业的规模的要求逐渐降低，基于社区的基金的扩大，以及许可职业团体建立准公共保险团体（权顺万，2003 年；权顺万和雷奇，2005 年）。到 1987 年，即民主转型之时，约一半人口享受的福利制度由于独立基金的扩散而变得日益支离破碎。由于不同基金之间并不累积风险，显著不公和财政困难问题便应运而生，并且农民、个体经营者和城市非正规部门被完全排除。与中国台湾地区的情况一样，直到民主转型时期，政治动机才朝着普及医疗保险和认真考虑全民养老金计划的方向推进。

至于医疗服务的提供，韩国政府也的确在某些公共卫生领域进行有效支出：扩大诸如免疫接种的疾病预防服务以及环境卫生方面（麦圭尔，2002 年 a）。但是，启动公共保险之前，总体医疗支出压倒性地以私人支出为主。医疗保健的主要形式是由医生提供有偿服务，且与泰国类似的是，对城市有着强烈的倾斜。公共保险启动的效果是进一步扩大了私营部门在提供医疗服务中的作用。1975 年，所有医院中 34.5% 是公立医院，但是到 1994 年，这一数字已下降到 5%（梁奉玫，2001 年），其余医院则大体分化为多数由医生拥有的私立机构和非营利性基金会。

多亏迈克尔·赛斯（Michael Seth，2002 年）的杰出研究，我们对韩国的教育政治才有了一个特别清晰的认识［同时参见麦金（McGinn）等人，1980 年；郑敦仁，1992 年：93］。美占时期教育体系首次得以扩大，其驱动因素是日治时期数十年的镇压文化政策之后所积压的巨大需求。美占当局谨慎地在继承自日本的中央集中体系的基础上进行建设，但数以百计的私立中小学却打破了常规。与菲律宾、新加坡和马来西亚一样，独立宪法允诺普及初等教育。在美国的支持下，一项大规模学校建设计划使得小学和初中入学率在 50 年代急剧提升。与此同时，政府抑制了私立中学及高等教育机构的增长，并建立了高等教育配额制度。

韩国独立之初，国民议会（National Assembly）展开了激烈的辩论，争论焦点是新教育体系是否应效仿日本模式，即更大的中央集中化和教育分流，还是应效仿具有强大地方控制和总体教育单轨制的美国模式。尽管后一种模式名义上赢得了这场旷日持久的政治斗争的胜利，赛斯（2002 年：192—202）阐释了新体系如何迅速转而服务于李承晚威权政治的目的。政府清洗了左翼教师，修改了课纲以强调德育和公民教育，甚至组织学生成立一个准军事性的学生防卫军团（Student Defense Corps），由总统本人领导，并可被动员起来支持各种政治目的。1961年朴正熙夺取政权后，也实行了出于根本政治目的的类似模式，包括清洗、净化运动和学生动员。

李承晚政府对统筹教育与更广泛的发展目标的兴趣不大。相比之下，朴正熙政府几乎一走马上任就起草了1962—1966年的第一个五年教育发展计划，与第一个五年经济发展计划相结合。这些新举措力求普及初等教育，以比高中更快的速度扩大初中教育，并降低大学入学率。新举措也将重心从学术型转至技术和职业教育，还将课程设置与私营部门需求更加紧密结合。尽管对职业教育有大量投资，但赛斯（2002年：120—125）和郑敦仁（1992年：93）表明，即使在半威权环境下，想要实行似乎关上了平等接受高等教育的大门的变革，或是转变职业与学术型教育之间的平衡最终被证明是多么的困难。然而，20世纪70年代的重工业建设时期出台了一些新的旨在提高技能的举措，包括建立职业培训机构和职业培训特别措施法，（通过对不执行举措的行为进行罚款）刺激了大型企业对内部员工的培训。

第四节　结论：亚洲福利模式？

在拉美的关键重组时期，政治精英有强烈的动机来迎合城市工人阶级群体，并利用社会保险与服务作为其手段，尽管代价是实质上的分配不公。东亚的国际政治背景促成了其战后初期完全不同的政治重组。新加坡的中左翼政党和强大的工会起初影响了其社会政策的发展，但在60年代，该国也经历了根本性的政治重组和政体改变。

与拉美一样，根本政治重组的重要意义跨越了政体类型。尽管菲律宾至少是半民主政体，但其政治也仍然受到第二次世界大战末期保守派政治精英的复苏和左翼、劳工及公众部门的相应边缘化的有力影响。马来西亚基于种族的政党在该国的半民主环境中奉行了再分配的政策方针，尽管主要集中于农村地区，而不是城市工人阶级。但即便是在马来西亚，其政治也受制于武装叛乱和对左翼及劳工的根本限制。

东亚的发展战略也与拉美不尽相同。拉美在实行进口替代工业化的过程中，增加了进口替代和国有企业部门的权重，并为有利于城市工人阶级的社会保险制度提供了经济基础。就工具模式或时机而言，东亚的发展战略绝非同质化。从20世纪60年代起，韩国和中国台湾地区的经济就日益以出口为导向；类似的结构性变化在泰国直到80年代才出现。然而，一旦这些变化切实发生了，它们就会对社会政策产生直接和间接的影响。一方面，对成本敏感的私营出口部门权重的增加限制了对增加工资税的社会保险举措的支持。另一方面，出口导向型战略某种程度上鼓励了教育和培训方面的政企合作。

在这两个地区的根本政治和经济差异的框架内，政体类型的确影响到了我们所关心的核心政策领域：养老金、医疗和教育。社会保险方面的差异最为明显。泰国和韩国这两个长期威权国家几乎完全回避社会保险，而仅将其局限于国家的核心利益集团：军队和公务员。国民党在光复中国台湾以后，对城市工人阶级采取了更积极主动的姿态，但福利覆盖仅限于国有部门和大型企业极少数的正规部门员工。此外，中国台湾的福利体系遵循纯粹的规定缴费制，并且，从50年代初启动以来直至70年代末，几乎都没有革新。在新加坡和马来西亚，社会保险由继承而来的中央公积金所提供，可以说正是这一殖民遗产，而不是政治，在限制政府支出和再分配程度上发挥了核心作用。但是，在这两个国家，本可能争取更具再分配性质的社会保险模式的政治力量也比较薄弱。两个国家的中央公积金的革新都仅限于受益人如何使用资源的参数性变化。

在菲律宾，竞争性政治影响了现收现付养老金制度的建立，这与拉美模式极其相似。但在此处所讨论时期的末期，该制度的覆盖面还没达到一半的经济活跃人口，且福利有限，并向公营部门员工严重倾斜。东亚地区没有一个政府——或许除了新加坡早期的竞争性政权外——经历过真正意味上的选举竞争，或是勉强将劳工扩大为重要的政治选民。我们在该地区也没有发现一个与阿根廷、智利、乌拉圭或哥斯达黎加相类似的社会保险体系。

政体类型的影响在医疗保险和支出方面也显而易见。东亚在此期间的医疗保险覆盖率较低，并且在1973—1980年，东亚的医疗支出也比拉美要低（见表1-1），尽管两个地区的发展水平日益相当。公共医疗支出水平最高的两个国家——马来西亚和新加坡——都从英国人那里继承了全民医疗卫生体系。在马来西亚，医疗支出的水平和构成都可部分归因于选举考量；在马来西亚的半民主时期，巫统对其农村选举据点表现出强烈关注。相比之下，新加坡向威权统治的转向伴随着私有化医疗卫生体系并限制公共投入的努力。这两个国家的支出水平尽管在亚洲案例中最高，但却仅近似于拉美国家的平均值，而这当中甚至包括一些人均 GNP 要低得多的国家。

东亚地区其他案例的公共医疗支出有限。泰国和韩国（三个长期威权政体中的两个）在医疗保健方面采取了极简主义态度，且主要限于公共卫生。直至 20 世纪 70 年代末，两国政府都没有开展任何医疗保险计划，且两国都呈分化状态：韩国受占领期的影响，而泰国则受目标覆盖面狭窄的影响。在中国台湾地区，国民党在 50 年代积极关注基本公共卫生，并将某些医疗福利列入 60 年代后期的劳工保险制度改革。不过，这一计划的覆盖面却有限，福利也远远谈不上丰厚。威权政体缺乏对福利制度的重视，这与公众喜好相违背，这一点在泰国 70 年代中期的政治开放时期深有体现，当时农村公共卫生和营养计划的扩大成为短期民主政府的主要改革之一。然而，如同该地区其他短暂民主开放时期（例如，韩国在 1960 年，以及 1979—1980 年），这一开放时期的短暂不足以对社会政策产生明显的影响。

在竞争性政治历史最长的菲律宾，全民医疗保险制度的创建是民主时期最后的重大社会举措之一。但是如同与之相联系的社会保障制度，其福利也极其微薄，并且其扩大计划在马科斯独裁统治期间被推迟；仅当民主回归以后，这一制度才得以重振，且覆盖范围得以扩大（第六章）。

正如第一章所提及，无论是在提供基本医疗服务方面（例如免疫接种），还是在健康结果方面（例如降低婴儿死亡率），东亚都比拉美具有更骄人的成绩。但是，正如麦圭尔（2001 年 a）曾就婴儿死亡率中肯地提出，亚洲的健康结果与收入的增加、收入的相对平等分配和营养的相应改善都不无关系，其相关程度与其跟公共保障的相关程度可谓等同。东亚的家庭甚至比拉美更加依赖自我保险、自付支出和私人医疗服务提供。

或许最明显的跨地区差异还在于对教育的承诺上。亚洲的小学入学率不光在本时期末比拉美的要高，而且在更早时候就已高出拉美——

即，在人均 GNP 更低的时候。而且，就复读率、青年文盲率和辍学率而言，东亚教育制度的有效性也普遍更好。

政体类型与这些差异有一定关系，尽管关联的方式复杂。亚洲国家与地区大多经历了独立这一重要政治突破；这些政治开放时期对教育权利的扩大产生了强大的政治压力。新加坡、马来西亚、菲律宾和韩国均是这种情况。这种政治突破——短暂民主时期——与拉美形成了鲜明对比，后者公民权的扩大更为渐进。然而，威权政府也有强烈的政治动机来维持和扩大教育权利，尽管动机类型十分不同。教育体系的扩大服务了至关重要的意识形态和社会化的功能，因此在转向威权统治以后更不容易倒退。发展主义威权政府，特别是在韩国、中国台湾地区和新加坡，有着扩大教育和投资职业技术教育的额外动机，致力于将教育政策与总体发展战略相挂钩，而这正是拉美所缺乏的。

在对拉美案例的讨论中，我们已提出，继 20 世纪 80 年代的民主转型以后，继往福利传统是如何对新政府构成挑战的。尽管有着深刻的经济冲击，强大的利益相关者还是约束着现有福利的自由化改革和针对被剥夺社会权利者的支出再分配。亚洲有别于拉美的第一点就是其更有利的经济环境。及时转型为民主政体的国家与地区——韩国、中国台湾地区和泰国——有充足的资源来解决社会问题。

不过，东亚各国与地区的政治遗产也各不相同，它们此前并没有既往制度的强大利益相关者；相反，社会保险的公共提供传统上一直薄弱。在这种背景下，民主治理、快速增长和充足的财政资源相结合，促使公共保障得以迅速扩大。

第四章　构建社会主义福利国家：
东欧福利保障的扩大

我们对拉美和东亚福利国家扩大的分析表明，在根本政治利益联盟的限制下，民主治理为政客们提供了扩大社会保险与服务的动机。东欧的威权政体则明显地提醒我们，无论是政治竞争还是利益集团组织，都不是这种扩大的必要条件。东欧的共产主义制度毫无疑问是"刚性"威权政体。然而，尽管没有选举联结或独立的利益集团组织，东欧国家的福利制度仍得以迅速发展。

社会主义社会政策的一些特点使其显著有别于我们在拉美和东亚所观察到的社会政策模式。尽管权贵阶层享有特权，① 诸如城市住房等特定领域存在不公现象［撒列尼（Szelényi），1983年：73—79］，并且企业间某些福利待遇存在差异，但有关社会主义社会政策的文献却普遍发现福利的广泛覆盖，诸如就业保障、医疗、养老金和家庭津贴这样的核心福利都进入普遍的福利方案中。在福利与工资挂钩的情况下（如养老金），工资结构的高度压缩性意味着福利分布相对均衡，尽管其制定初衷并不是为了明确地进行再分配。不与工资相挂钩的福利——教育和医疗（后者更为重要）——则有着强烈的均衡效果，因为这些福利与家庭规模成比例。尽管存在一些争论，但我们在此关注的主要福利的社会支出似乎促成了本地区相对平均的收入分配。②

---

① 有关权贵阶层享有的福利参见雷恩（Lane），1982年；肯德（Kende）和斯特尔米斯卡（Strmiska），1987年；阿特金森（Atkinson）和米可怀特（Micklewright），1992年：167—170。

② 参见费尔格（Ferge），1979年；迪肯，1983年；莫里森（Morrison），1984年；弗雷克尔斯基（Flakierski），1986年；肯德和斯特尔米斯卡，1987年；阿特金森和米可怀特，1992年；米拉诺维奇，1994年：177—181；米拉诺维奇，1998年。

是什么造就了东欧独具特色的福利轨迹？对前共产主义时代社会政策的继承在某种程度上的确十分重要。在共产党接管之前，有限的人群就已经享受了养老金和疾病基金，尤其是在隶属前奥匈帝国的国家和地区；并且在共产党接管之时，教育的传承也较高。但几乎毫无疑问的是，以社会主义夺权为标志的政治重组使东欧偏离了其先前的发展道路，并对后续发展至关重要。

第一章已勾勒了我们的核心命题，即社会主义发展战略的核心特点推动了国家走向相当全面的福利保障。社会支出的慷慨性不断受到强大的意识形态和官僚压力的约束，以优先投资一切形式的消费，包括服务和转移支付。然而，试图消除私有财产和市场的努力使国家必然成为大部分人口的就业、教育、医疗和生命周期风险的主要保障者。

本章我们将讨论三个交叠的历史时期里共产主义社会政策的演变。斯大林时代晚期直至20世纪50年代后期的初步经济社会化过程中，新任政府首先建立起基本社会保障。产业工人和国家工作人员是就业保障、养老金、公共医疗服务和教育的最初受益者。然而，农业集体化在福利国家向仍然庞大的农村人口的扩大中扮演了重要角色。这方面与拉美的对比尤其值得关注。第二次世界大战后伊始，拉美和东欧的半工业化国家在其社会政策上有一些相似之处。不过，拉美后续发展的特点是对农业部门的忽视，而东欧的共产主义政府则至60年代初就已将基本医疗、初等教育甚至养老金扩大到了农村。

在第二阶段，即20世纪六七十年代，福利更加慷慨，涌现了新型社会计划革新，如家庭津贴和失业保险。后斯大林主义政治和经济思维更加重视提高人民生活水平，以赢得民众的默许。在某些国家——特别是波兰——继任危机或底层抗议也促使领导人至少在短期内提高福利的慷慨性。这些发展变化促使学术界辩论威权共产主义政体是否以及如何可能受到政治竞争（以继任斗争的形式）或利益集团压力（无论是来自国家内部的有组织的利益集团，还是通过自下而上的"抗争政治"）的制约。

但是，尽管东欧各国面临的压力频率和强度各异，但整个地区的社会政策均以一种令人惊讶的统一方式发展。虽然社会政策的路径本可能会受到短期政治约束的影响，但更长期的社会政策均衡则反映了政府对特定经济问题的应对，如人力规划、劳动力市场和促进生产力的努力。

例如，家庭福利计划的设立就是出于对劳动力供应减少的担忧。但类似的思虑也存在于医疗和养老金支出、教育和其他劳动力市场政策方面的争论中。

最后，20世纪80年代进入了第三个阶段，其特点是经济停滞和政治衰落。在这一时期之前社会领域就出现了一些根本性的问题；与经济的其他领域一样，这些问题包括资源的定量配给、短缺和分配不当。然而，从80年代开始，东欧各国政府步入了缓慢而不稳定的增长期，从根本上限制了其兑现福利承诺的能力。但事实证明，这些承诺是难以收回的，即使并非不可能，除非通过恢复全面压制，如罗马尼亚在尼古拉·齐奥塞斯库（Nicolae Ceaușescu）执政后期即是如此。默认情况下，提供综合社会福利保障的责任仍是社会主义制度的一个核心特征，尽管福利待遇和服务质量有所侵蚀。

本章最后将总结社会主义模式的这两大并行遗产——基础广泛但资金不足，以及被扭曲的福利保障——如何影响了20世纪90年代转型过程中社会政策的发展。

第一节　斯大林时代：集体化和社会主义福利模式的扩大

东欧共产党巩固其政治控制后，随之对经济体进行了革命性结构重组。20世纪40年代末和50年代初推出的五年计划强调积累，并将国家投资集中于重工业等战略性行业，如交通运输和采矿业。在早期计划时期，随着劳动力从农村和家庭（通过更多的女性参与）转移到工业部门，就业急剧扩大。消费也得以强劲增长（联合国欧洲经济委员会，1967年：13—21）。

我们在第一章介绍了这些革命性措施对早期社会保险与服务提供的影响。新任共产党政府在最广泛的层面迅速确立了就业和一切社会保险与服务的公共责任原则。由于私企和市场受到压制，国有部门以外的就业机会萎缩。所有保险与服务均由国家垄断。社会支出反映了针对资本积累和消费之间的资源分配的总体规划决策。同样，诸如教育等特定社会服务的提供也服从于人力规划过程安排。

一　早期扩大：支持重工业建设

至 20 世纪 50 年代初，几乎所有在共产党执政之前就已经建立的社会保险计划——某些甚至可追溯至 19 世纪后期——都被有效地直接吸收入国家体系。在共产主义时代之前，这些计划主要沿袭俾斯麦路线运作，这也是拉美的特点：由工资税资助的单独的、基于职业的养老基金，其覆盖面有限，福利待遇相对丰厚（汤姆卡，2004 年：60；穆勒，1999 年）。即使在社保假象通过工资税得以维持的国家，如捷克斯洛伐克和匈牙利，融资的重担实际上仍落在了中央政府身上，因为所有的企业都是国有企业，都通过中央计划进行资源分配。

到了 20 世纪 50 年代中期，受工业劳动力的急剧增长所驱动，社会保险覆盖面的扩大全面展开。例如，匈牙利于 1949 年统一了此前高度分散的养老金体系，并且在 1950—1955 年，经济活跃人口的养老金覆盖率从 37% 上升到了 52%（穆勒，1999 年：61—62）。在 1954 年的波兰，工业、零售业和服务业的所有工人都享有养老金。捷克斯洛伐克也经历了类似的养老金统一和扩大过程。虽然养老金待遇通常与收入相绑定，因而在特权工业部门更高，但是，跨经济部门工资差异的压缩性减少了福利待遇的不平等（米拉诺维奇，1998 年：16—17）。该模式即使在低收入国家也是类似的；例如，在罗马尼亚，先前存在的社会保险计划在 1949 年进行了整合，并随后扩大至产业核心圈以外［瓦西里（Vasile）和扎曼（Zaman），2005 年：6—7］。

共产党政府在此期间也重组了医疗和教育体系。20 世纪 40 年代末，所有东欧国家开始向国有化医疗保健转型——即所谓的谢马什科（Semashko）体系，以第一任布尔什维克党（俄文"Bolshevik"的音译，表示"多数派"）卫生部部长命名，并于 50 年代初得以完善。曾经规范了职业生涯的独立医疗协会被取消，取而代之的是官方医疗工会的强制会员制度。私立医疗机构被迫因高税收、大量管制和行政命令而歇业，中央政府则承担了提供和资助所有医疗服务的全部责任。医疗卫生资源的分配方式与其他部门一样，是直接的、物质的形式。中央政府为政府医院和综合性诊所设立了资源投入与人事配额，进行物资分配。这些被补充以附属于工作单位的一级和二级职业医疗卫生设施［马里（Marée）和格伦里维根（Groenewegen），1997 年：7—8］。患者有享受医疗服务的权利,且不用在就诊时付费。但医疗保健却始终资金不足,且一直存在着道德风险、效率低下以及长期短缺的问题,这些问题被科尔内[1992年:228—301,570—575;科尔内和埃格尔斯顿(Eggleston),2001年:135—140]深刻分析过;后面我们会更详细地阐释这些问题。

斯大林时代早期,教育体系也得以重组,其目的既是加强政治忠诚度,也是将其与整体人力规划和劳动力的直接行政化分配相整合。① 尽管整个地区在第二次世界大战前夕的小学净入学率各有不同,但还是稍高于独立之时的东亚或1945年的拉美的教育程度。继共产党执政之后,新宪法规定了基础教育的强制性和免费性原则。实现这一目标花了一些时间,并面临着资源和建设学校及培训教师的挑战。例如,在罗马尼亚,最开始仅有四年学制是强制性的,直到1964年才实行全面八年强制教育(格兰特,1969年:80—82)。然而,如表4-1所示,该地区其他国家早在1950年入学率就急剧提升。至20世纪50年代中期,除保加利亚和罗马尼亚的罗姆人外,文盲率也大体消除。到了70年代中期,罗马尼亚和匈牙利强制教育年限为10年,捷克斯洛伐克为9年,波兰和保加利亚为8年[甘泽布姆(Ganzeboom)和尼乌比尔塔(Nieuwbeerta),1999年:346]。

表4-1　　东欧的小学净入学率(1935—1940年,1950年)

	1935—1940年(%)	1950年(%)
保加利亚	47.8	61.0
捷克斯洛伐克	65.4	88.0
匈牙利	58.8	83.0
波兰	60.3	77.0
罗马尼亚	62.9	59.0

资料来源:巴罗和李,2000年。

先前曾吸取了欧洲模式经验的教育体系并没有被完全摒弃,但课纲

---

① 洛特(1999年:S127—131)认为民主和教育的相关性不一定成立,因为极权政体亦大力投入教育,以作为社会控制的一种手段。

进行了改革，强调自然科学、技术和工业教育，并进行意识形态灌输（格兰特，1969 年：90—122）。随着时间的推移，对中等教育的强调转向了职业培训，以应对长期的劳动力短缺，这是社会主义经济的一个自身特点（亚当，1984 年：17—40）。至 20 世纪 70 年代初，捷克斯洛伐克和罗马尼亚的职业技术学校入学率占全部中学入学率的 67%，这一数据在波兰是 69%，匈牙利是 73%，保加利亚是 75%［希思（Heath），1981 年：240］。1989—1990 年苏联解体后，对职业培训的狭隘关注与市场经济更为全面的技能要求和公民对教育选择的要求产生了冲突。然而，从 60 年代到 80 年代，职业教育轨道一度是引导工人进入工业部门的重要手段，符合了劳动力市场转移的需求。

二　向普遍主义的推进：对农民的纳入

尽管有着普遍性的承诺，社会保险与服务的早期发展仍呈现出对城市的倾斜和对大量农业人口的排斥。然而，与我们关注的其他地区一样，在大多数东欧国家，农民占总人口的比例较大。1950 年，农村人口在保加利亚和罗马尼亚（均为 74%）以及捷克斯洛伐克的斯洛伐克地区（70%）占大多数。波兰和匈牙利也有大量农村人口（分别为 61.3% 和 60.7%）。而即使是在更工业化的捷克地区，也有 59% 的人口居住在农村。因此，不纳入农民就无法兑现全面普及的承诺。

农业集体化在最终迈向全面普及中起到了至关重要的作用。第二次世界大战结束后的 15 年间，东欧的土地重新分配经历了两个阶段。即使在共产党巩固其控制之前，东欧也经历了空前的有利于农民的土地所有权重新洗牌。捷克斯洛伐克对德国和匈牙利土地的占领为该国提供了早期再分配的基础，其次又对捷克地区和斯洛伐克地区各自土地进行了改革。同样，波兰也通过打破现有土地所有权和对新并入领土的大规模殖民定居而进行了土地再分配。在匈牙利和罗马尼亚，大部分土地再分配来自对大地产的清洗（施普尔伯，1957 年：227）。保加利亚的早期改革相对温和，但其一开始的土地所有权也相对平均。

随着政治控制在 20 世纪 40 年代后期得以巩固，驱逐农民上层阶级（"富农"）和农业社会化的进程才真正开始。政治上，集体化提供了充分渗透农村的手段，因为合作社的领导层与其他生产单位一样，都由共产党所控制（科尔内，1992 年：82）。从经济学角度来看，合作社的形成是为了保证对生产的控制权,并因此控制对原始社会主义积累至关重要的农业剩余。

虽然农业集体化直到20世纪60年代初才得以完成,这一过程的展开却相当迅速,且至50年代中期已在多数国家取得了显著的进展。早在1955年,社会主义部门占耕地的比重在保加利亚就达到了64%,在匈牙利为47%,在捷克斯洛伐克为43%,在罗马尼亚为26%[施普尔伯,1957年:261;《国际劳工评论》(International Labour Review),1960年:320]。在波兰,政府最终完全放弃了集体化一大类中小型农民财产的努力,但即便如此,至50年代中期也有25%左右的耕地被集体化[让-查尔斯·苏赖克(Jean-Charles Szurek),1987年:231]。

去斯大林化的一个最初后果是对农业政策的重新评估,尤其是在捷克、匈牙利和波兰。捷克斯洛伐克"新进程(New Course)"(1953—1955年)的一个组成部分就是缓和集体化的过激行为。在匈牙利和波兰,集体化的暂时逆袭似乎反映了城市抗议后给予农村地区让步的一项政治策略(埃基尔特,1996年:95—98)。然而很快就显而易见的是,这些让步大体上是策略性的。在除波兰以外的所有国家,集体化在50年代后期得以恢复,并至60年代初被推动完成。在80年代中期,匈牙利、捷克斯洛伐克、保加利亚和罗马尼亚的社会主义部门在耕地中均占90%以上(尽管在农业总产值中所占比重不尽如此)。私人小农场仅在波兰持续保留,占耕地的72%,尽管大部分的产出都通过国家渠道而输出。①

集体化意味着对私有财产的大量剥夺。这一过程的早期形式有累进土地税、增加义务交付,以及国家集中控制机械。然而,积极的激励机制也在这一过程中起到了一些作用。当大地产被转变成国营农场,农业劳动者通常被给予社会主义部门中其他工人所享有的权利。基本社会服务,尤其是医疗保健,以及诸如养老金等福利的扩大在让农民加入合作社中发挥了重要作用。如思乔普夫林(Schöpflin)(1993年:151)所言,"农民和农业现在被包括在政治游戏中,这使得支持农业投资成为可能,而不会冒被斥之为支持反动派农民的风险。集体化了的农民从政

---

① 相关扼要综述参见杰弗里斯(Jeffries),1993年:85—87,240—243,250—252,301—303,312—314。

治上和意识形态上都被予以接受，而这是个体农民所没有的"。

通过追溯核心福利保障的扩大进程，可以认清这种与农村地区讨价还价的本质。针对合作农场工人的中央集中式社会保障计划于1952年在捷克斯洛伐克，1956年在保加利亚以及1957年在匈牙利开始实行。这些计划的资金来源是合作社缴款及国家补贴，为残障人士和老龄人士提供养老金，并提供孕产和儿童补贴。这些福利待遇普遍低于工业和国营农场职工享有的福利，但正如我们已指出的那样，养老金——迄今为止最大形式的现金转移支付——仍保持相对平均。①

合作社农民也在事实上和法律上被纳入起初仅限于政府工作人员和国企员工的全民医疗卫生计划（《国际劳工评论》，1960年：323—329）。虽然完全纳入此类群体的官方目标进展不均匀，但本地区所有国家的卫生部门都相对迅速地建设了诊所和公共卫生站，并为其提供工作人员，同时在农村地区推出积极的公共卫生运动。这一进展之后终于实现了将福利列为普遍法律权利［卡瑟（Kaser），1976年：12—15，36］。

例如，在匈牙利，医疗保险覆盖率在1950年为47.3%，但由于农业部门被纳入，1963年则有效实现了普及（汤姆卡，2004年：79）。1972年，获得医疗保健服务被依法制定为公民权利，尽管该项规定直到1975年才得以生效。在捷克斯洛伐克，至20世纪50年代中期，医疗服务扩大到几乎所有类别的农村和城市工人，并于1966年被宣布为公民权利。在罗马尼亚，60年代初完成的农场集体化几乎使得除极少部分个体农民外的所有农民都得到了社会保险覆盖。政府还扩大了农村卫生服务。类似的模式也存在于保加利亚，该国于1971年依法制定了全民医疗保险（卡瑟，1976年：93，115—116，167，200，237）。

此外，有充足证据表明，对全民医疗的较早承诺对健康结果产生了显著影响。自20世纪50年代初以来的十年里，东欧的婴儿死亡率下降了近一半，且出生时的预期寿命增加了大约五年。这些早期成就并没有得以维持，60年代中期后，东欧的健康状况开始惊人地恶化。尽管如此，针对该体系的批评者也承认其早期的成就。普雷克尔和费切姆

---

① 农民们还通过维持房屋所有权和至少部分土地持有权得到补偿，并可通过市场流通来补充收入。

（1994 年：289）总结道，"整个地区人口享受全方位的医疗服务是社会主义政体和其医疗体系的显著成就之一。世界上没有其他任何地方，哪怕是欧洲或中国，都曾成功地为类似规模的人口提供过如此广泛的综合医疗保健"。

极具讽刺的是，在波兰，社会保险和免费医疗向农民的扩大较慢，这正是因为集体化在 50 年代中期以后停滞不前。仅仅当城市骚乱导致瓦迪斯瓦夫·哥穆尔卡（Wladyslaw Gomulka）被爱德华·盖莱克（Edward Gierek）于 1971 年顶替之后，覆盖农民的重大举措才得以实施。盖莱克所展开的改革赋予了个体农民和家属与其他员工同样的权利来使用卫生设施，使得剩下 1/3 的先前未被覆盖的人口得以接受免费医疗服务。即使在此之后，农民仍继续抱怨投资和福利方面的歧视性待遇。1980 年，随着工人抗议上演，个体农民开始建立起自己的农会，成为团结工会（Solidarity）盟友。

相较于社会保障和医疗卫生而言，教育的扩大较少直接与集体化相联系。毋庸置疑，重工业建设依赖于农业工人被迫转移入城市成为无产阶级。但教育政策体现了更广泛的努力，将农民和工人纳入了与技术上训练有素的劳动力队伍相一致的体系中。体力劳动者和农民的子女得到了优待，且资产阶级的子女被限额，从而均衡了教育程度［费希尔-加拉茨（Fischer-Galati），1990 年：278］。

总之，至 20 世纪 60 年代初，大多数人口都能够享受核心社会保险与服务：养老金、基本医疗和初等及一些专门的中等教育。虽然这一结果是社会主义制度的固有特征，但覆盖面的扩大却与集体化进程和福利扩大至农村人口息息相关。国家工作人员无疑被特殊对待，并且受优待部门的企业能够提供其他单位所负担不起的额外社会服务，如休假和儿童托管。尽管如此，东欧社会主义模式覆盖面的广度和对农民的纳入仍与拉美不公的俾斯麦体系以及亚洲对自我保险和私人保险提供的严重依赖形成了鲜明对比。

第二节　去斯大林化与社会福利的政治

尽管基本社会保障已于 20 世纪 60 年代初到位，但接下来的十年里又有了更大进步，实际工资有所增长，更加注重消费品包括耐用消费品的提供，并且实际社会支出稳步增加。① 同时，一些重要的新举措得以实施，特别是在经历了对中央计划体制进行市场化改革的国家，家庭津贴与失业保险得以建立。可以肯定的是，福利的改善——无论是由工资、总收入，还是消费来进行衡量——并不总是能跟上总产出的增长，其原因是中央计划对资本积累的继续强调。② 我们接下来将会详细讨论，随着时间的推移，对社会领域的投入降低日益明显表现为服务水准的下降。尽管如此，"成熟"社会主义时期的特点是实际收入有所增加，其中社会支出构成了一个重要部分。

1953 年斯大林去世后，苏维埃领导层内部的激烈权力斗争奠定了社会主义福利国家得以逐渐扩大的政治舞台。由尼基塔·赫鲁晓夫（Nikita Khrushchev）领导的改良派阵营的胜利——于 1956 年 2 月苏联共产党第二十次代表大会的"秘密讲话"（"secret speech"）达到顶峰——标志着共产党在苏联执政新阶段的开始，对东欧产生了广泛的影响。外部控制的放松，以 1955 年赫鲁晓夫与铁托（Tito）的和解为标志，增加了东欧国家追求鲜明的国民经济和政治战略的空间，尽管局限于对莫斯科的继续效忠和对共产党执政的维持。在经济领域，后斯大林主义思维认识到了"大跃进"（"big push"）工业化的局限以及包括重视农业、消费品和社会支出的更平衡战略的重要性。多数国家的政府尝试启用新的激励机制，甚至控制了市场化。

对斯大林正统的挑战也有其政治成分。尽管政治控制的放松不应与竞争性威权统治相提并论，但它的确为共产党领导层内部的政治和意识形态斗争、国家机器中竞争性力量更大程度的发挥，甚至自下而上的抗议开辟了道路［例如，约翰逊，1970 年；洛文塔尔（Lowenthal），1976 年］。

这些意识形态、政治和经济变化在何种程度上与理解社会政策的演变息息相关？领导权的争夺、官僚政治和民众抗议能否被视为与更民主情况下的政治竞争和利益集团活动功能对等？它们在多大程度上可能会

---

① 在这一点上，匈牙利和波兰的数据也更好。关于匈牙利参见费尔格（1979 年）；关于波兰和匈牙利参见弗雷克尔斯基（1986 年）；关于匈牙利、波兰和捷克斯洛伐克参见阿特金森和米可怀特（1992 年，第六章）。

② 消费与 GDP 增长之间的差距在罗马尼亚尤其明显［兰佩（Lampe），1986 年：191—192；沙菲尔（Shafir），1985 年：107—108］。

导致对受动员群体的物质让步，或是针对整体人口的更丰厚的福利待遇？

这种政治消费—周期假说首先由梅什科夫斯基（Mieczkowski）（1978年）针对波兰所提出，并由邦斯（1980年：281；1981年：230—242）加以修订和归纳。梅什科夫斯基认为，波兰的消费滞后带来了政治抗议，并最终导致领导层的变更。新的领导人扩大消费以平息抗议并巩固权力，但一旦政治危机过去，就又恢复了更不慷慨的消费分配模式。通过审视更广泛的样本案例，邦斯（1980年：284—285）挑战了梅什科夫斯基模型中的消费下滑—抗议—领导层变更这一周期假说，并指出，民众抗议并不总是该地区领导层变更的原因。然而，她也的确发现领导层变更和包括社会消费在内的总消费增长之间相关联的实证依据，这一发现涵盖苏联、民主德国、波兰和捷克斯洛伐克，后来扩大至包括社会主义和非社会主义国家的更广泛样本（邦斯，1981年：42—46）。

缺乏可靠和可比的数据使得我们难以令人信服地检验这些命题，但下面提供的证据表明，政治—消费假说并不能归纳我们的样本案例，无论是就新社会政策举措的时机而言，还是就社会福利资金提供的变化而言。① 作为梅什科夫斯基（1978年）初步研究的对象，波兰的确表现出他和邦斯所描述的行为，匈牙利和捷克斯洛伐克也是如此，不过程度较轻。另外，在保加利亚和罗马尼亚，福利国家的扩大和继任斗争或民众抗议之间似乎并无直接联系。即使是在匈牙利和捷克斯洛伐克，也很难厘清社会政策变化的政治和更纯粹的经济原因。

此外，出于我们的目的，有必要强调对政治消费—周期假说的更广泛质疑。本地区各国政府面临着不同程度的自下而上的压力，以及高度各异的领导继任模式，既有保加利亚的高度政治连续性，也有匈牙利、波兰和捷克斯洛伐克的更加动荡的政治历史。然而，尽管存在这些政治差异，整个地区的福利整体结构仍然呈现出惊人相似性。此外，各国不仅福利结构相当类似，而且也表现出社会支出的普遍扩大，甚至有颇为相似的总体社会转移支付水平。至1988—1989年，社会转移支付在捷克斯洛伐克相当于总收入的25.4%，这一数据在匈牙利是22.4%，在

---

① 另见巴里（Bahry），1983年。

保加利亚是 21.2%，在波兰是 20.7%，远远超过了我们样本中其他任何发展中国家的水平，甚至比发达工业化国家的平均水平还要高（米拉诺维奇，1998 年：13—14）。

是什么可以解释这一非常相似的社会政策模式的趋同化？20 世纪六七十年代福利稳步扩大的一个重要许可条件，就是相对较高的经济增长率。除捷克斯洛伐克和匈牙利在 60 年代初经济放缓外，我们样本中每一个国家的增长率都超过了 6%，并且罗马尼亚、保加利亚和波兰在某些时期还达到了两位数的增长（见表 4-2）。直至 70 年代末经济恶化之前，经济增长都缓解了共产党政权所面临的投资与社会消费之间的权衡。

一个补充性的政治解释是，该地区各国政府在政治关切和战略上大体类似。后斯大林主义共识至少反映出一些认识，即压制和恐怖不是维持政治稳定、促进经济增长的有效手段。东德于 1953 年以及波兰、匈牙利和捷克斯洛伐克几年后爆发的工人抗议活动均凸显了斯大林主义政治模式的政治风险。

通过其在 1956 年和 1968 年的行动，苏维埃领导层清楚地释放了这样一个信号，即外部干预和压制仍然是在局势不稳定或政治权威受直接挑战的情况下的关键支撑。尽管如此，政府也试图通过为政治默许交易物质利益的社会契约或妥协来维持其控制（库克，1993 年：207）。可以说，新的政治策略加大了社会部委在规划过程中的杠杆作用，使其得以争取更多的社会福利。① 一旦政府奉行这一行动进程，即证明是一条自我强化的道路；社会契约被扩大以稳固支持，但随后又被广泛的社会期望"锁定"，并最终被证明是难以逆转的。

社会主义社会契约的思想在强调后斯大林主义政体不断重视物质奖励分配方面是有用的。但它留下了一个未能回答的问题，即与其他"刚性"威权政体所不同的是，为什么要通过在利益分配上保持相对平均的策略来这样做。既然没有选举或利益集团联结以及用胁迫来管理"抗争政治"的持续能力，又为什么要进行广泛分配呢？为什么不将利益集中在战略性重要的群体？

从某种程度上讲，共产党领导层的确会奖励关键利益团体，尤其是

---

① 我们感谢琳达·库克的这一提法。

在党内。然而，不参考社会主义经济制度的逻辑，就难以解释福利广泛存在且大体均等这一谜题。由于实行社会主义模式，在很大程度上压抑了替代性收入来源并消除了私人保险与服务市场，政府则不得不提供这些保险和服务。即使政府开始尝试引入市场力量，一旦市场失灵，他们依然只能直接对就业负责。

家庭津贴的演变便是更广泛的规划进程和社会政策之间的密切联系以及外部影响的持续作用的一个例子。"二战"后初期，一些社会政策青睐于人口较多的家庭。[1] 虽然人口高增长率是可取的，但这些政策也体现出社会公平和唯生产力主义的担忧［贝伦特（Berent），1970 年：285］。共产党强调妇女在有偿劳动中的参与，这与第二次世界大战前的普遍做法相比有了犀利的突破，但却也在支持核心家庭（nuclear family）和传统家庭劳动力分工上相当守旧［福多尔（Fodor）等人，2002年：479—481］。早期家庭政策的主旨因此是提供产假并一次性支付产妇和家庭津贴，这使得妇女在生育之后可暂时退出劳动力队伍，但仍被期望一段时间后能重回劳动力队伍。

表 4-2　　东欧的经济增长（1950—1980 年）

	1950—1955 年	1956—1960 年	1961—1965 年	1966—1970 年	1971—1975 年	1976—1980 年
保加利亚	15.6	11.7	7.7	10.4	9.1	6.9
捷克	9.6	7.9	1.6	7.9	6.1	3.9
匈牙利	6.4	6.8	4.4	7.8	7.1	3.0
波兰	10.2	7.5	6.9	6.7	11.9	1.3
罗马尼亚	18.8	7.5	10.9	9.0	14.4	8.1
平均	12.1	8.3	6.3	8.4	9.7	4.6

资料来源：怀特（1986 年：466）。

1955 年，苏联放宽了堕胎法律，我们样本中的所有东欧国家也迅速效仿。其结果是生育率快速衰减，这一点单独依靠标准的人口结构或经济因素是不可能得以解释的。考虑到劳动力输入在社会主义积累模式

---

[1] 例如，在某些情况下住房优先与家庭规模相联系，其他一些形式的消费补贴和家庭津贴也是如此。

中的核心重要性，本地区的规划者们开始重新思考其人口政策，并在20世纪60年代转向了积极鼓励生育的态度。这些政策范围广泛，各国并不完全一致，但所有东欧国家均采取了积极的激励措施以及管制手段来解决这一问题。随后，家庭津贴急剧增加，虽然这些最初仅限于产业工人。福利随后向农村延伸，新增了福利待遇，并且转移支付、产假和补贴也得以调整，以响应不断变化的劳动力市场需求。

到了20世纪80年代，提供丰厚的家庭津贴已成为后斯大林时期更重要、最鲜明的社会政策革新之一。作为家庭总收入的一部分，转移支付从波兰的17%到匈牙利的25%不等。这些远远超过了西欧的水平，且一般优惠于子女较多的更贫困家庭（米拉诺维奇，1998年：21）。

尽管家庭津贴表明了规划过程和社会政策之间尤为明确的联系，但在这方面也绝非独一无二的（亚当，1984年：17—40）。与就业、工资和教育政策一样，其他社会福利也不断被加以调整，以响应社会主义劳动力市场的经常性不平衡。养老金支付水平进行了调整，以影响为养老金领取者缴纳保费的劳动力供给。产假得以改善，以鼓励妇女重回劳动力队伍。企业层面提供的实物福利也作了类似的调整，以管理劳动力供给和工作力度（亚当，1984年：70）。

以下的案例研究将同时考虑后斯大林主义时期的早期社会政策的政治和经济决定因素。表4-3做了背景铺垫，总结了1953年至1989年领导层的变更。我们标注出了苏联的压力或干预是否在继任过程中发挥了作用，并且继任过程是否伴随着顶层领导权斗争及自下而上的"抗争政治"——民众动乱、罢工和抗议。这种政治框架使我们得以考虑对社会政策的短期约束。然而，我们也表明，即使在这些短期反应存在的情况下，社会政策的总体趋势也在走向更丰厚的福利水平和更普遍的福利结构。我们首先探讨波兰和匈牙利，这两个国家的统治精英经历了尤其严重的政治挑战。

表4-3　　东欧的领导层变更和民众抗议（1953—1989年）

国家	领导层	继任原因	其他民众抗议
保加利亚	契尔文科夫，1950—1954年	迪米托夫去世，内部因素	

续表

国家	领导层	继任原因	其他民众抗议
	日夫科夫，1954—1988年	契尔文科夫去世，内部因素	1953年：斯大林去世后的骚乱
捷克斯洛伐克	诺沃提尼，1953—1968年	哥特瓦尔德去世，内部因素	1953年：斯大林去世后的骚乱
	杜布切克，1968—1969年	党内改良派的壮大	1967年：学生抗议
	胡萨克，1969—1987年	民众动乱，苏联干预	1969年：捷克对垒苏联曲棍球胜利后及入侵周年的民众示威
	雅克什，1987—1988年	民众动乱	
匈牙利	拉科西，1953—1956年	苏联的决定	
	格罗，1956年；卡达尔1956—1988年	民众动乱，苏联干预	
波兰	贝鲁特，1948—1956年	苏联的决定	
	奥哈布，1956年	贝鲁特去世，苏联的决定	1956年：波兹南事件
	哥穆尔卡，1956—1970年	民众动乱	1968年：学生抗议
	盖莱克，1970—1980年	民众动乱	1976年：食品价格上涨后的骚乱 1979年：教皇约翰·保罗二世访问
	雅鲁泽尔斯基，1981—1989年	民众动乱	
罗马尼亚	乔治乌-德治，1948—1965年	苏联的决定	

续表

国家	领导层	继任原因	其他民众抗议
	齐奥塞斯库，1965—1989 年	乔治乌-德治去世	1977 年：矿工罢工 1981 年：矿工罢工 1987 年：布拉索夫事件

一 波兰

在波兰，去斯大林化为共产党领导层分化和周期性社会抗议开辟了道路。1956 年 6 月 28—29 日的波兹南事件（Poznań riot）导致了以瓦迪斯瓦夫·哥穆尔卡为首的新领导班子的成立，他们采取了更加改良派的立场，包括更加重视物质利益，大力增加工资和消费补贴（埃基尔特，1996 年：216），并大幅上涨国家工作人员的养老金福利。但是，这些措施由于政府继续致力于重工业建设和食品价格上涨而迅速被削弱。此外，1956 年以后集体化的暂停——目的是避免动乱蔓延至农民——也意味着社会保险在接下来的近乎十年内不会延伸至农村。

1970 年后一项更加改良派的举措得以扎根。当年另一轮的食品和燃料价格上涨导致了一波工人抗议。虽然这一事件被残酷镇压，却导致哥穆尔卡的下台并被爱德华·盖莱克所取代。新政府能够改善福利的最直接渠道就是增加工资，并努力增加食品和其他消费品的供应。20 世纪 70 年代前半期，在我们的样本中，波兰的实际工资增长最为迅速［希尔朔维茨（Hirszowicz），1986 年：89，表 4-1］。

盖莱克的计划不仅使得工资上涨，而且引入了更大的工资差距。权贵阶层巩固了各种新型社会福利，这与其他地区的威权政体普遍存在的特殊主义奖励模式类似（希尔朔维茨，1986 年：95）。然而，尽管存在这些特殊利益，该计划仍然提出了分布更广的、雄心勃勃的其他社会服务提议。这些包括扩大中学体系和将更多资金用于住房、医疗和社会保险，并通过社会保险机构（Institute of Social Insurance）得以资助［米勒德（Millard），1992 年：121—122］。波兰在开展家庭政策方面稍晚于其他中欧国家，部分原因是人力规划考虑的问题与传统的天主教家庭价值观相掺杂。其结果是，政策少了几分慷慨，更不利于职业女性，且在纳入农村地区上更为缓慢。不过到 1980 年，该国福利大体与其他国家等同。

将农民纳入同样也是新政府的主要目标。这方面的第一项重大举措于1972年出台,扩大了免费医疗服务。1974年,农民也获得了养老金,尽管与社会主义的其余部门不尽平等。

直到20世纪70年代后半期,盖莱克的战略似乎已经稳定了政治局势。但对消费的继续强调和社会服务的改善最终取决于整体经济表现。盖莱克的战略寄希望于西方贷款和技术,以增加国内投资并振兴落后的生产力。但是,外国借款并没有带来对死板低效的中央计划体制的改革,至70年代末,经济开始显著放缓(见表4-2)。名义上的工资增长被持续的短缺和通胀所削弱,在70年代后半期,实际工资增长大幅放缓。

同时,工资和社会福利分配的不均有所增加。虽然按照西方或拉美标准,波兰的工资仍然高度压缩,但日益扩大的收入差距成为民众不满的根源。在整个70年代,总收入的转移支付平均水平仍保持相对恒定,但是处于收入顶层和底层的各1/10的群体享有社会福利的比例有所扩大[比拉西亚克(Bielasiak),1983年:232—233]。精英群体则支配着某些福利,包括享受补贴价消费品、公寓和汽车以及外汇交易(希尔朔维茨,1986年:101—108;112—118)。政府总支出中教育和医疗卫生的比重也开始下降,且服务质量相应退化。对停滞不前或有所下降的生活水平、日益加大的不公,以及日益恶化的社会服务的不满情绪极力促成了该十年末期团结工会运动的兴起。

本地区所有国家中,波兰的经验最密切符合政治—消费—周期假说。在1956年,1970年,以及1980—1981年,政府通过增加工资、社会支出和消费来应对自下而上的压力。然而,除社会福利向农村地区的扩大滞后外,福利的整体结构与该地区其他地方显得颇为相似。

二 匈牙利

匈牙利在该地区增长表现最弱,实际工资下降,且社会服务停滞,在此背景下,匈牙利发生了向后斯大林主义领导层的转型(费尔格,1979年:64,189)。党内领导层中保守派和改革派的严重分歧导致了1956年7月正统的马加什·拉科西(Mátyás Rakosi)的下台,党和国家控制的迅速瓦解,以及独立工人委员会和其他社会组织的出现。党和国家的几近崩溃最终导致 1956 年 10 月 23 日苏联军队进军该国,并导致外界军事力量的随后干预。革命崩溃之后是长期残酷的镇压,并一直持续到 60 年代初。

与波兰一样,匈牙利短期应对危机的某些方面反映了政治—消费—周期模式。革命的直接后果就是,亚诺什·卡达尔(János Kádár)施行了尤其针对战略性职业群体的工资增长(亚当,1984 年:133),并更加重视消费品生产(埃基尔特,1996 年,111)。但政府一旦重新获得控制,就又转向更传统的方向。在于 1958 年 8 月揭幕的三年计划期间和随后的五年计划期间(1961—1965 年),实际工资增长的步伐大幅放缓,而这些时期都大幅强调重工业。

福利国家扩大的其他方面似乎反映了更长期的趋势和更具战略性的经济考虑。集体化进程在应对 1956 年的危机中暂停,但当于 1959 年恢复时,便伴随着农业投资的增加和社会保险与服务向农村地区的进一步扩大。1961 年,合作社农民被全面纳入普遍养老金计划,使农民在领取资格和福利待遇方面更接近城镇职工。1966 年,农村地区又获得了等同的家庭津贴。至 20 世纪 60 年代初,绝大多数医疗卫生和生命周期风险保险的覆盖面已接近普及(汤姆卡,2004 年:78),此后,社会福利呈现稳步上升的趋势。从 1960 年到 1975 年,所有社会福利待遇的价值(以现金和实物形式)从劳动总收入的 18.4% 上升至 27.3%(费尔格,1979 年:190,表 5-10)。

家庭津贴制度的演变具有启发性,因为它以线性方式进展,且似乎与 1956 年的危机没有直接联系。1959 年,针对第三胎生育的家庭津贴大幅增加,1965 年又针对第二胎生育增加了津贴。政府于 1966 年将家庭津贴扩大至农村,并于 1967 年补充了一项新产假方案,几乎完全替代了较低收入家庭的收入损失。1973 年以后,政府也开始为较高收入家庭提高替代率,并在 1974 年,一项新的社会保障法令(Social Security Act)使得集体农民也享受到同样水平的家庭福利,其福利水平随后又由于显然的人力需求而逐渐递增(布朗,2005 年:225;弗雷克尔斯基,1986 年:98)。[①]

---

① 尽管家庭福利待遇以固定费率为基础进行支付,但也因为人口较多家庭相对贫困而有着累进效应。

匈牙利在1968年推出了新经济体制（NEM）。这些"市场社会主义"改革，包括社会主义部门的激励机制改革和对"第二经济"的官方宽容，使得匈牙利有别于更为传统的邻国。新经济体制最显著的社会政策革新是引入了有限的失业保险和积极的劳动力市场政策——在继续正式保证就业的体系中"不必要"的政策。新经济体制的激励机制改革也对企业层面的社会政策有一定影响。根据1968年颁布的新法规，工作单位仍然保留更高比例的福利待遇，而且也获得了使用福利基金的更大自由裁量权（费尔格，1979年：115—116）。

但是，新经济体制引起的变化的程度不应当被夸大。主要福利依然是国有化的，并且正如汤姆卡（2004年：78）指出的那样，至70年代中期，医疗和养老保险的覆盖程度就已经"在西欧范围内只有斯堪的纳维亚国家能与之相当"。1974年的社会保障法令明确通过扩大家庭津贴至兼职和家庭佣工而容纳第二经济。企业的社会计划的确可能引起了不同单位福利待遇的更大差异，但所有计划都须经中央政府审查和批准，以避免总体不公。对实物福利分配影响的详细研究发现，这类福利不如现金转移支付更具累进性。但社会总支出的构成在社会主义后期逐步转向有利于现金转移支付，且实物福利的总体影响仍然保持累进性（费尔格，1979年，250—261；弗雷克尔斯基，1986年：98—100；阿特金森和米可怀特，1992年，152—154）。国家社会政策的宏观主旨由此继续迈向劳动力的全面去商品化、公民权利以及日益再分配性质的社会政策。

三 捷克斯洛伐克

捷克斯洛伐克与波兰和匈牙利的情况不同，20世纪40年代末大清算的彻底性预先阻止了党内的改良派倾向和自下而上的政治压力的出现。从克莱门特·哥特瓦尔德（Klement Gottwald）向安东宁·诺沃提尼（Antonin Novotny）的过渡也几乎没有让步，并且在整个50年代，该国仍然坚定地保持正统。正是因为早期共产党执政的正统性，捷克斯洛伐克才经历了尤其激进和均衡的收入再分配以及高度压缩的工资结构［史蒂文斯（Stevens），1985年：51—57］。正如泰乔瓦（Teichova，1988年：110）总结道，"捷克斯洛伐克已经完成包括苏联在内的中欧和东南欧所有计划经济体中最有效的社会均衡进程"。

继 60 年代初增长放缓后，强硬派领导层遭到了来自党内知识分子改良派阵营的压力；一个核心关注点是与倚重重工业相关的消费的缓慢增长。1962 年后设立的各种委员会和工作小组都得出了强烈的改良主义结论。这些体现为 1965 年以后一系列针对工业企业和集体企业的去中央集中化改革，第四个五年计划（1966—1970 年）的指导方针，以及自 1966 年起的一系列谨慎的物价改革。

与匈牙利一样，这些改革对社会政策也产生了影响。1966 年颁布的一项新劳动法规通过简化对休假和福利待遇的转移支付而促进了流动性。紧接着又出台了其他一些劳动力市场措施，包括解雇金要求、再培训计划以及无法找到新职位时的失业补偿（以 60% 的替代率）。显然，这些措施不仅有其经济合理性，也反映了对经济改革在工会中的反响的政治关注（史蒂文斯，1985 年：135，151）。

捷克斯洛伐克的经济改革运动最终体现出更广泛的挑战。1968 年，领导层内部的斗争以有利于改革派的方式得到了解决，并且高度正统的安东宁·诺沃提尼被亚历山大·杜布切克（Alexander Dubček）替换。在 1968 年改革运动的巅峰时期，改革派们公开讨论广泛的变革，带动了国民议会并有效吸引着日益被动员的公众。一系列社会政策举措相继出台［斯基林（Skilling），1976 年：421—422；史蒂文斯，1985 年：141］。5 月，政府批准了每周 5 天工作制的指导方针，尽管仍坚持企业不能怠于生产或是提高工资。6 月初，政府批准了建立企业委员会的原则，这一举措迅速获得了广泛支持。6 月下旬，国民议会通过了三项法律，用以改善疾病保险支付、生育和儿童补贴，及针对合作社农民的社会保险。家庭津贴立法延长了产假，增加了生育补助费，并随育儿数量进行渐进支付。政府还宣布大幅增加养老金支付水平。

这些措施似乎证明了政治—消费—周期假说，但有几点是值得注意的。与匈牙利和波兰不同的是，更广泛的社会力量在从诺沃提尼到杜布切克的过渡中起到的作用更为有限。布拉格之春（Prague Spring）跟随着而不是导致了党内的政治发展，因而其特点与匈牙利革命或波兰工人经常性的抗议存在些许不同。起初，杜布切克的支持主要来自党和国家内部的改革者。这一支持随着改革派的自由化得以扩大，并或多或少地公开吸引着公众。然而，工人阶级对改革的支持并不完全坚定（斯基林，1976 年：579—585），且改革者在苏联等军队于 1968 年 8 月入侵后被彻底孤立。由古斯塔夫·胡萨克（Gustáv Husák）领导的正统阵营又重新执政，并彻底清洗了共产党、国家机器和工会。像企业委员会这样的制度革新渐渐没有了动作。在镇压了1969年爆发的两次民众抗议之后，强硬派的控制直至80年代末之前都几乎没有受到任何挑战。

然而，尽管转向了经济正统（所谓的正常化）且消费份额短期下滑，经济增长仍使该政体实现了消费量可观的增长率。在整个70年代，社会福利的增长持续超过了实际工资的增长 [史蒂文斯，1985年：207（表6-11），268（表7-24）]，并且长期来看其扩大模式与波兰和匈牙利等同。尽管存在定量配给和隐性特权——所有社会主义国家的通病——但至1966年，医疗卫生体系已正式从保险计划转变为公民权利（卡瑟，1976年：115），并提供了广泛的服务和治疗，至少就正规保障而言，位列全世界福利国家前茅 [卡斯尔-卡内洛瓦（Castle-Kanerova），1992年：98]。

老龄养老金实际价值的增加稍微滞后于实际工资的增长，这在大多数社会主义国家都是如此。尽管如此，胡萨克政府也于1972年和1976年两度上调了养老金。与匈牙利一样，捷克的养老金体系也经历了一个走向福利均衡的长期趋势。支付给合作社农民和城镇职工的福利比例从1960年的不到40%增加到1975年的约64% [珀克特（Porket），1979年：28]，并且，养老保险覆盖于1976年正式扩大到集体农民，其标准与工薪阶层相同。城市地区不同工种之间的差异也得以缩小。

孕产、分娩和家庭津贴的不断扩大也呈现出连续性，这得到了1971年推出的一项广泛社会计划的大力促进。到80年代初，捷克斯洛伐克的家庭扶持计划（根据所实施的措施）与匈牙利的一样丰厚 [希珀斯（Sipos），1994年：230]。回归正统也伴随着回归更传统的人力规划和中央分配，尽管伴有各种积极的劳动力市场政策。

如卡斯尔-卡内洛瓦（1992年）所言，捷克的社会政策掩饰了有利于国家精英和特权阶层的事实上的不平等、家长式管理以及无法保障贫困者、少数民族和单身母亲这样的弱势群体的事实。然而，这些批评是转型期后的共同特点，不应转移对核心问题的注意力。改革者的确启动了一些社会政策革新，导致了布拉格之春。但即使是正常化早期的镇压也与社会保障性质的根本变化不相关。捷克的社会政策迅速恢复其长期趋势，使其与波兰和匈牙利的政策结构和福利水平大致相似。

四 保加利亚与罗马尼亚

与前述三个案例相比，保加利亚和罗马尼亚呈现出一些重要的经济和政治差异。在转型伊始，两国的人均收入都低得多，且更农村化。两国随后均保持了远高于该地区平均水平的增长率（见表4-2）。从1960年到70年代末，保加利亚的人均个人消费增长比其他任何东欧国家都要快［特罗克塞尔（Troxel），1995年：236］，这得益于工业的快速增长。继50年代末经济增长放缓以后，罗马尼亚也在六七十年代经历了非常迅速的增长。然而，与保加利亚不同的是，由于乔治乌-德治和齐奥塞斯库政府都特别重视维持快速积累，罗马尼亚的工资和消费则有所滞后。到60年代末，罗马尼亚国民收入中工业所占份额超过了保加利亚或匈牙利，并接近于波兰和捷克斯洛伐克的水平（希罗，1978年：471）。

这两个案例还呈现出一些具有理论意义的政治差异。与波兰和匈牙利不同的是，这两个国家的去斯大林化与自下而上的压力的出现无关。而与捷克斯洛伐克不同的是，保加利亚和罗马尼亚并没有经历"自由时刻"；相反却表现出高度的政治连续性。在保加利亚，维尔科·契尔文科夫（Vulko Chervenkov）的上台标志着苏联派对地方共产党人的胜利。虽然契尔文科夫在1954年被苏联派撤职，但其继任者托多尔·日夫科夫（Todor Zhivkov）直至80年代末都一直主导全国政治。领导层内部的分歧周期性地出现，但这些分歧远不如中欧国家的冲突严重［思乔普夫林，1993年：114—116；罗特希尔德，1989年：116]。

在罗马尼亚，由乔治乌-德治领头的时任民族主义—斯大林主义领导层针对赫鲁晓夫主义改革者们巩固了权力，继续执政，并启动了罗马尼亚更独立的政治和经济进程。然而，尽管该国奉行独立自主的外交政策路线，巩固国内支持的工具却大致与其他国家类似。正如费希尔-加拉茨（1998年：454）总结道，新进程做出了"通过提高人民工资，合理化生活品价格，改善住房，并且最重要的是，使人民产生在自己的祖国建设社会主义的参与感，从而满足广大民众的经济要求"的决定。

1965年向齐奥塞斯库政权的过渡也进展顺利，虽然他花了6年来完全巩固其权力。齐奥塞斯库后来通过镇压和有针对性地让步相结合的方式来打击矿工罢工，这些让步的结果是在福利制度中体现了若干差别化的福利待遇。但罢工并没有催生出"像波兰于1976年至1980年间建立的那种迫切要求社会经济和政治改革的工人—知识分子联盟"（罗特希尔德，1989年：164），并且该政体日益转向政治上的斯大林主义和个人主义方向。

在其他地区，发展水平和政治制度性质的差异可能会影响到社会政策模式；特别是，我们可能会预期，对于有着更严格威权政治秩序的更低收入国家而言，其社会福利制度会更不慷慨。但是，保加利亚和罗马尼亚社会政策的模式却与中欧案例的模式大致类似。

保加利亚的快速工业化和集体化的较早完成结合得比较早，以扩大社会主义福利国家。60年代中期在工业部门进行的管理改革被部分撤销，但一套于1967年出台的农场法规将养老金、医疗福利和其他社会服务先于其他东欧政体扩大至了农民（兰佩，1986年：203—204）。保加利亚医疗体系的扩大遵循了谢马什科模式，并且至1971年，全民医疗被奉为普遍的权利。到1975年，农民被全面纳入普通养老金体系。保加利亚对人工流产采取了更加限制性的姿态，但伴随这些限制的是1968年和1975年的两度家庭津贴的增加（卡瑟，1976年：95—96）。至80年代末，家庭扶持转移支付平均占到二孩家庭收入的约20%，大致与捷克斯洛伐克的水平相当（希珀斯，1994年：230）。保加利亚的老龄养老金替代率高于本地区其他多数国家，并且在六七十年代一般能够跟上工资的上涨（珀克特，1979年：258）。

乔治乌-德治和齐奥塞斯库政权都特别强调重工业，这以独特的方式影响了罗马尼亚的社会政策。除实际工资的低增长和农业部门持续存在的问题之外，我们也已经指出了该国社会领域投入的长期下降问题。虽然没有直接可比数据，但罗马尼亚似乎已经在整个60年代经历了住房的极端失衡［吉尔伯格（Gilberg），1975年：201—202；希罗，1978年：474］。不过，罗马尼亚对地区和城市规划的特殊重视——旨在巩固农村居民点，建设中等规模的区域性城市，并限制移民进入较大城市——保证了社会服务的扩大。最值得注意的是，罗马尼亚的医疗卫生服务得以迅速扩大并相应改善，其指标表现为在医疗机构出生的儿童比例和婴儿死亡率（吉尔伯格，1975年：203）。

相较于其他东欧国家，养老金体系的演变稍显缓慢；即使在1977年的最终改革之后，城乡劳动者之间仍旧不平等（瓦西里和扎曼，2005年：7）。尽管如此，该体系却有效得以普及覆盖。并且，虽然罗马尼亚实行了对人工流产最为严厉的控制［克利格曼（Kligman），1998年：52—59］，但也于1966年以后在这些措施基础上新出台了各种积极的激励措施，包括大幅增加家庭津贴，发展儿童托管设施，并为妇女提供兼职就业机会。正如吉尔伯格（1975年：199）总结到，至70年代中期，罗马尼亚政府已经"成功地向民众提供了社会和医疗福利、养老金、儿童托管和老年护理中心的综合体系以及福利国家的其他特色服务"。

与其他国家一样，保加利亚和罗马尼亚社会保险的慷慨性及社会服务的质量在20世纪80年代并未得以持续。尤其是在罗马尼亚，继齐奥塞斯库极其独断地决定压缩国内消费以清偿外债之后，人民的生活条件变得尤为惨淡。但是，尽管本时期伊始人均收入、城市化和工业化水平较低，且没有自下而上的抗议或政治危机，保加利亚和罗马尼亚福利制度的整体结构仍然与其他东欧国家相类似。

第三节　比较性综述

前面小节已勾勒出后斯大林主义时代前20年里社会主义福利制度的演变。这些国家福利制度的数据并不完全可靠，也不具备严格的国家间可比性。但接下来的比较将尝试提供更系统的证据，以证明我们认为各国制度趋同性的观点，尽管各国的出发点、政治史以及市场化社会主义改革试验的程度均存在差异。

首先，需要记住的是，就业保障仍然是社会主义制度的核心。如表4-4所示，在1990年的转型时期，在我们在此讨论的除波兰外的所有国家中，其国有部门的就业仍然超过了90%。并且，波兰的例外也不是盖莱克政府局部改革进程的结果，而是没有遵循该地区其余案例同样路径的农业集体化的结果。直到社会主义时代快结束之时，各国仍然是由政府负责就业。

表 4 – 4　　　国有就业占总劳动力的百分比（1988 年）

保加利亚	91.5%
捷克斯洛伐克	98.8%
匈牙利	93.9%
波兰	70.4%
罗马尼亚	95.2%

资料来源：米拉诺维奇（1998 年：12）。

表 4 – 5 显示了老龄养老金和残疾抚恤金的替代率，以及它们与月平均工资之间的关系。匈牙利和波兰福利待遇增加得最多，这两个政体在后斯大林时期遭遇了来自公民社会最广泛的压力。捷克斯洛伐克和罗马尼亚的增加较低，这一统计数据同样也与"社会压力"假说相一致。但这些差异不应被夸大。在波兰，替代率的慷慨性（相对于当时的工资）并没有持续下去，并在20世纪70年代随着经济放缓而显著下降。罗马尼亚的数据报道的时期较短，且替代率与匈牙利的相当，尽管该体系稍晚才进行更全面的整合，这一点我们已经看到了。保加利亚没有在六七十年代遭遇严重的政治挑战，其替代率和福利待遇增长接近于波兰。

表 4 – 5　　　东欧的养老金福利（1960—1978 年）

	养老金占月工资的百分比（1960 年）	养老金占月工资的百分比（1970 年）	养老金占月工资的百分比（1978 年）	养老金待遇的增加（1960—1978 年）
保加利亚	49.0%	45.8%	49.4%	91%
捷克斯洛伐克	51.6%	49.6%	44.0%	57%
匈牙利	47.1%（1965 年）	48.3%	60.6%（1976 年）	120%（1965/1976 年）
波兰	54.3%（1965 年）	65.3%	52.5%（1976 年）	110%（1965/1976 年）
罗马尼亚	—	69.7%	59.2%	33%（1970/1978 年）

资料来源：珀克特（1982 年：255—260）。

所有国家实现事实上的普遍覆盖之后便将社会权利立法作为普遍的公民权利，这是东欧国家的一个高度鲜明特点，并对其他福利改革产生了巨大影响。正如我们已经看到的，城乡之间的福利差距逐渐回落，并且，尽管给予政治精英和战略类别的工人事实上的特权，普遍主义仍保证了跨职业范畴差异不可避免地比拉美要窄。

表 4－6 提供了医疗卫生体系的指标。为了提供跨地区的视角，我们也包括了其他一些国家与地区的数据，以进行有趣的比较：1980 年在东亚除新加坡这个城市国家外最富裕的韩国和中国台湾地区；最富有的拉美国家阿根廷；智利、哥斯达黎加和乌拉圭这三个拉美长期民主体。我们再次看到，社会主义制度的显著特点是覆盖范围的普及。至 80 年代中期，所有五个共产主义国家的免疫接种率已接近全民普及，远远高于其他地区。婴儿死亡率水平也较低或大致相当。罗马尼亚落后于其他国家，但至 80 年代中期，该国婴儿死亡率亦比阿根廷这个更富裕的国家要低，并大致等同于乌拉圭和韩国。最后，至 80 年代中期，所有的社会主义国家都建立了相较于其他地区更为广泛的医院网络。虽然专门用于治疗性医疗的资源可以说有点浪费，但免疫接种和婴儿死亡率的指标表明，这些资源起初并没有吞噬提供基本医疗保健的努力，正如许多拉美国家一样。

表 4－6　东欧和部分拉美与东亚国家和地区的医疗卫生发展（1965—1985 年）

	婴儿死亡率（‰）（1965 年）	婴儿死亡率（‰）（1985 年）	免疫接种率（%）（百白破）（1985 年）	医院病床数（张）（1985 年）	人均 GDP（美元）（1985 年）
保加利亚	49（1960 年）	20（1980 年）	97	8.85	1533
捷克斯洛伐克	22（1960 年）	17（1980 年）	95	11.30	5269
匈牙利	39	19	99	9.10	4687
波兰	42	18	96	5.60	2604
罗马尼亚	44	26	95	8.78	1903

续表

	婴儿死亡率(‰)(1965年)	婴儿死亡率(‰)(1985年)	免疫接种率(%)(百白破)(1985年)	医院病床数(张)(1985年)	人均GDP(美元)(1985年)
阿根廷	58	33	41	5.59(1970年)	6347
智利	107	20	85	3.41	2577
哥斯达黎加	72	18	86	3.31	2716
乌拉圭	48	28	53	3.25	4373
韩国	63	25	61(1981年)	1.70	5750
中国台湾地区	22	7(1984年)	—	2.22	7530

注：婴儿死亡率指每1000例新生儿的婴儿死亡率；免疫接种率指一岁儿童的免疫接种百分比；医院病床数指每1000人的病床数。

资料来源：世界发展指标（世界银行，2007年）。

表4-7表明所有五个社会主义国家在此期间也实现了教育程度的惊人提升。小学入学率至60年代初期几乎普及，且儿童入学平均年限已然高于其他地区的参照国家。即便如此，在接下来的20年里，入学年限仍然不断扩大。捷克斯洛伐克、波兰和匈牙利的平均入学年限约为9年。保加利亚和罗马尼亚则刚好接近八年，但即便这样，也仍然长于阿根廷或拉美任何一个长期民主国家，在亚洲也仅有韩国超过了这一年限。与其他这些国家相比，至80年代中期，所有的东欧国家也已几乎消除了成人文盲现象。

最后，表4-8提供了社会主义时期末具有可比数据的四个国家的社会总转移支付信息。这些社会转移支付——主要是养老金和家庭津贴——在平均收入中占比不低于20%，高于发达工业化国家的普遍情况。该表还显示了家庭津贴的重要性，占二孩家庭收入的17.0%到24.9%。尽管有着严厉的人工流产和离婚政策，罗马尼亚家庭津贴的水平就二孩家庭而言还是具有可比性的，相当于户主月平均工资的19%（克利格曼，1998年：72）。

表4-7　　　　东欧和部分亚洲与拉美国家和地区的
教育成就（1969—1985年）

		平均入学年限 （15岁及以上）	中学完成率（%） （15岁及以上）	文盲率（%） （15岁及以上） 1985年
保加利亚	1960年	6.16	10.6	
	1985年	7.71	27.0	4
捷克斯洛伐克	1960年	7.47	20.0	
	1985年	9.22	44.9	—
匈牙利	1960年	6.64	6.7	
	1985年	8.93	32.7	1
波兰	1960年	7.03	21.3	
	1985年	8.81	40.7	1
罗马尼亚	1960年	5.92	24.5	
	1985年	7.87	50.1	4
阿根廷	1960年	5.25	14.8	
	1985年	7.09	25.6	5
智利	1960年	5.21	24.6	
	1985年	6.69	33.6	7
哥斯达黎加	1960年	4.03	10.1	
	1985年	5.39	17.4	7
乌拉圭	1960年	5.36	21.0	
	1985年	6.89	36.1	4
韩国	1960年	4.25	17.4	
	1985年	8.68	54.7	6
中国台湾地区	1960年	3.83	16.3	
	1985年	7.62	43.1	—

资料来源：入学年限和中学完成率参见巴罗和李，2000年；文盲率参见世界发展指标（世界银行，2007年）。

表4-8　　　　　社会转移支付与收入（1990年左右）　　　　　（%）

	社会转移支付占总收入的比例（1988—1989年）	针对二孩家庭的家庭津贴占平均收入的比例（1988年）
保加利亚	21.2	20.0
捷克斯洛伐克	25.4	19.6
匈牙利	22.4	24.9
波兰	20.7	17.0

资料来源：米拉诺维奇（1998年：13，21）。

总之，虽然我们得出了针对某些国家的政治—消费—周期的一些证据，但也有大量不适合此理论的异常情况，并且整个70年代后期社会支出的长期趋势大致相似。某些福利方案的革新，例如家庭津贴的演变或被动与主动的劳动力市场政策，是由社会主义制度的常见问题所催生的，如市场化改革后生育积极性的下降或失业的出现。

第四节　20世纪80年代：经济下滑与社会主义福利国家的困境

共产主义政体通过包括转移支付和服务在内的措施来不断提高生活水平的能力取决于经济的持续高速增长。但是，到了70年代后期，社会主义模式已经开始遭遇严重瓶颈，并在80年代，该地区所有经济体均经历了急剧的经济放缓（见表4-9）。

表4-9　　　　　东欧的经济表现（1981—1990年）　　　　　（%）

	产出增长	要素增长	全要素生产率增长
保加利亚	1.9	-0.2	2.1
捷克共和国	0.8	0.6	0.2
匈牙利	1.1	-1.0	2.1
波兰	0	0.3	-0.3

续表

	产出增长	要素增长	全要素生产率增长
罗马尼亚	0.4	−0.9	1.3
斯洛伐克	1.5	0.7	0.8
平均	1.0	−0.1	1.0

资料来源：坎珀斯（Campos）和科里切利（Coricelli），2002年：表2，798。

至80年代初，波兰经济已进入深度衰退，且从此再没有完全恢复。匈牙利和捷克斯洛伐克的增长也趋于平缓。罗马尼亚的经济在这十年早期继续扩大，但80年代中期则经历了灾难性的经济崩溃，这是由齐奥塞斯库决定清算该国外债所致。在这一整体衰败的经济背景下，保加利亚在某种程度上是个例外，其经济表现优于该地区其他经济体，并直至1989年以前均保持正增长。但即便在保加利亚，这十年的年平均增长率也不到2%。

社会主义模式的不当激励措施长期以来一直是经济规划者们关注的问题，但随着增长变得较少依赖"粗放型"体力劳动和资金的动员，而更多依赖"集约型"生产力的提高，这些问题变得更加尖锐。到了80年代，生产力增长降至极低水平。各国应对这些问题的途径差异相当大。捷克斯洛伐克、罗马尼亚和保加利亚直到很晚都保留了相对中央集中的计划制度。匈牙利和波兰（程度较轻）则下放更大的雇佣和生产自由裁量权给企业管理者，并放开部分价格。两国都大量借款来缓解收支平衡约束——罗马尼亚也是如此——并尝试一定程度地自由化涉外部门。

科尔内（1992年：383—395）曾以最高的理论敏锐度论证道，资源分配不当是社会主义制度的一个根本特征。零碎的改革，如增加企业管理者的自由裁量权，可能会增强制度的灵活性，但却无法消除导致效率低下的社会主义制度的核心特征：破坏了成本控制激励机制的弹性预算制约；直接通过计划来分配资源，这面临无数的信息协调问题；缺乏市场运作和合理的价格；与坚实的就业保障相关的道德风险和激励机制问题。

对更庞大的社会主义体系而言，这些问题对社会主义福利国家造成了重要的影响。首当其冲的问题就是财政。公众对福利保障的期望已经成为政治格局的关键环节。但是，财政紧缩限制了社会服务的资本和经常性支出，并对转移支付造成压力。通胀也导致福利待遇的实际价值有所下降。由于兑现60年代和70年代初的福利承诺的能力明显下降，政府与福利标准被下调的特定阶层和群体产生了矛盾，同时还与广大公众也产生了矛盾。

但社会领域所存在的问题并不只是资金，而是更普遍地反映了社会主义经济中的激励机制问题。医疗保健行业就是最具说服力的例子。由于政府有意限制社会支出——以使其有剩余从而用于生产性投资——医疗保健便长期资金不足。但是，尽管资金不足，不计成本的福利普及也催生出永难满足的需求和经常性的短缺问题——"诊所和医院拥挤不堪，候诊室排着长队，病床、检查和治疗的等待名单冗长，以及手术长期被推迟"（科尔内和埃格尔斯顿，2001年：138—139）。早在20世纪70年代，东欧国家的健康状况就开始经历惊人的下滑，包括发病率不断上升，尤其是男性，以及预期寿命的相应缩短（普雷克尔和费切姆，1994年）。

另外，医生的收入低下与其专业能力不相匹配，并且也面临着各种不当激励措施。医务工作人员在社会主义制度中有着肃纪的作用，这是由于装病和涣散医疗服务的存在促使规划者似让他们对病假拥有控制权。这样一来，对医生的评价标准就是准政治的标准，这与其医疗兴趣公然产生冲突（费尔格，1991年：142）。此外，至20世纪80年代，低工资和医疗服务资金不足已经催生出复杂而高度常态化的收取红包制度，这滋生了日益高涨的不满情绪。

这些问题的政治后果首先在波兰出现。70年代后半期标志着盖莱克开展的改良派方案的枯竭和调整消费品价格的力度的经常性政治冲突，并最终导致了1980年的团结工会运动（波茨南斯基，1997年）。政府努力回应以安抚隶属工会的工人阶级；1980年8月的格但斯克协议（Gdansk Accord）包括一系列旨在扭转日益扩大的工资和福利差距的社会政策提议。许多这些提议并没有立即执行（如建立"社会最低标准"和养老金指标化），但其他一些提议则被付诸实践，包括最显著的子女补贴方案的变化，使其更加有利于贫困家庭，以及延长产假。

1979年和1980年的团结工会运动抗议之后的戒严时期标志着共产

党在波兰执政的最后阶段。雅鲁泽尔斯基（Jaruzelski）政府与拉美军事独裁有一些相似之处。新政府上台不久，工资差距再次扩大，这是因为政府施行了特殊主义福利以维系支持并收买反对派［因格洛特（Inglot），1994年：197］。但是，即便这种策略可以威慑来自最有组织力和动员力的团体的抗议，它却不能防止因福利被侵蚀而导致的更广泛的不满。在20世纪80年代初的经济急剧下滑时期，据官方估计，19%的波兰家庭已跌至"社会最低标准"以下，老人、单亲家庭以及子女众多的家庭的负担尤其严重（米勒德，1992年：128）。作为较低收入家庭主要收入来源的家庭扶持政策，以及养老金支出和整体社会保障支出，均在80年代有所下降（希珀斯，1994年：229；因格洛特，1994年：111）。1989年，在经历一系列失败的调整后，共产党领导层同意与团结工会运动进行圆桌谈判，这一事件标志着其放权的开始。

党和国家在匈牙利的恶化则不那么急剧，部分是由于第二经济使匈牙利人得以靠其他收入来源来补充工资和转移支付。但这种策略也有其局限性。随着经济的停滞，当权者也越来越难以兑现一直是社会契约一部分的消费和福利待遇。与其他多数国家一样，养老金领取者受到了福利未能跟上通胀步伐的影响。从1980年到1987年，养老金的实际价值下降了25%—30%［绍洛伊（Szalai）和欧罗斯（Orosz），1992年：157］。80年代，随着社会支出占总支出的比重大致恒定，向现金转移支付的转变意味着在医疗体系、教育和社会救助方面的资金相应减少。为了努力进行弥补，匈牙利政府开始越来越多地依赖于政治减压，以维持人民的默许（怀特，1986年：473），这一过程可能最终促进了相对平稳的民主转型。

经济停滞对捷克斯洛伐克的社会保险与服务也存在类似的影响。对改革的认真考虑几乎被推迟到了社会主义时代末期，且80年代的特征是"逐渐恶化的医疗和教育体系，住房短缺，由于家庭需要两份收入而几乎没有业余时间，以及服务的普遍缺乏"［托姆斯（Tomes），1991年：193］。与该地区其他地方一样，增长放缓、福利待遇降低以及日益滋长的通胀共同导致了老龄养老金和残疾抚恤金以及家庭和生育补助费实际价值的下降。尽管捷克斯洛伐克的收入比其他东欧国家还高，且共产党政体已正式在该地区保持了最压缩型的工资结构［维塞尔尼克（Večernik），1991年：238—239］，但大多数观察者都认为，社会安全网的磨损增加了不公和贫困，尤其是对养老金领取者和单亲家庭这类群体而言（例如，托姆斯，1991年：192—194）。

最后，80年代末齐奥塞斯库政府的误导性规划工作和破坏性紧缩政策的后果是，罗马尼亚人民所遭受的困难超乎寻常。当权者对经济放缓的反应不是要走向改革，而是要通过更过分集中、更扭曲的中央计划形式，来收紧对新兴市场力量的限制。于1988年宣布的一项极具争议的农村重新安置计划原本会摧毁全国13000个村庄中的7000—8000个，使得人口都集中在较大的"农工业中心"[罗纳斯（Ronnas），1989年：546]。

齐奥塞斯库政府将经济放缓特别归咎于外债，并于1986年发起了一项还款计划，这对罗马尼亚人民造成了无比的困难。至1989年转型前夕，几乎所有的硬通货债务已被清偿，但商品和服务消费却估计下降了40%（纳尔逊，1995年：204）。这一恶化几乎涵盖了罗马尼亚人民生活的方方面面，在实际工资下降和社会福利严重侵蚀方面尤为显见（纳尔逊，1995年：204—205）。教育和医疗体系一落千丈。至80年代，为节约能源，医院实行有限运营，同时缺乏基础设备、医疗用品，甚至绷带（吉尔伯格，1990年：130）。同样，学校也曾一度在冬季关闭数月。"改革"终止了政府对最低收入的承诺，且当权者为特定服务设置了费用，包括在诊所和儿童托管处收取费用。正如吉尔伯格（1990年：134）总结道，"二十世纪八十年代这十年必须被看作是共产主义罗马尼亚历史的一个转折点，当时，总体成就伴随偶尔失败的趋势转向了总体失败伴随偶尔成就的趋势"。

第五节 结论：社会主义福利国家的遗产

东欧案例明显地提醒着我们，对社会政策进行纯粹制度主义的解释是有局限的。该地区的共产党政体无疑在形式上是刚性威权政体，但却也建立起慷慨的福利制度，尽管该制度随时间的推移而有所退化。在某种程度上，这种发展可归因为社会主义社会契约理念下的长期政治均衡（库克，1993年：19）。在没有政治代表制和问责制的情况下，共产党政治控制的维持需要日益增长的物质回报。不过，这种说法并不能解释为什么政府本来有能力通过为核心群体提供有针对性的福利来限制再分配范围，却会选择广泛扩大社会保险与服务。即使将特权阶层享有的特权考虑在内，收入和社会福利也都分布在相对均衡的基础上。事实上，除波兰外，东欧20世纪70年代和80年代初福利的差距可能有所缩小，这是对社会政策更明确的再分配方法的结果，并立足于家庭津贴的日益丰厚基础上［费尔格，1979年：241；沃尔契克（Wolchik），1983年：262—266；弗雷克尔斯基，1986年：126—127；汤姆卡，2004年］。

我们还探讨了政治因素可能会通过与我们在民主案例中已强调过的机制——选举和利益集团压力——功能对等的机制来进行运作的可能性。我们特别考虑了围绕领导层变更的争夺或抗争政治的出现——罢工、骚乱、自下而上的抗议——是否可能会导致社会福利的扩大。我们发现，这些政治因素影响有限，且本地区各国无论其政治历史有多么不同，其福利体系都颇为相似。

至于解释福利的扩大和覆盖面，我们已强调过显而易见的方面：该地区共产党掌握权力的核心作用与社会主义发展模式的鲜明特征。国家对经济的直接控制意味着国家不仅直接控制就业和工资，而且也控制总体消费。由于保险和社会服务无法从私有市场获得，因此就业、养老和疾病资助以及社会服务的提供都必然落在国家肩上。这种社会政策体系的基本轮廓很早就被确立。一旦这些福利通过延伸到农村地区而得以普及，后续的决策往往会进行逐渐扩大，并主要集中在将会被用于现有福利的资源上。

东欧的社会主义政体留下了一套复杂而有些矛盾的福利制度，对其民主继任者提出了独特的挑战。一方面，公民仍然有权获得广泛的保障和服务，包括就业、免费医疗和教育的权利，以及对残疾、生育和退休的财政支助。尽管党内精英和其他一些特殊部门享有隐性特权，这些福利仍被广泛扩大，且对平均主义原则的承诺依然强劲。另一方面，在福利扩大之后便进入了开始于70年代末的调整期。在此期间，不仅福利受益者的实际转移支付有所下降，而且短缺经济的特点在提供社会服务方面日益凸显。

迪肯（1992年a：3—5）做了有用的"利弊总结"，总结了社会主义遗产的积极面和消极面，并概括了新任民主政府在努力重塑社会政策时所面临的诸多政治挑战。

一是从形式上看，国家保障了公民的就业权。东欧的就业率很高，并与各种家长式管理的福利相联系，包括廉价住房、带薪休假、小孩日托和文化服务。然而，劳动生产率较低，且就业保障掩盖了隐性失业和用以补充工资所需的灰色经济中的第二职业。

二是政府提供全面的老龄和疾病福利,并广泛提供产假和家庭津贴。但替代率和转移支付没有考虑到通胀的因素,且在20世纪80年代有大幅退化的趋势。

三是免费治疗性医疗服务是社会主义福利国家一大高度重要的特点。但医疗体系效率低下且资金不足;特权群体——或身处绝境者——却通过或只能通过支付额外酬金才能确保优质的服务。80年代由于预防性医疗服务供给不足和环境恶化,各类健康指标均有所下降,最显著的是死亡率和预期寿命。

四是社会主义制度提供了全面免费的受教育机会。但学生缺乏选择,因为死板的分流制度使年轻人直接流入国企部门的非生产性工作岗位。此外,教育体系在课纲和自由探索方面存在明显缺陷。

迪肯的利弊总结揭示出两个明显矛盾的结论。首先,公众对全面覆盖和平均主义的原则持积极的看法。他表示(1992年:5),"如果这些存在于西欧的……民主、多元政治背景下的话,那么一些社会政策的某些方面会被很多人标榜为市场资本主义的社会民主管制的进步性成就"。但社会主义经济体的普遍危机意味着政府不能兑现这些承诺,且对"现实存在的社会主义"的普遍挫折感有力地蔓延到了社会政策领域。

对20世纪90年代和21世纪初的民主政府而言,低质但全面的福利服务遗产对社会政策改革呈现出了机遇与制约并存的复杂局面。特别是对更年轻、更熟练的工人而言,对社会主义制度缺陷的深沉挫败感和对长期社会承诺可信度的怀疑使其支持改革,将一些福利责任从公共部门转出,以换取更大的福利可靠性和对服务的选择。这种态度为技治主义改革者们提供了杠杆,来将缴费型社会保险原则引入医疗体系,并重组现收现付的养老金制度。

但是,比拉美和东亚的情况更盛的是,改革者们的回旋余地正是受到了社会主义福利制度全面性的限制。广大民众对该制度的包容性特征的支持——尽管不满于其表现——源于这样一个事实,即服务和保障延伸到了大部分人口,而且在许多情况下作为宪法权利得以保障。这些情况使得东欧国家有别于拉美的分层化社会政策体系和东亚对公共社会保险的有限承诺。虽然东欧的后继民主政府有一些余地来开展改变福利国家融资和组织结构的举措,但若对现有福利进行挑战,却仍然会有在政治和法律上被强烈反对的风险。

第二部分

民主化、经济危机与福利改革：1980—2005 年

第五章 福利改革的政治经济学

从 20 世纪 80 年代到 21 世纪初，从威权统治向竞选政府的转型从根本上改变了拉丁美洲、东亚和东欧的政治格局。与本书第一部分描述的先前时期的情况一样，选举竞争和政治组织的更大自由度为各国政府新的社会需求开辟了道路。在所有这三个地区，政治变革者和新组建的利益集团都谋求捍卫现有社会福利保障，并扩大社会保险与服务至先前被排除在外或福利较低的群体。

但是，相比第二次世界大战后初期的几十年，民主政府面临着更不利于维护和扩大公共资助的保险与服务的国际环境。正如新兴民主体纷纷在发展中国家和前社会主义世界涌现，各种复杂因素——经济、政治和意识形态——相结合，也共同质疑着巩固发达福利国家的一些原则。

到了 80 年代后期，这些因素已导致了一项新的自由主义社会政策框架，极大地影响着针对我们关注的所有三个地区的社会政策改革的讨论。这些改革某种程度上通过国际金融机构得以扩散，并力求将更多的保险和服务成本转嫁给个人，同时扩大私人保险服务提供，加大公营部门的竞争和问责制，并将公共支出更直接地针对最需要的群体。与发达工业化国家一样，该议程在福利国家捍卫者中引发了涉及紧缩现有福利保障和新任民主政府解决不安全、贫穷和不公这些遗留问题的能力的担忧。

在这些复杂交错的压力面前，新兴民主体奉行了各不相同的社会政策。与对自由化普遍现象的担忧相反，我们发现各新兴民主政体在福利政策上存在持续差异（表 5-1）。我们认为，这种差异可由两大主要原因来解释：对政府的经济和财政紧缩；先前社会政策的政治遗产。

表 5-1　拉丁美洲、东亚和东欧的民主、经济紧缩和福利遗产

	拉丁美洲	东亚	东欧
民主化	长期民主国家：哥斯达黎加、哥伦比亚、委内瑞拉；民主转型：阿根廷（1983年）、巴西（1985年）、智利（1990年）、墨西哥（2000年）、秘鲁（1980年）、乌拉圭（1985年）；威权恢复：秘鲁（1992年）、委内瑞拉（2000—2002年）	民主转型：菲律宾（1986年）、韩国（1987年）、中国台湾地区和泰国（从80年代中期逐步开始）；长期威权政权：新加坡、马来西亚	民主转型（1989—1990年）：波兰、匈牙利、捷克共和国和斯洛伐克共和国（两者于1993年分裂）、保加利亚、罗马尼亚
经济危机与财政紧缩	80年代上半期多数国家经历严重债务危机，随后进行了维稳和对进口替代工业化模式的广泛改革。90年代得以复苏，但一些国家再次爆发金融危机。严峻的财政和财务紧缩	直至1997—1998年的地区金融危机之前，在整个八九十年代都保持总体快速增长；菲律宾除外。1999年起从危机中相对迅速恢复	90年代初发生了严重转型期衰退，随后进行了维稳和广泛的市场化改革。90年代中期保加利亚、罗马尼亚和捷克共和国再次爆发金融和财政危机
福利遗产	针对较少部分城市中产和工人阶级受益者的慷慨的社会保险。基本社会服务的覆盖面和质量广泛不公。政府内部（公营部门工会）和外部（尤其是医疗服务提供方）的利益相关者强大	非常有限的公共社会保险，除非通过固定缴款模式（新加坡、马来西亚）。对教育投入巨大，但对医疗卫生的公共投入较弱。医疗保健提供方面，私营部门利益相关者强大	国家实行有效的就业保障和普遍的基本社会保险与服务。受益者广泛，利益相关者强大

续表

	拉丁美洲	东亚	东欧
政策结果	自由化现有福利的压力巨大。获得低收入边缘群体支持的机会为扩大有针对性的社会救助提供了动机	扩大基本社会保险、社会救助和失业政策的强烈动机	广泛的受益者和强大的利益相关者极大地缓和了自由化的压力。对社会保险与服务的普遍主义准则的维护

本章我们将阐述这些观点，并比较性地概述这三个地区的社会政策。我们首先程式化地总结替代基于普遍公民权或社会保险原则的社会保障模式的自由主义社会政策。其次，我们探讨改革政治曾如何受经济环境和社会政策遗产的影响。我们对经济环境的研究侧重于经济表现、结构性变化以及财政紧缩的差异。在研究社会政策遗产方面，我们考虑选举和利益集团政治如何受到以往社会政策抉择的影响，以及这些政治经济因素反过来又如何影响了社会保险与服务的改革。

本章后半部分将对社会政策成果的跨地区差异进行实证综述。我们首先报告三个地区各自社会支出的时间序列模型结果。这些模型结果与前述观点一致，并表明相较于基础更狭窄且财政更受约束的拉美社会，民主的作用在高增长的东亚国家与地区和基础广泛的东欧福利制度更为强大。本章最后将探讨我们关注的主要政策领域的跨地区差异：养老金、医疗、教育以及社会安全网的建立。

第一节 自由主义福利议程

我们所谓的自由主义福利议程包括了一系列的原则和特定的政策改革。与备受争议的"华盛顿共识"一样，任何这样的特征化都存在与原型扭曲的巨大风险。尽管如此，该议程是探讨改革的政治经济的一个有用基准，特别是考虑到对这种模式会成功的担忧（或希望）。

自由主义福利思想的缘起可追溯到更宽泛的经济政策新自由主义模式，这一模式在英国撒切尔政府和美国里根总统就任期间势头上扬；智利的皮诺切特时期也产生了惊人的影响。负担沉重的福利国家的假定成本构成了一个重要的推动因素，但意识形态争论的重要性也不应被低估。① 福利改革的倡导者们强调与广泛的社会保险和转移支付相关的道德风险问题，以及竞争的经济（和道德）利益、私人提供和个人责任的伦理。随着时间的推移，这些社会政策改革的观念在国际金融机构、学术研究中心以及公共政策网络和福利国家的保守派批评家中获得了影响力。

这项改革议程的主要组成部分——也是迄今为止最具争议性的——是努力转变公共和私营部门之间在资助和提供保险与服务方面的平衡。资金渠道改革的一个核心特征曾表现为大力强化个人缴费和福利待遇之间的联系。这类改革的例子包括转向固定缴款养老金制度，改革公共医疗保险以增加共付额，更加依赖对其他社会服务的用户收费，以及利用税收机制激励个人为退休、突发健康状况或教育进行储蓄。

扩大私人提供角色的力度也同样重要。私有化被视作不仅是减轻政府负担的一种方式，而且也是通过引入更大竞争来改善公营部门服务质量的一种手段。这类例子包括养老基金管理的私有化、医疗服务管制放宽或私有化以及社会服务各种功能的外包。即使在政府就监督社会保险与服务的提供而言维持重要作用的情况下，改革者们也仔细研究了扩大私营部门规模的机制，如将私人提供增加与公共医疗保险相结合，和利用教育券吸引私立机构介入教育服务。

自由化改革也试图重组公营部门本身，从而解决福利官僚机构业已存在的委托代理问题。这些改革通过一些机制，如总额预算和绩效预算、公共承包监督的改进、服务提供方（如医院）的企业化以及各种其他成本控制机制，来对公共支出加强监督。权力下放也在多个社会政策领域发挥了重要作用，尤其是在医疗保健和教育的提供方面。② 权力下放由世界银行和华盛顿政策界极力主张，并被视为改善问责制，避免与财政转移支付相关的道德风险问题，以及更紧密地匹配特定司法管辖区的支出和税收倾向的一种方式。

---

① 从不同视角对福利国家展开的重要批评包括：吉尔德（Gilder），1981 年；穆雷（Murray），1984 年；福山（Fukuyama），1995 年。相关重要综述参见吉尔伯特（Gilbert），2002 年；哈克（Hacker），2006 年。

② 例如，阿哈默德（Ahmad）等人（2005 年）。相关重要综述参见普拉德荷姆（Prud'homme，1995 年）和巴尔丹（Bardhan，2002 年）。

最后，自由化改革相当重视将社会支出针对最弱势的群体。① 这些改革的支持者不无道理地提出，全面的、由政府资助的福利不仅不可持续，而且也不公平，尤其是就发展中国家而言。将社会支出集中用于贫困人群不仅更有效率，而且更加公平且更具包容性。这方面的努力包括更加重视基本社会服务，以及有针对性的反贫困计划和安全网。

该议程的分配影响极为复杂，且一直是持续争论的主题。然而，考虑到我们的政治经济目的，自由化改革有着重要特征，使其有别于本书第一部分重点分析的社会保险与服务的扩大。这种扩大创造了新的福利，增加了现有福利计划的受益人，并且在不会直接挑战现有利益相关者的情况下增加了社会支出。相比之下，自由化改革却寻求拿走现有利益相关者（通常组织良好）的支出和体制特权；在这方面，自由化改革与许多经济改革类似。② 改革者面临着来自现有受益人的反对，他们受到了变革的不利影响，或者并不知道会受到什么影响［费尔南德斯（Fernandez）和罗德里克，1991年］。

可以肯定的是，扩大基本社会服务和解决贫困问题的努力的确为政客拉拢新选民提供了机会。但这些努力通常在狭隘的政治和经济限制下进行，因为这些先前被排除在现有福利之外的群体通常在政治体系中不能很好地被代表，且组织涣散。此外，正如普遍主义的支持者所主张的，对针对性的全新强调比面向更广泛选民的计划更容易受到财政削减的影响［纳尔逊，1992年：231—261；斯科波尔（Skocpol），2001年：22—24，144—152］。

第二节 经济背景：增长、结构改革与财政紧缩

自由化改革议程和日益增长的经济开放之间的联系一直是有关福利国家政治经济的文献的主旋律。一些重要的早期论断将经济开放与在提

---

① 约翰·威廉姆森（John Williamson，1990年）甚至认为应当包括这种支出再分配形式，包括基本医疗和教育，这也是华盛顿共识的一个组成部分。

② 相关评论可参见罗德里克，1996年；哈格德，2000年b；佩尔森和塔贝利尼，2000年。

供社会保险与服务中日益增长的国家角色相关联。① 但自20世纪80年代开始，批评者开始强调全球化对社会契约的潜在不利影响。② 全球化直接将家庭和个人暴露于更大的脆弱性和风险之中。③ 同时，通过加强流动资本的作用并削弱工会和基于劳工的政党，全球化也削弱了弱势群体保护自身的能力。④ 更多类似的理念论强调了通过国际金融机构、双边援助计划，以及多边、地区和双边贸易协定而日益扩散的自由主义意识形态。⑤

我们留意到"全球化"对社会政策行为的重要性。然而，我们认为，对开放本身的影响的强调过于局限，且转移了对社会政策的更广泛经济决定因素的注意力：整体经济表现、发展战略和财政资源。⑥ 经济表现通过两个渠道影响着社会政策。首先，高增长刺激了政策的连续性或经济改革的相对渐进过程。相反，经济危机则刺激了更激进、更具社会破坏性的改革，对先前的福利模式具有重要影响。其次，经济表现直接影响到国家的财政能力。高增长使政府得以维持或扩大现有福利保障。相反，缓慢增长和危机则限制了政府的支出能力，并催生出财政紧缩的压力。考虑到这些可能的经济影响，我们首先来概述经济增长的记录。

---

① 参见卡梅伦（Cameron），1978年；卡赞斯坦，1985年；罗德里克，1997年，1998年。
② 有关综述可参见休伯和斯蒂芬斯，2001年；斯旺克，2002年；巴尔丹、鲍尔斯（Bowles）和沃勒斯坦，2006年。
③ 相反的观点请参见艾弗森（2001年）和金（2007年）。
④ 关于发展中国家参见鲁德拉，2002年；考夫曼和塞古拉－乌维尔戈，2001年；维贝尔斯和阿尔塞（Arce），2003年；维贝尔斯，2006年。
⑤ 有关进一步的讨论，参见迪肯、赫尔斯（Hulse）和斯塔布斯，1997年；迪肯，2000年；努尔丁（Nooruddin）和西蒙斯（Simmons），2006年。
⑥ 有关经济开放的观点不仅容易在理论上显得模糊不清，而且有关其与社会政策的关系的实证研究也呈现多种结果。参见加勒特，1998年，2001年；艾弗森和库萨克，2000年；斯旺克，1998年，2002年；布雷迪、贝克菲尔德（Beckfield）和希雷布－凯撒（Seeleib－Kaiser），2005年；巴尔丹、鲍尔斯和沃勒斯坦，2006年。关于发展中国家，参见考夫曼和塞古拉－乌维尔戈，2001年；鲁德拉，2002年；维贝尔斯和阿尔塞，2003年；阿韦利诺（Avelino）、布朗和亨特，2005年；鲁德拉和哈格德，2005年。一个卓有成效的研究方式是将开放本身的影响与外部冲击和其他形式的波动相区分；参见维贝尔斯，2006年；尤其参见金，2007年。

一 经济增长记录

自布雷顿森林体系的崩溃和20世纪70年代的石油危机开始,发展中国家和社会主义国家的经济表现开始出现显著差异。如表5-2所示,亚洲经济体继续在整个80年代保持高增长,并一直延续至90年代。相比之下,拉美和东欧则进入了低速且不稳定的增长期,且一些国家不时爆发高通胀。

表5-2 GDP增长、增长波动性和消费物价指数(CPI):拉丁美洲、东亚和东欧

	GDP增长 1960—1980年	GDP增长 1981—1990年	GDP增长 1991—2000年	SD增长 1960—1980年	SD增长 1981—1990年	SD增长 1991—2000年	CPI 1960—1980年	CPI 1981—1990年	CPI 1991—2000年
阿根廷	3.5	-1.4	5.6	4.8	5.3	5.8	81.6	787.0	21.4
巴西	7.3	1.6	2.2	3.6	4.7	3.0		613.8	549.2
智利	3.6	3.9	3.7	5.1	6.3	3.8	101.0	20.4	9.5
哥伦比亚	5.4	3.6	2.9	1.6	1.7	3.1	16.4	23.7	20.2
哥斯达黎加	5.9	2.5	3.0	2.8	4.5	2.8	6.7	27.2	16.0
墨西哥	6.7	1.9	3.7	2.4	4.0	3.6	9.8	69.1	18.7
秘鲁	4.5	-0.5	4.3	2.7	8.3	5.2	20.7	1223.6	60.1
乌拉圭	2.2	0.2	2.8	2.8	6.2	3.6	55.9	62.5	38.1
委内瑞拉	3.9	0.9	4.7	3.6	4.9	4.9	4.8	24.9	45.0
拉美平均水平	4.8	1.4	3.8	3.3	5.2	3.8	37.1	316.9	86.5
韩国	7.9	8.7	6.3	3.8	2.0	5.0	15.3	6.4	5.1
马来西亚	7.2	6.0	7.2	2.5	3.5	5.3	3.5	3.2	3.6
菲律宾	5.4	1.8	3.1	1.4	5.0	2.6	10.3	13.7	8.6
新加坡	9.4	7.4	7.7	4.2	4.0	3.6	3.9	2.3	1.7
中国台湾地区	9.7	8.0	6.4	3.2	3.3	1.0	7.7	3.1	2.6
泰国	7.5	7.9	4.6	2.3	3.3	6.2	6.1	4.4	4.5
东亚平均水平	7.9	6.6	5.9	2.9	3.5	3.9	7.4	5.5	4.4

续表

	GDP增长 1960—1980年	GDP增长 1981—1990年	GDP增长 1991—2000年	SD增长 1960—1980年	SD增长 1981—1990年	SD增长 1991—2000年	CPI 1960—1980年	CPI 1981—1990年	CPI 1991—2000年
保加利亚	4.4	2.5	-1.6	2.9	4.3	5.5	n.a.	7.6	187.2
捷克斯洛伐克[a]	2.8	1.1	0.2	1.7	1.6	4.8	n.a.	n.a.	7.6
匈牙利	3.2	1.2	0.9	2.2	3.1	5.2	n.a.	10.9	20.3
波兰	3.9	n.a.	3.7	3.3	4.5	4.0	n.a.	107.7	28.4
罗马尼亚	5.1	-0.7	-1.6	3.2	3.9	6.4	n.a.	n.a.	121.0
斯洛伐克共和国	—	—	0.6	—	—	6.8	n.a.	n.a.	9.2
东欧平均水平	3.7	1.0	0.4	2.5	3.2	5.5	—	—	62.3

注[a] 包括斯洛伐克领地，1960—1980年，1980—1991年。

资料来源：见附录五。

"亚洲奇迹"的基本情况众所周知，在此不需详细赘述（见世界银行，1993年）。从1960年到1980年，东亚是发展中世界增长最快的地区。强劲的出口使得该地区多数国家从70年代的石油危机和80年代初的债务危机中迅速恢复；与在很多其他情况下一样，菲律宾又是一个明显例外。1997年至1998年的金融危机是一个重大冲击，但该地区再次相对较快地重回增长。

在拉丁美洲，1982年8月墨西哥违约后，资金流在地区范围内的突然逆转使该地区陷入了长达十年的危机，随之而来的是增长放缓和痛苦的维稳与调整力度。尽管进行了痛苦的政策改革，但该地区大多数国家在90年代也仅仅表现略好，有些国家——最明显的是阿根廷——还遭遇了新一轮的外部冲击。直到21世纪头十年中期，该地区才进入新的增长阶段，这由国际商品市场强有力且超长时期的高涨所推动。

我们在第四章已指出，东欧经济体在70年代末也开始放缓，且在80年代增长几乎陷于停滞。与拉美一样，石油危机和外债在经济放缓中扮演了部分角色。但停滞也反映了社会主义模式的深层次结构性问题。90年代的市场化转型则更具破坏性。该地区的所有国家都经历了严重的衰退，许多国家还经历了高通胀。虽然苏联和社会主义贸易体系的解体在转型期衰退中扮演了重要角色,但衰退也反映了规划过程和社会主义经济体制的崩溃。匈牙利、波兰和斯洛伐克于 90 年代后半期重回强劲增长,但保加利亚和罗马尼亚则在 1997 年和 1998 年遭遇了"第二轮"危机,捷克共和国的增长也明显放缓。

二 经济结构调整

所有三个地区在经历危机之后都进行了广泛的经济改革。这些改革在拉美和东欧尤具破坏性,并对早期发展模式带来的福利造成了巨大压力。改革的一个复杂之处涉及涉外部门。贸易自由化和外国投资使以往受保护的进口替代行业的竞争加剧。这些调整因危机引起的汇率机制变化而恶化,导致放弃了固定汇率或严格管理汇率,并造成了资本和劳动力向流通品部门转移的相应压力。危机也产生了强烈的动机来降低外国直接投资的壁垒。

但是,政策改革绝不仅限于涉外部门。国企部门也承受了压力,特别是在东欧国家。私有化在拉美也相当显著。补贴成为财政紧缩和多边与地区贸易协定的国际承诺的牺牲品。利用国家定向信贷来支撑公有和私有企业的能力受限于银行资产负债表的恶化和金融部门改革。

这些改革标志着发展战略的根本性转变,并从而影响到现有社会政策承诺的结构基础。在社会主义案例中,经济改革结束了就业保障,并立即削弱了社会主义企业业已存在的整体福利结构。尽管这些问题与拉美案例的幅度不同,但也表现出极大的相似性。工资谈判、就业保护,以及一直通过保护、补贴和其他寻租形式得以维持的国企和进口替代工业化部门的福利便立即承受了压力。

经济衰退和结构性改革也从根本上改变了劳动力市场。20 世纪 80 年代在拉美债务危机和东欧的转型期经济衰退期间涌现的失业现象,即使在复苏和增长时期也持续处于高位。波兰、保加利亚、斯洛伐克和匈牙利在 90 年代多数时期均经历了两位数的失业率,尽管在这十年的后期经济大幅增长(表 5-3)。① 拉美的失业率也非常高。智利、乌拉圭和哥伦比亚的失业率在 80 年代初达到了两位数,委内瑞拉和哥斯达黎

---

① 20 世纪 90 年代初捷克共和国的失业率较低,但在这十年的后半期,随着政府加快私有化和结构性改革的步伐,失业率亦有所上升。

加也深受重创。90 年代后半期——新一轮经济冲击时期——巴西的失业率再次飙升至新高，而阿根廷、哥伦比亚、乌拉圭和委内瑞拉的失业率则达到了两位数。①

亚洲的失业率始终低于其他两个地区。亚洲金融危机导致该地区更工业化国家（如韩国）正规部门失业大幅增加，且整个地区实际工资面临强大压力。但增长的较快恢复又扭转了这种趋势。

劳动力市场的日益非正规化与这些结构性变化相关。特别是在东欧和拉美，非正规部门的增长反映了雇主和员工规避高工资税的努力，从而降低了福利的普及和政府资助福利的能力。非正规化在亚洲较为发达的国家和地区也显而易见，特别是在韩国和中国台湾地区。

三 财政紧缩

国家的基本财政能力最终是一个结构性问题，取决于通过税收来提取资源的政治和制度能力。尽管如此，政府维持现有支出或给予新承诺

表 5 – 3　　拉丁美洲、东亚和东欧的失业率（1980—2003 年占总劳动力的百分比）　　（%）

	1981—1985 年	1986—1990 年	1991—1995 年	1996—2000 年	2001—2003 年
阿根廷	4.5	6.1	8.3	14.8	17.5
巴西	4.2	3.3	6.1 (1992—1993 年, 1995 年)	8.2 (1996—1999 年)	9.4
智利	14.3	6.8	4.96	7.02	7.7
哥斯达黎加	7.8	5.0	4.5	5.7	6.4
哥伦比亚	11.1	10.6	9.0	15.9	14.9
墨西哥	n. a.	2.5 (1988 年)	3.9	3.0	2.3
秘鲁	n. a.	8.6 (1990 年)	8.2	7.6	9.3
乌拉圭	12.2	9.0	9.1	11.6	16.3
委内瑞拉	9.9	9.6	8.6	12.6	15.3

---

① 只有墨西哥的失业率保持相对较低，因为该国工会被迫接受大减薪以换取持续就业。

续表

	1981—1985 年	1986—1990 年	1991—1995 年	1996—2000 年	2001—2003 年
拉美平均水平	9.1	6.8	7.0	9.6	11.0
韩国	4.2	2.9	2.5	4.4	3.4
马来西亚	6.4 (1984—1985 年)	6.8	3.3 (1992—1993 年)	2.9	3.5
菲律宾	5.8	8.1	8.7	8.8	9.8（2001 年）
新加坡	3.2	3.9	2.5	3.5	4.7
中国台湾地区					
泰国	2.7	3.2	1.6	2.2	2.0
东亚平均水平	4.5	5.0	3.7	4.4	4.7
保加利亚	n.a.	n.a.	19.0 (1993—1995 年)	14	16.9
捷克共和国	n.a.	n.a.	4.2 (1993—1995 年)	6.5	7.7
匈牙利	n.a.	n.a.	10.8 (1992—1995 年)	8.0	5.8
波兰	n.a.	n.a.	13.8 (1992—1995 年)	12.6	19.2
斯洛伐克共和国	n.a.	n.a.	13.4 (1994—1995 年)	14.2	18.5
罗马尼亚	n.a.	n.a.	8.1 (1994—1995 年)	6.6	7.3
东欧平均水平	n.a.	n.a.	11.6	10.3	12.6
拉美—东欧（p-值）	n.a.	n.a.	0.08	0.74	0.63

续表

	1981—1985 年	1986—1990 年	1991—1995 年	1996—2000 年	2001—2003 年
拉美—东亚（p-值）	0.02	0.22	0.06	0.02	0.01
东欧—东亚（p-值）	n. a.	n. a.	0.01	0.01	0.03

资料来源：国际劳工组织，1998 年。

的能力在中短期内还是受财政紧缩的影响。表 5-4 显示的财政和外债指标体现了这方面的几个重要跨地区差异。

表 5-4　20 世纪八九十年代拉丁美洲、东亚和东欧的财政和财务紧缩

国家与地区	1980—1989 年：十年平均值			1990—1999 年：十年平均值		
	预算余额/GDP	债务/GDP	偿债/出口	预算余额/GDP	债务/GDP	偿债/出口
拉美						
阿根廷	-3.8	56.1	56.4	-3.6	57.1	40.7
巴西	-8.4	40.0	52.0	-8.8	39.5	45.7
智利	0.3	93.6	47.2	-0.2	95.8	22.2
哥伦比亚	-2.6	36.4	33.9	-2.0	38.8	36.5
哥斯达黎加	-2.5	117.8	31.1	-2.0	118.7	14.4
墨西哥	-8.5	56.0	42.2	-8.4	57.0	27.8
秘鲁	-4.7	76.5	29.6	-5.2	79.6	26.9
乌拉圭	-2.9	53.2	30.8	-2.8	56.4	22.9
委内瑞拉	-0.9	55.6	30.8	-0.9	58.4	22.7
拉美平均水平	-3.8	65.0	39.3	-3.8	66.8	28.9
东亚						
韩国	-1.0	40.4	22.3	-0.8	37.0	10.5
马来西亚	-7.5	56.2	16.4	-7.1	57.1	8.2
菲律宾	-2.9	75.5	33	-3.1	77.0	18.2
新加坡	3.0	—		3.8	—	

续表

国家与地区	1980—1989 年：十年平均值			1990—1999 年：十年平均值		
	预算余额/GDP	债务/GDP	偿债/出口	预算余额/GDP	债务/GDP	偿债/出口
中国台湾地区	-0.1	—	—	-1.7	—	—
泰国	-3.0	36.2	23.0	-2.1	36.9	15.0
东亚平均水平	-1.9	52.1	23.7	-1.8	52.0	13.0
东欧						
保加利亚	n.a.	n.a	n.a.	-4.9	95.1	14.5
捷克共和国	n.a.	n.a.	n.a.	-0.1	34.2	11.5
匈牙利	n.a.	n.a.	n.a.	-3.7	65.4	34.7
波兰	n.a.	n.a.	n.a.	-1.0	49.2	9.3
罗马尼亚	n.a.	n.a.	n.a.	-2.0	18.8	17.8
斯洛伐克共和国	n.a.	n.a.	n.a.	-3.1	35.7	12.2
东欧平均水平	n.a.	n.a	n.a.	-2.4	49.7	16.7
拉美—东亚（p-值）	0.29	0.40	0.02	0.28	0.34	0.01
拉美—东欧（p-值）	n.a.	n.a.	n.a.	0.373	0.247	0.034
东亚—东欧（p-值）	n.a.	n.a.	n.a.	0.703	0.890	0.487

资料来源：世界发展指标（世界银行，2007 年）；全球金融发展报告（世界银行，2003 年）。

除菲律宾是个特例，以及马来西亚的数据有些误导性之外，东亚国家和地区普遍拥有强有力的财政和外部财务状况。[①] 一段时期以来，中国台湾地区和新加坡都是净债权国，其他国家则表现出低偿债比率。此外，此处讨论的亚洲国家和地区中，没有一个经历了制约许多拉美国家政府的货币和财政政策的极高通胀。十年来的平均值的确掩盖了亚洲情况的重要特征。20 世纪 90 年代末的金融危机之后，财政赤字大幅增

---

① 马来西亚也表现出很高的财政赤字，但这些由于养老金制度而得以低成本融资，且政府直至 1997 年的危机爆发之前都能够继续获得国内和国外信贷市场。

加，这是代价高昂的企业和财务重组的结果。但是，韩国、中国台湾地区和泰国迅速从低迷中恢复，其财政问题和通胀压力都没有另外两个地区的程度严重［格林（Green）和坎珀斯，2001 年：310—312，表 1］。

20 世纪 80 年代，即民主化的最初十年里，拉美平均赤字接近 GDP 的 4%，而东亚仅为 2%。① 相较于亚洲，拉美的外债存量占 GDP 的比例也远高出 1/3，偿债比率也是其两倍多。债务存量的这些差异制约了借款能力以及宏观经济政策更普遍的运行。如表 5-2 的指标显示，这些平均值的确掩盖了重要的地区内部差异。智利、哥斯达黎加和哥伦比亚的政府在整个 80 年代都奉行相对谨慎的财政政策，且按照地区标准哥伦比亚的债务一直相当低。② 然而，针对所有这三个国家的外部信贷市场直至 80 年代末都始终关闭，这是地区范围危机蔓延的结果。

在东欧，保加利亚和匈牙利财政失衡较大，但似乎在其他国家则较为温和。不过，这些赤字发生的背景是国家总体规模的大幅缩减和资源从政府到私营部门与家庭的重大再分配。关于财政赤字的标准数据也不包括通过国有金融体系流向公有和私有公司的大量补贴。多数国家也面临大量的债务负担，并在 90 年代被迫重新调整其责任。总体而言，东欧国家经历的财务和财政紧缩即便不一定超过拉美的规模，也与其相当。

第三节　经济背景和福利改革的政治

这些各异的经济路径对社会政策的政治有何影响？我们认为，良好的经济环境能强化"支出者"的作用：即主张扩大社会保障的政治参与者——无论是被视为政党、政治人物、政府部门，还是利益集团。特别是，我们预期强劲增长能加强隶属工会的劳工相对于雇主的作用，以及"社会官僚主义"相对于技治主义改革者的作用。经历快速增长和适度通胀的国家也不会面临维稳或实行重大结构性改革的压力，包括与提供社会保险和服务相关的改革。即使现有或新型社会保险计划遭遇短

---

① 有关拉美财政状况的进一步讨论，参见加文（Gavin）和佩罗蒂，1997 年；维贝尔斯和阿尔塞，2003 年；辛格（Singh）等人，2005 年；维贝尔斯，2006 年。

② 委内瑞拉的官方财政赤字也低，但这些数据掩盖了巨大的预算外支出，特别是针对或通过国企和银行的支出，这使得政府在 80 年代末几近破产。

期的财务困难,或者从长期来看昭示其财务不可持续,高增长也削弱了改革的紧迫性。

在许多方面,财政危机时期的政治逻辑刚好与财政稳健时期的政治呈镜像对比。在第一种情况下,与危机相关的财政紧缩和维稳力度迅速削弱了政府作出可信承诺来扩大甚至维持社会政策许诺的能力。原则上,政府基于这一原因可以进行征税,但这种努力面临着众所周知的政治限制〔伯德(Bird)和奥德曼(Oldman),1990 年〕。短期来看,政府可能试图通过额外借债或通胀税来规避这种约束。但考虑到税基的潜在缺陷、基础薄弱的国内资本市场和向国外借债的有限能力,发展中国家和转型经济体这样做的余地比发达国家更加有限(维贝尔斯,2006年)。

有大量理论和实证研究探讨了为什么随着各类群体针对调整措施的成本分摊做斗争,维稳措施有所延迟。[①] 然而,这类文献同样也强调,这种拖延有政治和经济成本,并且随着成本升高,调整的压力也相应升高。经历高通胀甚至超高通胀的国家调整的动机尤为强烈〔德拉赞和格里利(Grilli),1993 年;布鲁诺(Bruno)和伊斯特利,1996 年〕,这侵蚀了中产阶级和工人阶级的实际收入,并尤其严重地冲击了穷人和那些依靠固定收入的群体。在这种情况下,维稳所获得的政治收益——即使在涉及社会支出调整的情况下——可轻易主导对改革的分配后果的担忧(罗德里克,1994 年;雷默,2002 年)。

因此,可以预见,不论其党派倾向如何,危机环境下的政客都会承受相当大的压力,来维稳和实行结构性改革。立法机关和议会更愿意在危机时刻将决策责任转嫁给行政部门。行政部门反过来又有可能下派决策责任给财政部门和中央银行的技术官僚,他们又随之在内阁中获得相对于包括社会部门在内的支出部门的影响力。[②] 国际金融机构尤其是国际货币基金组织(IMF)的影响力也可能会上升。[③]

[①] 阿列辛那和德拉赞,1991 年;拉班(Laban)和斯图赞尼戈(Sturzenegger),1994 年;托内尔(Tornell)和雷恩,1999 年;德拉赞,2000 年。

[②] 另见纳尔逊,1990 年;哈格德和考夫曼,1992 年;威廉姆森和哈格德,1994 年;多明格斯(Dominguez),1997 年。

[③] 有关讨论参见伯德,2001 年;斯通(Stone),2002 年;弗里兰德(Vreeland),2003 年;德雷尔(Dreher)和沃贝尔(Vaubel),2004 年;努尔丁和西蒙斯,2006 年。

这些国内和国际的技术官僚通常最优先关注稳定、收支平衡调整和所谓的第一轮结构性调整措施，如贸易自由化。但是，自 20 世纪 80 年代后期开始，受前述的自由主义政策议程的影响，国际金融机构和技治主义改革者都更加积极地参与到社会政策改革中。他们的注意力自然落在福利制度中的"大手笔"项目上，尤其是养老金和医疗保健（世界银行，1994 年 b），但改革努力通常也扩大到包括为社会服务提供的改革。

这些改革不仅吸引了部分私营部门的支持，而且通过所谓的威胁效果提高了这些部门的谈判杠杆［弗里曼（Freeman），1995 年；崔闵植（Choi），2006 年］。在第一种情况下，一些私人参与者在制约资助和提供社会保险的规则上有直接利害关系：包括医生、护士和其他医务工作者；医疗保健的企业提供方；制药公司；保险行业；部分金融部门。但是，市场化改革也改变了在改革进程中出现的"主导行业"的喜好。随着这些行业日益暴露在国际和国内竞争压力下，它们便高度重视会降低劳动力成本并提高劳动力市场灵活性的改革。

当然了，糟糕的经济表现和随之而来的社会困厄也产生了呼吁更多社会支出的压力。然而，至少直到 20 世纪 90 年代后期，危机和经济改革一度削弱了工会、左翼政党和其他在历史上一直大力支持更广泛的社会保障的大众团体。由于国有和正规部门就业下滑，劳动力市场非正规化，以及曾将工会与国家相联系的社团主义关系被侵蚀，隶属工会的工人阶级的利益因此受到了重创，并为其影响提供了制度基础。特别是在拉美，工会的削弱也给基于工人运动的左翼政党带来严峻的挑战。虽然这些政党有时能够通过将策略转向更广泛的、更包罗万象的诉求或与选举团的更多庇护关系，来维持其选举实力（列维茨基，2001 年；罗伯茨，2006 年），这些调整也不可避免地削弱了隶属工会的工人阶级的呼声，并稀释了其影响力。

这些传统代表性组织和结构的替代物的确有所出现，但其影响国家政策辩论的有效性仍值得怀疑。20 世纪八九十年代非政府组织在所有这三个地区猛增，且其中一些组织承担起社会议题或直接参与社会服务的提供。但是，这些组织关注的是根本不同的、局部的利益。由于资金不稳定且人员有限，他们通常在建立可能影响有关核心社会政策问题的讨论的广泛联盟上遇到了严重的困难。

在一些国家,既有政党和工会的衰落留下的真空被由民粹主义领导人所组织的选举运动或自下而上的"抗争政治"的爆发所填充。举个例子,第一种情况反映为自称"左翼"领导人的选举胜利,如委内瑞拉的乌戈·查韦斯(Hugo Chávez),或反映为阿根廷在内斯托尔·基什内尔(Nestor Kirchner)执政时期转向更民粹主义的经济政策,菲律宾的约瑟夫·埃斯特拉达(Joseph Estrada)大选,罗马尼亚和斯洛伐克共和国的早期民族主义—民粹主义政府,以及2000年后一些东欧国家右翼民粹主义的重新出现。然而,这些运动维持社会政策承诺的能力也在很大程度上取决于整体经济和财政情况。乌戈·查韦斯之所以能够维持扩大主义的社会政策立场,是因为石油收入滚滚而来;相反,菲律宾和罗马尼亚政府则面临经常性的财政紧缩。

在整个90年代,抗争政治对社会政策改革进程的影响被证明大大弱于最初的预期。贝拉·格雷斯科维奇(1998年)是最早注意到东欧抗争政治的惊人弱点和无效性的学者之一,尽管转型期衰退的深度和随后的改革令人痛苦[也可参见凡浩塞(Vanhuysse),2006年]。马库斯·库尔茨(Marcus Kurtz,2004年)针对拉美得出了类似的结论,表明无论是在经济改革时期,还是在之后的几年里,罢工和其他抗议活动都大幅减少。①

总之,我们预期经济状况对福利改革的政治经济有广泛的影响。强劲的经济增长维持了现有的福利谈判,并提供机会使之扩大。经济危机则催生经济改革,这可能会破坏通过企业融资并管理的福利的制度基础。经济危机和相关的财政紧缩也对政府资助的福利和服务造成压力,并限制了未来福利承诺的可信度。经济衰退的确催生出对国家的新的社会要求,这一点我们预期新任民主政体会加以应对。但我们有理由相信,至少从中期来看,这些压力将因为左翼和劳工政党与工会的削弱以及非政府组织或"抗争政治"无法有效对其替代而减弱。

第四节 福利遗产和政治约束

我们在第一部分已强调过,我们预期民主能够通过两个渠道来影响

---

① 具有讽刺意义的是,拉美案例中民粹主义领导人的政治成功很大程度上要归功于经济状况的有利改变——以商品为主导的增长回升——这增强了其兑现承诺的能力。

社会政策行为：选举竞争和利益集团组织。我们已经阐释经济环境是如何可能会影响这两个渠道的。同时，福利的政治也受到既往社会政策抉择的影响。这些政策抉择并不神奇般地持续；我们认为应当极力限制有关路径依赖的观点。然而，既往政策抉择的确影响着选民、政党和利益集团的优先权，以及利益相关者的组织能力。

过去政策的选举影响充分体现在其覆盖范围：即享受社会保险、服务和不同类型的转移支付的人口比例。广泛而慷慨的覆盖面使得广大公众在现有福利中占有利害关系。即使受益人没有组织，其庞大的选举影响力也制约着政客对其作出回应（皮尔逊，1994年）。此外，如果覆盖面广，那么相互竞争的政党不论其党派身份是什么，都可能共同维护现有福利。① 如果覆盖面历来狭窄，那么受益人通过选举途径来捍卫自身福利则更加困难。

福利遗产的第二个作用围绕利益集团的喜好和组织。福利承诺与任何公共政策一样，都创造既得利益集团。这些可以包括直接代表受益者的组织，如养老金领取者群体或私营部门工会，也可包括其他利益相关者：公营部门工会；私人承包商和提供方；行政人员、公务员和公共服务提供方的协会和非正规网络。这些群体不仅对社会政策改革构成强大制约，而且也在阻碍社会支出向穷人再分配方面起了重要作用。

嵌入在福利制度行政机构中的群体也构成了一类特别重要的利益相关者。制度改革通常需要可能会受有关改革不利影响的群体的合作：中层官僚；国家和地方政客以及医疗卫生和教育部门官员；学校、医院和诊所董事；教师、医生和护士。这些角色有时只对立法产生有限影响，但一旦改革开始实施时，他们就可以利用各种组织资源，来有效阻碍或修改改革议程，或索性"等待"改革者"结束"。

在我们关注的三个地区，福利遗产如何影响改革的政治？在亚洲，威权社会契约的温和性为新兴民主政党提供了通过社会政策承诺来竞争选票的强烈动机。即便是保守派政党也利用社会计划以提高自己的人气。政客们自然而然地倾向于扩大那些能广泛吸引选民的社会计划，如固定收益养老金制度、综合医疗保险计划、改善教育以及针对正规部门工人的失业保险。考虑到我们在第一部分所追溯的特定政治历史，工会

---

① 参见基切尔特（2001年）有关福利改革选举激励机制的讨论。

在迫切要求扩大福利保障方面的参与是相对有限的。但是，新的基层运动和非政府组织在民主转型以后遍地开花，并提供了扩大的另一个压力源。

东欧和拉美的福利遗产则扮演了更复杂的角色，这两个地区的经济环境给了自由派技术官僚在改革议程上的更大影响力。这两个地区的核心差别是现有福利的规模。尽管有着重大的经济和财政紧缩，东欧福利的广泛规模仍催生出认为社会主义社会契约不会被完全废止的强烈公众期待。左翼政党——无论是改良派共产党人还是社会民主党人——在更年长选民和受市场化改革最直接威胁的国家工作人员中保持着重要的支持（卡普斯坦和米拉诺维奇，2002年：10—12）。他们通常在竞选中承诺要缓和自由化的步伐并扩大社会安全网（库克和奥伦斯坦，1999年；利普斯迈尔，2000年，2002年；凡浩塞，2006年）。当他们执政时，有时会默许社会政策改革，特别是在养老金私有化方面。但是，正如第八章将提到的，在进行这类改革的同时，他们也会维护广泛的公众保障，并持续关注改革进程对正规部门工人的影响。

在此情况下我们会预期，不仅是左翼会捍卫这些福利，其他东欧政党——无论是保守派、自由派、基督教民主派，还是农民——也都相当重视保持甚至扩大社会保障。由非左翼政党主导的政府承受了强大的压力以维持普及承诺，与现有受益者取得实质性的妥协，并增加社会支出。

工会也在东欧福利政策的政治中发挥了重要作用。转型期之前，工会一直是党和国家的延伸，缺乏老百姓的支持或信任。但工会的确以各种福利的管理者和劳动力大军的名义代表的身份占据着重要位置。转型期之后，工会由在整个地区建立的三方谈判结构所代表。虽然三方谈判的重要性一直是尖锐争论的焦点，[①] 它却为工会提供了一个捍卫福利并为正规部门工人呼吁新型社会安全网的平台。虽然成员数量在90年代有所下降，东欧工会仍然继续比拉美或东亚囊括更多的劳动力（见表5-5）。至少在某些情况下，它们也能出于捍卫福利而动员支持大规模的抗议活动甚至大罢工。

[①] 有关进一步讨论，参见库比切克（Kubicek），1999年；欧斯特（Ost），2000年；伊恩科娃，2002年；艾弗达吉克（Avdagic），2003年。

表 5–5　工会密集度：拉丁美洲、东亚和东欧（20 世纪 90 年代）

国家与地区	密集度
阿根廷	22.3
巴西	23.8
智利	13.1
哥伦比亚	5.9
墨西哥	22.3
秘鲁	5.7
乌拉圭	12.0
委内瑞拉	13.5
哥斯达黎加	11.7
拉美平均水平	14.5
韩国	12.7
马来西亚	13.4
菲律宾	38.2
新加坡	15.9
中国台湾地区	33.1
泰国	4.2
东亚平均水平	19.6
保加利亚	51.4
捷克共和国	36.3
匈牙利	52.5
波兰	27.0
罗马尼亚	40.7
斯洛伐克	52.3
东欧平均水平	43.4
东欧—拉美 T–Test（p–值）	0.01
东欧—东亚 T–Test（p–值）	0.01
拉美—东亚 T–Test（p–值）	0.34

资料来源：拉美：罗伯茨，2006 年：168；东欧和东亚：国际劳工组织，1998 年。

就社会保险的覆盖程度和福利制度的官僚组织而言，拉美存在更广泛的差异。在乌拉圭和哥斯达黎加，20世纪八九十年代的民主政府继承了至少某些社会福利的相当广泛的覆盖；这些国家的社会政策改革的政治与东欧类似。但是，多数其他国家继承的社会保险体系却仅为狭隘的职业群体提供丰厚福利待遇，为其他群体提供有限福利待遇，且完全排除大部分人口。在这些情况下，有限的或不均的覆盖面使得有组织的受益者更难获得对现有福利的广泛支持。甚至连左翼和民粹主义政党也与过去曾受惠于这种体系的传统支持者保持距离。[1]

尽管覆盖范围有限且不均，拉美相对庞大且高度中央集中的公共福利官僚机构仍使得内部人士可以参与决策过程并影响其执行。公营部门的工会组织，特别是那些对社会保障基金的管理有制度化影响的工会组织，往往能在养老金改革的过程中榨取重要让步。高度中央集中的医疗和教育部门也被证明难以改变。自由派改革者在90年代力求下放这些服务，部分原因正是为了淡化工会力量。但是，教师和公共医疗卫生工作者组成的工会与这些举措相斗争，并设法保持其在薪资设定、人员分配和日常工作安排方面的影响力。

与亚洲一样，狭窄的覆盖面也激励政客承诺扩大，以赢得城市和农村贫困人口的支持。但是，长期的财政紧缩和经济危机都限制了现任者和其挑战者令人信服地承诺扩大现有福利的能力。相反，有针对性的反贫困计划则是一个受青睐的政策工具，深受各政治派别的政客欢迎。此外，这些反贫困计划通常的确对减贫产生了明显的影响。但是，在大多数情况下，这些计划的公共资金只占社会总支出的很小份额，并在面临财政紧缩时易被收紧，且只对收入分配产生边缘性影响。

第五节　福利改革的地区格局

本章后续部分将概述已在前面几节讨论过的核心变量——民主、经济条件和福利遗产——是如何影响社会政策改革的。我们首先着眼于20世纪八九十年代社会支出的趋势，然后转而更详细地探讨在养老金、

---

[1]　吉布森（Gibson，1997年）、列维茨基（2001年）和罗伯茨（2006年b）作了有见解的分析。

医疗、教育以及反贫困和劳工保护政策方面的机构组织、覆盖面和融资的地区差异。

一 民主、财政收入和社会支出：时间序列分析

与第一部分一样，对支出进行研究为接下来更定性的分析提供了一个有用的参照框架。曾用于发达工业化国家政府支出研究的时间序列方法[1]使我们得以探索前面几节中讨论的一些经济和政治因素的因果影响。这种纠错方法的一个优点是，由于它包括了解释性变量的滞后水平和滞后变化，因此可同时表征其长期和短期或暂时的效果（有关本模型的详细讨论参见附录五）。

这些模型中的因变量为政府整体支出和三类社会支出——社会保障、医疗卫生和教育——的变化，表示为占 GDP 的比例。我们特别感兴趣的两个自变量是民主和财政紧缩，前者我们使用标准的 Polity IV 政体指数衡量标准，后者则以财政收入占 GDP 的比例的变化来衡量。

我们预期这些变量在这三个地区有着不同的影响。在针对亚洲的回归分析中，民主应当会对支出产生重要影响，因为该地区的政客有扩大极简主义社会保险体系的动机。这点也适用于面临强大利益相关者压力来维持社会保障的东欧。而在针对拉美的回归分析中，这一影响应当会更弱，因为耗资巨大且不公平的社会保障制度更容易被缩减。

我们使用财政收入作为财政紧缩的指标，但有必要区分其水平和变化的影响，这两者都包含在等式右边。有关财政收入水平的影响的理论解释并不清晰明了，因为税收和支出都可在长期进行调整。财政收入的变化则更具实质性的意义，因为短期税收调整一般很难在发展中国家落实。财政收入变化的正相关系数因此可以解释为现有财政资源的短期波动会制约支出。我们预期这种制约程度在拉美国家最为严重，原因是国家财政能力的严重结构性压力和维持或增加支出承诺的疲弱抗衡性压力。

针对发展水平、经济增长、"全球化"（由贸易开放度和资金流动所衡量）、国家规模（人口）和相关人口结构特征，我们引入了控制变量。实际 GDP 增长率也被列在等式右边，以校正可能仅由增长所引起

---

[1] 尤其参见艾弗森和库萨克，2000 年；艾弗森，2001 年。

的支出比例的变化。为了便于说明，我们不报告财富值、人口结构和国家规模这些变量的系数，但它们一般与我们的预期相符，并达到标准意义阈值。在此处同样未显示的单独模型中，我们测试了一系列其他控制变量的影响，包括一项 IMF 计划的存在、外国直接投资、官方的净转移支付和通货膨胀，以及一些在最近的理论争论中发挥作用的政治变量，包括政党分化、否决点的数量和左翼政党的实力。这些变量的引入并没有改变我们针对财政收入变化和民主的结果。针对使用了购买力平价（PPP）调整值而不是定值美元来衡量贸易开放度和其他经济变量的模型，我们所得出的结果也同样稳定可靠。

表 5-6、表 5-7 和表 5-8 报告了这些结果。① 与预期一样，民主在这三个地区有着不同的影响。在该模型的年限范围内，东亚经历了向民主（"政体"变量）永久性转变的国家也经历了平均社会支出的永久性改变。虽然社会支出占 GDP 的比例非常小（以社会保障为例，仅为 0.9%），但却比以往水平大幅增加。例如，在经历了向民主的永久性转变的国家，社会保障支出在 GDP 中的平均比例增长了约 23%。

表 5-6　　　　　拉丁美洲社会总支出和各分项支出

（1980—2000 年，PCSE 模型）

	总支出	教育	医疗	社会保障
滞后因变量	-0.365 (4.44)***	-0.184 (2.73)***	-0.128 (2.57)**	-0.230 (3.50)***
政体	0.847 (1.49)	-0.028 (0.24)	-0.005 (0.06)	-0.436 (1.97)**
政体变化	1.325 (1.31)	-0.198 (1.07)	-0.114 (0.78)	-0.419 (1.00)
财政收入	0.359 (4.13)***	0.002 (0.28)	0.019 (2.89)***	0.098 (2.90)***

---

① 我们也运行了一个混合所有这三个地区数据的模型，在此且不加以报告。正如我们对跨地区差异的强调所预期的那样，这一混合模型存在面板数据异质性问题。虽然地区虚拟变量显著，有关财政收入、政体和其他自变量的研究结果却并不一致。

续表

	总支出	教育	医疗	社会保障
财政收入变化	0.349	0.010	0.029	0.108
	(3.04)***	(0.60)	(2.07)**	(2.86)***
人均GDP	0.000	-0.000	-0.000	0.000
	(1.01)	(0.70)	(0.43)	(0.64)
人均GDP变化	0.000	-0.000	-0.000	0.001
	(0.28)	(0.63)	(0.09)	(1.33)
贸易	-0.031	0.005	0.003	-0.031
	(1.61)	(0.91)	(0.85)	(3.32)***
贸易变化	-0.029	-0.016	0.002	-0.069
	(0.73)	(1.41)	(0.32)	(3.35)***
转移支付	-0.006	0.015	0.010	0.077
	(0.10)	(1.17)	(1.24)	(3.07)***
转移支付变化	0.063	-0.010	-0.003	-0.005
	(1.29)	(0.94)	(0.50)	(0.19)
衰退	1.275	-0.302	-0.125	0.158
	(1.61)	(1.63)	(1.19)	(0.39)
衰退变化	1.136	-0.094	-0.083	0.118
	(2.40)**	(1.00)	(1.38)	(0.58)
常数	20.616	0.582	-1.136	11.110
	(1.57)	(0.41)	(0.59)	(1.72)*
观察值	163	123	122	117
R^2	0.29	0.17	0.22	0.33

注：* 指达0.1显著水平；** 指达0.05显著水平；*** 指达0.01显著水平。

资料来源：见附录五。

表5-7　亚洲社会总支出和各分项支出（1980—2000年，PCSE模型）

	总支出	教育	医疗	社会保障
滞后因变量	-0.351	-0.572	-0.507	-1.007
	(4.47)***	(6.61)***	(3.92)***	(5.78)***
政体	1.257	0.605	0.144	0.211
	(1.86)*	(4.36)***	(1.78)*	(1.66)*

续表

	总支出	教育	医疗	社会保障
政体变化	0.733	0.469	0.134	0.040
	(0.89)	(3.28)***	(1.90)*	(0.32)
财政收入	0.475	0.106	0.064	0.009
	(3.02)***	(2.56)**	(3.25)***	(0.42)
财政收入变化	0.549	0.164	0.048	0.030
	(3.79)***	(5.51)***	(3.87)***	(1.40)
人均GDP	0.000	0.000	-0.000	0.000
	(0.44)	(3.44)***	(2.33)**	(4.18)***
人均GDP变化	-0.004	-0.001	0.000	-0.001
	(2.05)**	(3.94)***	(1.21)	(2.76)***
贸易	-0.007	-0.001	0.001	0.005
	(0.68)	(0.68)	(1.12)	(3.03)***
贸易变化	-0.046	-0.002	-0.001	-0.005
	(1.44)	(0.31)	(0.44)	(1.11)
转移支付	-0.035	0.005	-0.013	0.003
	(0.80)	(0.33)	(1.85)*	(0.43)
转移支付变化	0.019	-0.002	0.010	-0.009
	(0.45)	(0.17)	(2.25)**	(1.26)
衰退	0.517	0.500	0.206	0.127
	(0.94)	(3.67)***	(3.19)***	(1.37)
衰退变化	2.240	0.789	0.218	-0.002
	(2.58)***	(4.18)***	(2.41)**	(0.01)
常数	-7.839	-13.997	-17.643	1.244
	(0.23)	(1.17)	(3.00)***	(0.25)
观察值	70	44	44	44
R^2	0.59	0.79	0.59	0.61

注:* 指达0.1显著水平;** 指达0.05显著水平;*** 指达0.01显著水平。
资料来源:见附录五。

表 5-8　前社会主义国家社会总支出和各分项支出
（1990—2000 年，PCSE 模型）

	支出	教育	医疗	社会保障
滞后因变量	-0.728	-0.402	-0.388	-0.373
	(5.09)***	(4.04)***	(2.83)***	(4.31)***
政体	3.163	0.248	0.139	2.579
	(2.74)***	(1.01)	(0.47)	(3.21)***
政体变化	2.326	0.200	1.064	-0.039
	(1.33)	(0.52)	(2.69)***	(0.05)
财政收入	0.591	-0.081	-0.052	0.134
	(3.40)***	(2.80)***	(1.89)*	(3.02)***
财政收入变化	0.624	-0.005	-0.035	0.047
	(4.98)***	(0.18)	(1.20)	(0.85)
人均 GDP	0.001	0.000	0.000	0.000
	(1.00)	(2.98)***	(1.77)*	(1.44)
人均 GDP 变化	0.002	-0.001	0.001	-0.001
	(0.50)	(1.34)	(1.15)	(0.84)
贸易	-0.094	-0.022	0.009	-0.011
	(2.53)**	(2.73)***	(0.85)	(0.64)
贸易变化	0.028	-0.011	0.006	-0.030
	(0.59)	(0.99)	(0.60)	(1.40)
转移支付	0.102	0.013	-0.019	0.051
	(0.75)	(0.43)	(0.54)	(0.79)
转移支付变化	-0.242	-0.018	0.039	-0.100
	(2.34)**	(0.78)	(1.49)	(1.94)*
衰退	-0.375	0.095	0.365	0.245
	(0.43)	(0.50)	(1.60)	(0.60)

续表

	支出	教育	医疗	社会保障
衰退变化	1.095	-0.020	0.573	0.771
	(0.81)	(0.08)	(1.49)	(1.15)
常数	43.398	18.979	4.949	-21.500
	(1.17)	(2.85)***	(0.52)	(1.59)
观察值	59	49	49	49
R^2	0.63	0.40	0.44	0.55

注：* 指达0.1显著水平；** 指达0.05显著水平；*** 指达0.01显著水平。
资料来源：见附录五。

民主化（"政体变化"变量）也在教育和医疗支出恢复到变化趋势的平均水平之前对其产生了积极的短期影响。这些发现与我们的论点相一致，即极简主义福利传统和良好的经济环境的结合使东亚民主体得以增加社会支出。向民主的转变也影响了后社会主义国家的支出。这些模型显示了政体变化对医疗支出的显著短期影响，以及对一般性支出和社会保障的长期平均比例的强劲正面影响，这两者分别提高了13%和58%。

另外，在拉美，民主通常对社会支出没有影响。这一发现也与我们的假设相一致，即拉美的新任民主政府面临着对社会政策的一些政治和经济制约。事实上，唯一的显著影响是政体和社会保障支出之间长期的负相关关系，这可能反映了纠正福利遗产严重不公现象的努力。

许多研究都指出，拉美似乎特别倾向于支出的顺周期模式；与凯恩斯主义逻辑相反的是，支出在经济增长期间增加，但在商业周期的衰退期则会下降（加文和佩罗蒂，1997年；维贝尔斯，2006年）。在财政收入对支出的影响方面，我们也发现了类似的模式。针对总支出的影响最强，但我们也在医疗卫生和社会保障方面发现了显著的财政紧缩。实质性的影响虽然温和，但也绝非无关紧要。就社会保障而言，财政收入一次性下降一个百分点（"财政收入变化"变量）会导致社会保障支出占GDP的比例五年累计下降约0.26%。以下数据可更好地说明这一点，一些重大的反贫困计划——如墨西哥的"教育、健康和营养"计划

(PROGRESA)或巴西的"助学金"计划(Bolsa Escola)——的年度支出在 GDP 中的比例从 0.15%到 0.2%不等[莫利(Morley)和科迪(Coady),2003 年:21]。这些模式似乎反映了长期的宏观经济脆弱性和财政的薄弱,这使得危机之后的反周期性财政政策或对社会支出的保护的余地很小。

在东欧,财政收入的变化对任何领域的社会支出均没有显著影响;即使有,医疗和教育的数据表明,随着财政收入有所下降,支出会有上升的趋势。虽然我们对福利遗产没有直接的衡量手段,但这一发现至少与我们的预期相一致,即社会支出的调整受社会主义制度遗留下来的利益相关者和受益者的分量所制约。①

东亚的财政收入变化相关系数表明,与拉美一样,社会支出与财政收入的短期变化相关联。但是,应该指出的是,这一正相关关系发生在 20 世纪整个 80 年代和 90 年代多数时期的强劲增长和经济与财政情况稳步改善的背景下,而不像整个拉美那样面临着高度不稳定的背景。在任何情况下,财政收入变化的实质影响在亚洲普遍远远小于拉美,其任何领域的支出在 GDP 中的比例从未超过 0.05%。还应该强调的是,与拉美情况不一样的是,亚洲民主体中福利扩大最重要的领域,即社会保障的支出,则不受财政收入变化的影响。

针对控制变量的结果是复杂的,超出了我们此处的核心关注。但它们的确提出了关于"全球化"——至少以其开放度来加以定义——如何影响社会支出的问题。与之前的研究结果(考夫曼和塞古拉-乌维尔戈,2001 年;维贝尔斯,2006 年)相一致的是,永久的贸易开放("贸易"变量)对拉美的社会保障支出有着负面影响。贸易开放与东欧的总支出和教育支出的下降相关联,但也与东亚这方面支出的增加相关联。这些结果强烈表明,各地区贸易的影响远非一致。

作为外部财务紧缩的衡量方式,净转移支付变化也没有产生一致的结果,无论是在地区内部还是地区之间。在拉美,支出受资本流动的影响最大:净转移支付的水平对社会保障有着正面影响,表明了与危机相关的资本外流带来的不利影响。在亚洲案例中,转移支付的水平也对某些领域的支出(医疗和教育)有着正面影响,但却更难解释针对该地

---

① 虽然我们不直接衡量福利遗产,它也能在一定程度上由固定效应模型所表征。

区或东欧的其他研究结果。在几项支出领域中（东欧的总支出和东亚的教育支出），支出与净转移支付变化的方向刚好相反：转移支付降低会使支出增加。这一负相关迹象有可能表明了防止此类支出受资本流动波动性影响的决心，但也很有可能表明，短期转移支付会与财政收入和当前模型未能表征的其他经济条件相互动。

我们应当谨慎对待从这些模型中得出的有关经济开放的影响的结论。首先，有必要强调，经济开放的影响在计量经济学的意义上是难以界定的；贸易开放和资本流动的变化只不过是与现有发展模式转型相关的更宏观的政策、经济和制度变革的一部分。然而，我们得出的研究结果绝非一致，也不一定具有鲁棒性。

二 支出以外的话题：福利改革的地区格局

我们的最终兴趣不在于支出数据本身，而在于社会政策原则和组织的变化。本节我们将通过更仔细研究这三个地区解决这四个政策领域——养老金、医疗、教育、社会安全网和反贫困计划的建立——的方式来探讨这一问题。表5-9对这些模式格局进行了总结。

表5-9　　　　拉丁美洲、东亚和东欧的社会契约改革

	拉丁美洲	东亚	东欧领域
养老金	遵循智利模式或多支柱模式对现收现付制养老金体系进行完全或部分私有化。尝试对第一支柱进行参数性改革	扩大固定收益公共养老金体系的覆盖面和福利待遇。加大中央公积金资金使用的灵活性	对现收现付制养老金体系进行部分私有化，但比拉美国家更有限。尝试对第一支柱进行参数性改革
医疗	私人保险商和提供方角色加大。公共保险商和提供方的去中央集中化和竞争加剧。有一些努力来扩大基本医疗保健服务	公共医疗保险扩大	建立社会保险医疗资金，但政府有效地保证了全面覆盖

续表

	拉丁美洲	东亚	东欧
教育	行政权力下放。鼓励地方责任和社区控制。教师薪酬和晋升与考试分数更紧密联系	权力下放、去政治化、加大问责制并扩大学生选择。改善教育质量	从职业培训转向更普通的技能培训。权力下放、去政治化、加大问责制并扩大学生选择
社会安全网	私营部门下岗工人解雇金，但针对失业的计划有限。加大对有针对性的反贫困计划的重视	扩大社会保险和失业保障	早期转型期间建立失业保险计划。引入提前退休、残障和家庭津贴，以缓冲就业风险

每个问题领域都有其特有的政策挑战。然而，如果我们就财政情况和福利遗产的制约影响的理论观点有可取之处的话，我们就应该在每一个具体的政策领域里也得出更广泛的跨地区差异：高增长的亚洲民主体社会保障与服务的扩大；拉美更有针对性的扩大和自由化的更大压力；东欧福利保障的更强连续性。

1. 养老金改革

养老金通常是成本最高昂的社会福利保障之一，因此，也最有可能成为改革的对象。在拉美和东欧，技治主义改革者迫切要求要么沿袭智利模式全面私有化现收现付制，要么以不那么激进的多支柱方法建立缴费型第二（规定缴款型）支柱和第三（完全自愿型）支柱。

无论是完全替代型的还是混合型的，这些改革都涉及大量的转型成本，原因是工资税从现收现付制转移入新账户。出于这个原因，改革举措通常只在短期宏观经济不稳定似乎得到控制之后出现。① 然而，在危机之后，特别是当公共福利保障庞大时，养老金制度就会被看作是财政稳定的一大威胁。大多数大型养老金体系都存在经常性的赤字，且全都

---

① 也许是出于这个原因，劳尔·马德里（2003年）发现经济危机和养老金改革之间没有相关性。但是，他却表明了改革和养老金规模之间的联系。

面临着大量资金准备负债。① 从更长远来看，改革者预期完全或部分私有化将通过深化国内资本市场和降低政府的或有负债来加强政府的财政状况。从短期来看，他们希望通过参数性调整，如提高退休年龄或调整福利待遇计算方式，来最小化转型成本。

20世纪90年代，多数拉美和东欧国家政府实施了某种类型的结构性养老金改革。但是，我们认为东欧比拉美更有限。这两个地区之间的一些差异在表5－10中有所呈现。虽然这两个地区的绝大部分改革都涉及建立混合型或平行型制度，但只有智利和墨西哥的制度被完全私有化。更具启示意义的是由萨拉·布鲁克斯（2007年）和劳尔·马德里（2003年）各自独立得出的对私有化程度的估计结果。布鲁克斯模拟了固定缴款制度中挣平均工资的工人的累积收入回报。马德里则计算了进入私立支柱的工资税比例和私立支柱隶属工人的比例；马德里指数就是这两个百分比相乘的结果。除乌拉圭和哥斯达黎加这两个尤其庞大且广泛普及的养老金体系外，拉美的私有化远高于东欧。除拉美的乌拉圭和东欧的罗马尼亚外，东欧国家的养老金覆盖率也更加广泛。

表5－10　　　　　拉丁美洲和东欧的养老金覆盖与
多支柱改革

	类型[a]	第二支柱预期待遇[b]	第二支柱工资比例[c]	第二支柱工人比例[d]	马德里指数[e]	缴费者/劳动年龄人口[f]
拉美						
阿根廷	混合型	54	0.41	0.67	0.27	39.0
巴西	无					31.0
智利	替代型	100	1.00	0.95	0.95	43.0
哥伦比亚	平行型	100	0.93	0.38	0.35	27.0
哥斯达黎加	混合型	20	0.36	1.00	0.36	47.2
墨西哥	替代型	91	0.82	1.00	1.00	30.0
秘鲁	平行型	100	1.00	0.58	0.58	20.0

① 虽然我们的样本中只有少数国家面临着众多发达工业化国家常见的人口迅速老龄化的严峻人口结构压力，但所有国家都遭受了正规部门就业萎缩和对保费缴纳的彻底回避所带来的缴费额下降。

续表

	类型[a]	第二支柱预期待遇[b]	第二支柱工资比例[c]	第二支柱工人比例[d]	马德里指数[e]	缴费者/劳动年龄人口[f]
乌拉圭	混合型	48	0.37	0.39	0.15	78.0
委内瑞拉	混合型	n.a.	n.a.	n.a.	n.a.	30.0
东欧						
保加利亚	混合型	37	n.a.	n.a.	0.17	63.0
捷克共和国	无	—	—	—	—	67.2
匈牙利	混合型	43	n.a.	n.a.	0.26	65.0
波兰	混合型	49	n.a.	n.a.	0.22	64.0
罗马尼亚	混合型	n.a.	n.a.	n.a.	n.a.	48.0
斯洛伐克	混合型	n.a.	n.a.	n.a.	n.a.	72.0

注：[a] 梅萨-拉戈（2005年：49）针对拉美和东欧将改革划分为替代型、混合型和平行型体系。穆勒（2002年a：164）也提出了针对东欧的划分体系。

[b] 受资助支柱中挣平均工资的工人的预计福利待遇（布鲁克斯，2007年）。

[c-e] 马德里指数是第二支柱工资税比例乘以第二支柱工人比例的计算结果（马德里，2003年：16）。

[f] 此项数据由帕拉西奥斯（Palacios）和帕拉雷斯-米拉勒斯（Pallares-Miralles）（2000年）提供。

这些差异有些是与基于政体类型的解释相一致的。智利和墨西哥的激进私有化由威权政府所开展。但是，各民主国家在改革程度上却各异，且这些差异可部分归因于福利遗产。东欧民主体继承的养老金制度涵盖了多数老龄人口，并为几乎所有仍在岗的人群承诺保障。私有化受制于为受益者和临退休人员提供保障的压力。与利益相关者的妥协也是拉美养老金改革的特征。但是，除乌拉圭和哥斯达黎加外，更狭窄、更不均的覆盖面削弱了养老金领取人员、工会和其他利益相关者施加政治影响的能力。

亚洲新兴民主体的养老金政策与拉美和东欧对私有化的重点关注形成鲜明对比。在韩国、中国台湾地区和泰国，民主转型前的养老金覆盖仅限于针对政府雇员的慷慨资助计划和针对小部分正规部门群体的固定缴款计划。转型以后，韩国和中国台湾地区的公共养老金覆盖急剧扩大，而泰国也经历了重要的革新。菲律宾也存在着类似的压力，该国曾于50年代建立起公共养老金制度，但这些努力却受制于经常性的财政紧缩。相比之下，一直不如亚洲其他国家与地区民主的新加坡和马来西亚则表现出更大的连续性，其固定缴款方式限制了公共福利保障，并强调了个人责任。

2. 改革医疗保险和医疗体系

继承而来的福利遗产和财政情况也在医疗改革的政治中扮演着重要的因果角色。除马来西亚和新加坡外，东亚地区的医疗保健体系历来缺乏任何实质性的社会保险维度，而仅为相对狭窄的制度核心支持群体提供福利。这些特权圈子之外的个人比拉美和东欧更大程度地依赖由雇主所提供的保险、私人保险，以及现款自付支出。所有四个新兴民主体都大规模扩大了公共医疗保险覆盖面，其中韩国和中国台湾地区新设立了广泛覆盖的全民体系。相比之下，新加坡和马来西亚则主要关注自由化改革：削减成本，提高公共福利提供的效率，鼓励竞争，以及转嫁成本和风险至家庭和个人。

拉美医疗改革的政治更加复杂。一方面，财政紧缩的拉美国家的政府比亚洲民主体更优先关注财务和行政改革，这种改革解开了养老金和医疗基金之间复杂的互相补贴，提高了服务交付的成本效益。在许多情况下，财务责任被转移给这类政府的下级政府，利益相关者势力更弱。公共交付体系的改革也包括权力下放和成本控制措施，如对医院的人均预算。在一些国家，政府鼓励或默许大幅扩大私营部门提供方的角色。这些不同的改革往往由于医护人员和公营部门工会的反对而有所放缓，但拉美多数医疗体系的组织逐渐随着时间推移而改变。

拉美各国政府也面临改善基本医疗保健服务的高度不公的政治压力。然而，当与高增长的亚洲案例相比较时，这种扩大便呈现出两大惊人特点。首先，我们发现几乎没有创建任何全面统一的社会保险或公共服务体系的努力。哥伦比亚和程度更有限的巴西是最明显的例外。在其他地方，改善公共服务的努力更为渐进，采取的形式是针对特定地区或人群的人类发展计划。其次，这些努力高度取决于财政情况。当财政紧缩有所缓解，无论是民主还是半民主政府都会扩大福利。然而，这种扩大医疗的方式是可逆的，仍然容易受到不断变化的财政状况的影响。

与东亚和拉美相反，东欧的医疗保健融资和提供曾一度由公营部门主导。继民主转型后，对医院和诊所的控制通常被下放给市级政府，医生则游说呼吁私营部门在提供服务中的更大作用。然而，所有的后社会主义案例都表现出对财政资助和普遍提供治疗性和基本医疗服务的持续承诺。大多数国家政府通过选择全民医疗保险制度而倾向于"重回俾斯麦主义"（马里和格伦里维根，1997年）。其结果是，医疗支出在转型期有所增加，且一直高于其他地区。

表5-11呈现了医疗政策的一些跨地区差异，显示出1996年至2005年医疗总支出中公共和私人比例的变化，以及私人支出中的现款自费支付和保险比例的变化。在东亚的两个高增长民主体，韩国和泰国，公共医疗支出占医疗总支出的比例大幅上升。世界卫生组织没有提供针对中国台湾地区的可比数据，但该地区全民医疗保险制度的创建也有着类似的效果。在菲律宾，财政问题对政府造成了特别制约，尽管有着新型社会保险举措，其医疗支出的公共份额仍有所下降。在新加坡和马来西亚这两个非民主国家，前者公共支出有所下降，而后者的上涨幅度很小，尽管两国都有着较长的公共医疗提供历史。虽然平均支出一直略低于拉美，但至21世纪头十年中期，随着公共支出的增加，这些差异便不再具有统计意义。

拉美在1996年至2005年，其医疗总支出中公共支出所占的比例略有增加，但相对东欧仍较低，仅略高于东亚。不过，该地区存在大量差异，证实了我们的一些理论预期。在智利的部分私有化医疗卫生体系中，公共支出一直相对较低，反映出皮诺切特政权的遗留问题。在这十年里，阿根廷、秘鲁和委内瑞拉的公共支出有所下降，这三个国家均面临严峻的财政压力。相比之下，哥伦比亚的公共支出则大幅增长，该国在20世纪90年代初有着特别有利的财政状况。公共支出在哥斯达黎加这个有着公共融资和服务提供历史的长期民主体一直很高。而巴西和墨西哥这两个经历了严重财政压力的国家，其公共支出增长却与我们的预期不相符。但是，正如第七章将提到的，这两个国家都面临着相当大的选举压力，来矫正获取医疗保健服务的极端不公平现象。同样值得注意的是，拉美私人医疗保险的平均比例明显不同于东亚和东欧。在这十年里，私人医疗保险市场在阿根廷、巴西、智利和哥伦比亚大幅增长，并在秘鲁也有着程度较低的增长。

表 5-11 拉丁美洲、东亚和东欧公共和私人医疗支出
（1996 年和 2005 年）

	1996 年公共/医疗总支出[a]	2005 年公共/医疗总支出[a]	1996 年私人/医疗总支出[b]	2005 年私人/医疗总支出[b]	1996 年自付/私人支出[c]	2005 年自付/私人支出[c]	1996 年保险/私人支出[d]	2005 年保险/私人支出[d]
拉美								
阿根廷	57.6	44.2	42.7	55.8	70.4	48.8	26.0	45.7
巴西	40.4	53.7	59.6	46.3	68.6	64.4	31.4	35.6
智利	47.4	47.1	52.6	52.9	51.5	46.1	48.4	53.8
哥伦比亚	64.8	85.8	35.2	14.2	85.4	44.6	14.6	55.4
哥斯达黎加	76.2	77.1	23.8	22.9	87.5	88.7	2.7	2.1
墨西哥	41.4	47.1	58.6	52.9	96.6	94.4	3.4	5.6
秘鲁	51.6	47.3	48.4	52.7	88.2	79.4	9.1	17.3
乌拉圭								
委内瑞拉	50.8	42.9	49.2	57.1	89.1	88.2	4.6	3.8
拉美平均水平	53.8	55.6	46.3	44.4	79.7	69.3	17.5	27.6
东亚								
韩国	38.1	50.9	61.9	49.1	85.0	76.0	3.9	8.0
马来西亚	48.0	54.4	52.0	45.6	79.9	74.2	9.0	13.2
菲律宾	41.0	38.3	59.0	51.7	81.8	77.3	6.6	12.8
泰国	47.2	63.9	52.8	36.1	80.4	76.6	9.5	15.6
中国台湾地区								
新加坡	40.8	34.7	59.2	65.3	95.7	96.9	n.a.	n.a.
东亚平均水平	43.0	48.4	57.0	51.6	84.5	80.2	7.3	12.4

续表

	1996年公共/医疗总支出[a]	2005年公共/医疗总支出[a]	1996年私人/医疗总支出[b]	2005年私人/医疗总支出[b]	1996年自付/私人支出[c]	2005年自付/私人支出[c]	1996年保险/私人支出[d]	2005年保险/私人支出[d]
东欧								
保加利亚	69.1	57.5	30.9	42.5	100	98	0	0.3
捷克共和国	90.7	89.1	9.3	10.9	100	95.4	0	2.1
匈牙利	80.8	72.6	19.2	22.4	95.1	93.0	n.a.	3.4
波兰	73.5	69.8	26.6	30.2	100	97.9	0	2.1
罗马尼亚	66.5	66.0	35.5	34.0	100	93.4	0	0.1
斯洛伐克共和国	88.7	72.4	11.3	27.6	73.2	73.4	0	0
东欧平均水平	78.2	71.4	22.1	28.8	94.7	9.2	0	1.3
拉美-东欧(p-值)	0.00	0.05	0.00	0.04	0.05	0.02	0.02	0.01
拉美-东亚(p-值)	0.05	0.38	0.05	0.50	0.43	0.23	0.12	0.11
东欧-东亚(p-值)	0.00	0.01	0.00	0.01	0.09	0.07	0.01	0.00

[a] 政府医疗支出占医疗总支出的百分比。
[b] 私人医疗支出占医疗总支出的百分比。
[c] 个体家庭自付费用占私人医疗支出的百分比。
[d] 私人保险和风险共担占私人医疗支出的百分比。

资料来源:世界卫生组织,2007年。

从 1996 年至 2005 年，公共与私人医疗支出的比例在东欧国家有所下降。然而，转型 16 年后，这一比例仍然远远高于其他两个地区的几乎所有国家。尽管公营部门的资助渠道从一般国库资金向社会保险基金正式转移，广义的公共责任原则仍保持不变。此外，不像许多拉美和东亚国家，东欧的私人支出不断增加的份额几乎完全由家庭而不是私人保险市场来资助，这揭示了医疗保健安全网的明显漏洞。

3. 教育

民主化对公共教育体系有着许多直接影响。在威权政体下，教育体系是政治控制和灌输的工具。民主化之后通常会有修订课纲的努力，以反映民主价值观，且常常引发试图改造并重新诠释过去的激烈斗争。民主化放松了对教师和课纲的政治控制，改变了教师行业的招聘模式，并增强了教师工会组织的自由度；这些工会在我们主要感兴趣的其他方面的改革中起到了重要作用。最后，民主化通常伴随着提高学校对家长的响应度和扩大学生选择面的努力。

在第一部分所涉及时期的伊始，大量人口仍完全处于教育体系之外，招生的扩大就成了公共承诺的一个有用标尺。至 20 世纪八九十年代，小学入学率已不再是这三个地区多数国家所面临的主要挑战。关于教育的讨论转移到了质量和其他超出本书范畴的问题上，如高等教育和职业培训。尽管如此，接受中学甚至小学教育在几个亚洲和东欧国家仍然是一个突出的问题，包括菲律宾、泰国、罗马尼亚和保加利亚。此外，在许多拉美国家，教育程度高度不均，远低于基于地区发展水平的预期值。

在我们对教育的分析中，我们把主要注意力放在这些案例上，并表明我们的核心理论观点如何与之相关。首先，我们预期政府提高教育覆盖和质量的能力取决于财政情况。我们也预期财政紧缩会推动改革，如权力下放、控制成本及提高效率和重新分配资源给贫困地区以及中小学教育。然而，我们也预期这些努力会受到现有体系遗产的影响，包括不同教育层次和地区的支出分布，以及利益相关者尤其是教师工会的政治权力。

更繁荣的东亚国家与地区已经实现了中小学入学率普及或接近普及。相比之下，在泰国和菲律宾，中学普及率仍然是一个持续存在的问题。这两个案例使我们得以对经济环境的影响展开虚拟自然实验。在泰国,财政状况使得中学入学率大幅提升,而菲律宾则面临着持续的财政紧缩和争取合理化的斗争。①

由于脆弱的教育传承和严重的经济紧缩,拉美在教育改革方面表现出一些特别有趣的情况。教育改革并没有像养老金和医疗保险改革一样面临着来自受益者的同样的公开反对,且当它关涉教育服务扩大或质量改进时还获得了支持。但教师支配了连养老金领取者、养老基金董事会的工会代表甚至医务工作者都无法获得的组织资源。如果公营部门的工会表现强劲,他们就会对教育改革的制定和实施产生实质性的影响。一些核心的改革,包括标准化测试的实施、绩效工资、减少教师工会对工作分配和晋升的影响力的努力,在执行和实施时都招致了激烈的抵制。

在东欧曾经的社会主义国家,教育制度有极强的计划性,这一点甚至更胜于拉美和东亚的威权制度。新兴东欧民主体的教育改革自然减少了政治干预,扩大了学术自由,并扭转了过度专业化以及学生选择几乎完全丧失的局面。也许正是因为社会主义的遗产,我们发现了对改革(例如权力下放)的更大包容甚至是支持。社会主义国家也有着广泛的中小学普及率,并因此比拉美甚至一些东亚案例都更加公平(见表1-4);除保加利亚和罗马尼亚针对少数民族群体存在重要教育赤字外,中小学层次的教育扩大并不是一个核心的问题,因此我们不对社会主义案例的教育改革给予同等的关注。尽管如此,我们也发现了与针对拉美教育改革的争论的一些相似之处,特别是在教师抵制某些改革提议上所起的强大作用方面。

4. 社会安全网:解决贫困和脆弱性问题

民主转型也产生了新的政治压力来解决与危机、经济改革和更长期存在的贫困与不公问题相关的新的脆弱性问题。将这些努力进行归类是很难的,因为政府可以通过各种手段提供安全网。不管怎样,许多关于社会保障的文献都对旨在降低广大人群风险的社会保险计划和针对被排除在传统社会保险制度之外的特殊群体的社会救助计划进行了区分[林德尔特、斯库菲亚斯(Skoufias)和夏皮罗(Shapiro),2006年]。前一

---

① 职业培训和组织的设计以及高等教育的融资日益凸显出重要性,特别是在已经普及中等教育的国家。但这些努力大多超出了本书的范畴,本书重点关注中小学教育的提供。

种方法包括消极和积极的劳动力市场政策、伤残保险、家庭津贴和生育补助金，以及具有广泛资格要求标准的子女扶持计划。社会救助和有针对性的反贫困计划包括大多数公共就业计划、贫困家庭收入补贴、基本生活必需品补贴或实物转移支付，如食品计划、社会基金和有条件的转移支付计划。

社会保险和社会救助并非完美的可替代方案，所有三个地区都采取了一系列政策措施以解决贫困和不安全问题。然而，我们在这些不同类型的计划的实施时机和整体实施情况上发现了跨地区差异，反映出其各自的经济状况、财政紧缩情况和福利遗产。

拉美和东欧案例之间的比较尤其令人感兴趣，这两个地区都经历了深刻的危机，但却以完全不同的方式加以应对。我们样本中的拉美国家比东欧国家更加强调有针对性的反贫困计划。拉美在危机年代的一个重要但有争议的创举就是建立了资助贫困社区的快捷支付公共工程项目的社会基金。至90年代中期，这些基金已在智利、秘鲁、墨西哥、委内瑞拉、哥伦比亚和乌拉圭得以启动。90年代后期，一些拉美国家的政府开创了有针对性的人类发展或有条件的现金转移支付计划。这些计划给贫困家庭提供了收入补贴，但条件是要符合在享受基本社会服务方面的要求，如在诊所就诊和确保子女入学。①

拉美安全网模式的若干特点与上面提到的理论观点有密切关系。首先，目标减贫方法反映了世界银行等国际金融机构和国内社会政策改革者的观点，他们认为长期贫困和结构性、周期性失业都要求在利用稀缺资源上更加高效。

其次，虽然福利侧漏和庇护主义做法是这些计划中的常见问题，福利也的确似乎不成比例地流向了占人口40%的最贫穷的家庭和个人，且常常构成其收入的重要组成部分［科迪、格罗什（Grosh）和霍迪诺特（Hoddinott），2004年］。这种有针对性的扶持计划被视为补充了从一度主导拉美社会支出的核心社会保险计划中重新分配资源的努力。

最后，无论是财政压力还是利益相关者的福利都对这些计划的规模

---

① 墨西哥教育、健康和营养计划（PROGRESA）于1997年发起，是地区和全球范围内的首个同类大型计划，之后又有了哥伦比亚的家庭行动计划（FA）、智利的统一家庭津贴以及巴西的助学金（即后来的家庭补助金）计划。

造成了显著制约。这些计划的支出占 GDP 的 0.5%—1%，且仅在社会总支出中占很小比例（在 21 世纪初一般为 5%—7%）。此外，尽管福利收益往往构成了受助家庭收入的一个相当大的部分，它们却与其覆盖面呈反比关系（林德尔特、斯库菲亚斯和夏皮罗，86—112）。因此，虽然这些计划总体对家庭收入和人类发展有着明显且非常积极的影响，它们对贫穷的整体影响却相对温和。与在该地区更普遍的社会支出一样，这些计划仍然容易受到经常性的财政紧缩的影响［斯奈德（Snyder）和雅科夫列夫（Yackovlev），2000 年］。

可以说，东欧面临着比拉美更艰巨的一系列调整；然而，出乎意料的是，该地区并没有走上一条新自由主义或剩余主义路线，新任民主政府往往更多依赖于普遍主义或有广泛针对性的计划。紧随转型之后，各国政府利用现有的工具，如家庭津贴和残疾抚恤金，来帮扶 90 年代初转型衰退中下岗的工人。在此期间，他们还实行或扩大了失业补偿，并迅速实施起积极的劳动力市场政策。相比之下，在拉美，只有四个国家（阿根廷、智利、乌拉圭和委内瑞拉）提供过任何形式的失业补偿，且这些计划的覆盖面和持续时间都十分有限。

科尔尼亚（Cornia，2002 年）、凡浩塞（2006 年）和其他一些学者认为，继承自社会主义时代的社会保障制度和失业保险与社会救助的迅速建立抑制了社会冲突，从而促成了民主治理自身的巩固。然而，针对这些计划，第八章提出的更详细证据将表明，它们绝不限于人口中最贫穷和最脆弱的群体。相反，这些计划的覆盖面一般很广，其结果是分配效应要么表现平平，要么甚至稍有退步（例如，科迪、格罗什和霍迪诺特，2004 年；米拉诺维奇，1995 年）。

东亚在 20 世纪 80 年代后期之前，政府提供社会安全网的作用高度有限。三个高增长民主体——韩国、中国台湾地区和泰国——的强劲经济环境起初缓解了对这种计划的需求；尤其是在两个更工业化的案例中，政治关注集中在核心社会保险计划的扩大上。尽管如此，所有四个新兴民主体都在民主转型后制订了新型劳动力市场和社会安全网计划。在农村人口更多的泰国和菲律宾，新任民主政府还尝试了各种各样的农村反贫困计划。不过，财政紧缩的差异在这些举措的规模上起了主要作用；泰国的举措比在菲律宾得到了更持续的资金支持。同样值得注意的是，政体类型仍然具有影响力；马来西亚以及尤其是新加坡坚持了一套远远更自由的社会安全网模式（拉梅什，2004年）。

20世纪90年代末的东亚金融危机和伴随而来的结构性改革努力削弱了一度通过企业得以扩大的社会保障，增加了劳动力市场的灵活性，并降低了与持续增长相关联的事实上的就业保障。但是，反贫困举措却广泛存在。韩国扩大了失业保险并设立了一系列新方案。中国台湾地区建立了失业保险计划，而泰国政府在最初温和应对危机之后被更民粹主义的政府代替，推出了各种反贫困措施。正如我们所预期的那样，危机的确强化了技术官僚的角色。但与拉美和东欧相反的是，高增长亚洲民主体的财政问题在深度和持续时间上都更有限，且不能顺理成章地与长期的社会福利相联系。其结果是，危机产生了一些新的社会政策措施以应对脆弱性，其中的一些举措扩大为更永久的福利保障。此外，菲律宾的实践再次证明其应对能力更加受限，原因在于其持续的财政紧缩问题。而在马来西亚以及尤其是新加坡，民主治理的缺乏导致了其应对危机的更温和的社会政策。

第六节　结　论

与第一部分一样，我们已确定了各地区改革进程的某些"模式化"特点，我们认为这些特点可追溯至一些普遍的原因：更早时期的关键重组和发展战略的性质；随后案例研究中的经济环境和福利遗产。[①] 然而，任何给定地区的案例也表现出围绕这些方面的重要差异。这些差异为进一步检验我们对民主化、经济环境和福利遗产的影响的最初预期提供了机会。

在东亚，我们利用高增长民主转型（韩国、中国台湾地区和泰国）与菲律宾之间的对比来证明财政紧缩对社会政策的作用。高增长案例随后也经历了金融危机，但危机的相对短暂性和结构性财政问题的缺乏限制了自由化改革的动机。

有两个亚洲国家也在重要方面保持着威权主义：新加坡和马来西

---

① 对这种方法的一个常见批评是它对因变量的选择；参见格迪斯，2003年：89—129。然而，正如马奥尼（2003年：351—352）所指出的，当用于突出强调一些必要的先行条件时，这种选择方法就可能是合适的。

亚。我们表明，政体的连续性伴随着社会政策本质的连续性和对自由化改革的偏好。

拉美国家也在我们关注的三个核心因果变量上表现出差异。政体类型对自由化改革的程度有着重要影响，尤其是在养老金领域；威权和半民主政体比民主政体有更强的能力来面对利益相关者，并开展更广泛的改革。但是，我们发现，民主和竞争性威权政体都有着扩大反贫困计划的选举动机。

经济和财政紧缩的严重性的差异以及福利遗产的差异也同样重要。技治主义影响在经历严重危机的民主国家如阿根廷最为广泛，且在财政紧缩和通胀制约因素不太严重的地方更加有限；我们发现这些财政紧缩因素在威权环境下也起作用。最后，在大多数国家，自由化改革都遭到利益相关者的明显反对，尽管福利覆盖范围狭窄。然而，对于诸如哥斯达黎加和乌拉圭这样的拥有最广泛且最慷慨福利的国家而言，这些遗留问题的影响最为巨大。

最后，东欧的福利遗产存在更大的共性；我们发现，各国之间存在的差异并不像解释拉美样本的一些差异那样同样重要。我们也没有发现与东亚和拉美同等程度的政体类型差异。因此，我们重点比较像波兰这样的早期改革国家和像保加利亚与罗马尼亚这样的后期改革国家之间的共同差异。我们表明，这些差异与转型后初期社会政策改革些许不同的模式有关。但改革缓慢的国家最终再次面临了90年代中期的经济危机，并且到2005年，即本研究的终结点，东欧国家在其社会政策体系上均表现出实质性的趋同。

第六章　东亚的民主、增长与社会契约的演变：1980—2005年

亚洲中等收入国家与地区的民主转型始于菲律宾，该国在1986年年初发生了反对马科斯独裁统治的"人民力量"起义。图6-1用Polity IV政体指数评分标准追踪了该地区随后的政治变革进程（6分通常被认为是民主治理的门槛分数）。在韩国，1987年的总统选举通常被认为是其转型点，尽管直到1993年才有反对党候选人上台执政。东亚的另外两个转型也逐步发生。在泰国，军方在20世纪80年代缓慢地妥协了针对当选政客的否决权，直到1991—1992年发生了短暂的军事干预。从1992年到2006年，该国持续保持民主状态，其间军方再次干预。中国台湾地区与墨西哥的情况一样，执政的国民党从80年代中期起逐渐在全岛引入政治竞争。虽然直到2000年才有反对党政客当选领导人，但岛内政治直至90年代初一直都是实质性的民主政治。截至2005年，马来西亚和新加坡都仍然不是完全民主，虽然这两个国家的政治制度都有着竞争性成分。

韩国、中国台湾地区和泰国的民主转型发生于轰轰烈烈的经济扩张期。直到1997年至1998年的亚洲金融危机之前，增长都保持强劲（图6-2）。强劲的经济增长与有利的财政环境有关（图6-3）。在中国台湾地区，1980年至1988年的预算赤字每年平均不到1%，后来才因为政治因素而有所扩大，这一点我们接下来将会阐述。直到1997年金融危机冲击之前，韩国政府的财政状况在民主转型时期都大致保持收支平衡。泰国在80年代发生了比菲律宾更大的财政赤字，但80年代初期的重大调整力度后来又扭转了这一局面，该国在庞大财政盈余的情况下得以转型为更民主的政治。

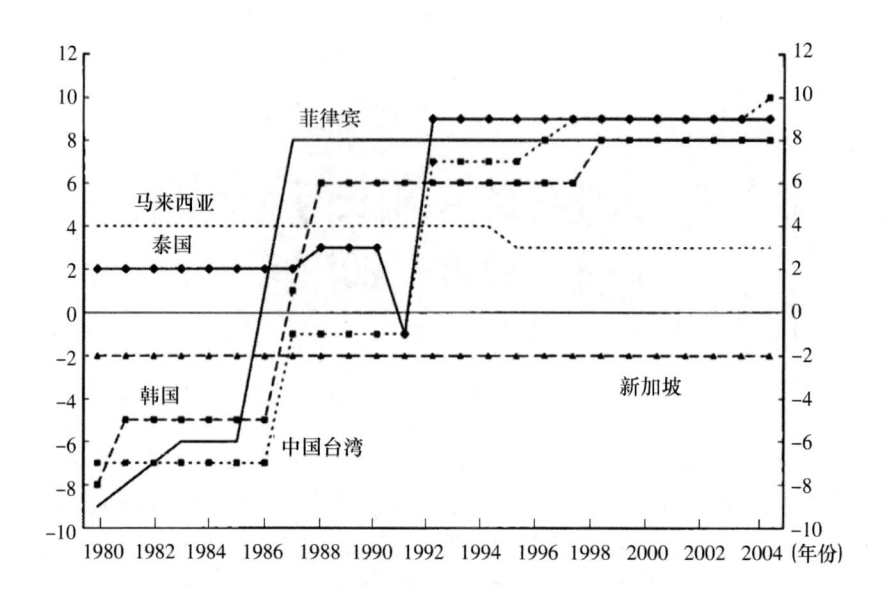

图 6-1　东亚的民主转型（1980—2004 年）

资料来源：Polity IV 政体指数数据库（马歇尔和贾格斯，2004 年）。

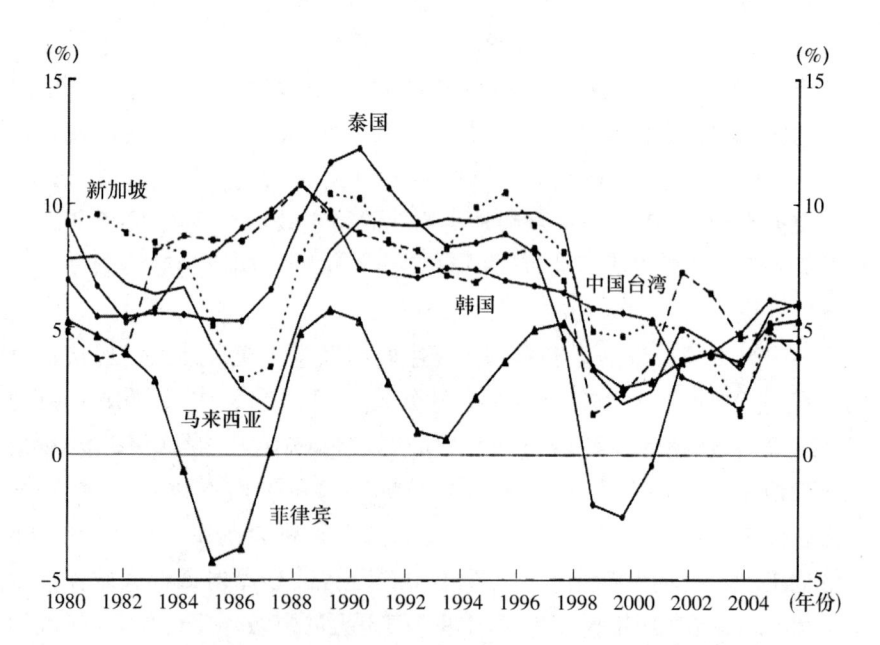

图 6-2　东亚的 GDP 增长（三年移动平均值，1982—2005 年）

资料来源：世界发展指数（世界银行，2007 年）；中国台湾数据：亚洲开发银行，2005 年。

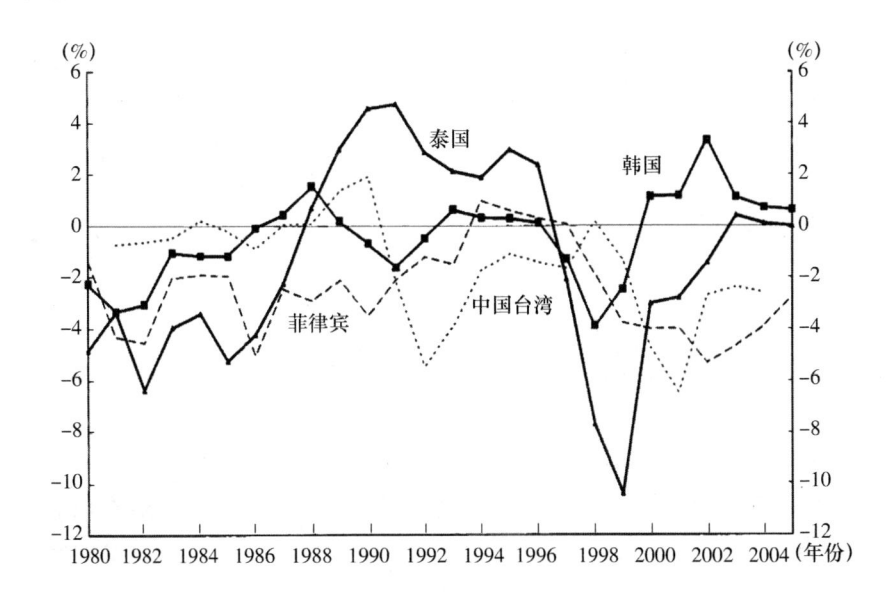

图 6-3　预算余额占 GDP 的百分比：韩国、菲律宾、中国台湾地区和泰国
（1980—2005 年）

资料来源：世界发展指数（世界银行，2007 年）；中国台湾数据：亚洲开发银行，2005 年。

这种经济、财政和政策环境的结合强化了主张扩大国家的社会政策角色的政治人物的力量。甚至当新的社会保险计划面临财政困难时，政府内外的改革者也发现极难逆转这一局面。

菲律宾则与这三个高增长案例形成鲜明反差。继类似于拉美所发生的债务危机后，菲律宾随之发生了民主转型。但随后的增长则不稳定，且国家的财政状况更为不利。从 90 年代中期起，该国财政收入长期恶化。这些情况限制了社会政策举措并对改革产生了经常性的压力。

新加坡和马来西亚使我们得以比较有着半民主和竞争性威权制度的新兴民主体的社会政策演变。除在 80 年代中期有过短暂、急剧的下滑外，这两个国家也经历了强劲增长，直至 1997—1998 年的金融危机。然而，这两个国家的政治环境却与民主国家迥然不同。选举和其他规则保证了主导党的领导权，且政府明确限制反对党、工会和非政府组织。有限的公共保障和对自由化改革的更大重视均可合理追溯至这些政治环境。

与拉美和东欧一样，亚洲的金融危机也对政府产生了尖锐冲突的压力。我们尤其关注样本中三个受 1997—1998 年亚洲金融危机影响最严重的国家：韩国、泰国和马来西亚。一方面，政治领袖受到压力，要减轻痛苦并制度化针对不安全的更永久性的保障。另一方面，危机对政府造成了短期和中期的财政紧缩并刺激了广泛的经济改革，包括贸易和投资的进一步自由化以及广泛的企业和财务重组。与拉美和中欧一样，危机增强了技术官僚和国际金融机构的作用。

但是，与拉美和东欧相反的是，亚洲金融危机并没有在新兴民主体催生显著的社会政策承诺的改革或紧缩；与此相反，社会政策承诺继续扩大。除菲律宾外，危机并没有发生于结构性预算赤字或长期高度详尽的社会保险承诺的背景下。此外，相较于拉美长达十年的经济衰退，亚洲的复苏相对迅速。其结果是，新兴民主体的自由派改革者没有得到有关社会政策的政治认同。在一些重要的案例中，短期改良性措施被拓展为更长期的承诺。马来西亚却不是这样的情况，该国对民主政治的限制在金融危机整个过程中一直持续。

第一节 民主转型和社会政策：中国台湾地区、韩国、泰国和菲律宾

根本的结构性和人口结构因素影响着社会政策改革的议程，因此有必要在可能的范围内控制这些变量，哪怕是针对定性研究（表6-1）。中国台湾地区和韩国这两个"第一代"新兴工业体大致具有可比性。虽然中国台湾地区在1985年人均收入更高，但这两个工业体都有着较大的工业部门、仍然重要但迅速下滑的农业部门以及相对平均的收入分配和低水平的绝对贫困。泰国和菲律宾也有一些共同特点，使其具有合理的可比性。这两个国家的工业就业率几乎完全相同，而泰国的农业劳动力则比例更大（约占68%），菲律宾在1985年也有近一半的农业劳动力。两国在亚洲案例中都位居更不公平的行列，其贫困水平都相当于日均1美元。

养老金和医疗保健需求的一个重要决定因素是人口结构（表6-2）。该地区的更发达经济体的确表现出更明显的老龄化趋势。但在80年代中期，即本书第二部分研究的起始时期，不同国家之间老龄人口的比例并没有大幅不同，因此并不足以构成对于养老金和医疗的政策差异的简单解释。

表6-1　东亚：发展、经济结构、不公平和贫困（1985年）

	人均GDP（定值美元）	人均GDP（购买力平价）	工业劳动力比例(%)	农业劳动力比例(%)	基尼系数	日均1美元贫困线，1985年
韩国	5322	5750	29.5	24.9	34.5	<5（1984年）
马来西亚	2587	4359	23.8	30.4	48.1	16（1984年）
菲律宾	974	3266	13.8	49.6	46.1	23（1984年）
新加坡	13332	9965	35.7	0.7	41.6	<1（估计）
中国台湾地区	7530[a]	8000[b]	41.6	17.5	29.2	<2（估计）
泰国	1329	2751	12.1	68.4	47.4（1986年）	25（1988年）

注：[a] 1996年定值美元。
[b] 1997年定值美元。
资料来源：世界发展指标（世界银行，2007年）；基尼系数：戴宁格尔和斯奎尔，1996年；中国台湾数据，2004年。

表6-2　亚洲的老龄化：65岁以上人口比例（1985—2025年）　　（%）

	1985年	1995年	2005年	2015年	2025年
韩国	4.3	5.7	8.5	11.5	17.3
菲律宾	3.4	3.5	4.0	4.9	6.7
中国台湾地区	5.1	7.2	8.9	10.3	15.9
泰国	4.3	5.4	7.5	9.8	13.9
马来西亚	3.7	3.9	4.6	5.9	8.1
新加坡	5.3	6.3	8.1	11.4	19.5

资料来源：联合国，2001年。

一　中国台湾地区

中国台湾的案例清楚地表明了，在有利的经济环境下选举竞争可以如何推动哪怕是保守政党来扩大社会保障。中国台湾地区在制订社会保险计划上有别于东亚其他案例，但正如第三章已述，其覆盖范围和福利待遇都相对有限。在政治开放之前，国民党的社会保险举措主要旨在扩大国民党核心利益群体已享有的单独的、更丰厚的方案所提供的福利待遇：公务员、军人、私立教师和其家属（孙，2001年：47；艾斯博尔特，2002年：51—63）。

1. 迈向全民医疗保险

1985—1991年这一时期是中国台湾地区转型的关键期；并非巧合的是，社会支出也开始急剧上升（见图A6-14）。①

中国台湾当局开始允许反对党形成，并在全岛走向竞选。由于预料到这些事态的发展，国民党于1985年推出了一项试点方案，以扩大医疗保险至农民这一先前被排除在劳工保险条例之外的重要选举群体（古允文，1997年：82；孙，2001年：46—49）。该方案在接下来的几年急剧扩大。政府还于1988年成立了行政专案组，对创建一个单一缴费人的全民医疗保险制度展开调研。②

1988年，李登辉（Lee Teng-hui）解除戒严，并允许在全岛开展选举竞争。在1991年的国民大会选举中，反对党民进党（DPP）由于主张台独而表现不佳[雷格（Rigger），2001年：125]。在1992年的立法院（Legislative Yuan）选举之前——第一次针对所有议席的直接选举——该党的中间派试图通过推进社会政策提议而纠正这一错误。1993年民进党的社会福利白皮书承诺广泛的系列福利保障，包括全民医疗保险和养老金、住房补贴、政府担保的老龄人口退休收入，以及扩大社会救助（古允文，2002年：159—160）。③

国民党于1994年起草了其社会政策指导方针。④ 该指导方针的语气比民进党白皮书更为保守（古允文，2002年：161），但国民党提前考虑到1995年的立法选举而加快了出台其全民医疗计划。随后又通过引进私人保险商来解决新体系中出现的财政问题，但这一努力很快就成为

---

① 医疗支出数据（附录六）没有表现出与社会保障和教育支出同样的增长，因为通过医疗保险体系的支出未体现在中国台湾地区的财政数据中。有关医疗总支出的进程，参见瓦格斯塔夫（Wagstaff），2005年。

② 见黄一庄（2004年：77—79）。有关改革的历史，另见林（Lin，1997年）和孙（2001年：49—50）。

③ 费尔（Fell，2002年）追溯了该党在整个90年代社会问题立场的改变史。

④ 国民党不仅面临来自民进党的压力，而且面临内部分裂，导致了1993年新党（New Party）的组建。新党[以及后来的亲民党（PFP），成立于2000年]在"立法院"支持国民党；"泛国民党"或"泛蓝"联盟手握相对稳定的选票份额，并继续主导立法院，直至2004年。尽管如此，国民党与这些新兴政党的关系却是竞争性的，且国民党领导人不得不留意联盟的动态变化和倒戈的威胁。

官僚机构的内部分化、来自国民党立委的压力，以及由200多个非政府组织组成的广泛社会联盟的激进行动的牺牲品（黄一庄，2004年：112，133）。直至2002年9月，无论是国民党政府还是其民进党继任政府，都拖延了对保险费的调整，哪怕只是小幅调整。

在转型为竞争性选举政治后的很短时期内，国民党曾经启动了一项全民医疗保险制度。该举措将保险覆盖面从其出台前夕的57%在两年内扩大至95%以上，且医疗总支出中政府支出的比例和整体医疗支出都相应激增（拉梅什，2003年：367；瓦格斯塔夫，2005年：5）。

2. 养老金和养老津贴

有关养老金问题的全民辩论展开得更慢。20世纪八九十年代劳动保险制度下的养老金覆盖面逐渐增加，但最大化的保险收益却极其温和。① 于90年代中期开展的对老龄人口的调查发现，其总收入只有18%来自职业养老金（古允文，2002年：156），且整整1/4的65岁以上老龄人口没有养老金[周鉅原（Chow），2001年：29]。② 在1993年的市长和县长选举中，民进党的几个候选人都承诺养老津贴——实际上是一套非缴费型养老金制度。国民党领导层指责民进党的提案是公然的贿选，但却以两个"暂时性的"经过经济状况审查的针对老龄农民和低收入老人的津贴方案来加以回应。该党还承诺将制定一套全民养老金制度[古允文，1998年：36—40；2002年：160；邱显比（Chiu），2004年：3—4]。1997年，国民党的台北市市长候选人推出了养老津贴提案，得到了李登辉的公开支持。正如艾斯博尔特（2002年：99）所言，"李登辉的提案引发了地方政治的连锁反应。国民党其他候选人受选民所迫，要么提出了类似的计划……要么倡导全民养老津贴制度"，李登辉最终就是这样做的。

2000年，民进党候选人陈水扁成功地运行了一项社会福利平台（"3-3-3计划"），其中包括养老津贴（3000新台币/月），对首次置业者的补贴抵押贷款（为3%），以及政府资助的针对3岁以下儿童的医疗保健。在国民党未能将其提案立法之后，民进党也承诺了全民养老金制度。

---

① 国民党的核心利益集团，如公务员和军人，享受单独的、更优厚的福利制度。

② 1984年修订的劳动基准法设立了一项额外的强制性职业养老金计划，即所谓的劳工养老金，但它既非既得也不可转移；这一问题在后续改革中得到了解决。

然而，对这些举措的考虑发生于完全不同的政治和经济背景下。新领导人面临的是一个由不合作的反对党联盟（即以国民党为首的所谓"泛蓝"联盟）所控制的"立法院"，并且民进党自身也在养老金问题上分化为更保守和更激进的派别。随后便出现了僵局。

经济形势也发生了变化。中国台湾地区受亚洲金融危机的影响相对较小，但在2001年经历了严重的经济衰退，财政收入不断被侵蚀，而且预算赤字不断扩大。这些经济条件使保守派和技术官僚得以反对进一步的社会支出，陈水扁"政府"被迫向私营部门示好。当局放弃了其更加雄心勃勃的全民养老金提案，并寻求混合型的模式，以减轻政府的财政承诺。

尽管遭遇这些挫败，陈水扁"政府"依然为不享受现行福利制度的群体推行立法，以实现全民每月领取养老金。国民党揶揄此提案为贿选，但自身却提出了更为慷慨的计划。2003年，随着选举的临近，法律被再次修订以扩大福利待遇。2004年，政府也成功推行了一项改革，将员工特定的、不可转移的固定缴款福利计划转变为由政府监控的可转移的固定缴款计划。尽管并没有传统现收现付制的再分配成分，这项改革仍促成了福利覆盖面的显著扩大。

3. 劳动力市场政策

中国台湾地区民进党和国民党最初均反对失业保险，这反映了他们对商业支持的依赖和其选举基础的跨阶层性质。但1996年以后，失业率开始稳步上升，并在2001年的经济衰退中急剧攀升，且此后再也没有显著下降。1998年，国民党制订了一项失业保险计划。2001年的经济衰退后，民进党政府扩大了失业保险，使其覆盖到少至4名员工的公司以及兼职员工。一系列劳动力市场政策也紧随其后：短期改良措施，如公共工程计划，对"大规模"裁员的限制，对雇用失业人员的企业的补贴，并在一些部门分阶段减少外籍员工。这些举措中有些被证明与私营部门存在高度竞争性。劳动密集型产业，如纺织和服装业，积极游说劳动力市场的灵活性，并持续争取外来劳动力；2003年政府启动了系列改革，加强了企业使用派遣劳工的能力。这些争取行为有力地提醒我们，社会保险的扩大绝不会消除争取劳动力市场灵活性的政治或经济压力。①

---

① 由于养老金、医疗保险和解雇金要求均由劳务派遣机构来处理，雇用派遣劳工因此降低了企业的成本。派遣劳工也不在失业保险体系之内，因为其失业期被认为是自愿的。

二 危机前的韩国

民主和有利的经济环境也对韩国社会保险的扩大有着明显影响。与中国台湾地区一样,威权时代遗留下来的社会保险制度支离破碎,且高度不公。虽然卢泰愚和金泳三(Kim Young Sam)保守政府时期的最初扩大引人注目(见附录六),覆盖面的持续不公平为金大中政府时期的第二轮扩大奠定了背景;我们在探讨金融危机时将讨论这些举措。

1. 扩建全民医疗保险和养老金制度

除覆盖军队和政府工作人员外,于1977年启动的全民医疗保险构成了民主转型之前韩国的主要社会保险举措。该保险最初只强制针对政府雇员、教师以及大型企业(500人及以上)的员工。全斗焕逐步扩大了该体系,允许准公共保险社团或医疗基金的形成,但农民、个体经营者和城市非正规部门仍然被排除在该体系之外,使得总覆盖率仅大约为50%(黄圭振,2006年:87—89)。由于1986年威权统治的转型也掺杂了政治斗争,全斗焕政府宣布其打算扩大医疗保险覆盖面和全民养老金计划,并推出最低工资标准。1987年的抗议迫使总统直选,卢泰愚便将这些社会政策举措整合到其竞选纲领中。

竞选险胜之后,卢泰愚政府通过扩大和部分补贴现有医疗基金,将医疗保险扩大至农村和城镇个体经营者(权顺万,2003年:78)。① 1988年通过的一项新的养老金法,通过一项温和再分配的资助计划,将覆盖面扩大到至少十名员工的所有企业(此标准于1992年降至五名员工)。该方案要求员工(及雇主)在有资格领取养老金前先缴费20年,因此不涉及任何直接费用开支。但待遇水平定得非常高——40年后的替代率为70%——且政府、企业和劳工之间进行了谈判,其结果是相对所提高的待遇而言过低的缴费率;因此,该方案从一开始就存在财政弱点[黄圭振,2006年:73—76;文亨构(Moon),2001年]。

金泳三(1993—1998年)将进一步扩大养老金制度纳入其竞选纲领中,并于1995年扩大覆盖面至农民、渔民和农村地区的个体经营者,以作为韩国承诺开放大米市场的补偿[梁在振(J. Young),2000年:

---

① 总统否决了国民议会中的反对派试图整合医疗保险制度的财务结构以允许更大风险共担的努力(权诗朱,1999年a:65—67);后来金大中所开展的正是这一项改革。

115]。但委任的养老金改革委员会却存在分歧,自由派改革者争辩说,新体系在财政上不可持续,另外有些人则主张更边际的变动或进一步扩大。① 委员会的最终提案试图平衡这些各异的观点,但这一改革努力在金泳三总统执政期间很晚才开始执行,而且并没有在委员会内部达成共识。此外,自由化改革提议被金泳三的继任者金大中所忽略,后者倾向于仅扩大该体系。

2. 失业保险

全斗焕政府对失业保险十分敌对,其理由是成本和道德风险。然而,社会政策官僚机构中的政策企业家们建立并推广了一项旨在不仅赢得劳动力的支持而且也赢得企业和经济技术官僚的支持的计划[庾(Yoo)等人,2002年:287—289;黄圭振,2006年:117—122]。这项提议被从战略上更名为"就业保险"制度,将强制性失业保险计划与积极的劳动力市场计划相结合,以确保更广泛的支持,如通过补贴私人培训。所有三大主要政党都在1992年总统大选之前将该提案的各种版本纳入其党纲之中,且最终立法于1993年轻松通过。

三 中国台湾地区和韩国的社会救助与教育

在此可简短提下中国台湾地区和韩国的民主转型后经历了重要改革的另外两个政策领域:社会救助和教育。在韩国,卢泰愚政府并没有寻求对该国极简主义的社会救助计划——民生保护法令——进行根本性改变。当金泳三政府在其任期后期宣布与其全球化举措相关联的福利改革时,这些改革是保守性的、"唯生产力"取向的,强调通过企业、非政府组织和地方社区团体进行社会服务的私人提供[李(Lee),1999年:30—34;黄圭振,2006年:33—34]。然而,这些提案并没有得以立法,且不得不坐等经济危机的爆发和金大中政府的上台。

相比之下,在中国台湾地区,对社会救助与服务的改革涉及原则、组织和资金方面的更根本性的变化。中国台湾地区的社会救助历史上一直是地方政府的责任。1979年,国民党政府通过了老年人福利法、残障人士福利法,以及新的社会救助法。不过,这些措施的资助有限,且

---

① 整个民主时期,历届政府在合理化政府雇员、私立教师和军队所享受的慷慨资助的养老金制度时,都面临强大阻力,所有这些制度都经历了财务状况的恶化(文亨构,2001年)。

缺乏执行和监督的行政手段；中国台湾地区甚至都没有社会福利部门（詹火生，1987年：350—351；古允文，1997年：159；艾斯博尔特，2002年：73—80）。对这些法律的改革成为非政府组织集中活动的重点，由针对残疾人和老年人的尤为有效的社会运动所开创［萧新煌（Hsiao），2001年］。1997年，国民党政府修订并扩大了所有这三项法律，并且民进党政府时期也对其进一步扩大［何（Ho），2005年：408—414］。

韩国和中国台湾地区在本时期初已经普及了初等教育，并进行了重要的改革以普及中等教育；因此，教育领域的政策问题超出了我们对基本社会服务的关注范围。不过，这两个国家和地区都实行了类似的改革，反映了民主化的影响。在转型之前，两个国家和地区的教育体系都是政治和意识形态控制及人力规划的高度中央集中化工具，都最终通过任命具有广泛使命的独立委员会而开展了广泛的教育改革。① 除课纲改革外，中国台湾地区和韩国的举措还包括权力下放、学校和教师的更大自主权以及更广泛的私立教育。改革还以稍微不同的方式提出了学校选择的问题——这在韩国是一个饱受争议的问题——消除或弱化了对中央集中化考试的强调，并通过改变给予中等职业教育的规定权重来减少分流。到了2005年，即本研究的结束时期，这些改革仍然在这两个地方展开，但改革也的确反映了威权时代特有的教育和人力规划的"发展主义"模式的衰退。

中国台湾地区和韩国的比较体现了社会政策演变的差异和相似点。相较韩国而言，中国台湾更迅速地迈向医疗普及，且更迅速地扩大社会救助。中国台湾历任政府在改变其养老金制度上则更缓慢，并更明显倾向于对老龄人口实行现金转移支付和固定缴款方式。韩国在社会保险原则上制订了一项全民养老金计划，但在解决完全缺乏养老金的老人的问题上行动更缓慢。这些差异十分有趣，且一直是有效比较研究的主题（例如，拉梅什，2003年，2004年；黄一庄，2004年）。

还应强调指出的是，劳动力市场的非正规化在法律上和事实上的福利之间设置了一个重要障碍。梁在振（2006年：222—226）曾表明，

---

① 中国台湾地区的相关委员会是教育改革和评估理事会（1994年9月—1996年11月）；韩国则是教育改革总统委员会（1994年2月—1996年2月；1996年4月—1998年2月）。

非正规部门的雇主和员工都逃避缴纳保险,这相应地造成了社会保险覆盖的损失。正如我们已经看到的中国台湾地区的例子一样,并且在接下来对韩国的更详细讨论中我们也将看到,新的劳动力市场保障伴随着增进劳动力市场灵活性的政策改革。

尽管有以上这些重要的额外说明,强劲增长背景下的民主化和公共财政产生了扩大社会福利保障的强劲激励。即使是保守派政党和政客,也都支持福利的扩大,在一些重要的情况下甚至还起了带头作用。

四 泰国

第三章已经提到,泰国在1973年至1976年的短暂民主时期产生了社会改革提案的热潮,包括新劳动法、工人补偿方案、穷人医疗保健计划以及教育改革。但民主实践的短暂性阻碍了这些举措的落实。

继刚性威权统治结束后,军方开始政治自由化,并利用社会政策举措达到自身政治目的。1976年,军方曾考虑社会保障立法,以作为防范劳工动乱的一种手段,但除公务员医疗保险外,立法均未能被呈交至议会。① 但军方的确发起了应对农村叛乱的多项反贫困计划[柴阿南(Chai - Anan)、库松(Kusung)和素集(Suchit),1990年:104—106]。除农村发展计划外,这些计划还包括一项针对北部、东北部和南部省份的贫困地区的减贫计划,以及若干基本医疗举措。

在随后的政策发展中,1983年的社区健康卡计划(1983年,即后来的自愿性健康卡计划[VHCS])被证明是一项重要举措:这是一项自愿的、预先支付的保险计划,最初针对贫困省份和地区[米尔斯,1991年:1241—1252;唐纳森(Donaldson)、苏帕希特(Supasit)和威罗(Viroj),1999年:38—39]。该计划没有得到80年代后半期的历任转型期政府的持续关注,且覆盖面实际上有所下降[西里潘(Siripen),1997年:18]。不管怎样,自愿性健康卡计划标志着一项重要创举,为90年代的进一步扩大提供了基础(苏帕希特等人,2000年:303—311)。

1. 1991年政变期间的早期民主举措

随着政客于80年代中期开始压倒军方,且经济开始腾飞,进入持

---

① 参见贝克和冯派切特(2002年:210—211)、赖内克(Reinecke,1993年:82)。有关劳工运动,另见布朗和弗兰克尔(Frenkel,1993年)。

续增长期,社会政策的政治也发生了显著的变化。1983年,政党组成的联盟击败了军方试图保持某些政治特权的努力,同时,希冀在政坛拥有一席之地的各府精英和商人纷纷涌入,从而转变了政党。炳(Prem)政府向立法议会呈交了一项社会保障法案,但并没有被通过。相比之下,首位民选总理差猜·春哈旺(Chatichai Choonhavan,1988—1991年)几乎一上台就立即支持了一项缴费型社会保险提案。该提案为至少20人的企业的员工提供医疗保险、生育补助金和死亡抚恤金。议会对该项提案立法的考虑进一步扩大了福利待遇,加速了计划出台的时间表,并强制规定政府对该计划的出资。议会法案还承诺将在六年内出台养老金和家庭津贴,并呼吁国王出台失业保险计划。该法案与保守的上议院产生了宪法冲突,但议会于1990年7月在宪法力量的一次重要展现上一致否决了上议院,最终尽管1991年发生了政变,但该计划仍得以实施。

当与韩国和中国台湾地区相比时,有必要强调这些早期社会保险举措的温和性。1993年,新体系仅覆盖了2.5%的人口,绝大多数都是城市人口,并因此也绝大多数都在曼谷。然而,1991年恢复民主以后,该计划逐渐扩大,允许个体经营者在自愿的基础上参保,并实行十名以上员工的企业强制缴纳保险(苏帕希特等人,2000年:表8,309)。

2. 从恢复民主至危机时期(1992—1997年)

恢复民主治理后,健康卡体系更显著地扩大。1993年,在政府财政盈余接近最高点时,政府转向直接补贴健康卡的购买。一系列90年代初的举措也扩大了低收入健康卡计划(LICS)的覆盖面。由于健康卡的分配掌握在地方官员的手中且涉及定向分配,因此很容易受到赞助政治的影响[库宏塔(Kuhonta),2003年:100]。然而,低收入健康卡计划的扩大还包括将健康卡分配给那些有明确需要的群体,首先开展的是老年人免费医疗护理计划(于1992年启动)。随之又有了类似的针对其他弱势群体的零碎计划,包括针对低收入中小学学生、婴幼儿和残疾人的计划。金融危机爆发前夕,各种有针对性的健康卡计划至少部分覆盖了约70%的人口(西里潘,2000年:表1,87)。

与医疗保险一样,泰国的养老金制度也高度分散,且扩大更为缓慢[尼瓦特(Niwat),2004年:5-12]。1990年的社会保障法令强制规定的固定收益养老金计划到2004年仅涵盖了22%的私营部门员工,且只有5%享有理论上可由公共措施进行补充的私人公积金（尼瓦特，2004年：7）。① 然而，在80年代的扩大之前，只有公营部门得以强制覆盖。②

第三章已提到，泰国在教育方面相对落后。六年初等教育直到1980年才成为义务教育。尽管1987年推出了一项提高农村中学入学率的补贴计划，但教育在政治自由化的初期并没有得到持续关注。1980年至1990年，接受过初等教育或完成中学教育的人口比例实际有所下降［维特（Witte），2000年：225］。然而，当包括政客、国际金融机构、技术官僚和部分私营部门在内的政治力量汇聚起来推动教育支出的急剧扩大时，教育政策在1991年恢复民主之后发生了巨大变化。③ 泰国的中学毛入学率在1993年至1998年从40%提高到了近75%。虽然入学率扩大无疑反映了收入的提高和教育回报的增加，但政府支出也同样有所增加。后续将更详细地介绍1997年宪法又将义务教育扩大至12年。

在金融危机之前，相比韩国甚至中国台湾地区，泰国转型的渐进性和经济的结构性特征使得社会保险更为谨慎地扩大。社保体系的零碎扩大反映了泰国民主鲜明的制度特征，并暗示了覆盖面和筹资方面的不平等、赞助现象以及向具有重要政治意义的选民的渗透［沃尔和伊斯拉（Isra），2004年：9—20］。尽管如此，民主转型开始重新关注农村贫困、基本社会服务覆盖面的扩大，以及社会保险尤其是医疗保险的筹资原则的根本性变化。此外，这些举措为亚洲金融危机之后他信·西那瓦（Thaksin Shinawatra）的保守民粹主义政府进一步扩大覆盖面提供了基础；后续将更详细地讨论这些举措。

五 菲律宾

民主转型产生了强烈的政治动机来解决在马科斯独裁统治期间积聚的众多社会问题。每一届新任政府——科拉松·阿基诺（Corazon Aqui-

---

① 与韩国一样，福利收益仅在规定的参保支付期限之后累积，其结果是，老龄养老金基金预计要到2014年才会有累积盈余。
② 公营部门员工享有直接由财政预算出资的丰厚固定收益养老金计划。与其他几个亚洲国家和地区一样，教师也享有优惠的养老金计划。有关对这些体系的高度受限的改革，参见尼瓦特（2004年）。
③ 该信息部分来自联合国教科文组织，2000年。

no，1986—1992年)、菲德尔·拉莫斯（Fidel Romas，1992—1998年)、约瑟夫·埃斯特拉达（1998—2001年）以及格洛丽亚·马卡帕加尔-阿罗约（Gloria Macapagal - Arroyo）的第一任政府（2001—2004年，即本研究时期的尾声）——上任之时都会作出社会政策的承诺［雷耶斯（Reyes），2002年：37—40，42］。整个新兴民主时期都出现了一些重要的社会政策举措。不过，菲律宾在高度不利的经济环境下经历了民主转型，而且比其他新兴民主体表现得更不稳定。阿基诺政府得到了来自国际金融机构和捐赠者的一定程度的良好意愿，但该政府也背负极具争议的国内外债务负担（图6-4）。阿基诺任期内最后两年的增长被政治—经济危机所中断，即迅速增加的财政赤字和另一个维稳时期（1990—1992年）。拉莫斯年代的经济改革和恢复成为亚洲金融危机和尤为严重的厄尔尼诺冲击的牺牲品。埃斯特拉达在1998年于困难之中奉行了民粹主义的政治平台，但其举措也被2000—2001年的政治暨经济危机中断，并导致了他的下台。此外，该国于90年代末开始经历财政收入的长期恶化，并一直持续到马卡帕加尔-阿罗约执政时期。

后续的菲律宾历届政府因此面临经常性的财政紧缩和维持稳定的压力——1990—1991年，1997—1998年的亚洲金融危机期间，以及21世纪初。我们有证据表明，社会政策举措遵循了经济周期的轨迹：复苏产生新的政策举措，最引人注目的是在拉莫斯执政时期，但经济衰退之后也会有政策举措，只不过被搁置、撤销或者资助水平降低（也可见图A6-12）。我们也有证据表明，菲律宾的一些社会政策举措是有针对性的和可逆的，而不是以新的福利形式出现，这一模式在拉美的危机案例中同样也有所体现。

1. 阿基诺时期

鉴于农村贫困的高发以及80年代中期武装叛乱的快速增长和扩散［凯斯勒（Kessler），1989年］——阿基诺对农村的尤其重视也就不足为奇了。政府解除了对小农户有不利影响的农业垄断，并推出了一项有争议的综合土地改革计划（CARP）。① 该政府的第一个主要社会举措是

---

① 关于土地改革参见普策尔（Putzel，1992年)、雷耶斯（2002年)，以及尤其是里丁格（Riedinger，1995年)，他认为，在没有进步性政党的情况下，民主转型将不会导致再分配改革。

暂时的反贫困计划,即社区就业和发展计划(CEDP),利用地方基础设施支出在农村地区创造就业机会。新政府还寻求扩大提供基本社会服务,并朝着这一目标而拉动快速增长的非政府组织部门参与到政策制定过程中。[①] 来自国际金融机构大幅增加的外部资金支持了各种基本医疗举措并被带入后续政府中,如实现儿童免疫普及的重新努力。

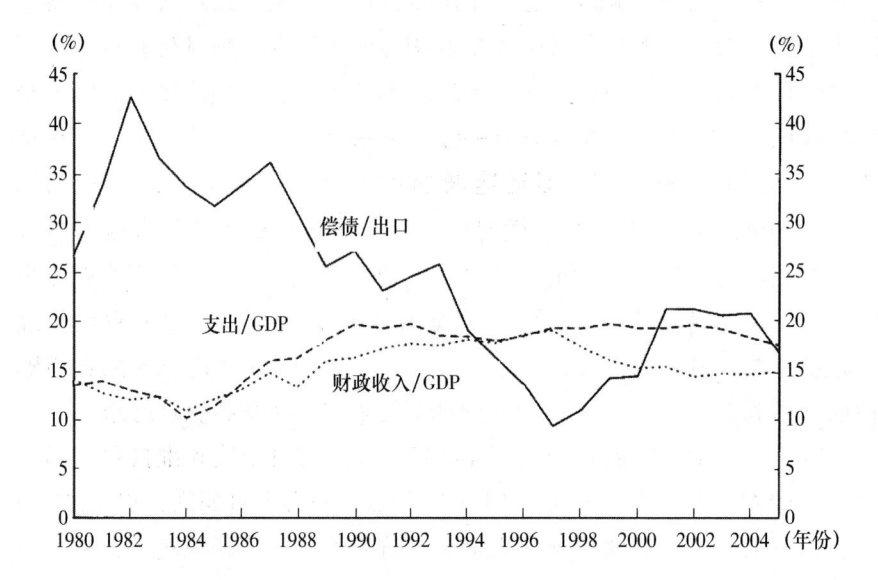

图 6-4 菲律宾的支出、财政收入和偿债占 GDP 的比例(1980—2005 年)
资料来源:世界发展指数(世界银行,2007 年)。

教育领域经历了最急剧的支出增加(附录六)。由阿基诺的委任者起草并于 1987 年批准的宪法规定,教育应占预算的最大份额,并规定中学教育免费。转型后的第一个十年里,小学入学率稳步上升,且继 1988 年的立宪举措和中学国有化后,中学入学率亦大幅攀升,其中大部分中学以前一直由地方政府开办和提供经费资助。这些扩大措施并没有满足其基本的教育目标,但造成错误的原因并不仅仅在于或主要在于财政紧缩。向学校建设和工资增加的立法倾斜强化了长期以来侧重于扩大而非改进质量的做法[明加特,1998 年:707;马纳桑(Manasan),

---

[①] 有关不断变化的制度安排的综述,参见西利曼(Silliman)和诺布尔(1998 年)、本纳让(Bennagen,2000 年)、雷耶斯(2002 年:44—48)。

2000年：6—9]。中学国有化对议员而言是一个受欢迎的现状和政治分肥议题，却受到教育规划者的反对；中学国有化实际上将基础教育支出的分配从初等教育转向了中等教育。

然而，财政紧缩在阿基诺和拉莫斯执政期间教育表现成就的逆转上的确扮演了角色。2000年的一份评估得出结论认为，资金不足和资源分配不当已经共同导致了中小学持续存在的复读和辍学问题、考试持续低分、显著而广泛的地区间教育劣势和不平等，以及劳动力市场需求与教育培训体系之间的不相匹配（人类发展网络和联合国开发计划署，2000年：1—17）。

从1989年后期开始，阿基诺政府遭遇了近乎完美的风暴冲击，包括政治危机（包括1989年12月的一场严重未遂政变）、一系列自然灾害（地震、台风、皮纳图博火山爆发）以及与第一次海湾战争相关的油价暴涨。在低税收和大量偿债过剩面前，政府只能以更多借贷、与借款人对抗或赤字和通胀的货币化的成本来寻求更广泛的社会议程。阿基诺政府中有些人提出，政府在债务偿还上应当采取更激进的立场，从而为其他优先事宜释放资源。但是这些备选战略在1991—1992年变得更具风险，当时该国经历了政府财政的严重恶化和财政整顿的强大内外压力。在其任期最后两年中，阿基诺政府推出了新的农村发展和有针对性的反贫困计划，但这些计划都由于缺乏资金而未被落实[巴里萨坎（Balisacan），1993年：9—10]。

阿基诺政府的后续社会政策最有影响力的改革是1991年对地方政府法典（LGC）的立法。1987年宪法对权力下放有所体现。虽然主要受到马科斯时期的过度中央集中的刺激，短期财政紧缩也在该法典的通过中起了作用，这一点与下一章所讨论的一些拉美危机案例类似。① 地方政府法典逐渐增加了资源的转移[通过所谓的内部收入分配（Internal Revenue Allotment，IRA）]，从税收的20%增加到40%，以换取对一些职能的权力下放，包括医疗和社会福利服务（不过最初没有涉及教育，仅从2001年才开始涉及）。

国会和政府部门通过诸如最初排除教育的做法稀释了权力下放的程

---

① 政治权力下放的综述参见赫奇克拉夫特（2003年）。卡普诺（Capuno，1999年）阐述了财政紧缩尤其在医疗权力下放中的作用。

度。在拉莫斯执政下，来自高度动员的卫生部门员工和当地政界人士的压力促使了一定程度的再次中央集权。尽管如此，地方政府法典授予地方各级政府大幅度的自由裁量权，并开辟了选举竞争、非政府组织活动和政策革新的新舞台。民主化的影响在地方一级也可见一斑：地方政府单位（LGUs）更加注重社会问题——下放职能的影响被控制的情况下——虽然与国家政府的侧重点有些微不同。然而，国家层面的财政紧缩对地方行政部门产生了影响。特别是在1998年的金融危机期间，总统坚持其在财政紧急状况面前减少强制性转移支付的权力，这一决定地方政府无力扭转，直到最高法院于2004年做出了有利于它们的裁定。

2. 拉莫斯时期的恢复

随着总统大选在经济低迷之时落下帷幕，所有竞选人都在其竞选中强调社会政策问题。拉莫斯在其就职演说中承诺"向贫穷开战"，而他作为总统的首项行动之一就是任命总统委员会以抗击贫困和发展农村。然而，新政府最初被迫通过抑制支出和关注一些重大经济政策改革而整顿国家不断恶化的财政状况。并非巧合的是，早年的拉莫斯政府也实行了旨在提高社会部门效率的制度改革。[①] 仅当国家逐渐恢复增长并放松财政紧缩时，新一轮的社会政策举措才随之出现。

虽然非政府组织对政府施压以保持其对综合土地改革计划和资产分配的承诺（本纳让，2000年），政府仍首要关注基本社会服务的提供和"赋权"。"向贫穷开战"的主要反贫困计划是社会改革议程（SRA），这是一项复杂、多部门协调的计划，包括了各种新的举措。出于我们的比较目的考虑，这一举措有几个特点较为突出。首先，社会改革议程的概念核心是一个基于地域定位的"最低基本需求"模式；与拉美一样，定位反映了政治和意识形态原则以及财政紧缩。所谓的"旗舰"计划中最重要的便是"全面综合社会服务交付"（CIDSS），其地域定位是贫穷城市中各种穷人的所谓基本群体[②]（有关概述，参见包蒂斯塔，1999年a）。CIDSS工人将实际上充当政策企业家，为有针对性的干预行动动

---

① 这些改革包括重新界定卫生和社会福利部门的角色，权力下放以及打破教育、文化和体育部门的分散（"三元聚焦"）后的发展。

② "基本群体"包括农户—农民、手工艺者、渔民、正规部门工人和农民工、非正规部门工人、土著人民和文化团体、妇女、残疾人、老龄人口、灾害和灾难受害者、青年人与学生、儿童和城市贫民。

员公共和私营部门的支持,包括日托中心、营养与卫生干预、民生项目和扩大清洁用水和卫生厕所。该计划得到了行业部门预算重新分配的支持,以及以年度减贫资金形式的新型专用资金来源的支持。① 然而,并非巧合的是,该计划反映基督教民主思想和持续的财政顾虑的第二个基本原则是"融合"的概念:即社会举措不应局限于国家甚至地方政府,而应涉及并调动来自教会、私营部门、非政府组织和家庭本身的资源。

拉莫斯政府对核心社会保障制度——社会保障体系(SSS)和政府服务保险体系(GSIS)——进行了一些参数性改革,扩大了福利待遇和覆盖范围,并允许工人以其累积保险金为基础进行借贷。然而,对公共医疗保险制度的重大改革更加显著。第三章已提到,马科斯时期建立的医疗保险制度为参保SSS和GSIS的正规部门员工和政府雇员提供了福利,其中私营部门的提供起到了重要的作用;在改革之前,医保覆盖了约40%的人口［贝林格拉(Beringuela),1995年:9］。与拉美一样,1990—1991年的危机、养老金和医疗体系之间不透明的交叉补贴以及SSS和GSIS的行政效率低下,都构成了改革的重要动机。改革还将缓解国家政府和地方政府的部分压力,政府继续通过公立医院和诊所承担大量医护责任。通过转移到社会保险,这些费用将在更大程度上由雇主和雇员所承担。②

然而,与一些拉美案例的一大主要区别是,该医疗保险在改革时有着大幅盈余,可用于协助扩大覆盖范围;将经济情况较好的个体经营者也纳入该体系中也被看作是一大优势。于1995年通过的最终法律实现了覆盖的普及和强制性,并更名为"关爱医疗"(Philhealth),尽管允许有15年的时间(后延长至2012年)来实际操作。虽然原则上是一项缴费型社会保险制度,但该法律规定国家和地方政府全面补贴贫困人群的缴费。根据贫困的最终定义,贫困人口在总人口中不低于25%。地方政府单位满足这一要求的能力显然制约了其覆盖面,但阿罗约将实施全民覆盖的承诺作为其2001年当选总统后的政治首要任务,并在2004年年初做出竞选承诺,要将覆盖面扩大至近90%。这一目标将通过大

---

① PAF-1于1996年被挪用;PAF-2和PAF-3在1997—1998年获得的资金有所减少。
② 医疗保健的权力下放和公共医疗保险的扩大也促使埃斯特拉达执政时期的卫生部门改革,包括医院的公司化、更有效的成本控制和对医疗行业的监管。

力宣传、回归补贴责任至国家政府、彩票收益,以及在2004年竞选期间极具争议的健康卡分配得以实现。

虽然菲律宾没有经历所谓的受影响最严重的国家那样程度的经济困扰,但随着政府被迫大幅削减拨款,1997—1998年的地区范围内的危机仍然标志着政策周期中的又一次波动。世界银行对各社会领域的一项评估强烈认为,危机是整顿社会支出管理的机会;世界银行提出应优先解决的事项包括"采购效率低下,教师配置不佳,教科书和学校维修、公共卫生计划和福利制度的严重资金不足,权力下放医院的逐渐重新国有化和低质量高等院校的扩散"(世界银行,1998年:ii)。政府试图开展小幅重新分配,以维护社会支出甚至启动新的社会安全网计划,如增加粮食补贴,推出新型公共就业方案和扩大现有小额信贷项目(联合国亚洲及太平洋经济社会委员会,2001年:8 - 41)。然而,社会改革议程核心组成部分的融资大幅降低(包蒂斯塔,1999年a:40)。

3. 从埃斯特拉达到阿罗约 - 马卡帕加尔

1998年大选在亚洲金融危机中展开。电影演员约瑟夫·埃斯特拉达(昵称"Erap")以公然民粹主义的纲领进行竞选,该纲领包括一项耗资巨大的利于穷人的议程(巴里萨坎,2001年)。他的"关爱穷人"(Caring for the Poor,简称Lingap)计划标志着与拉莫斯政府的尖锐背离。这一计划并不是更广泛地针对弱势地区、城市和群体,而是力求找出各省市最贫穷的百余户家庭,并对其集中提供福利;据估计,这一做法将仅仅覆盖16000户家庭,也就是所有贫困家庭的0.4%。投入Lingap计划的总资金低于投入社会改革议程的资金,但更高比例的资金受总统的直接控制或被下发委托给议员,而不是通过地方政府单位进行。这种制度架构的变化隐含着社会支出更加高于正常水平地转移至政治分肥活动。

然而,针对贫困的政策只不过象征着困扰埃斯特拉达政府社会政策努力的更深层次的管理问题:决策过程中的组织混乱;各种社会政策制度的弱化,包括利用社会保障基金牟取私利,以及通过卷入业务伙伴和亲信而造成的国家住房计划的腐败;已经存在缺陷的计划评估机制的弱化;公共财政收入的持续恶化,这已经从1995年占GDP的19%下降到他下台时的勉强占GDP的14%。最终,即使是这些问题也因持续的弹劲危机和民众示威而黯然失色，最终导致了埃斯特拉达的下台。①

与中国台湾地区、韩国和泰国一样，菲律宾的民主转型亦伴随着比威权统治时期对社会问题的更大关注。政体变革之后便是对教育支出的立宪承诺，全民医疗保险制度的启动，以及集中于改善社会服务的大量反贫困力度。对这些举措的评价错综复杂，而且它们的问题也绝不能仅仅归因于财政紧缩；菲律宾民主的鲜明制度特点也具有重要影响。然而，相对于中国台湾地区、韩国和泰国在亚洲金融危机之前的表现，很显然，菲律宾的社会政策容易受到经常性的财政紧缩的影响：在阿基诺政府初期；在其政府于1990—1991年结束之际；在1997—1998年的亚洲金融危机时期；在2000—2001年的政治危机期间及之后。

第二节 主导党案例：新加坡和马来西亚

如图 6-1 所示，新加坡和马来西亚的主导党制度表现出相当强的政治连续性；的确，这两个政体可以说随着时间的推移变得更加不具竞争性，更加不开放。在政府进行社会政策改革的程度上，这两个国家往往体现了第五章所概括的自由主义社会政策议程。这种举措在新加坡尤为明显，该国也继续表现出针对社会服务如教育的强烈"发展主义"模式。在马来西亚，巫统政府继续关注自己在马来团体的核心政治基础，但即便是这些再分配政策也经历了转变，使其实质上更不具进步性。

一 新加坡

第三章中我们提出，随着人民行动党实现一党主导，并在1968年后实行了出口导向型的增长战略，政治竞争独立时期的社会政策再分配目标逐渐让位给了更自由化的福利模式。特别是在经济衰退期——80年代中期、1997—1998年和2001年——或通胀时期，反对党和政策知识分子提出了社会问题，且政府实行了新举措作为回应。然而，样本里所有亚洲案例中，新加坡毫无疑问地表现出与其早期福利模式的最大连续性：为国家工作人员提供慷慨的公共资助福利，以及对教育和职业培

---

① 对该届政府的综述，参见多罗尼拉（2001年）、拉奎恩（Laquian, 2002年）。

训的大力支持，再加上国家在社会保险筹资上的最小化直接参与，风险共担的缺乏，对任何形式的失业保险的强烈抵触，以及大力依靠非政府组织和家庭的社会救助剩余主义制度。

中央公积金（CPF）的运行基于几乎完全固定缴款的原则，一直以来都是新加坡的核心社会政策制度。公积金的基本原则在 1985 年至 2005 年变化不大。政府继续对缴费率的设置行使自由裁量权，但对日益壮大的中产阶级作出了让步，逐步扩大其投资渠道。1981 年，政府允许个人提取公积金购买非政府组屋型住宅物业（住宅物业计划，the Residential Properties Scheme），升级现有公寓（1989 年），甚至购买非住宅型房产，即非住宅物业计划（Non-Residential Properties Scheme，1986 年）。在金融投资渠道方面也发生了类似的逐渐变化过程，包括允许受益人投资外国证券（刘琳达和欧大俊，1997 年：70—84）。这些政策相当显著地转移了风险，并在金融危机期间产生了尤为不利的后果，当时追求这些外部投资渠道的人们损失惨重（艾希尔，2004 年：12）。

大量提取公积金以购买住房的做法引发了有关退休人员将成为"账面富翁和现金穷人"的担忧［麦卡锡（McCarthy）、米歇尔（Mitchell）和皮戈特（Piggott），2001 年：10—20；刘琳达和欧大俊，1997 年：177—189］。1977 年，政府设立了特殊账户，以确保一定比例的总缴费额保留至退休使用，并于 1987 年坚决推行一定量的最低金额必须用以购买私人年金，并与公积金一道存在指定银行。① 然而，尽管缴费率非常高——最高时达到 40%，由雇主和雇员共同承担——但提前退休支取的高比例、反向抵押贷款的技术难度、温和收益以及不平等的工资结构结合起来造成了较低的平均替代率，在 25%—35% 的范围内（麦卡锡、米歇尔和皮戈特，2001 年：图 3，38；艾希尔，2004 年：表 5，23；拉梅什，2004 年：73—74）。

与韩国和中国台湾地区不同的是，新加坡的医疗卫生政策从 20 世纪 80 年代起进行了果断的自由化转向。1983 年，政府宣布了一项全民医疗卫生计划（National Health Plan），试图通过增加私人融资和提供，来减少政府承担的医疗卫生总支出的比例（拉梅什和霍利迪，2001 年：

---

① 政府还通过一系列的"充值"计划鼓励更多的私人和家庭储蓄，为个人提供了额外为自己或其父母缴费的激励机制。

643—644；拉梅什，2003年：364—365）。其力度之一便是在中央公积金系统内建立强制性保健储蓄（Medisave）账户用于医疗，这一创举引发了就这种融资方式的利弊的尖锐国际争论［萧庆伦，1995年；萧新煌，2001年；巴尔，2001年；保利（Pauly），2001年；林（Lim），2004年］。由于平均储蓄量不足以承保严重突发状况，政府于1990年补充了医疗储蓄，推出了公共管理的自愿医疗保险计划，即所谓的健保双全计划（Medishield）（林明建，2004年：3；巴尔，2001年：712）。然而，至21世纪初，该计划仅占全部医疗融资的10%。① 除继续补贴公立医院之外，医疗体系的唯一再分配成分是于1993年推出的基于经济状况审查的社会救助计划，即保健基金计划（Medifund），该基金资助在政府医院和诊所发生的全部或部分免除费用。

到了21世纪头十年的中期，新加坡在亚洲案例中医疗总支出占GDP的比例最低，总支出中政府支出的比例最低，并且对自付支出的依赖程度最高（瓦格斯塔夫，2005年：5—7；拉梅什，2007年）。但是，对效率和成本控制的偏好并未伴有对市场化解决方案的盲目投入。相反，这部分地通过政策手段得以实现，而事实证明，这些政策很难（哪怕并非不可能）在更民主的环境中推出，因为在民主情况下医院和医生协会更为强大。这些政策手段包括：针对政府医院的价格上限和成本控制，医疗行业专家比例的总体控制，甚至对医生供给的严格控制（巴尔，2001年：714）。

新加坡从80年代中期起开展了一系列重要的教育和培训创举。从某种角度讲，这些变化标志着关注重心的变化，正如夏普（Sharpe）和戈皮纳坦（2002年：154）所言，从"高度集中、规范化、层次化、有竞争力的、高效的效率驱动"制度，转向了"能力驱动制度"，旨在将新加坡定位为知识型经济体。但这些改革并不是由选举压力或家长和学生的要求所致。相反，改革是一系列政府主导的规划工作和劳动力市场需求不断变化的观念的结果。与中国台湾地区和韩国的情况相比，新加坡的教育体系呈现出一些与其"发展中国家"时期相一致的重要连续性：对教育机会严密的政府控制；教育和培训体系与劳动力市场需求之

---

① 其余部分则来自雇主福利、自付费用、通过卫生部的资本支出得以运营的私人保险和补贴以及公立医院有区别的用户费用。

间尤为紧密的联系；以市场和效益为导向的改革的更大试验。①

鉴于李光耀对福利国家的尖刻观点，新加坡对失业者的社会救助和扶持只需寥寥数语就足以概括。政府部门支持失业者的就业培训、课程费用补贴、咨询和就业数据库服务，但新加坡并没有为失业者本身提供任何转移支付。失业者可以从许多公共援助计划获得短期的资金援助，其中最引人注目的是公共援助金计划（Public Assistance Scheme）。但该计划仅限于那些"因年龄、疾病、残疾或不利的家庭情况而无法正常工作，并且没有维持生计的手段，以及无人依靠"的群体。尽管有这些限制，也只有一半的申请获得了批准［拉梅什，2004 年：74；张惠霖（Cheung），2000 年：6］。道德风险是新加坡官员反复援引的以这种有限的方式进行社会救助的原因。正如艾希尔和南迪（Nandy）（2006 年：12）简言概括之，"财政紧缩并不是一个因素……主要制约因素是新加坡当下的社会政治规范并不认为提供最低收入是一个良好社会的本质要素"。

二 马来西亚

第三章已提到，早期的马来西亚政府专注于为其马来人阵营提供基本社会服务。新经济政策（NEP）寻求通过针对土著的平权行动计划来减少贫困和族群间的不平等。但是，1981 年马哈蒂尔的上台和 80 年代中期的经济衰退造成了马来西亚与社会政策相关的发展战略的逐步转变（杰苏达森，1989 年；乔莫，1994 年；戈麦斯和乔莫，1997 年）。这一新战略的一个组成部分是通过各种手段为马来西亚私营部门提供更直接的支持，这些手段包括放松管制、制约国企壮大和彻底的私有化（尽管只针对受青睐的企业）。新战略的第二个关键组成部分是对外国直接投资的更大开放和激励机制，重新关注出口，以及重新关注直接和间接的人工成本；总之，这些变化在某些方面反映了第一部分所讨论的"第一梯队"新兴工业体的发展战略的早期转移。虽然马来西亚社会政策的许多成分都表现出连续性，也有迹象表明其与新经济政策的再分配目标相脱离，这与新加坡的发展类似。这些相较于民主体而言的差异在亚洲金

---

① 有关新加坡教育模式的讨论，参见黄（Wong），1993 年；库鲁维拉和蔡，2000 年；里奇，2001 年；库鲁维拉、埃里克森（Erickson）、黄（Hwang），2002 年。

融危机期间也很明显；我们将在下一节对此进行比较。

与新加坡一样，马来西亚的社会保险制度也一度挂靠中央集中式的公积金，即雇员公积金（EPF）。相比新加坡的中央公积金，EPF覆盖的劳动力面更窄，在90年代中期大约只覆盖一半的经济活跃人口。个体经营者、非正规部门、农民和渔民都被排除在该体系之外。此外，几乎可以肯定的是，EPF的替代率低于该基金的目标，即50%，并且有可能接近新加坡的替代率区间，尽管缺乏就此问题的确凿数据。①

与新加坡一样，EPF起初是一项纯粹的固定缴款退休储蓄计划。1995年，参保人员的账户被分为三个部分，以允许用于住房的投资（2号账户，30%）和医疗保健（3号账户，10%）；与新加坡一样，这一创举涉及更广泛的医疗融资改革和控制成本的力度。1996年，类似的，尽管更加谨慎的改变允许成员将其核心账户的某些部分用于证券投资。同样与新加坡类似的是，政府也开始考虑如何通过延迟提取以保证收入充足的办法，但在时间上延后于新加坡（2004年）。

另外，还与新加坡一样的是，马来西亚也继承了英式公共医疗卫生部门。巫统起初奉行一种公共的、公平化的方式来提供医疗服务和融资，以作为政党战略的一个组成部分，即照顾其农村马来人据点。农村地区诊所在提供医疗服务时实行免费。而主要集中在城市的公立医院则保持了比新加坡更高比例的象征性收费床位（拉梅什和霍利迪，2001年：645—646）。

继1983年融资审查和80年代中期的经济低迷之后，政府开始摆脱这种模式。并非马哈蒂尔所有的自由化举措都被落实，部分原因是非政府组织和一直在公营部门的医生的有效游说［巴勒克拉夫（Barraclough），1999年：61—64］。最突出的是，医院的完全私有化在第七个国家发展计划期间（1996—2000年）被提及后就悄然隐退，1998年，《私人医疗设备和服务法》（Private Healthcare and Facilities Service Act）确立了政府在承保优质护理服务上更广泛的调节作用。转型为将医疗融资与预算相脱离的社会保险模式［国家医疗保障基金（National Health Security Fund）］的努力，也被民间社团联盟所阻断，他们担心这样的改

---

① 与EPF相关的制度问题综述，参见艾希尔（1994年：26—27）、拉梅什（2000年：47）、希雷娜岑（Thillainathan，2004年）、卡拉赫尔（Caraher，2000年）。

革将导致对公营部门作用的进一步侵蚀［洪（Hong），2006年：10—14］。

尽管如此，从20世纪90年代起，医院逐步公司化，并被鼓励与私营医疗服务提供机构相竞争，私营服务提供的份额迅速扩大，在21世纪初引发了关于医生从公营部门流向私营部门的激烈争论。医疗服务和全国的药品分销体系也被私有化。政府计划继续暗示私营部门在提供服务上与公营部门达成了平等，但并没有任何像韩国、中国台湾地区和泰国那样相应的举动来扩大社会保险或其覆盖面。

在此可简要提及教育和减贫。国家教育方针（National Education Policy，1961年）为所有马来人提供全民免费教育，并自动升至九年级。采用马来语作为教学媒介（于1982年扩展至中学）和大力建设农村学校的做法显著提高了入学率，稳步缩小了各族裔间的受教育程度［庞雪玲（Pong），1993年：254—257］，并有利于穷人（米尔曼，1979年：616—620）。① 这些权利保障构成了对自由化改革的强大约束；任何针对优先权或语言政策的重新考虑都被有效地压了下去。巫统政府出于选举的原因加大了对以华语和印度裔语言为媒介的中小学的支持力度，且1996年的一项改革扩大了私立高等教育。但是，相较于民主国家的改革努力，马来西亚的改革并没有减少教育体系的高度政治控制和中央集中化；事实上，这些还延伸到了对私立学校的监管中（范尹文，2003年：253—255）。改革的动力还包括（哪怕并不总是有效）满足劳动力市场对更多技术工人的需求的努力，这与该国转向更出口导向型的政策方针相一致（里奇，2005年：282—285）。

新加坡社会救助的做法和马来西亚针对贫困的做法之间存在有趣的相似之处。1989年，马来西亚政府首次承认已达到创造就业的极限，以作为一项消除贫困的策略，并建立了赤贫者发展计划（Development Program for the Hardcore Poor）。该计划的确在经济状况审查的基础上为户主是残疾人或老年人的贫困家庭提供直接财政援助以及住房和培训。但是，该计划的核心是创收项目，如小买卖、家庭工业和农业项目。正如政府自身所言，"消除贫困的主要策略是提供更高薪的就业机会，而

---

① 新经济政策还通过在十分挑剔的国立大学设置配额和为马来学生保留奖学金推出了高等教育的平权行动。

福利分配则保留给找不到工作的老年人和残疾人"[马来西亚政府，经济策划局（Economic Planning Unit），2002年：3]。在针对穆斯林的补助中，政府预计这些方案将通过社会福利非政府组织、私营企业和由国家宗教理事会管理的天课（zakat）慈善系统所补充。

新加坡和马来西亚社会政策中的连续性无疑受到特定的英式社会政策遗产的影响，这与样本中其他四个案例有所不同。英殖民时期设立的中央公积金创建了一个纯粹的固定缴费型机制，后被证明对后续的政治领导机制是有用的，并且从英国继承的公共医疗卫生体系构成了制约后续政府的一项社会政策遗产。然而，政治显然也至关重要。韩国和中国台湾地区的新任民主政府也继承了养老金制度，并从根本上对其进行了修改和扩充。韩国和中国台湾地区发展了全民医疗保险计划，而新加坡和马来西亚却明确对其不予考虑，并通过私有化寻求效率的提高。在人均收入水平低于新加坡的情况下，韩国和中国台湾地区建立了失业保险，并开展了教育和反贫困改革，这都标志着与以往做法的截然不同。此外，导致这些改革发生的政治进程也尤其与新加坡自上而下的社会政策规划方式有着根本性的不同，其中选举政治和议会、非政府组织以及利益团体都更具积极作用。

第三节 亚洲金融危机

亚洲金融危机在该地区的经济史上是一个非凡的事件，针对这次危机和其社会维度的相关文献可谓浩瀚。先进的观察式研究已追踪到危机对不同收入群体的影响[相关综述，参见伯索尔和哈格德，2003年；法隆（Fallon）和卢卡斯（Lucas），2002年]，我们也对应对危机的短期社会政策有过一些述评[联合国亚洲和太平洋经济社会委员会，2001年；阿提克（Atinc），2003年]。与我们的目的更密切相关的是有关IMF的规约是否限制了政府通过更大社会支出应对社会困境的能力的争论[相反的观点可参见雷恩等人，1999年；斯蒂格利茨（Stiglitz），2002年]。正如第五章已提到的，我们预期这种财政紧缩会直接限制支出，但也会影响社会政策的政治。

然而，经历危机的东亚国家与地区表现出与拉美和东欧国家的诸多差异。它们没有继承成本高昂的社会保障遗产，并且那些新近建立的社会保障也不能与政府短期内面对的财政问题相合理联系。此外,该地区的恢复相对较快。这样一来,自由化改革的压力有限。而且危机之后,高增长民主体继续在更长时期内扩大福利,尤其是在重回经济增长之后。

一 韩国

韩国金融危机爆发一个月之后就进行了总统大选,促使金大中政府于1997年12月上台。新政府就劳工问题面临一个急迫的两难境地。由于正规部门劳动力比例相当大,韩国的失业率比其他国家都高,并且农村和非正规部门吸纳失业工人的机会也更少。虽然工会化的总体水平较低,但高度的产业集中仍导致在规模较大的企业(财阀,chaebol)里出现了相当强势、激进的工会。

但是政府也受到来自国际货币基金组织、美国和债权国的巨大压力,要加大劳动力市场的灵活性,以促进企业重组进程。为确保达成劳动力市场更大灵活性的协议,金大中诉诸一个三方委员会,来允许政府召集两大劳工联合会[韩国工会联合会(FKTU)以及韩国工会联盟(KCTU)]的代表展开谈判[金秉国(音译)和林玄秦,1999年;宋镐均,2003年;黄圭振,2006年:128—138]。经过数周的激烈辩论,政府使得劳工达成了一项协议,允许"迫不得已"情况或收购情况下的裁员,并允许针对专门行业和劳工形成人力租赁体系。作为回报,政府对劳工作出了一些政治让步,包括公务员组建劳动咨询机构的权利、教师组织工会的权利以及扭转长期禁止劳工参与政治活动的局面。更隐晦的是,"各方"都将努力减少裁员,并寻求替代性解决方案,如工作共享。然而,谈判双方看待协议的方式却非常不同。管理层认为其已获得了更大的紧缩开支自由;劳工则认为谈判的条款没有得到执行。在接下来的一年里,政府进行了干预,打击了一些罢工,导致更独立的韩国工会联盟于1999年2月退出第二轮三方进程,实际上终结了三方进程。

尽管对三方谈判实践和政府与劳工间冲突不断的关系的评论模糊不清,政府倒是的确履行了其扩大社会安全网的承诺。一些举措在国际货币基金组织的默许下暂时构成了向反周期财政政策的逐步转向(文正仁和梁在振,2002年:8—10)。1998年,10%的全部国家预算被划拨用于各种各样的短期治理对策。①

但是，金大中政府对危机的应对并不仅针对短期。相反，政府继续扩大各主要社会保险计划——养老金、医疗保险和失业保险——从根本上改变了指导社会救助的原则。这些改革被捆绑到1999年8月的一项"生产性福利"举措中，该举措表现出与其前任政府的"生产主义"模式一定的连续性（文正仁和梁在振，2002年：188—197）。② 但是，金大中也提到了社会福利和就业是公民的权利。

至于养老金，新政府明确反对了金泳三的养老金改革委员会的自由化提案，并将起草一项新提案的任务分配给了卫生和福利部门（梁在振，2000年：135—145）。部门的提案力求将养老金制度建立在更健全的财政基础上，其方式是定期计划增加保费和延长退休年龄，以及一项降低了平均替代率（从60%到55%）的新型福利待遇计算公式。然而，计划否决了将再分配与该方案的收益相关部分相脱离的提案。这也同时在扩大覆盖面至城镇各种个体经营者上迈出了艰难的一步。这些群体包括诸如医生和律师这样的专业人士以及非正规部门工人，他们强烈反对被纳入该体系，并反对该体系所要求的缴款额。此外，政治进程稀释了政府整顿现有方案的努力。国民议会拒绝替代率的降低，并且在金大中任期内世界银行的改革努力没有产生结果，部分原因是悬而未决的总统和立法选举。

对医疗部门的改革被证明是非常有争议的。通过医药分开和改革支付体系来控制医疗成本的努力招致医疗服务提供机构的顽强而有效的抵制，其中包括一系列造成严重后果的医生罢工（权顺万，2003年：529—538）。正如拉梅什（2007年）论述道，无法控制成本一直是社会保险工作的弱点。然而，尽管与这些利益相关方有着妥协，政府确实也巩固了基于地域的基金，涵盖了农村地区和个体经营者。以市场为导向的改革者们试图利用这些基金引入更多竞争，但进步学者、基金员工和农民组织却呼吁基于资金整合和更广泛风险共担的社会连带主义办法（权顺万、雷奇，2005年：1006）。1998年10月，地区保险社团和公

---

① 这些措施包括：一项公共工程计划，到1999年2月支持了437000名工人；对中小企业的劳动力补贴；对失业福利待遇的暂时扩大；一项临时的民生计划，到1999年覆盖了75万人；针对失业者子女的奖学金。

② 有关生产性福利制度的概念，参见霍利迪（2000年）。

职人员与教师基金管理被纳入国民健康保险公团（NHIC）中；其余公司协会也于 2000 年 7 月紧随其后。后续医疗保健政策也从覆盖面的问题转移到成本控制的问题（拉梅什，2007 年）。

除短期措施外，金大中政府还永久地扩大了失业保险计划的资格和覆盖范围，从至少 30 名员工的企业实际扩大至所有企业（庚吉尚等人，2002 年：293—295；黄圭振，2006 年：134—138）。就新政府原则的改变而言，或许最有意思的就是社会救助的改革（黄圭振，2006 年：41—52）。可追溯至 1965 年的《民生保护法》（Livelihood Protection Law）和公共救助计划（Public Assistance Program）为没有能力工作的人士提供了非金钱援助。1998 年《国家基本民生保障法》（National Basic Livelihood Security Law）的通过展开了收入调查，以针对穷人并在非现金援助的基础上允许现金收益，这导致获得救助和支出的资格要求急剧提升。

必须强调的是，这些社会政策举措并没有完全弥补危机的不利影响，也没有充分实现覆盖面和慷慨性的既定目标。温和的福利待遇和严格的工作与培训要求体现了对激励影响的关注和"福利病"的风险（文正仁、梁在振，2002 年：8—10）。更重要的是，这些举措实行的背景是解雇法的重大变化——现在可能会以"管理"的原因得以进行——以及雇佣契约制或"临时"工人的急剧增加。作为这些法律变化的部分结果，在后危机时期，个体经营者和小型企业的员工比例有所增加，这类小型企业的组织力极其低下，集体讨价还价有限，且经常规避支付社保缴费（梁在振，2006 年：220—226）。不管怎样，金大中执政时期韩国社会政策的变化是惊人的。在危机面前，政府迅速采取行动，提供社会安全网，扩大社会保险覆盖面，改变了社会救助条款，并允许劳工更大程度地参与政府和管理决策。

二　泰国

与韩国一样，金融危机在泰国也产生了强大的政治影响。1997 年的经济崩溃不仅直接导致了差瓦立·永猜裕（Chavalit Yongchaiyudh）的下台，而且也影响了广泛修宪的通过，这对后续的社会政策有着重要意义。新宪法大多涉及政治改革：加强法治、改革选举制度以及建立公民参与和问责制的各种机制。但也包括被奉为公民权利的重要社会举措:十二年免费教育(第43条;于1999年立法);接受标准医疗服务的"平等权"和穷人免费医疗(第52条);援助没有足够收入的老年人(第54条);还有更多措辞含糊的维护公共医疗体系和提供社会保障的口头承诺(例如,第82条和第86条)。笼统的权力下放承诺也对社会政策有着虽尚不明确但却重要的影响。①

与金大中政府一样,川·立派(Chuan Leekpai)的民主党政府一上台就面临各种社会压力,包括来自贫困的东北农村反对派大本营、隶属工会的劳工和基层组织的抵制[米辛厄姆(Missingham),2004年:201—213]。与金大中不同的是,川·立派政府与这些团体并没有密切的联系。然而,到了1998年夏天,与IMF的第四封意向书造成了财政政策的宽松。一些宽松财政政策被明确打上标记以保障社会支出,且政府大幅增加了公共工程支出,以作为解决失业率上升的一种手段。政府还完成了与世界银行和亚洲开发银行就大型社会贷款的谈判,并随后于1999年通过"新宫泽构想"(Miyazawa initiative)从日本获得了进一步的支持。

鉴于管理社会安全网的现有行政机制的弱点,这些贷款普遍支持或扩大了现有的方案,而不是完全推陈出新(世界银行,2002年a:3—5)。② 针对城市工人,政府为失业人员提供了医疗保险福利,并将解雇金从6个月扩大至10个月。城市和农村工人都将从一项大型公共工程项目中受益。尽管有这些受外部资助的举措,沃尔和伊斯拉(2004年:9—15)对1998财政年度的预算分析认定,对穷人的支出增加主要集中于有争议的教育贷款计划,这并非明确地偏向穷人;对学校午餐、住房援助和创造就业的支出实际有所收缩。虽然川·立派政府最终的确在1990年社会保障法中推出了养老金和儿童津贴计划,政府却对扩大现有社会保险制度或考虑更持久的革新,如引进失业保险,公开表现出了不情愿。相反,应对危机的政策包括技术官僚进一步放开劳动力市场的

---

① 有关权力下放的政治,参见纳尔逊(2001年)。有关对医疗保健的可能影响,参见桑岛(Kuwajima,2003年)。

② 这些举措包括:为低收入健康卡计划增加资金,以及一项学生贷款计划,以确保儿童入学;通过现金转移支付增加针对穷人和没有其他生活手段的老年人和残疾人的社会救助;为就业服务和职业培训增加资金;创建一项类似于拉美的社会投资基金(SIF),以支持权力下放进程。

努力［沃拉韦德（Voravidh），2000 年：108—124；2002 年：255—257］。

　　这种不情愿可部分追溯至川·立派政府时期的财政紧缩和技术官僚的壮大，也可追溯至民主党领导层更广泛的政治倾向。援引一个政府官员针对短期援助的发言，"发放如此少量金钱援助的原因是为他们找工作创造动力；否则，他们可能会想要依赖社会保障来度过下半辈子，还占他人的便宜"（《曼谷邮报》，1998 年 6 月 7 日）。这种倾向反过来产生自这样一种认知，即安全网会由工人阶级中相对优越的群体如国企部门员工所垄断，或被用于赞助目的。

　　就我们的目的而言，最重要的并不是川·立派政府社会政策的优缺点，而是其政治脆弱性。川·立派政府日益与 IMF 和紧缩相联系，并最终催生了他信的泰爱泰（TRT）党这样一个政治替代（希肯，2006 年）。泰爱泰党在 2001 年大选中赢得了多数选票，并在 2005 年大选中赢得绝对多数支持，其竞选平台结合了对国内商业的支持和反对 IMF 改革并承诺更加关注社会福利的民粹主义经济平台。① 一项针对农民的债务暂缓计划于 2001 年出台。另外一项广泛的"乡村基金"（Village Fund）计划结合了向村政府的直接转移支付和在其他发展中国家受欢迎的小额信贷方式。不过这些举措并不限于农村；2003 年，政府令人惊讶地宣布考虑引入失业保险。

　　新政府最重要和最有争议的社会举措是急剧扩大基于 30 泰铢健康卡的全民医疗保障计划（Health Security for All Program）中的医疗保险［陶斯（Towse）、米尔斯和威罗，2004 年：103—105］。顾名思义，新方案涉及健康卡，可接受医疗提供机构网络的固定、低费用医疗服务，个人须在该网络注册。该体系的实施面临一些政治和行政问题。② 然而，与韩国一样，新政府已采取措施，极大地扩展了国家就医疗和教育领域、失业和农村贫困的社会政策范围，并将一些重要领域的保障列为基本权利，这标志着泰国社会政策的重要革新（见附录六，图 A6 - 15）。

---

　　① 有关他信和泰爱泰党的崛起，参见希肯（2006 年）。
　　② 这些问题包括有关人头率和该体系长期财务可行性的争议；来自医生和护士的抵制，他们抱怨工作量增加；相应的私人执业的退出；有关私营部门提供方全面社会化的关注，他们几乎被完全排除在该计划之外。

三 马来西亚

危机期间的马来西亚社会政策比韩国和泰国扩大得更少。马来西亚副总理安瓦尔·易卜拉欣（Anwar Ibrahim）起初规划了一项应对地区危机的财政限制性举措，即"没有 IMF 的 IMF 计划"（哈格德，2000a：59—64）。但是，该立场在1998年春被放宽，以维护社会支出。教育预算的初期削减很快得以恢复；其结果是，该国不存在显著的辍学问题（乔莫和李，1999年）。医疗支出于1998年被削减，但在1999年又有所增加，农业和农村发展相关部门的支出也是如此。①

政府措施的支柱之一是创造各种临时的特别贷款基金，旨在提高目标群体的收入［阿卜杜勒－拉赫曼（Abdul–Rahman），无日期；乔莫和李，1999年］。与马来西亚过去的减贫措施一样，这些措施也设法鼓励生产活动：通过向农民提供低息贷款进行粮食生产［基金换粮食计划（Fund for Food Scheme）］和为城市低收入企业家提供小额信贷项目［小规模企业家基金（Small–Scale Entrepreneur Fund）和经济企业集团基金（Economic Business Group Fund）］。政府还扩大了针对农村贫困人口的赤贫发展计划（Hardcore Poverty Development Program）。

与完全民主案例相比，马来西亚应对危机的方式的一个显著特点就是特别大力强调保持劳动力市场的灵活性。马来西亚的工会从来没有成为有影响力的政治角色，因为对工会组织和活动有着各种法律限制以及正式和非正式的政府管制。1998年8月，政府开展了一系列劳动力市场改革，包括：加强工资协议和生产力之间更紧密的联系，鼓励管理层运用减薪、减少工作时间，以及临时和自愿裁员，而不是直接裁员。②

政府社会契约模式的最后一个特点是尤其强劲地抵制转移支付。社会保障机构（SOCSO）覆盖了工伤和残疾，但没有覆盖劳动力市场的其他风险。其他形式的转移支付被严格限制，并采取了高度剩余主义形

---

① 马来西亚约一半的贫困人口集中在三个州——吉兰丹（Kelantan）、丁加奴（Terengganu）和沙巴（Sabah）——这三个州以农村为主，且前两个州很容易受到马来西亚伊斯兰党（Parh'Islam SeMalaysia，PAS）的吸引。

② 马来西亚政府在该地区第一个宣布计划遣返大批外籍劳工，1998年1月至8月间多达20万人（乔莫和李，1999年：12，15）。不过，随着经济复苏，外籍劳工又重新回到了马来西亚。

式：基于经济状况审查的社会救助并没有覆盖那些其家庭能够支援自己的社会保障金申领人。1999年，马哈蒂尔总理在谈及社会安全网的失业救济金形式时认为：

> 这种做法只会破坏经济。如果失业者被给予津贴，那么很多人就会选择不工作。政府将需要拨出资金用于失业救济，这只能通过提高对就业者的税收来实现……商品的生产成本自然会增加，生活成本也会增加。因此，每当增加失业救济金，税收也会相应增加，而制造商品的成本只会降低我们在世界市场上的竞争力。
>
> （《新海峡时报》，1999年6月11日）

正如阿卜杜勒-拉赫曼总结道（无日期：6），政府依赖于"与特设公共支出相结合的劳动力市场灵活性和快速调整，来最小化危机对贫困人口的影响。虽然这种做法促成了经济增长，但也隐含着在经济不明朗时期对非正规社会安全网体系的更大依赖"。

四 危机、扩大和自由化

以上简短的评述表明了所有经历金融危机的案例的一些共性。例如，所有国家和地区都迅速采取行动，扭转其最初限制性的财政状况，以保障或增加社会支出。为了消化劳动力市场的疲软，所有国家和地区都制订了各种短期计划，即使每套特定政策都在临时性就业计划、私人创收方案以及培训和积极的劳动力市场政策之间存在差异。在所有案例中，这些举措都得到了国际金融机构和外部捐助者的支持。

韩国与泰国这两个国家和马来西亚的两大差异是惊人的。首先，这两个民主国家的政府都针对弱势群体采取了哪怕是温和的直接转移支付；马来西亚则明确回避了这类措施。其次，在这两个民主国家，危机不仅导致现有计划地扩大，而且在覆盖原则上也发生了更根本性的变化；这样的例子包括泰国宪法基于权利的说辞，和韩国在普及养老金和医疗保险以及在改变强化社会保险方面的原则的施压。马来西亚在2003年马哈蒂尔执政末期没有类似的变化；其社会保险制度的基本框架呈现出与本书第一部分所追溯的早期发展的惊人连续性。

第四节 结论：民主与亚洲社会保障的扩大

在所有四个新兴民主体中，政党和政客们蜂拥将自身定位于急迫的社会政策问题，无论是养老金和医疗保险，还是失业、社会救助和农村贫困。在所有四个民主案例中，我们都有证据表明，新型福利得以扩大，同时，改革扩大了社会服务的范围并改善了其质量（表6-3）。但是，我们也发现有证据表明，高增长案例比菲律宾有着更广泛的福利和服务扩大，后者的历届政府都在艰难地应对经常性财政紧缩的顽固阻力。

表6-3　　　　　东亚的社会政策发展（1980—2005年）

	养老金	医疗	教育	社会救助和反贫困计划	劳动力市场政策
高增长民主体					
中国台湾地区	逐渐扩大。老龄和农民补助；可转移的养老金改革	扩大。全民医疗保险（1994年）	改革委员会的重大制度变革（1994—1996年）	扩大。新型老龄福利、残疾和社会救助法律	部分扩大。失业保险（1998年）和2001年起的新型劳动力市场举措，但存在一些管制放宽
韩国	扩大。几乎将所有职业群体都纳入全民养老金体系	扩大。逐渐扩大之后将分散基金整合成全民医疗保险	两届改革委员会的重大制度变革（1994—1998年）	扩大。危机之前社会救助（小幅修订）；其后大规模改革，支出增加	部分扩大。失业保险（1993年），危机之后出台加大劳动力市场灵活性的措施
泰国	逐渐扩大。广泛的社会保险法（1990年），但覆盖面低	扩大。八九十年代医疗保健计划逐渐扩大。他信时期急剧扩大	扩大。中学入学率急剧提升，1997年宪法规定十二年制义务教育	扩大。一系列农村反贫困计划；他信时期社会安全网、农村计划和转移支付急剧扩大	无变化。失业保险被提出，但未被实施

续表

	养老金	医疗	教育	社会救助和反贫困计划	劳动力市场政策
低增长民主体					
菲律宾	变化有限。SSS 和 GSIS 的参数性变化	逐渐扩大。全民医疗保险（"关爱医疗"，1995 年），提出全面实施的十五年时间表	扩大。1987 年宪法强制规定教育支出占总支出的比例应最大；推行义务中等教育	扩大。一系列有针对性的反贫困计划，但资金依财政情况而定	无变化。劳动力保障有限
非民主体					
新加坡	变化有限。中央公积金资金使用的参数性变化	自由化改革。有整顿公立医院及鼓励私人融资（保健储蓄）和服务提供的措施；基于经济状况审查的救助计划（保健基金计划）	职业培训计划的持续革新	变化有限。剩余主义公共救助方案	无变化。无失业保险
马来西亚	变化有限。雇员公积金资金使用的参数性变化	自由化改革。有整顿公立医院及鼓励私人服务提供的措施	发展职业培训	变化有限。危机期间有短期改善性措施，但无重大革新	管制放宽。有加大劳动力市场灵活性的措施，无重大保障革新

新加坡和马来西亚的确有着独特的社会政策遗产，影响了其后续的政策进程：中央公积金、公立医院体系，以及马来西亚根深蒂固的平权行动政策。然而，我们也发现这两个国家的社会政策革新要少得多，尤其是新加坡，该国兑现公共承诺和启动自由化改革的力度要小得多。

亚洲的民主化在多大程度上通过允许扭转左翼和劳工的历史性弱点来促进社会福利保障的扩大？很难找到界定亚洲发达工业体政治的标准

性左—右翼政策和社会分歧。如果我们用社会主义或社会民主的标签、发达工业化国家社会民主党派的典型政策承诺，或明确迎合劳工或大众基础的政党的标准来定义一个社会民主政党的话，那这样的政党在该地区基本上不存在。或许曾上台的最接近于"左翼"的是金大中所领导的政党。但有必要强调的是，韩国的政党本质上是跨阶级的，首先依赖于强大的地区政治基础，而且与劳工并没有直接的组织联系；事实上，直到金大中执政时期，政党一直都被禁止与劳工存在直接的组织联系。

左翼的缺乏无疑确实对东亚的扩大本质有一定的影响。以韩国和中国台湾地区为例，政客们首先被吸引到广泛的中产阶级福利上——养老金，以及尤其是医疗保健——并且泰国的一些举措并不如其初衷那样具备再分配性质。当政府要么发起失业保险，要么对其扩大（如亚洲金融危机期间的韩国和 2001 年经济衰退时期和之后的中国台湾地区）之时，它们便同时推出了旨在增强劳动力市场灵活性的举措。

然而，一个更合理的判断是，党派之争并没有明显的影响。鉴于良好的经济环境和政府提供社会保险的有限作用，所有政治派别的政党都站出来通过做出社会政策承诺而获利。在韩国和中国台湾地区，迈向福利保障扩大的第一步由保守派政治领导人所开展，其受到的挑战不是来自社会民主党派，而是来自强调政治问题的反对派。在泰国，早期的福利举措旨在中和左翼叛乱，但最显著的福利立法则由一名面临赞助型政党竞争的前军官所启动。正如赫伯特·基切尔特（Herbert Kitschelt）（2001 年）曾论述到，当保守政党寻求中立化对一些其他更突出问题的挑战时，这些显然反常的结果便可能会出现，例如，沿着民主—威权的维度。

关于劳工的角色也可以得出类似的结论。民主化导致了劳资关系的根本变化，但并不会导致工会会员的明显增多；菲律宾除外，该国非农业劳动力在总就业人数中占比相对较小（表 6-1）。此外，我们仅发现了混合的实证证据表明，泰国、中国台湾地区和韩国的劳工工会在启动新的社会承诺方面扮演了重要角色。在这些转型时期，比起社会政策议程的推进，劳工一般更关心政治、组织、工作条件和工资问题。在某些案例中，特别是在韩国和泰国，大型企业隶属工会的劳工实际上对本来会稀释现有福利待遇或与其他群体共担风险的举措有所抵制。

这些发现对有关全球化和社会保障的争论具有重要意义。尽管经济相对开放且左翼政党和劳工运动相对薄弱，该地区的民主体亦经历了社会福利保障的急剧扩大。此外，这些新的社会政策在巨大外部冲击面前仍得以持续。

但是，我们也确实看到了劳动力市场的发展和表明了一些谨慎预期的劳动力市场政策。1997—1998年的危机之后，该地区对国企进行了私有化，并对不良企业展开广泛的企业和财务重组。劳动力市场管制的放松缓解了裁员，并增加了临时、兼职、契约制和其他形式的非正规就业的法律范畴。这些发展基于具有相对优势的长期结构性转型和来自中国大陆日益激烈的竞争，很可能对更长期、更广泛的社会保险覆盖趋势产生侵蚀作用。非正规部门的员工不太可能缴纳社会保险费用，而更有可能脱离出既定的企业福利。如果没有政府的干预，如对接或补贴缴费以及严格的工作场所执行力度或替代性安全网机制，那么法律上和事实上的社会契约很可能会出现分歧。在缺乏更强大的劳工运动或基于劳工的政党的情况下，东亚社会契约的扩大可能会因此掩盖福利分配中日益加剧的不公现象，并且会对开放型、出口导向型经济带来的制约至少表现出一些担忧。

对我们在此描述的结果的另一种解释可能不在于政党或利益集团，而在于制度因素。对政策改革的分析曾强调支离破碎的政党制度所造成的困难（例如，哈格德和考夫曼，1995年：151—182），这在样本中的几个国家都可以见到，尤其是泰国和菲律宾。然而政党分化不太可能是扩大社会保障的一个绊脚石。现任执政者、政党领袖和政客们所面临的问题不在于巩固其支持方面，而在于限制其举措成本方面。

特殊主义或彻底腐败的动机构成了另一个制度特色，有可能与社会政策的政治有密切关系。产生这种动机的制度特色包括单记非让渡投票制（如中国台湾地区），或政党领导人对政党名单控制有限的制度（开放型政党提名制），以及政党领导人对其他政治产品的控制有限的制度（如菲律宾和泰国）。在这些制度中，政客们有着动机来引导特殊主义和显而易见的利益（如分肥和赞助）至与选举相关的选民。尽管我们没有系统地考虑这些观点，我们也在下述几个方面发现了特殊主义的有力证据：中国台湾地区"立法委员"对现金转移支付的偏好；将部分社会预算直接分配给议员控制的声名狼藉的菲律宾政治分肥制度；泰国健康卡的分配。但有必要强调的是，这些观点绝非与我们有关民主和财政状况对社会福利扩大的影响的更广泛论点不相一致;相反,它们对于理解新兴民主体之间的差异是相关的。

第一部分已表明,东亚的福利遗产结合了强劲的教育和基本医疗服务投资与极简主义的社会保险模式。先前的福利制度往往充当早期福利扩大举措的模板。比如,我们在韩国和中国台湾地区就发现了这方面的证据,即政府最初选择纳入新的群体以扩大现有社会保险体系。但是,一旦这一过程开始,它就会产生朝更普遍主义福利保障迈进的压力。东亚的福利遗产因此是非限制性的。

这些福利扩大机会能在中国台湾地区、韩国和泰国实现是因为转型发生在非常有利的经济环境下。在阐释这一点时,我们用菲律宾作为对比案例进行了部分说明。阿基诺、拉莫斯和埃斯特拉达政府都有着对社会政策改革的强劲承诺,但兑现这些承诺的能力受到了宏观经济冲击的不利影响,这甚至先于1997—1998年的地区危机发生。

1997—1998年的地区危机给该地区各政府带来了长期和短期的财政挑战,且有部分迹象表明自由化举措的存在,而自由化举措是有关拉美和中欧社会政策争论的一项中心议题。但是,该地区的民主政府没有遭遇长期结构性赤字或薄弱的财政收入基础所面临的危机,在这一点上菲律宾再次是个例外。该地区也没有任何政府继承了广泛的社会计划,这些计划本身就是财政流失的一大主要来源。东亚在危机之后的恢复也相对迅速。不论应对亚洲金融危机的短期社会政策有多么不足,民主政府——立即地或在危机发生之后——都能够从根本上改写威权政府的社会契约。

第七章　拉丁美洲的民主、经济危机和社会政策：1980—2005年

20世纪80年代初的债务危机期间，民主化的"第三次浪潮"[亨廷顿（Huntington），1991年]扩散到了我们样本中的大多数拉美国家。从1980年到1985年，秘鲁（1980年）、阿根廷（1983年）、乌拉圭和巴西（1985年）的军事政权让位给了民主政府。智利皮诺切特独裁政权于1990年放弃了权力；而经过十年的逐步政治自由化后，墨西哥执政党也于2000年放弃了对总统职位的控制。政治变化并不完全统一朝着民主的方向发展。秘鲁在阿尔韦托·藤森（Alberto Fujimori）执政下（1992—2000年）重回威权统治，而委内瑞拉也在1998年乌戈·查韦斯当选之后走向了类似的方向。不管怎样，拉美在20世纪八九十年代的特点是朝更具竞争性和代表性的政治制度方向转变的明确地区趋势。

图7-1和图7-2表明了这一趋势，并区分了经历民主转型的五个案例（即阿根廷、巴西、智利、秘鲁和乌拉圭）和在此期间表现出更强政治连续性的国家（即哥斯达黎加、哥伦比亚和委内瑞拉这三个更早期民主国家与墨西哥的主导党制度）。

拉美社会政策的经济背景与东亚明显不同。80年代上半期，灾难性的冲击重创了该地区，是债务危机最糟糕的时期；除智利外，这十年中其余几年里经济增长表现平平或高度不稳定（见图7-3和图7-4）。阿根廷、秘鲁、墨西哥和巴西面临着最严重的问题，不仅经历了深刻的经济衰退，而且还伴有高通胀甚至恶性通胀，对稳定局面造成了经常性的压力。委内瑞拉逃脱了恶性通胀，但它也经历了八九十年代石油衰退时期的严重经济下滑和财政紧缩。乌拉圭、哥伦比亚和哥斯达黎加的经济表现稍更稳定，但这三个国家也经历了严重的困难。

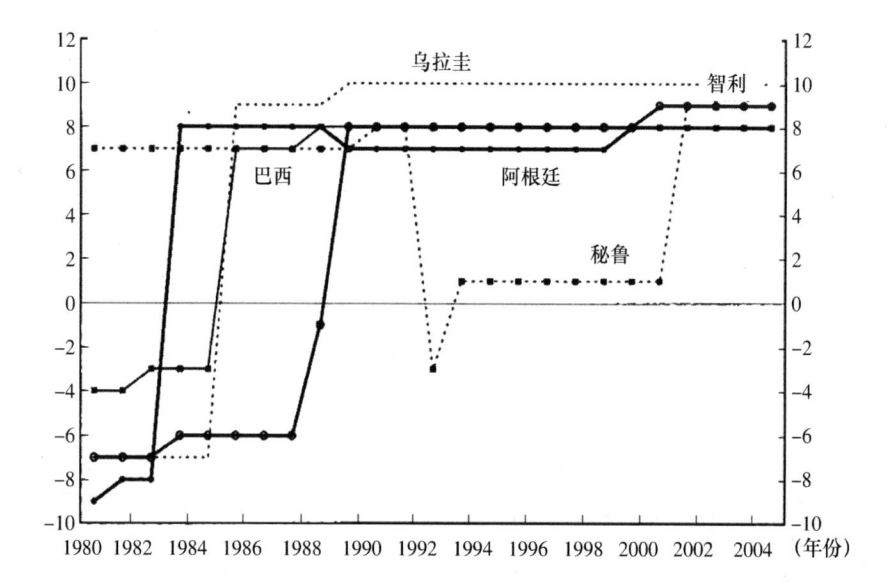

图 7 - 1　拉丁美洲的民主转型（1980—2004 年）

资料来源：Polity Ⅳ 政体指数数据库（马歇尔和贾格斯，2004 年）。

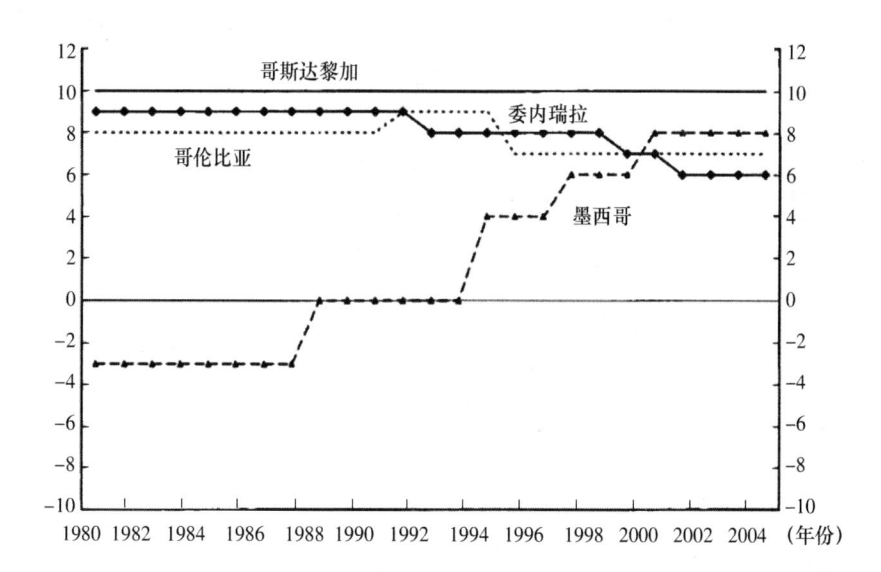

图 7 - 2　有连续政体的拉美国家（1980—2004 年）

资料来源：Polity Ⅳ 政体指数数据库（马歇尔和贾格斯，2004 年）。

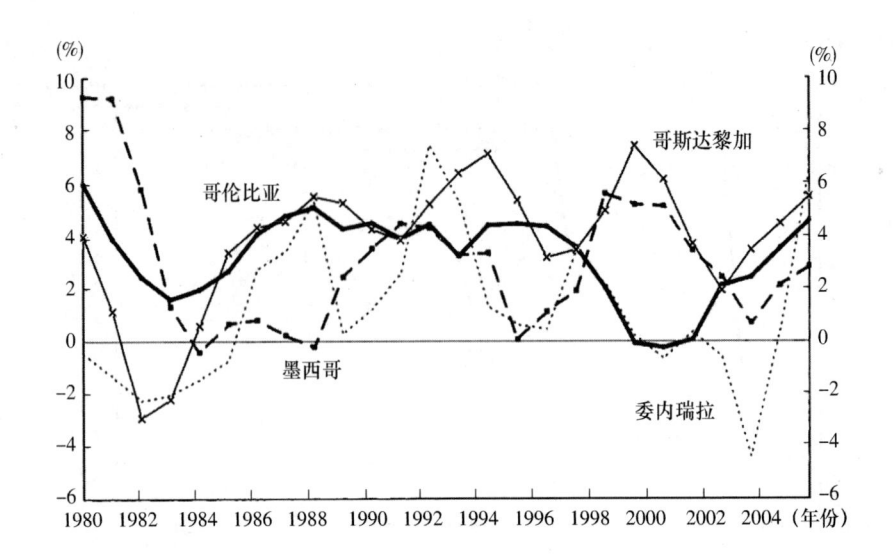

图 7-3 哥伦比亚、哥斯达黎加、墨西哥和委内瑞拉的 GDP 增长（三年移动平均值，1980—2005 年）

资料来源：世界发展指数（世界银行，2007 年）。

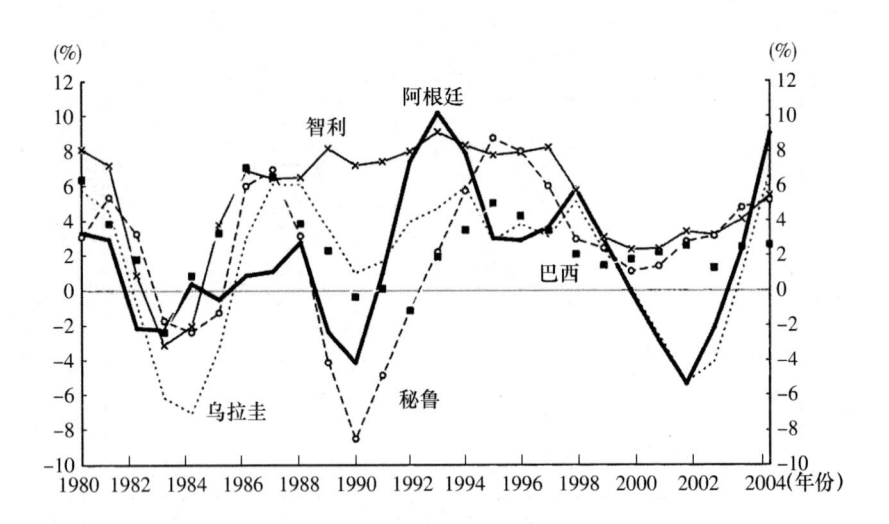

图 7-4 阿根廷、巴西、智利、秘鲁和乌拉圭的 GDP 增长（三年移动平均值，1980—2005 年）

资料来源：世界发展指数（世界银行，2007 年）。

正如第五章所论述的，这些困难的经济情况带来了重大的政策难题。政府被施压以解决社会保险与服务分配的不均,而与此同时也面临着来自利益相关者试图维护其福利的要求。进口替代工业化模式的崩溃和市场化改革带来了社会困境,而危机则放大了摆脱社会困境的要求,且候选人通常在竞选时承诺要解决"社会赤字"。然而,财政压力和有关宏观经济稳定的持续担忧对民主和威权政体维持现有社会保险与服务或启动新型社会计划的能力都造成了严重制约。事实上,20 世纪 80 年代该地区多数国家的社会支出急剧下降,而无论其政体类型是什么(见附录六)。

进入 90 年代,经济情况好转,政府能够投入更多的财政资源用于社会计划。但除智利外,各国的恢复都很脆弱,仍然容易受到宏观经济不稳定的影响。1994—1995 年的墨西哥金融危机和 1998 年的俄罗斯危机都产生了地区性的影响;21 世纪初,另一场灾难性的债务危机又冲击了阿根廷。

2002 年以后,财政紧缩由于商品开始繁荣而得以大大缓解,这增加了许多拉美国家政府的可用资源。然而,直到这一繁荣开始之前,大多数拉美国家的公共福利保障均受制于持续的财政问题或对宽松财政政策可能会导致宏观经济重现不稳定的担忧。

在这种情况下,许多政治家和技术官僚将"自由主义议程"视为一种途径来调和对更大财政纪律的要求与解决以往被排斥群体的需求的压力。一方面,对成本高昂的社会保险计划的改革——特别是养老金和相关医疗福利——承诺通过在长期内提高效率和稳定公共财政,来减轻财政紧缩。与此同时,这些也可由有针对性的反贫困计划加以补充,这些计划扩大到了新的选民,但却相对成本低廉,且往往受到外部资助。20 世纪 90 年代和 21 世纪初,对核心社会保险计划的改革、扩大基本社会服务的努力以及反贫困计划的实施构成了拉美社会政策的"常态模式",与东亚和东欧均截然不同。

不过,拉美各国在对社会议程不同组成部分的优先关注次序上也有着很大差异。我们预期自由派技术官僚对社会政策的影响在经历最严重经济冲击的国家是最广泛的,并且随时间的推移,这种影响随着冲击的影响减弱而减弱。我们也预期民主政体会扩大社会保障与服务至新的群体,并为有组织的利益相关者提供更大的机会,以弱化自由化福利改革的冲击。在福利覆盖相对广泛和/或有组织的利益相关者在福利官僚机构中被很好地代表的情况下，这些针对自由化福利改革的抵制反应应该是最有效的。

本章后续小节里，我们将展开分析，首先讨论墨西哥、秘鲁和委内瑞拉的竞争性威权政体。所有这三个国家的选举联结都鼓励领导人将社会救助部署到边缘化人群。但是，正如我们将看到的，经济环境的差异使得这些政体对待核心社会保险计划改革的方式千差万别。我们继而讨论在20世纪八九十年代经历了更连续民主治理的五个国家，并分别讨论了阿根廷、巴西和查韦斯执政之前的委内瑞拉这几个经历了最严峻宏观经济问题的民主国家，与乌拉圭、哥斯达黎加、智利和哥伦比亚这几个经济紧缩程度更轻的国家。

第一节 竞争性威权和半民主政体的社会政策：秘鲁、墨西哥和委内瑞拉

墨西哥、秘鲁和委内瑞拉是我们的拉美样本中仅有的几个要么至20世纪90年代仍保持威权统治，要么已恢复对民主政治显著限制的国家。尽管墨西哥的竞争性威权政体在90年代开始了逐步政治自由化的进程（见图7-2），但直至2000年的总统大选前，都是由单一强大的执政者来行使对资源分配的大量自由裁量权。在秘鲁，1992年阿尔韦托·藤森的"自我政变"（autogolpe）标志着对公民和政治自由近十年限制的开始。直至21世纪初，查韦斯执政下的委内瑞拉政治一直都稍更开放，但此后尤其是在2002年的一次未遂政变之后，他开始解除对其个人统治的法律和政治审查。

如前所述，秘鲁和墨西哥也遭受了异常严重的财政紧缩，特别是秘鲁还经历了高通胀。正如我们所预期的，这些情况鼓励决策层授权以市场为导向的技术官僚，后者力图重组昂贵而低效的社会保障计划，并重组管理这些计划的官僚机构。威权控制使得执政者可以通过俯首帖耳的国会来推行全面的养老金改革，或通过法令来直接实施改革。

21世纪初的石油繁荣为查韦斯日益威权的政体提供了更加有利的经济条件。20世纪90年代，严重的财政和金融危机一度迫使委内瑞拉历任民主政府都实行养老金和医疗体系及劳动力市场的自由化改革。继任的查韦斯政府要么未能实施这些改革，要么将其完全废止。随着油价

开始飙升,查韦斯政府亦开始通过急剧扩大新的社会计划而对福利制度进行大规模转型。

一 秘鲁

继20世纪80年代末和90年代初经济几近崩溃之后,藤森执政时期秘鲁的技术官僚权力达到了顶峰。从1980年到1985年,费尔南多·贝朗德·特里的新任民主政府曾启动了一项艰难的稳定计划,以应对债务危机,但在1985年,一波反对这些措施的抗议将阿普拉党的民粹主义领袖阿兰·加西亚推上了总统的席位。反过来,加西亚的扩大主义宏观经济政策迅速导致了一场灾难性的危机和五位数的恶性通胀。在这种崩溃的节奏中,社会支出急剧下降(见附录六,图A6-7)。

1990年,藤森在危机巅峰时期举行的总统大选中出乎意料地胜出。虽然他以经济温和派的身份参选,但却迅速转向更激进的改革议程 [斯托克斯(Stokes),2001年:47—53]。为了减少庞大的财政赤字,政府大幅削减了对生活必需品的公共补贴。当这种"藤森休克"(Fujishock)措施被证明不足以稳定物价时,总统下放权力至卡洛斯·布拉诺斯(Carlos Bulaños)领导下的一支新的技术官僚队伍,并批准了该地区最激进的私有化和贸易自由化方案之一(韦兰,2002年:117—118)。1992年和1993年通胀下降到相对温和的水平,增长得以恢复,这都提供了可观的政治回报。藤森的支持率从1991年的不到40%上升到1992年4月的82%以上(韦兰,2002年:129)。

1. 改革养老金制度

紧随宏观经济紧急情况之后,养老金制度的私有化成为布拉诺斯政策议程的一个重要组成部分。改革的一个重要长期目标是增加国内储蓄,但更直接的目标是控制秘鲁社会保障机构(IPSS)成本高昂、效率低下的局面。尽管秘鲁人口相对年轻,IPSS仍然遭遇了梅萨-拉戈(1989年:174)所谓的早产危机,原因是民众对医疗和生育基金缴费与补贴的普遍规避。与赞助性委任直接相关的行政成本位居该地区前列(梅萨-拉戈,1989年:195—196)。

由布拉诺斯所推进的改革最终在完全私有化公共体系之前戛然而止,但就参保第二支柱的工人比例和由此产生的福利收益而言,它仅次于智利和墨西哥(马德里,2003年:16)。通过从IPSS转移责任至由财政部支持设立的新任养老金规范化办公室，改革也从根本上重组了社保制度（穆勒，2002年a：41）。

几乎毫无疑问的是，这些改革的规模不仅只依托于藤森的政治人气，而且也受到1992年4月的"自我政变"的影响。当时国会已授予了总统广泛的紧急权力，但藤森的政党，即"改革九十"（Cambio 90），仅控制了15%的国会席位。因此，国会对于其激进的经济改革方案而言不是一个可靠的支持基地。藤森的"自我政变"暂缓了宪法，关闭了国会，并建立了我们所认为的竞争性威权政体。养老金改革于1992年12月通过法令批准，正好在新宪法建立的新的、一院制国会宣誓就职之前。

除1992年实行的威权控制外，秘鲁的社会福利遗产也促成了其养老金改革。相较于该地区的其他国家，既得利益集团尤为薄弱。20世纪80年代末的经济危机一度导致阿普拉党和其他大党几近崩溃，工会会员已缩减至不到6%的劳动力，是我们这里所讨论的拉美国家中迄今为止最低的国家之一（罗伯茨，2006年：169）。养老金覆盖率也在该地区处于最低行列，在整个90年代仅覆盖约20%的劳动力（帕拉西奥斯和帕拉雷斯-米拉勒斯，2000年：41）。

2. 医疗保健举措

对工会和其他利益相关团体的破坏与威权控制一道扫清了出台一系列医疗保健举措的障碍。这些举措扩大至原先保障不足的群体，但就劳资关系和私营部门的参与而言是基于自由化改革原则的。90年代中期发起的两项计划皆在向最贫困的秘鲁社区提供基本医疗卫生服务。PBST，即全民基础健康计划，提供了80%—90%的所有基本医疗保健服务。该计划一个与众不同的自由化特点是其对医疗保健工作者灵活的3—6个月劳动契约的依赖，这些工作者们获取高薪，但没有福利，且续约取决于其表现（埃维希，2004年：231）。第二个更小规模的计划（地方卫生行政委员会，CLAS）也依赖于非工会劳工，并通过受地方监督的非政府组织而运行（埃维希，2004年：238）。

1997年，藤森在核心医疗制度中夯实了一些新的变化，允许私人医疗提供机构与社会保障局（Social Security Administration）下设的诊所和医院进行竞争。这项改革触及了受雇于传统行业的工会工人的特权，这一点甚至更胜CLAS和PBST。尽管如此，被削弱的工会却无法挑战政权的权威。藤森于1996年通过法令授权了该计划，并于1997年将其在唯命是从的国会中通过（埃维希，2004年：238）。

3. 反贫困举措

尽管存在对代议制政府的限制，选举联合仍继续在社会政策的制定中发挥重要作用。随着通胀率降低的政治影响开始消退，广泛的弃权票对藤森执政的合法性构成了潜在威胁。而且，由于1979年宪法消除了对基本文化程度的要求，低收入选民的人数显著增加，这强化了利用社会救助达成政治目的的动机。

肯尼斯·罗伯茨（1995年）和库尔特·韦兰（1998年）将这些努力表征为新自由主义的民粹主义。反贫困社会基金，尤其是社会发展合作基金（FONCODES），是藤森扩大社会服务的举措的最重要组成部分。FONCODES在20世纪90年代初启动，其活动在藤森于1995年重新竞选的前一年显著提升，并由来自私营部门的意外之财所资助。作为总统的政治工具，FONCODES的特点是赞助任命不合格的人员、错误定位和腐败。尽管如此，法尔科尼（Falconi，2003年：18）估计超过60%的贫困家庭从FONCODES计划中至少得到了一些实惠，且最急需的食品计划惠及了近80%的特困户。

二 墨西哥

墨西哥在卡洛斯·萨利纳斯（Carlos Salinas，1988—1994年）和埃内斯托·塞迪略（Ernesto Zedillo，1994—2000年）执政时期，其社会政策改革发起的背景是选举制约不断增多的主导党制度。如图7-3所示，墨西哥20世纪80年代的财政赤字也是我们所研究的九个国家中最高的。通胀率比阿根廷、秘鲁和巴西要低；但按照历史标准来看则非常高，且80年代后期通胀的急剧加速引发了有关恶性通胀可能性的严重关切［考夫曼、拜德雷斯克（Bazdresch）、埃雷迪亚（Heredia），1994年：371—377］。整个80年代，GDP中社会支出的比例暴跌（见附录六，图A6-6）。

如同秘鲁一样，危机导致自由派技术官僚影响力的扩大。总统米格尔·德拉马德里（Miguel de la Madrid，1982—1988年）为财政和规划部门中以市场为导向的经济学家们提供了强有力的后盾，并敲定了卡洛斯·萨利纳斯——自由化改革的关键支持者之一——作为其继任者。在萨利纳斯和塞迪略执政下，技术官僚巩固了其对经济部门的控制，并发起了全面的贸易自由化和私有化计划。从 90 年代初开始，政府也开始更直接地关注社会政策，且与财政部门结盟的技术官僚担任了社会保障机构和教育部门的最高职位。

1. 改革养老金和医疗体系

与秘鲁再次类似的是，政府成功地启动了该地区最广泛的养老金改革之一。与秘鲁一样，墨西哥的养老金制度还不容易受到东欧和其他一些拉美国家常见的不良人口结构变化的影响。然而，技术官僚将 IMSS 视为对公共财政完整性的重大威胁。

与大多数其他国家的情况一样，除养老金外，IMSS 还管理其他社会保障计划。该机构的财政健全度遭遇了对医疗体系的交叉补贴的影响，并且至 20 世纪 90 年代中期，养老基金的储备已经耗尽（冈萨雷斯－罗塞蒂，2004 年：76）。正如我们所预测的，改革者们不仅关注政策问题也关注制度问题。IMSS 对医疗和社会保障资源的控制曾使其在墨西哥的社团主义体系中占据举足轻重的地位，这一地位正是技术官僚所希望解除的（冈萨雷斯－罗塞蒂，2004 年：72）。

萨利纳斯就任期间，政府推迟了重组 IMSS 和养老金制度的努力，以集中精力完成充满政治意味的北美自由贸易协定（NAFTA）的订立。继北美自由贸易协定签署并在 1994—1995 年第二次比索危机爆发之后，塞迪略政府启动了大刀阔斧的改革举措，与智利改革一样，完全取消了现收现付养老金制度。政府后来为社团主义利益相关者提供大幅补偿，包括为强大的社会保障机构免税，并规定允许社会保障部门与私人养老基金竞争参保人员。尽管如此，其主要内容仍完好无损（马德里，2003年：89—97），并于数月后在受革命制度党控制的国会中得以通过。

塞迪略还提出了一项医疗改革，这一改革除其他事项外，还设想大幅扩大卫生部门在为未参保人群提供医疗服务上的作用。不过，这项措施遭到来自 IMSS 的强烈反对。为避免危及其养老金提议，政府从其立法议程中放弃了这一改革。但是，在私营部门的支持下，政府也的确坚持融资改革的通过，这项改革用国库的直接融资取代了来自工资税的财政收入（冈萨雷斯－罗塞蒂，2004 年：79—80）。

2. 教育权力下放

1992 年，萨利纳斯总统还发起一项举措，将学校系统的行政权力转移至州政府（格林德尔，2004年：290—312）。在与自由化规约保持一致的情况下，政府将权力下放视为提高教育质量的方式，但也有部分动机是借此削弱强大的教师工会，后者曾一直反对萨利纳斯竞选总统（格林德尔，2004年：311—312）。在对改革进行谈判之前，工会的保守派领袖被逮捕，并由更温和的领导所取代。即使在旧的领导层被清算后，教师工会也仍然是该国最强大的工会之一，并且与国家层面的教师工会已相对薄弱的阿根廷和巴西相比，该国的改革更为温和。尽管如此，权力下放也的确打击了教师的谈判杠杆，迫使他们不得不同时与州长和中央政府就薪酬、工作安排和预算分配进行谈判。

3. 反贫困举措

政府与社会部门的社团主义利益相关者的冲突正好与来自左、右翼反对党日益增长的选举压力相冲突。在1988年的总统选举中，革命制度党曾不得不进行公然欺诈以阻碍左翼反对派的胜利。后来的选举威胁会带来经常性的社会混乱，除非革命制度党可以更可靠地吸引选民。

一项新的重大反贫困计划——全国团结互助计划（PRONASOL）——的启动既是对这一挑战的回应，也是萨利纳斯试图建立一种与革命制度党内部的社团主义反对者力量进行组织性抗衡的尝试。与秘鲁的FONCODES类似，PRONASOL允许总统将消除贫困的资源引向重要选区［莫利纳尔（Molinar）和韦尔登（Weldon），1994年：123—141，马加洛尼（Magaloni），2006年］。虽然1994年危机之后萨利纳斯本人和该计划的人气都面临崩溃，但在此之前，PRONASOL仍然是个强大的选举资源。

在塞迪略执政下，社会官僚机构内的一小群政策专家带头发起了一项新型反贫困计划——PROGRESA，① 后来在比森特·福克斯（Vicente Fox）执政下更名为"机遇计划"（OPORTUNIDADES）。与PRONASOL不同的是，PROGRESA直接转移资金给家庭，而不是给社区，并且将资金支付与上学和在诊所就诊相捆绑。1999年，PROGRESA覆盖了260万户家庭，到2005年，该计划已扩大至约500万户家庭［迪亚兹－卡耶罗斯（Diaz-Cayeros）、马加洛尼和埃斯特韦斯，2006年：15］。

与PRONASOL不同的是，PROGRESA一直相对不受选举侍从主义

---

① 教育、健康和营养计划。

的影响。但是，建立新计划的政治是复杂的，并凸显了互相竞争的利益相关者的主张对非常有限的财政资源的约束。起草该计划的政策专家们将资金要求基于一个明确的前提下，即"仅当该计划保持一个相对有限的预算时才能被实施"（迪亚兹－卡耶罗斯、马加洛尼和埃斯特韦斯，2006 年：56—57）。与此同时，政府还补偿了革命制度党政客，他们对消除贫困的资源失去了控制，同时政府还大幅转移其他资源到由州长控制的自主资金中。

尽管预算有限，该计划仍然是一大显著成就。这一举措与接下来将讨论的巴西的家庭津贴计划（Bolsa Familia）一道，实际上提高了入学率，并大大增加了家庭收入（莫利和科迪，2003 年：35—40）。然而，紧缩和利益集团压力也极大限制了该计划覆盖所有贫困家庭或减少该国总体贫富差距的能力。最初，只有农村家庭有资格获得这一福利。在 2000 年的政权更迭后，城市地区也被包括进来，但截至 2005 年，转移支付仍然未能惠及几乎一半的赤贫家庭（迪亚兹－卡耶罗斯、埃斯特韦斯和马加洛尼，2006 年：26）①。

三　委内瑞拉

从 1958 年直至 90 年代末乌戈·查韦斯的上台，委内瑞拉在拉美一直都是长期民主国家。因此，在直接讨论查韦斯政权之前，有必要追溯前任民主政府的社会政策发展。

委内瑞拉民主的稳定性取决于两大主要政党——民主行动党（AD）和基督教社会党（COPEI）——领导人之间非正式的合作，以及使商业精英、中产阶级选民及结盟的蓝领工会得以分配利益的石油经济。80 年代中期石油市场的崩溃造成了严重的经济和社会挑战，以及既有政党合法性的急剧降低［卡尔（Karl），1997 年］。至 1988 年，即卡洛斯·安德烈斯·佩雷斯（Carlos Andrés Pérez）竞选的前一年，财政赤字已达 GDP 的 9%，医疗和教育支出急剧下降（见图 A6－9），贫困率从 80 年代初的大约 1/3 攀升至超过半数［纳伊姆（Naim），1993 年：24］。

与其他经历类似危机的国家一样，90 年代当选的历任总统都求助于自由派技术官僚以监督经济改革工作。卡洛斯·安德烈斯·佩雷斯执

---

① 莫利和科迪（2003 年：52）估计这些家庭仅构成墨西哥贫富差距的 3% 左右。

政时期（1989—1993年）的首次结构性改革尝试涉及一揽子的举措，被证明具有政治灾难性。与多数其他危机案例不同的是，委内瑞拉巨额财政赤字的影响被维持货币稳定假象的物价和汇率管制所掩盖。在没有重大通胀危机的情况下，佩雷斯政府被迫引咎调整的痛苦，而在恢复稳定之后也没能获得抵消其责任的政治收益。佩雷斯就职典礼短短几周后就爆发了针对公共交通票价自由化的加拉加斯事件［即所谓的加拉加斯暴力风暴（Caracazo）］。1992年2月，政府被查韦斯所领导的初级军官叛乱进一步动摇；一年后，佩雷斯面临国会的弹劾，被迫辞职。

经过短暂的转型，佩雷斯由拉斐尔·卡尔德拉（1994—1999年）继任。卡尔德拉曾以新自由主义的强烈批评者的身份竞选，但他寻求替代性策略的努力迅速遭遇了严重的宏观经济制约。在1996年的一场重大金融危机和通胀激增之后，总统被迫接受更加市场导向型的经济和社会政策模式。为了引领这一变化方向，卡尔德拉任命特奥多罗·佩特科夫（Teodoro Petkoff）为规划部部长。虽然佩特科夫之前是左翼分子，但已俨然成为经济改革的坚定倡导者，他的方案（"委内瑞拉议程"）包括一项艰难的财政调整计划，和一项广泛的经济放松管制计划。① 这一政策转变得以开展的背景特点是，对AD和COPEI支持的急剧下滑和新政党的扩散［莫纳尔迪（Monaldi）等人，2006年；彭福尔德－贝切拉，2004年］。② 总统因此面对着缺乏稳定多数的议会。但是，在90年代中期迅速恶化的经济形势下，政党体系的分化并没有妨碍向经济正统的转向。卡尔德拉和多数政党都担心重大经济危机的政治后果，并且佩特科夫设法保持了议会对他所绘制的基本政策进程的默许，直至卡尔德拉的任期结束。

1. 民主治理下的养老金改革

佩特科夫的计划有着明显的社会政策成分。与其他案例一样，养老金私有化是其重中之重，并在政府、主要商业协会和既有工会精英的三方谈判之后，于1997年得以立法通过。技术官僚试图解除委内瑞拉社

---

① 其主要特点是取消外汇管制、大规模贬值、削减支出和提高公营部门的价格（韦兰，2002年：226）。

② 卡尔德拉本人曾作为独立个体进行竞选，尽管他是COPEI的创始领袖之一，且凭借着仅仅30%的选票获胜。

会保障机构（IVSS），该机构基本上处于破产状态，且无法兑现承诺。①这项立法为特定年龄以下的所有新员工和在职员工建立了强制性私立支柱，并强制性逐步淘汰针对强大社团利益——包括教师、石油工人和军队——的专项资金。已经因危机而元气大伤的工会只能默许，并且一旦三方协议得以制定，各个派别的政党都显然毫无异议地接受了这一立法。

2. 民主治理下的医疗和教育举措

对医疗和教育体系的改革也体现了自由主义原则。政府拒绝了由隶属卫生部的医疗专家所提出的统一的单一支付人体系的建议，而赞成了一项依赖私人保险和服务提供的更复杂的计划。该体系在数年前哥伦比亚推出改革之后得以构建，但仅勉强保证能享受补贴医疗保健组织的服务。

卫生和教育部门还商定了一系列的双边协议，将社会部门的责任转移至各州州长。卡尔德拉曾长期主张一个强大的中央政府，因此非常勉强地默许了这些举措。尽管如此，至其任期结束之时，委内瑞拉23个州中已有11个与联邦政府签署了转移协议，并已承担了尤其是针对医疗保健的重大责任（彭福尔德-贝切拉，2004年）。

3. 民主政府的反贫困计划

最后，针对失业工人和穷人的社会保障结合了补偿性政策和有针对性的计划。社会基金计划在佩雷斯执政下缓慢起步，并在新成立的家庭部门的支持下得以巩固和扩大。管理这些计划的责任被下放给地方官员和非政府组织（彭福尔德-贝切拉，2005年）。新的劳动力市场立法结合了解雇金支付要求的上限和一项新的失业保险方案，并且福利的一次性支付由在职员工的收益进行累算（韦兰，2002年：233）。

1997年短暂的经济回暖使人们看到了希望，认为佩特科夫的改革已经使委内瑞拉走上复苏的道路，但这些希望在次年的油价大幅下滑中破灭。这些经济条件为乌戈·查韦斯1998年总统选举的压倒性胜利铺平了道路。

4. 查韦斯时期的社会政策

查韦斯将其胜利解释为全面修复政治制度的使命所然，并在上任的

---

① 到了90年代中期，该基金的赤字占GDP的4%，资金支付被积压，养老金领取者往往不得不依靠贿赂或政治关系来获得福利收益。

第一年主要着重于新宪法的起草工作,这极大地扩大了其总统权力。到2000年,查韦斯已经扫除了此前对行政权力的多数陈旧制度性牵制,包括来自国会、法院和工会的既有政党的牵制。

经济和社会政策起初并不是优先任务,这种情况密切反映了不断变化的财政状况。新宪法废除了卡尔德拉时期立法通过的养老金和医疗改革,并重新对社会基金计划进行中央集中化(彭福尔德－贝切拉,2005年:19)。但由于石油价格在整个1999年保持低位,查韦斯允许卡尔德拉执政下的最后一任财政大臣马里查·伊萨吉艾雷(Maritza Izaguierre)继续留任,并继续实行限制性的财政政策。医疗和教育支出在1999年,即查韦斯上台的第一年,实际有所下降(彭福尔德－贝切拉,2005年:19)。

然而,从21世纪初开始,社会政策朝着更扩大的方向发展。对新政权逐渐增大的反对显然提供了这种变化的动力,且油价的回升也提供了手段。2001年至2003年,查韦斯政权遭遇了三次大罢工、一次在石油行业持续45天的严重罢工以及一次未遂军事政变。当直接行动未能推翻该政权时,反对派试图在2004年8月的一次漫长政治斗争后举行的罢免公决中让查韦斯下台。

对查韦斯而言幸运的是,石油热潮的来临增加了财政收入,使他得以应对这些挑战,并使其政权果断偏向左翼。查韦斯和其效忠者直接控制了国家石油公司(委内瑞拉国家石油公司,PDVSA),并且随着美元涌入该体系,社会服务的支出也大幅上升。对这些计划的总体资助在2004年据估计达到了GDP的3.5%,远远超过本章中讨论的其他任何社会救助计划〔奥尔特加(Ortega)和彭福尔德－贝切拉,2006年:8〕。新的以石油资助的医疗和教育计划被冠以"拯救人民的使命"的标签。

Barrios Adentro医疗任务招募了约一万名古巴医疗专业人士来为贫困社区提供基本医疗保健,先是在加拉加斯,然后在全国范围内开展,以换取对古巴的补贴石油出口。这些医务工作者生活并工作在社区,为居民提供了前所未有的预防性医疗和公共卫生服务。

在教育领域,最受欢迎的方案是Misión Ribas,为学生提供小额津贴,让其通过观看由积极分子和其他同学所监管的视频课程来完成高中学业。Misión Mercal建立了零售店网络,以高补贴价格出售食品。享受这些计划所需要的身份证件则由 Misión Identidad 发行，这也为该政权提供了一个机制来识别、登记并征募受益人的支持（奥尔特加和彭福尔德－贝切拉，2006 年：23）。

与秘鲁的 FONCODES 和墨西哥的 PRONASOL 一样，监督不足和缺乏财政问责制造成了 Misión 系列计划的赞助现象和浪费（奥尔特加和彭福尔德－贝切拉，2006 年）。不管怎样，Misión 系列计划都是查韦斯竞争性威权政体的关键支柱，这一点甚至超过了墨西哥和秘鲁。这些"使命"计划的普及和查韦斯政权在新登记在册的选民群体中的人气，是其在 2004 年的全民公决中取得压倒性胜利的关键。

第二节　新兴民主国家的社会政策：阿根廷和巴西的危机案例

民主转型对拉美社会政策的进程具有重要意义。政治制度的开放增加了利益集团和利益相关者的杠杆，并且与秘鲁和墨西哥相比，对自由主义改革派造成了重要的政治约束。然而，正如我们已在委内瑞拉案例中看到的那样，严重的经济危机也影响了社会政策的政治。在阿根廷和巴西，严重的通胀和财政紧缩抵消了对技术官僚作用的强化。这在阿根廷尤其如此，其恶性通胀不仅对经济造成威胁，而且也对政治制度造成威胁。在巴西新的民主制度下，危机的政治影响由更强大的税基和普遍的指数化所缓解，但这一影响无论如何都仍然存在。

一　阿根廷

塑造了阿根廷社会政策改革议程的技术官僚在卡洛斯·萨乌尔·梅内姆（Carlos Saúl Menem）总统就任期间（1989—1998 年）开始掌权。梅内姆的前任，劳尔·阿方辛（Raúl Alfonsín，1983—1989 年），未能阻止继承自军政府的经济盘旋下滑，梅内姆因此在危机中上台，而该危机在 1988—1989 年已经转向了恶性通胀。

经过几次错误的开始后，经济部部长多明戈·卡瓦洛（Domingo Cavallo）实施了一项重大维稳举措，即 1991 年 4 月出台的备具争议的《自由兑换法》，由此建立了比索可自由兑换的货币发行局制度。《自由兑换法》几乎在一夜之间就结束了恶性通胀，并且与秘鲁一样，催生了对总统支持的巨大膨胀。卡瓦洛不仅巩固了对经济部门的控制，而且在许多其他内阁职位上也安置了亲信。

1. 改革养老金制度

继《自由兑换法》成功之后，对现收现付养老金制度的改革是卡瓦洛团队的社会政策的最首要事项。虽然养老金覆盖原则上相对广泛且慷慨，通胀却严重侵蚀了收益，且支付给受益人的养老金待遇已降至远低于法律所保证的官方替代率［凯（Kay），2000年：11］。除此之外，该体系还继续遭遇巨额赤字，原因是民众对缴纳养老金的普遍逃避。到1990年，国库的转移支付覆盖了近1/3的养老金总支出（马德里，2003年：103）。

改革举措在沃尔特·舒尔特赫斯（Walter Schulthess）执政下通过咨询智利专家得以制定，此人是社会保障机构的领导以及卡瓦洛的亲密盟友。改革者们知道，私有化将意味着巨额转型成本。然而，他们认为，从长远来看，改革会通过提高国内储蓄并减少现有体系的隐性债务，来创造健全的公共财政状况基础（马德里，2003年：104—106；布鲁克斯，2002年：498—499）。与此同时，他们预期通过限制领取资格和福利上限来减少转型成本（凯，1999年，2000年）。

这些重组提案通常得到了私营部门的支持，但该举措却招致养老金领取者和工会运动的普遍反对。为了通过最初的改革立法，改革者们从原先的全盘私有化计划退回到一个能给员工更多选择的多支柱体系。工会也获得了创建自己基金的权利，这对几个较大工会而言是个重大补偿性支付。最后，政府撤回了在现收现付制支柱中提高退休年龄和限制最低收益的提案（马德里，2003年，118—136）。

尽管有这些妥协，政府仍保留了其政治优势，使其将政策重新向技术官僚的偏好倾斜。在描述养老金改革时，马德里（2003年）和布鲁克斯（2002年）都强调了一个统一的政府和强大的立法支持的重要性。庇隆主义者在参议院和众议院都占大多数。然而，这些因素也不应当被过分强调。庇隆主义政党对新自由主义政策有着长期的、众所周知的反感。此外，梅内姆不得不与强大的省长——以及与工会结盟的摇摆不定的国会议员团体——共享其对政党的控制（科拉莱斯，2002年：127—131；2004年：326—333）。

梅内姆管理这些势力的能力在很大程度上要归功于根本的经济和政

治环境。由于从战胜通胀中获得了政治收益,当养老金改革启动时,总统和手下的财政部部长都处于其人气的巅峰。稳定经济的成功给了行政机关和卡瓦洛团队针对国会政客的相当大的优势,使后者不得不权衡重回宏观经济不稳定的风险。进口替代工业化模式的崩溃所带来的结构性转变也对关键利益相关者的权力有着重要影响。与几个最强大工会的协议在获取立法支持通过首个养老金改革法案上至关重要,但工会运动作为一个整体显然有所防备(罗伯茨,2006 年:169;列维茨基,2001年:43—46)。尽管政府做出了让步,于 1993 年通过的最初的养老金立法在该体系内仍做出了重大改变。①

此外,在接下来的几年里,政府辩称养老金立法的一些让步对宏观经济稳定构成了威胁,从而将其收回。1995 年,在墨西哥比索危机最严重的时候,在卡瓦洛警告公共支柱的现有福利保障将危及可兑换机制之后,议员们同意大幅削减最低养老金保障(凯,2000 年:13)。同一项立法也正式放弃了高度受保证的替代率,冻结了对延期支付的诉讼,并对福利待遇设了最高限额。1997 年,随着政府的预算压力继续加大,梅内姆颁布了进一步的法令,将基本最低支付去指数化,并将后续调整交至行政机关自由裁量。最后,在 2000 年的新一轮经济危机中,特权养老基金被激进党(Radical Party)主席费尔南多·德·拉·鲁阿(Fernando de la Rúa)废除,他于 1999 年继任梅内姆总统职位。

2. 医疗保健和教育举措

梅内姆政府还针对医疗和教育体系推出了雄心勃勃的提案,反映了其技术官僚领导层的自由主义倾向。然而,事实证明,技术官僚将医疗和教育改革与维持宏观经济稳定相联系是更困难的。此外,改革提案隐含着对工会而言高得多的成本,他们已尤其从其参与医疗行业中收获了大量的财务收益。虽然改革结果未能如政府所愿,但这两个领域都实现了实质性的改变。

医疗保健改革举措在与世界银行顾问的密切合作中开展。其中最有争议的一项举措[社会工程(obras sociales)]打破了工会对其拥有的

---

① 马德里(2003 年:16)估计,第二支柱覆盖了大约 2/3 的工人,尽管工资缴纳保险的比例相对有限(另见梅萨-拉戈,2005 年:49)。布鲁克斯的模拟结果预测,挣平均工资的工人有望从该来源中领取其养老金收益的 54%(见表 5-10 中"第二支柱预期待遇[b]"一栏:54%)。

大约300家医疗机构的垄断，该举措为阿根廷大多数正规部门的工人提供医疗保险和服务（劳埃德-夏洛克，2004年：102—108）。流向社会工程的工资税既是工会的主要资金来源，又是私立医院和一些私人保险集团分包机会的一个利润丰厚的来源。打破工会的控制，并在该体系中引入竞争和选择是使医疗部门更具成本效益、更负责任这样一个重大工程的一部分（劳埃德-夏洛克，2004年：102—108）。

由于该体系的变化冲击了工会运动的基础利益，梅内姆罔顾国会的批准，通过一系列法令实行了改革。他于1993年颁布了首个此项法令，允许工会成员改变隶属关系。这项提议几乎没有获得私人保险机构的支持，他们当中有很多此前受益于不受管制的分包体系；这项提议也遭自总工会（CGT）的激烈反对，并发动了反对梅内姆政府的第一场大罢工。在面临反对的局面下，政府做出了战术性撤退。政府将新计划下放给由工会控制的一个机构，即国家医疗管理局（ANSAL），且该法令没有得以落实。

20世纪90年代中期的墨西哥比索危机之后，政府颁布了第二轮法令。在世界银行贷款的支持下，修订后的方案降低了工资税，将社会保障局收到的缴款中央集中化，并为力求升级其服务质量的工会提供资金援助。这些措施得到了偏好削减工资税的工商界的支持，并得到了一些更富裕的工会的支持，他们看到了吸引新成员加入社会工程（obras）的机会。

然而，20世纪90年代后期，obras改革开始有所瓦解。至此，对政府的普遍支持已经开始减退。有关重回通胀的关注已然消退，失业率急剧上升，卡瓦洛被迫从内阁辞职。不断变化的政治浪潮反映为1997年中期选举中庇隆主义者的失败，这为工会提供了更大的杠杆。反庇隆主义的德·拉·鲁阿政府于2000年再次引入了obras竞争；但一场反对医疗保健"私有化"的轰轰烈烈的工会运动阻碍了其执行，而庇隆主义者则干脆于2002年重新掌权之后彻底废除了这项法律。

教育改革对政府而言优先级较低，但也有着强大的财政动机。1991年，卡瓦洛在预算立法中增加了一项条款，突然将资助中等教育的责任下放至各省，并为联邦政府提供了政府间转移支付的更大自由裁量权。教师工会引导反对派促成了变革（科拉莱斯，2004年：326—333）。1993年立法中，众议院协商的妥协包括大幅增加联邦转移支付的承诺，

278　发展、民主与福利国家

提高义务教育年限，并维护工会对工作分配和职位晋升的控制。不过，法律保留了卡瓦洛起初制定的放权决定。虽然对教育的投入在随后几年中的确有所加大，政府却无法完全满足其资金承诺。20世纪90年代末起，整个教育体系遭到了财政危机死灰复燃和省政府破产的深入破坏。

3. 反贫困计划

直到21世纪初的危机之前，有针对性的社会救助仍然相对有限。最广为人知的计划是 Trabajar，是一项由世界银行支持的公共就业计划。虽然该计划具有较好针对性，但在两位数的失业率背景下，它一年仅为几十万工人提供了就业机会。21世纪初的危机之后，对失业工人的社会救助在爱德华多·杜阿尔德（Eduardo Duhalde）和内斯托尔·基什内尔更民粹主义庇隆主义政府的保护下大幅扩大。但是，即便是这几任政府也继续推行严格的财政政策。21世纪初，该计划仅覆盖了按五等分法收入底层群体的约30%（林德尔特、斯库菲亚斯和夏皮罗，2006年：86）。此外，社会救助扩大的代价是医疗和教育的削减。① 严重的财政紧缩似乎也颇为关乎紧要。

20世纪90年代阿根廷的社会政策与第六章讨论的高增长亚洲民主体形成了鲜明的对比。经济危机赋予了技术官僚权力，使其在这十年中最好的年份主导了改革议程。他们的改革举措不及独裁政体如智利所作出的变化；在每一个政策领域，他们都被迫与政治家、利益团体和利益相关者进行妥协。但是，危机的影响是显而易见的：改革是实质性的，并被证明在养老金领域尤为广泛，在该领域技术官僚团队可以将改革的努力与财政整顿相关联。

二　巴西

与阿根廷一样，巴西也在20世纪80年代和90年代初经历了非同寻常的高通胀和巨额财政赤字。在90年代和21世纪初，这些情况鼓励政府向财政部门和央行的技术官僚下放广泛权力。然而，与阿根廷不同的是，经济官僚机构无法对社会部门行使直接控制，政府作为一个整体

---

① 2000年至2004年，社会救助占GDP的比例上升了0.3%（从1.2%到1.5%），但同期医疗和教育的比例却从10%下降到8.7%。社会救助占社会总支出的比例从5.7%上升至7.1%，但医疗和教育则从2000年的46.5%跌至2003年的43.9%（林德尔特等人，2006年：86）。

面临着更大的压力,既要满足利益相关者的要求,又要解决基本社会服务覆盖的声名狼藉的不平等。

有关巴西政策改革的诸多文献都聚焦于该国著名的政治分化体系所创建的制度障碍上:政党多样性造成的众多否决点,党内纪律的缺乏,以及联邦制[艾姆斯,2001年;梅因沃林,1999年;另见菲格雷多(Figueiredo)和利蒙吉(Limongi),2000年:151—170]。这些因素的确在社会政策的若干领域扮演了重要的角色,其中最重要的是在养老金改革方面。但对制度的考虑必须补充以对经济背景和社会政策根本利益的本质的审视。

在某种程度上,稳定和经济自由化的动力被转型期间经济环境的时机削弱。军方统治的最后几年里发生了债务危机,但民主转型与经济的暂时好转有所交叠;年均增长率在1984—1986年达到近7%,在1987年又有所下降,并在1988年回落至负值。

巴西特有的几个因素也减轻了巨额赤字和通货膨胀对技术官僚权力的政治影响。与多数其他拉美国家不同的是,巴西有着较强大的税基(拉丁美洲和加勒比地区经济委员会,1998年:67),这使得该国更容易为其增加支出进行辩护。此外,极高的通货膨胀对中产阶级和蓝领收入的影响部分地由工资的普遍指标化和金融工具所缓冲。其结果是,通货膨胀并没有制造出其他高通胀环境下常见的紧迫感和对自由主义改革的宽容。

虽然80年代中期的经济上行是短暂的,它却助长了民众的强烈期待,认为民主治理将会带来更多的社会福利。隶属于劳工党(PT)的正规部门和公营部门的工会是尤为重要的角色。巴西的工会化程度与阿根廷大致相当——约占劳动力的25%(罗伯茨,2006年:169)。但是,阿根廷工会运动已被数十年的缓慢增长和去工业化所削弱,而巴西充满活力的工业化和六七十年代公营部门的扩大产生了游离于社团主义控制正式结构之外的激进劳工运动。同时,解决穷人需求的压力增大,一个原因是选举权改革消除了对基本文化程度的要求,并降低了投票年龄,另一个原因是民间社团组织倡导亲穷人政策的机会有所增加。

正如我们所预期的,民主化和有利的经济环境相结合,导致了80年代中期社会承诺的扩大。并且至经济繁荣消退之时,很多这些承诺都已在1988年批准的新宪法中有所体现[法利亚(Faria),2003年:

10－11］。宪法保障了现有养老金领取者的慷慨替代率，以及病假工资、就业保障、遗属抚恤金和其他已经累积给公务员和正规部门员工的福利待遇。宪法还承诺向"一切可能有需要的人群提供社会救助，不论其缴纳多少社保"（第203条）。此外，所有公民都被保障"入学和保持学业的平等条件"（第206条），并且医疗保健被宣布为"所有人的权利和国家的责任"（第196条）。

随着经济放缓及80年代后期的通胀飙升，政府主要关注于维持稳定，而且事实证明越来越难以执行这些任务。1986—1987年的一项早期维稳工作主要依靠物价管制，而这一努力在不到一年的时间内就崩溃了。在费尔南多·科洛尔（Fernando Collor）执政期间（1990—1992年），政府强加了一项严厉的紧缩计划，隐含着社会支出的锐减（见图A6－2）。然而，即使这样也未能成功；通胀复发，科洛尔也在一场毁灭性的腐败丑闻中被迫下台。

1994年，当时的财政部长费尔南多·恩里克·卡多佐（Fernando Henrique Cardoso）最后成功制服了通货膨胀。这一"雷亚尔计划（Real Plan）"将紧缩的财政和货币政策与物价和工资契约的逐步去指数化相结合，并引入新的货币，即雷亚尔［巴沙（Bacha），1998年］。与阿根廷和秘鲁一样，成功的维稳大受欢迎，并促成了卡多佐在1994年大选中当选总统。在卡多佐的两届任期里（1994—2002年）和其继任者路易斯·伊纳西奥·卢拉·达席尔瓦（Luiz Inácio Lula da Silva，简称为卢拉）的总统任期里，巴西政府将保持经济稳定作为其首要任务。权势强大的财政部部长们把持了内阁，并制定了社会政策的预算参数。尽管立法联盟难以对付，总统仍然通过使用法令权和由国会授予的特殊权力维持了财政纪律。

1. 养老金改革：渐进性和参数性改革

虽然技术官僚们能够设置支出限额，他们重新设计福利制度的能力却面临来自1988年的宪法保障和对其施压的强大利益集团的制约。这些制约在社会保障权利方面最为明显，这需要获得国会3/5的绝对多数赞同来加以改变。

至90年代中期，社会保障体系（国家医疗救助社会保障机构，即INAMPS）的赤字已增加为GDP的3.5%至4%，而公营部门员工——约占所有养老金领取者的1/3——的养老金大约占总赤字的2/3［邦图里（Bonturi），2002年：10；美第奇（Medici），2004年：10］。90年代初，经济官员和财政部门表示支持建立一个全额资助的支柱，但朝这个方向的重要推进却因政治丑闻和科洛尔被弹劾而终止。在随后的几年中，有关高额转型成本的担忧使政府的技术官僚对私有化不予考虑，而是把重点放在资格要求和福利待遇的改变上［皮涅罗（Pinheiro），2005年］。由卡多佐于1995年推出的立法寻求限制提前退休，平衡公营和私营部门的资格要求，并逐步消除特定类型员工的特殊优惠。（马德里，2003年：150—151）。

可以预见的是，这些提议遭到了劳工统一联盟（CUT）及其在反对党劳工党中的盟友，以及公共官僚机构中根深蒂固的某些特殊利益集团（军人，公务员等）的强烈反对。与工会和养老金领取者协会的谈判迅速崩溃，政府被迫接受一系列立法修订案，大大缩减了最初的提议。

然而，宏观经济不稳定的持续威胁也的确让卡多佐和卢拉政府削弱福利。1998年，亚洲和俄罗斯金融危机的余震最终使政府获得了所需的3/5的支持来通过宪法改革法案。但是，新的立法主要涉及私营部门员工基金的资格要求和福利待遇，而没有触及成本更昂贵的公营部门养老金。

卢拉政府继续推行改革努力。民众对左翼胜利的预期引发了对金融市场的担忧，为避免恐慌，卢拉奉行了一项出奇谨慎的宏观经济政策，包括重新开展参数性养老金改革。2003年12月，政府接手特权公营部门员工的福利这一高度敏感的问题。① 卢拉得以利用宏观经济不稳定的风险，来获取不仅来自反对党而且来自劳工党议员的支持，他们曾强烈反对卡多佐的立法。然而，立法谈判的最终结果却是温和的，并且在卢拉的整个就任期间，公营部门养老金的大额支出继续对国库造成了沉重的负担。

2. 医疗保健举措

在科洛尔执政期间的大幅削减之后（见附录六，图A6-2），卡多佐和卢拉得以增加社会领域的支出。更重要的是，此前由自由阵线党（PFL）政客控制的教育和卫生部门最高职位的任命，落在了寻求更高

---

① 这些改革虽然温和，但也确实包括了一些重要的改变，如处罚提前退休、均衡公营和私营部门新增劳动力的福利，以及设置免税福利待遇的上限。

效进取地分配联邦转移支付给各州和各市的政策专家手中（阿雷切，2004年：155—189）。

在卫生领域，卡多佐政府依赖于宪法改革，这在整个80年代由医疗专业人士和左翼活动家的全国性运动（sanitaristas）所呼吁。这场运动针对的是私立医院和治疗性医疗卫生服务机构在 INAMPS 这一社会保障机构中的政治和财务影响力。该运动试图通过巩固联邦工资税收入和卫生部门的监管权力机关，削减 INAMPS 的权力，以及将卫生行政部门的责任下放至市级来打破这些关系（韦兰，1996年：162—163）。

这两个目标都被纳入了1988年的宪法，且国会于1990年通过了一般立法。但对资源的争夺和来自利益相关者的压力将其执行又额外推迟了近十年。对于历任卫生部部长而言，确保有足够的资源一直都是一个至关重要的问题。科洛尔的稳定举措减少了医疗保健资金，且加剧了势力范围的争夺，这种情况一直延续到卡多佐总统任期。① 虽然90年代中期人均医疗支出的确有所增加，但在这十年的最后几年中，却又因为俄罗斯危机蔓延至巴西而再次下降。

不过，政府的确采取了迈向行政合理性的重要举措。一系列部级法令增加了联邦政府向愿意承担公共和预防性医疗以及家庭保健服务，且愿意接受更强审计和评估程序的城市的转移支付。到2002年，巴西5560个城市几乎全部达到基本医疗服务的监管标准，并且约有560个城市获得了对其管辖范围内所有服务的资助（阿雷切，2004年：178）。

这些改革构成了巴西医疗体系的重大重组。巴西医疗体系继续受到严重的地区和阶级不平等的困扰。② 尽管如此，政策的变化表明巴西的民主制度拥有巨大和出人意料的能力来开展大规模连贯性改革，即使是在面临制度分化、利益集团压力和预算限制的情况下。

3. 教育改革

教育领域也存在类似的喜忧参半的结果：制度重组和融资有了进

---

① 例如，1993年，福利部部长安东尼奥·布里托（Antonio Britto）以需要资助社保福利为由，单方面地从卫生部门扣留了工资税收。次年，该部长成功地促成了专门用于医疗保健的新税收的立法，其结果仅仅只是使财政部门减少了一般财政收入分配，以努力控制支出（阿雷切，2004年：175）。

② 虽然健康指标有了一些进步——最显著的是婴儿死亡率的下降——但这些在军统时期就开始了，而不能轻易地归因于改革。

步，但却受限于财政紧缩和利益相关者的压力。巴西教育支出的一个主要问题是高等教育占据较高份额，但此问题在反对试图强加费用并削减薪水的强烈抗议之后不了了之。相反，教育部部长保罗·雷纳托·索萨（Paulo Renato Souza）和其改革团队主要关注初等教育部门内部的资源重新分配，以及重铸教育部门的管理和监督作用。

对农村众多的东北地区的贫困市立学校的资助在1996年由一项新的宪法修正案显著加强，该修订案的葡萄牙语首字母缩写为FUNDEF（初等教育教学维护和发展基金）。FUNDEF扩大了军政府最后几年中通过的立法（见第二章），并规定须至少有15%的联邦转移支付专门用于初等教育，且60%的这些资金要用于教师工资。这项改革还设立了小学阶段每名学生支出的适度最低水平（德莱贝，2004年：395—400）。无法满足此项要求的较贫穷的州将收到额外的联邦转移支付；但最低值被故意设置在较低水平，而应对通胀的调整则交由国会自由裁量处理［梅洛（Melo），2004年：34—36］。通常的预期是，这些资金将主要来自对现有联邦转移支付的再分配（布朗，2002年：137）。

这一立法遭到了劳工党议员的反对，他们认为这还远远不够，也遭到了几个更富裕州的教师工会的反对。然而，较贫困州的工资甚低的教师都将从工资保障中大幅受益，并且该立法得到了代表东北地区和全国各地方市政系统的政客们的大力支持。FUNDEF修正案的广泛地域吸引力使政府得以克服议员和利益集团的反对，获得了通过立法所需的3/5多数支持，并于1998年开始执行。如前所述，FUNDEF立法在整个联邦体系中仅有有限的再分配影响；资金的重新分配主要发生于各州内部（布朗，2002年：137）。尽管如此，该立法的条款大力支援了东北地区工资低下的教师和市立学校系统，而这些才担负着全国基础教育的主要责任。

4. 反贫困举措

教育领域最明显的革新发生在需求方，20世纪90年代末建立了一项方案，为有子女就读的贫困家庭提供有条件的收入转移支付。劳工党和卡多佐的巴西社会民主党（PSDB）之间的选举竞争推动了这一方案的扩大，尽管是在严重财政紧缩的背景下。90年代中期，一些地方政府确定了该方案的各自版本，如在巴西社会民主党市长执政下的坎皮纳斯市，以及在劳工党州长执政下的巴西利亚州。建立联邦方案的提议最初由劳工党领袖牵头,但这一想法也很快得到了联合政府的政客们的支持(梅洛,2004年,27—30)。

财政担忧导致卡多佐政府推迟启动此项方案,直至1998年总统竞选的预备阶段。1997年12月,一项由总统支持的法律为最贫困的城市提供了多年分阶段转移支付。在劳工党的压力下以及悬而不决的竞选面前,卡多佐随后推出了第二条法律,将该方案扩大至所有城市(梅洛,2004年:6)。

该方案在卡多佐就任期间被称为"助学金"计划(Bolsa Escola),至2002年已覆盖450万户家庭。该方案后来成为卢拉政府的旗舰反贫困计划[家庭津贴计划(Bolsa Familia)],覆盖了约1100万户家庭。与PROGRESA一样,也必须要看到这种救助计划的局限性。用于这两项Bolsa计划的总资源十分少:约占总教育支出的2.5%,且只占GDP的0.15%(莫利和科迪,2003年:21)。莫利和科迪(2003年,53)也注意到,该计划的支出仅占消除"贫富差距"所需数额的大约3.9%。尽管如此,Bolsa计划与墨西哥的相应方案一样,在减少辍学率方面有着显而易见的效果(莫利和科迪,2003年:44—45),并增加了受益者的家庭收入(莫利和科迪,2003年:49)。出于这些原因,该计划非常受欢迎,并在很大程度上解释了2006年总统选举中卢拉在东北各州的压倒性胜利。

我们可以从巴西的经验中得出什么结论?由于自由主义技术官僚不太能够主导社会政策议程,在这一意味上,巴西是"危机案例"(阿根廷、委内瑞拉、墨西哥和秘鲁)中的一个例外。巴西改革高度不平等的养老金制度的努力面临根深蒂固的利益相关者和在强劲增长时期写入1988年宪法的福利保障权利的挑战。然而,维稳成功的确扩大了改革者的影响,且卡多佐和卢拉的确成功地将一些福利保障权利从宪法中移除,并节制了公营部门雇员的福利。

医疗和教育的改革由不直接与财政部门结盟的政策精英所主导,其政策比阿根廷更加重视纠正明显的分配不公。然而,卡多佐和卢拉政府都优先考虑财政纪律,财政部门从而保留了对资源分配的有效否决权。融资得以扩大,但更加强调针对性及降低各部门作为赞助核心的角色。

第三节 "低危"民主体社会政策：乌拉圭、哥斯达黎加、哥伦比亚和智利

20世纪80年代乌拉圭、哥斯达黎加、哥伦比亚和智利的经济条件往往很艰难，但不如阿根廷和巴西那么严重。乌拉圭经济在80年代初被摧毁，当时仍在军方统治之下；但民主政府避免了危机案例所经历的经济崩溃。哥斯达黎加受到债务危机的重创；但经过艰难的财政调整后经济得以反弹，并在整个80年代由美国的资金支持所推动。智利的民主政府在1990年上台时面临严重的维稳问题，但却在该地区未来15年里领导了最强大的经济体。哥伦比亚不同于其他任何国家，其长期的宏观经济一直相对稳定，虽然在90年代末开始有所恶化。总之，虽然这几个国家都经历了周期性的经济困难，然而推动危机案例改革的严重财政紧缩和通胀压力却相对有限。

但是，福利制度覆盖面和利益相关者影响力的巨大差别的确产生了不同的社会政策轨迹。乌拉圭和哥斯达黎加的社会政策改革受制于广泛而受欢迎的福利遗产。相比之下，哥伦比亚的福利体系中受益者相对较少，这种情况促进了养老金私有化，但也鼓励了社会服务覆盖面的扩大。

出于我们的目的，智利构成了一个有趣的比较，这是由于其在皮诺切特独裁统治时期社会政策被广泛自由化。到了转型时期，新的、更自由的制度已经催生了其支持基础，阻碍了该体系中私有化部门的根本性变化。但皮诺切特的民主继任者也有强烈的选举动机来改善公共服务和社会救助的提供。

一　乌拉圭

乌拉圭福利制度的变化相较于阿根廷和巴西均大为有限。虽然政府最终的确通过了养老金改革，但却是该地区最温和的。医疗和教育政策始终将重点放在公共提供上，并优先扩大旨在提高效率的行政改革服务。

乌拉圭福利制度的连续性反映了与阿根廷和巴西制度的两个重要区别。首先，乌拉圭的历任民主政府没有经历与阿根廷和巴西具可比性的

金融危机或通胀压力。20世纪80年代末90年代初的增长平平或呈负数，但抑制通胀的相对成功弱化了更广泛的市场改革和现有福利制度产生重大变化的动机，尽管其有效性和慷慨度都有所降低。其次，现有福利制度有着尤为广泛的政治支持。寻求重组福利和服务的政客不仅面临根深蒂固的利益相关者，而且面临更广泛的选民对现状的偏好。① 在这方面，乌拉圭与第八章讨论的东欧国家密切相似。

与巴西的情况一样，政党分化和多重制度否决点也对重大改革举措造成了强大阻力。立法要求红党和白党的独立派别谈判协议。甚至更重要的是，宪法允许就社会立法开展全民公决［卡斯蒂廖尼，2005年：78—82；贝尔加拉（Bergara）等人，2004年：27］。但这些制度否决点阻碍政策变化的重要性反过来取决于一个更根本的因素：基础广泛的福利制度在广大公众和有组织的利益团体中的人气。

1. 养老金改革

从民主时期开始，两大政党的政府领导人都认为乌拉圭庞大而慷慨的养老金制度是对财政稳定的一个严重威胁，但遏制养老金支出的努力最终被证明是不成功的。1985年，第一任胡利奥·玛丽亚·桑吉内蒂（Julio María Sanguinetti）政府（1985—1990年）签署了一项IMF协议，优先考虑削减养老金支出。但是，参数性调整受到了广泛阵线（Frente Amplio）、中左派反对党和养老金领取者、劳工工会及民间组织强烈反对的冲击。

1989年，这些团体的一个广泛联盟动员全民公投运动，以增加养老金支付并将其与公营部门工资指标化。反对者们得以利用宪法中直接民主的规定来敦促其利益；但若没有广泛的公众和组织支持他们原本不会成功。退休的工会领袖为乌拉圭全民养老金组织带来了巨大的组织能力，该组织合并了全国120个退休人员协会与其分支机构（凯，1999年：409）。工会运动由一个统一、独立的联合会所领导，即跨工团主义工人全会—全国工人大会（PIT - CNT）（凯，1999年：411）。左翼政客们也在主要的支持者之列，但这一问题并不是严格意义上的党派问题。正如帕帕多普洛斯（Papadópoulos，1998年：156）指出的，"担心

---

① 20世纪90年代，养老金受益者占选民的30%，而公共雇员又占9%［卢娜（Luna），2006年：17］。

会失去养老金领取者选票的其他政客们要么支持这一改革,要么对这一问题不持立场"。在全民公决中,这项条款得到了80%以上的选民支持。

随着养老金支出从80年代末约占GDP的10%飙升至1994年的20%左右,财政压力亦有所升级。倾向于以市场为导向的经济改革的白党领袖路易斯·阿尔韦托·拉卡列（Luis Alberto Lacalle）总统（1990—1994年）出台了四项连续法案,试图收紧资格要求,并将福利收益与缴款额更紧密地联系起来。所有法案都在国会受阻。第五条相对温和的提案在白党人和红党人的广泛联盟下得以通过,但随后在1994年的全民公决中被超过70%的选民推翻（凯,1999年:415）。

经过广泛的社会行动者和政治领导人之间的大量谈判后,在桑吉内蒂第二个任期内（1995—2000年）最终实现了勉强的突破。桑吉内蒂政府通过了一项新的养老金法,为建立一个小型第二支柱做了准备。①但如前所述,这一改革的规模是极其温和的。根据布鲁克斯和马德里的私有化指标,该私立支柱是本地区规模最小的。该支柱对所有人都是自愿的,除月收入超过800美元的一小部分劳动力外,并且是该地区被要求向其参保人员提供绝对最小回报率的唯一资本化支柱（凯,2000年:17）。正如菲尔盖拉和菲尔盖拉（1997年:23）所言,"尽管这一改革与旧体系明显背离,但它却与智利模式相去甚远,且依然是中央集权式的,并致力于一度在其他国家的改革中被大力忽视掉的一些再分配目标"。

2. 医疗保健和教育举措

教育和医疗领域的政策甚至更胜养老金,保留或扩大了旧福利状况的公共普遍主义特征。在桑吉内蒂的第二届任期内,政府制定了一系列旨在扩大公共教育体系覆盖面的措施。在世界银行和美洲开发银行的贷款支持下,5岁儿童的学前教育得以普及。政府的教育支出从1995年占GDP的2.5%左右在接下来的三年内上升到近3.5%（卡斯蒂廖尼,2005年:71）。

相较于阿根廷和巴西的发展,乌拉圭明显更少强调对现有制度的重

---

① 事实上,有关私立支柱局限性的担忧和现收现付制的持续保障使得世界银行在谈判初期撤销了对该项目的支持（卡斯蒂廖尼,2005年;帕帕多普洛斯,1998年）。

组。为了努力控制成本，乌拉圭改革确实减少了针对新建学校教师的就业稳定保障，这一举措遭到了广泛阵线和教师工会的联盟派的强烈反对。但该体系的扩大却有着很强的民众支持，并且与反对养老金立法的行动不同的是，反对派无法利用宪法中"直接民主"的条款规定。旨在推翻该举措的公投被近乎四分之三的选民所击败（卡斯蒂廖尼，2005年：70—71）。

与阿根廷和巴西的情况不同的是，乌拉圭并没有显著的举措来改变医疗体系，尽管在90年代成本有所上升。在桑吉内蒂第二届任期里，卫生部部长阿尔弗雷多·索拉里（Alfredo Solari）的确试图减少对保健组织（HMOs）半公共体系的补贴，并在农村地区开放医疗保健提供的私营部门竞争。但是，事实证明，这些举措在国会中毫无希望，因为国会中一些有影响力的政客本身就是与主流医药协会有密切联系的医生。

罗珊娜·卡斯蒂廖尼（2005年：82）总结了乌拉圭在所有三个领域的社会政策进程："在拉美国家推进养老金改革的背景下，乌拉圭是最不激进的改革国家之一。在教育领域，改革扩大了公共体系，并且没有呈现出该地区可见的市场化改革的任何蓝图……最后，在面临非常强大的否决权实施方的医疗保健领域，[改革] 未能获得足够的选票以被批准。"

二 哥斯达黎加

有着广泛基础的哥斯达黎加福利制度在20世纪八九十年代也经历了较为有限的变化。在某种程度上，这种稳定性归因于有利的经济环境。哥斯达黎加在80年代初的债务危机中未能避免痛苦的调整和社会支出的削减，但相对较早的维稳努力使该国能够避免阿根廷、巴西、秘鲁和墨西哥普遍存在的巨大赤字和高通胀（见图7-3）。中美洲内战期间，美国的援助也提振了经济；1982年至1989年，双边援助平均约占GDP的3.6%（克拉克，2001年：47）。及时的调整和强有力的外部支持使政府能够逐步引入市场改革，并且相较于本地区更快速的改革国家而言，更少发生社会混乱。

此外，与乌拉圭一样，广泛的福利保障和根深蒂固的利益相关方也使得福利制度的重大重组困难重重。哥斯达黎加是该地区最晚实行养老金改革的国家之一，并且系统性的变化是温和的。政府在医疗卫生和教育领域作出了一些努力,引入融资的更大问责制,但与阿根廷和巴西相比,结构性变化仍然有限。社会政策的主旨是扩大服务,尤其是在医疗领域。

随着中美洲战争接近尾声且美国援助有所下降,经济和社会改革的压力也在90年代有所加强。但应对压力的举措对填补覆盖面差距和自由化给予了同样的重视。菲格雷斯政府(1994—1998年)的确也加入了一项世界银行有关公立医院和单个病人预算的放权计划。但是,与此同时,政府也做出了资金承诺,要转移所有基本医疗服务至社会保障基金(CCSS)并将诊所扩大至农村地区。可以预见的是,这一世行贷款会以较快速度扩大进展,而医院改革的实施在来自医疗行政部门的阻力面前陷入了僵局(克拉克,2001年:89—95)。

紧缩公众养老金制度的举措在整个90年代遭遇了更强大的反对。1995年,菲格雷斯政府成功地通过提高缴款额和减少福利待遇而重组了濒临破产的教师基金,但这一改革有着高昂的政治代价:全年频发的24小时停工,以及"哥斯达黎加前所未有的最大规模抗议游行"(克拉克,2001年:86)。次年,政府启动了更广泛的举措来削减福利待遇并提高退休年龄,但随后在新一轮的政治抗议面前又将其撤销。

随着成本的继续上升,养老金私有化最终于90年代末在米格尔·安赫尔·罗德里格斯(Miguel Ángel Rodríguez)的中右派政府期间被提上政治议程。与乌拉圭一样,仅仅在多方的大量谈判之后,包括主要商业和劳工协会、民间社团、行政执法人员和政策专家,立法才得以进行。该过程中出现的提案在21世纪初两党的广泛支持下通过成为法律,并于2001年生效。该立法创建了一个混合型多支柱体系,但是,可以预见的是,结构性变化的幅度不大。所有新员工都被要求加入该混合体系,但对该全额资助体系的强制性保费缴纳额度则相对较小(马德里,2003年:16)。根据布鲁克斯的模拟结果,公共支柱可能仍是普通工人的主要保障来源(见表5-10)。

三 哥伦比亚:宽松的财政状况与福利扩大

哥伦比亚的经验也与前一节中回顾的危机案例有所不同。在整个70年代,该国历届精英主义自由派和保守派政府都奉行了保守的宏观经济政策,且比该地区其他国家累积了少得多的债务,这一事实反过来又降低了重创该地区其余国家的冲击的严重程度（斯托林斯，1990 年：149—161）。90 年代的历届政府因此有更多机会来扩大极其有限的社会保险制度的覆盖范围。

解决这些问题的政治激励机制最初主要由游击队暴力和贩毒所驱使，这一度导致了国家制度合法性的显著丧失。90 年代，政治精英试图通过旨在重新界定国家与社会之间关系的全面改革，其中包括大规模整顿福利制度，来解决潜在的民众不满。

1991 年召开的新的制宪会议标志着该进程的一个重要里程碑。与在巴西一样，这场会议为先前在政治权力中边缘化的民众和"左"倾群体提供了一个平台。新宪法也广泛承诺提供全民医疗保险、教育和其他形式的社会保障。宪政改革绝不是说就一定能保证政府将授权并实施这些法律命令。然后，与巴西的情况不一样的是，哥伦比亚长期的财政谨慎使得政府处于一个相当好的处境来实施法令，且没有太多的借口不予实施。因此，90 年代大部分时间里社会支出急剧上涨（见图 A6 - 4）。

1. 养老金和医疗改革

塞萨尔·加维里亚（César Gaviria）的温和派、以市场为导向的政府（1990—1994 年）率先为新的宪法权利起草实施立法。加维里亚高度优先关注部分养老金的私有化，并最初打算搁置落实宪法规定的医疗改革。然而，在国会中强大同盟的敦促下他也变得缓和下来，这些强大同盟主张，养老金改革如果与更受欢迎的医疗保健举措相捆绑则更可能通过。这一策略奏效了。1993 年 12 月，国会建立了一个温和的第二支柱，纳入了所覆盖劳动力的约 38%（马德里，2003 年：16），但政府也致力于全面重组并扩大医疗保险和服务提供（拉米雷斯，2004 年：130—139；纳尔逊，1998 年：4—8）。

医疗保健立法曾由胡安·路易斯·隆多尼奥（Juan Luis Londoño）在国会中所引领，他是一名与财政部门有紧密联系的经济学家，该立法包含了自由主义和扩大主义成分。自由主义成分包括大量的权力下放、私营保险商角色的扩大，以及医院和诊所绩效预算的逐步引入。但是，改革最受欢迎的特点是对覆盖面的大幅扩大。改革为低收入家庭提供了参加医疗机构补贴体系的机会，并在转型期后，允诺了与缴费型体系所提供的福利等同的一揽子收益。

该计划的扩大进展实施迅速，而与此相反，官僚阻力减缓了节省成本的措施，如医院融资的合理化。覆盖人口的比例从1993年的刚刚超过20%增加到1997年的57%，且在农村地区和赤贫人口中增长尤其迅速。①

到该十年末，该体系的迅速扩大和节省成本措施的拖延已经成为主要关注的问题。② 其后果之一是覆盖面从未达到原先改革中所预想的普及程度，并且补贴体系提供的整套服务无法与缴费型制度等同。然而，医疗制度改革是一项重大扩大，在该地区其他地方被倡导更广覆盖面的人视为典范。而且，新的安排现已建立了强有力的支持，不仅来自政客和私营医疗提供机构，而且来自更广泛的受益者群体，这个事实阻碍了紧缩。与东亚案例一样，这些受益者迅速构成对后续整顿该体系的努力的重要选举制约，即使其财务脆弱性变得显而易见。

2. 教育的权力下放

利益相关者的影响在教育改革领域最为明显，事实证明，该领域的改革远不如在医疗领域的改革成功（洛登，2004年：350）。在宪法的授权下，立法提案为资金和责任向省、市级政府的大量转移做了准备，期望权力下放会提高效率和问责制。但是，加维里亚政府推进这些举措的动机弱于医疗改革的动机。首先，与医疗一样，教育没有与养老金改革的更优先目标挂钩。权力下放也受到教育部和强大且高度集中的教师工会的强烈反对。在没有行政领导的情况下，国会批准了两项法案，其部分条款规定不相调和、互相矛盾：一项由工会及其在教育部的盟友所提出，另一项由国家规划机构（National Planning Agency）的政策专家所提出（洛登，2004年：358—359）。

混乱和财政压力增加是可以预见的后果。法律规定要加大向省级政府和大型城市的转移支付，无论其表现或经济条件如何。至1998年，几乎所有这些转移支付都用于资助教师工资。桑佩尔政府还设立了一项基金，以弥补地方教育赤字，但这却只是增加了政客们通过聘用更多的

---

① 农村地区的覆盖范围从7%扩大至近50%，并在处于收入底层的1/10的人口中从4%扩大至40%（拉米雷斯，2004年：142）。

② 医疗保健责任的权力下放曾在地方一级助长了庇护主义，并最终加大而不是减少了整体的财政负担。在加维里亚的继任者埃内斯托·桑佩尔（Ernesto Samper）总统执政下（1994—1998年），预算进一步受到医务工作者大幅加薪的压力。

教师来扩大其庇护网络的动机。领导力的缺乏、立法妥协以及来自教师工会和赞助型政客们的持续压力一道，使得哥伦比亚成为医疗改革毫无成效的最糟糕案例。

四　智利

20世纪90年代，智利掌权的温和中左翼政府由于承诺接受皮诺切特时代的基本市场改革，并承诺尊重为参议院的右翼政党建立有效否决权的宪法条款，而在其社会政策做法上有所限制。在整个90年代和21世纪初，自由派技术官僚仍保持对经济部门和独立央行的牢牢控制。在新任执政联盟多数领导人的默许下（卡斯蒂廖尼，2005年：116—118），社会政策从而服从于更广泛的经济战略原则。

但是，尽管有这些政治限制，也至少有两个因素使新政府得以扩大公共社会福利制度，并提高了其有效性。首先，后续的历届民主政府继承了强大的经济。尽管在1988年的全民公决预备阶段，皮诺切特曾允许财政赤字的增长，但新政府较快实现了稳定，并且直至该十年末，高增长和强大的财政状况都一直得以持续。

第二组因素与福利制度本身的更早时期重组有关；这种情况使得社会保险与服务的融资从公营部门转向家庭。皮诺切特改革有其自身的传统影响。私有养老基金和医疗保健提供方与保险商组成了强大的游说团，与大型商业协会有着牢固的联系。福利受益者的阶层也发生了根本变化。在整个90年代和21世纪初，大约25%的人口——主要集中在上层和中产阶级——被纳入私立医疗保险机构（ISAPREs），且大约40%的学龄儿童在政府补贴的私立学校入学［拉茨尼斯基（Raczynski），2000年：124］。这些新的利益相关方的形成大幅增加了改变皮诺切特改革基本原则的难度。

然而，与此同时，在皮诺切特时代，本来可能反对公营部门改革的群体被大幅削弱。公共就业的急剧减少重创了教师工会、医疗服务提供机构和总工会运动。1973年至90年代，工会密度从顶峰时期占劳动力的35%降至刚刚超过13%，是整个拉美样本中最急剧的工会密度下降（罗伯茨，2006年：169）。因此，尽管中左翼政党联盟（Concertación）政府极力避免正面挑战日益分叉的福利制度，关注公共反贫困计划和完善社会部门表现的道路却相对明晰。

1. 养老金政策

新任历届民主政府展开的社会保障和养老金制度改革主要集中于三个基本目标。养老金方面，帕特里西奥·艾尔文（Patricio Aylwin）政府（1990—1994年）的首要举措之一就是恢复对旧体系中退休人员的支付值，这种支付值在80年代中期的经济危机期间有所恶化（卡斯蒂廖尼，2005年：194）。虽然对完全资本化的个人账户制度没有实质性的改变，但艾尔文和弗雷政府（1994—1998年）都试图增加私人养老基金的透明度和安全性。

2. 反贫困计划

中左翼政党联盟政府也升级并重组了20世纪80年代危机时期皮诺切特执政下发起的剩余主义安全网基金。一项新的计划——团结和社会投资基金（FOSIS）——从皮诺切特年代对紧急公共工程的强调转向更综合的、有针对性的贫困社区收入补贴和开发项目体系。FOSIS被广泛认为是该地区最成功的同类计划之一。

3. 教育政策

新任历届民主政府寻求通过有针对性的改革和合理化公营部门来提高教育质量和效率。由专项税收资助的新的财政收入被用来扩大学前教育入学率和延长小学的教学日。在弗雷执政下，新规定合理化了教育部门的劳资关系，提高了教师工资并改善了其工作条件，但也更加重视通过绩效工资和工作灵活性来进行激励。新的有针对性的方案也是这些改革努力的重要部分。然而，所有这些举措都未能挑战政府对私立学校的补贴，或试图改变皮诺切特执政时期的教育责任权力下放。在医疗领域，艾尔文和弗雷政府也主要关注改善公共医疗服务的机构和融资，例如，为老人、孕妇和其他弱势群体建立新的有针对性的医疗卫生服务。

到了20世纪90年代末，私有化养老金和医疗领域的严重问题成为不断增多的政治争论的焦点。随着私立支柱的第一波工人即将退休，养老金制度的问题随之凸显出来。预计替代率低于最初的预期（有些估计认为低至一半）。许多工人的储蓄预计将远低于对至少有20年工龄的人员的最低公共保障。还有许多人甚至没能达到这一资格要求，并面临需要依靠个人储蓄和基于经济状况审查的救助［奥尼尔（O'Neil），2005年：17—18］。对于这些进展的社会和财务后果的担忧导致各党派提议展开系统性的变革，涉及更大的公共责任。然而，直至21世纪头十年中期，立法仍悬而未决。虽然调整有可能持续，但广泛的体系重组亟须解决一些重大问题，涉及融资、用人单位缴款、得以恢复的公共支柱的潜在作用，以及仍然强大的私募基金的地位。

4. 医疗保健举措

在二元医疗体系中，逆向选择的问题也日益突出。私立的ISAPREs吸引了更健康、更富裕的病人，这使得FONASA（国家医疗保险基金）承担了照顾更贫穷、更高风险的病人的负担。直至20世纪90年代末，管理约26%的人口的私营部门当时接受着69%的强制性缴款。ISAPREs已成长为一支强大的经济力量，控制着私立医院、诊所和实验室的庞大网络〔波茨斯基，2002年：234—238；塞乐登（Celedón）和奥亚尔佐（Oyarzo），2000年：322〕。

里卡多·拉戈斯（Ricardo Lagos）政府（2000—2006年）在21世纪初的确尝试全面整顿医疗体系，但未能通过一项关键的再分配措施，该措施本来会要求ISAPREs补贴在公营部门诊疗的更高风险患者。代表了新体系利益相关方的参议院反对派则认为从ISAPREs向团结基金（Solidarity Fund）的转移支付会通过切断强制性医保缴纳与医保收益之间的联系而侵犯财产权。

智利的中左翼政府在改变其继承的福利制度的基本结构时遇到的困难不应掩盖20世纪90年代和21世纪初历届民主政府所登记在册的重大社会收益。民主转型后的15年里，贫困急剧减少，而且诸如婴儿死亡率这样的表征福利状况的指标也有所改进。这些成就部分是由于国家经济的强劲增长，但至少也有一部分原因是公营部门机构的资金增加和组织改进。

然而，智利的福利制度作为一个整体，继续比该地区其他任何国家都更广泛地依赖于皮诺切特独裁时期建立的私人提供和个人责任的原则。21世纪头十年中期，对该体系的挑战开始壮大，但该体系的持续性强化了智利社会的许多根本性不公局面（波茨斯基，2002年：203—241；拉茨尼斯基，2000年：127—129）。

第四节 结论

本章我们研究了拉美国家的自由主义福利模式转型程度的地区内部

差异。表7-1总结了各案例研究中的养老金、医疗和教育举措,以及这些举措反映自由主义福利议程原则的程度,并展示了这些表现是如何与政体类型和经济环境的差异相一致的。

表7-1　　拉丁美洲的社会政策改革（1980—2005年）

	养老金改革	医疗改革		教育
政策改革	私有化	自由化改革。私营角色加大;公共服务权力下放	扩大。更广泛的保险覆盖和基本服务提供	自由化改革。权力下放举措
威权危机案例				
智利 （1973—1990年）	广泛。完全替代型私立支柱;要求所有新员工参保（1981年）	广泛。私营医疗单位由工资税资助	无。有针对性地关注婴儿死亡率	广泛。权力下放。私立学校教育券资助
墨西哥 （至2000年）	广泛。完全替代型私立支柱;要求所有新员工参保（1997年）	温和。卫生部权力下放,但不涉及社会保障服务。私人保险增加	温和。针对缺乏公立诊所服务的人员的基本医疗套餐	有限。小学权力下放,但因工会反对而减缓
秘鲁 （1990—2000年）	温和/广泛。混合型体系,但多数工人参保私立支柱（1992年）	广泛。初级保健团队基于灵活的劳动契约,允许私营医疗单位与社会保障服务相竞争。私人保险增加	温和。卫生部服务扩大至贫困社区（PBST和CLAS）	无。主要关注新学校的修建
威权非危机案例				
委内瑞拉 （1999—2006年）	无。未实施早期私有化改革	无。医疗服务提供重新中央集中化	广泛。巴里奥斯·阿登特罗执政时期扩大了诊所覆盖面	无。增加了对体系的中央控制
民主危机案例				
阿根廷	温和。混合型体系,但公共支柱参保大幅回落（1994年）	广泛。放开obras体系的私有竞争。大幅增加私人保险	无	广泛。伴有资助保障,但未完全兑现

续表

	养老金改革	医疗改革		教育
巴西	无。温和的参数性改革（1998年，2002年）	混合型。统一并重组了公共部门。医疗保健责任下放至市级。私人保险有限增加	大幅度。向更贫困州有条件的转移支付，用以改善其基本医疗服务	广泛。将小学支出重新分配给市级系统和更贫困州
委内瑞拉（至1999年）	温和/广泛。完全替代型私立支柱。消除了专项基金（1997年）	温和。与23个州中的11个州达成转移支付协议。1997年广泛的私有化改革，但未能实施	无	有限。权力下放因经费争议而放缓
秘鲁（1980—1990年）	无。大幅削减社会保障支出	无重大改革，大幅削减医疗和教育支出	无	无
民主案例，有限危机				
哥斯达黎加	温和。混合型体系。所有工人从私立支柱获取温和收益（2000年）	无。通过社会保障基金实现了中央集中化控制	温和。在贫困社区建立医疗团队	无
乌拉圭	有限。混合型体系，私立支柱规模很小	无	无	无。扩大学前教育
哥伦比亚	温和。混合型体系，私立支柱参保有限（1994年）	广泛。重大责任转移至各部门和各市。私人服务供应商增多	广泛。通过补贴性保险套餐大幅扩大覆盖面	有限。责任权力下放，但不太奏效
智利（1990—2000年）	无。保留了皮诺切特时期的私有化，但加大了对投资基金的监管，最低保障提高	无。保留了皮诺切特时期的改革，但尝试改善公共体系的福利待遇	广泛。扩大公共保健单位	无。保留了皮诺切特时期的改革，但扩大了公共体系的资金

政体类型的影响在养老金改革领域最为明显。多数民主政体对该体系展开了部分私有化，但改革反映出与利益相关者实质性的妥协，并且就私立支柱的参保范围和/或福利收益而言普遍温和。相比之下，皮诺切特执政时期的智利和墨西哥则是我们样本中仅有的两个完全淘汰公共支柱的国家，同时，虽然秘鲁的改革戛然而止，但却建立了庞大的私立支柱，使很大比例受覆盖的劳动力得以参保，并产生出高比例的总收益。①

自由派技术官僚发现更难以改变医疗和教育部门的复杂官僚结构。虽然皮诺切特的确在智利强行开展了激进的变革，但其他国家的改革差异似乎并没有与其政体类型本身强烈相关。尽管如此，威权控制促使秘鲁的社会保障机构在医疗提供方面的作用大幅回落，并促成了墨西哥温和但却影响重大的教育权力下放。

统治精英面临的扩大动机也受到经济环境的影响。在威权政体中，日益有利的经济环境在推动查韦斯的社会激进主义方面起到了至关重要的作用。可以肯定，自由派技术官僚在石油热潮来临之前得以免受影响。然而，石油美元向国库的涌入对于任务计划的急剧扩大至关重要。

经济条件也影响了民主政体的扩大动机。在阿根廷（梅内姆执政时期）和委内瑞拉（卡尔德拉执政时期），严重的宏观经济危机为技术官僚实施相对广泛的自由主义改革议程提供了杠杆。除养老金改革举措外，每个国家还将医疗基金开放给互相竞争的医疗提供机构。两个国家都迫切要求教育的权力下放，尽管这些举措因利益相关方的反对而有所放缓。

巴西自由派技术官僚的影响比我们的预期存在更多限制，因为20世纪80年代该国经历了严重的通货膨胀。然而，90年代期间，宏观经济政策对社会支出产生了重大限制。搁置养老金私有化举措的决定反映了技术官僚对转型成本的财政影响的关切。历届政府寻求改进公共教育和医疗保健的质量和公平性，而不是转向私人提供。不过，在这些领域的政策也致力于打破已深入各社会部门的庇护主义网络，将责任转移至市级政府，并向更贫困地区重新分配有限的资金。

---

① 马德里（2003年）的私有化指数中，秘鲁也获得了仅次于墨西哥和智利的最高分数（见表5-10）。

经济状况不太严峻的国家也普遍在推行自由化改革方面更加谨慎。哥伦比亚、哥斯达黎加和乌拉圭的养老金私有化举措保留了公共支柱在参保和收益方面的巨大作用。① 相较于阿根廷和委内瑞拉，非危机时期的政府也不太重视医疗和教育体系的成本节省改革，而是更优先关注改善服务不足领域。在哥斯达黎加，社会保障基金巩固了国家对医疗体系的控制，并强调将初级保健单位扩大至农村地区。在哥伦比亚，政府扩大了私有保险商和医疗服务供应商的医疗市场，但将这些改变与补贴保险的扩大紧密联系。20世纪90年代，智利的历届民主政府避免了正面挑战皮诺切特时期建立的私有化体系，而是努力改善医疗体系和公立学校的质量和有效性。在乌拉圭，这两个社会领域都表现出大幅的连续性。

相比我们在下一章讨论的东欧案例，拉美的利益相关者捍卫其利益的能力普遍受限于覆盖面的狭窄性和不平等。但同样，该地区内部也存在有趣的差异。相较于经历严重危机的国家而言，在乌拉圭和哥斯达黎加，经济制约较为宽松，这促进了对基础广泛的福利制度的维护，但在这两种情况下，这些计划的普及也阻止了政客将成本转移出公营部门。

在福利体系覆盖较狭窄的国家，政客们在尝试自由主义改革时面临的选举风险更小。但是，即使在这些国家，在大型福利官僚机构中牢牢盘踞的团体可能会极大地阻碍自由主义改革。否决团体在教育领域尤为强大，该领域与技术官僚的宏观经济忧虑最缺乏紧密联系。除权力下放是部分特例外，利益相关者反对派成功地使自由主义教育议程的多数方面陷入僵局，包括对薪酬和晋升标准的改革、代支付学校的推广，以及使用标准化测试来确定学校经费。

在总结我们就养老金和社会领域政策的研究成果时，必须承认，我们所强调的三个因果变量只能解释我们所描述的部分地区内部变化。党派竞争和特定的宪法与选举制度的差异也很重要，并且我们已力求在本章的案例研究中将这些都考虑进去。但是，这些因素的影响很大程度上取决于它们所扎根的特定国家政治和经济环境。

---

① 哥斯达黎加的改革的确要求新员工参保第二支柱，但公共体系仍然要提供最大比例的收益（见表5-10）。

无论是作为反对派还是作为执政联盟的一部分，左翼政党都面临着实质性的困难来适应进口替代工业化模式的崩溃以及对旧福利制度财务基础的压力，他们的政策立场差别很大。在某些情况下，来自左翼反对派的压力促使更保守的政府扩大福利待遇至弱势群体；这一反应在扩大社会救助计划方面尤其如此，下面将对其进行讨论。但左翼反对派也经常捍卫现有利益相关者的要求，墨西哥的民主革命党（PRD）和巴西的劳工党就是如此。左翼政党执政时，也在其社会政策方式上有所差异。在阿根廷，他们试图加大私营部门在提供服务方面的作用；在智利和巴西，他们试图改善和扩大公营部门的作用。总而言之，强大的左翼政党可能会促成更进步的社会政策的发展，但朝这一方向的迈进是不确定的、模糊的。

同样，尽管政治制度的特定特征在特定情况下是很重要的，却很难梳理出不同国家或问题领域的一致模式。立法政党的分化即是一个例子。在阿根廷和墨西哥，坚不可摧的执政党多数派促成了养老金改革的通过，但却被证明在医疗和教育领域并不是那么可靠的支持来源，强大的工会反而在这两个领域构成了制约。在委内瑞拉，佩雷斯政府几乎没有获得国会中民主行动党的近多数派的支持，而在卡尔德拉执政下，小型立法政党的异质性联盟支持了一项雄心勃勃的一揽子合理化改革。巴西的制度常被援引为政党分化和特殊主义激励机制造成僵局的典范案例。不过，尽管政治制度的这些特点阻碍了削减养老金福利的努力，它们却没有阻止医疗和教育领域的重大改革。宪制、政党组织和选举制度都是十分重要的因素，但其影响都取决于根本性的社会偏好和组织。

反贫困计划

虽然反贫困计划通常是自由主义改革议程的组成部分，但却与其他举措有所不同，因为这些计划为政客们提供了在新选民中建立支持的相对直接的机会。正如第五章以及案例研究中所讨论的，分配给这些计划的资金反映了波及整个地区的财政紧缩，以及既有利益相关者争夺资金的竞争。除委内瑞拉外，用于这些计划的支出在流向既有利益相关者的支出面前相形见绌。然而，既有福利分配是相对进步性的，并构成了受益家庭的重要收入补充。

如果财政紧缩在限制福利计划的规模上很重要，那么广泛选举权和选举竞争则促成了其在整个地区的扩大。1980 年以后的时期里，选举权改革在秘鲁和巴西最为重要。通过社会救助计划触及新选民的动机由于对基本文化程度限制的消除和投票年龄的降低而得以大幅加强。缓解了新政党准入壁垒的改革起到了类似的作用。在哥伦比亚、巴西和墨西哥，社会救助转移支付的扩大与增强了挑战现有精英阶层的机会的宪政改革密切相关。

政体类型在这方面是否重要？有一些证据表明，对制衡的限制可能影响了反贫困计划的设计和效果。尽管贿选和庇护主义在民主制度中也远非罕见，但这些做法却似乎在藤森、查韦斯和萨利纳斯各自执政下的秘鲁、委内瑞拉和墨西哥尤为突出（罗伯茨，1995 年；韦兰，1998 年；马加洛尼，2006 年）。然而，竞争性威权和民主政体的执政者都有着强大的选举动机来推动针对进入政治舞台的低收入选民的社会救助计划。尽管这些政体之间存在其他重要差异，但选举联合在推动这些计划上所发挥的作用仍然符合我们对民主化影响的普遍预期。

第八章　社会主义福利国家的遗产：1990—2005年

在东欧各国，1989—1990年的政治转型几乎同步迅速发生（图8-1）。波兰于1989年春举行了受限选举，但至当年年底，民主运动在整个地区有所上升。齐奥塞斯库的下台最初并未导致一个完全民主的政权建立，且斯洛伐克在20世纪90年代初表现出与民主准则的一些背离。但即使是在这两个国家，政治变革也是巨大的，并且至90年代末，我们样本中的所有国家都取得了满足民主治理标准门槛的政治竞争水平。

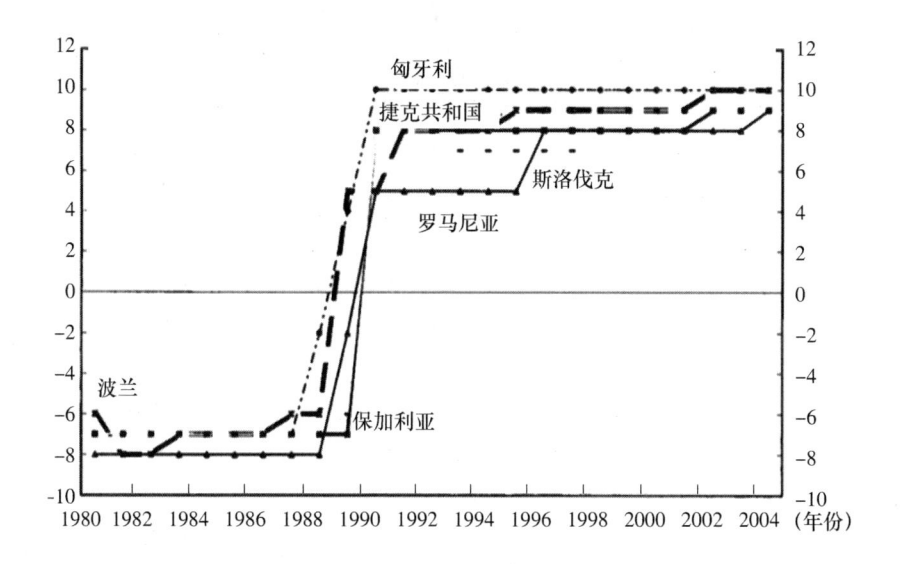

图8-1　东欧的政体分值（1980—2004年）

资料来源：Polity IV 政体指数数据库（马歇尔和贾格斯，2004年）。

新兴民主政体中社会政策的演变发生在极其严重的经济危机和深刻的结构性转型的背景下。图 8－2 显示了从 20 世纪 80 年代中期到 21 世纪头十年中期的 GDP 增长路径。我们样本中的所有国家都在转型初期遭受了严重的经济衰退，并在 1992 年触底，此后，匈牙利、波兰和斯洛伐克经历了相当强劲的恢复。但是，保加利亚和罗马尼亚在 90 年代中后期则经历了"再次倒退"，同时捷克共和国的增长也大幅放缓。整个地区在 90 年代末期增长再次放缓，这是由东亚和俄罗斯的新兴市场危机的影响所导致的，但至 21 世纪初，各国增长率都趋向于更稳定的路径。

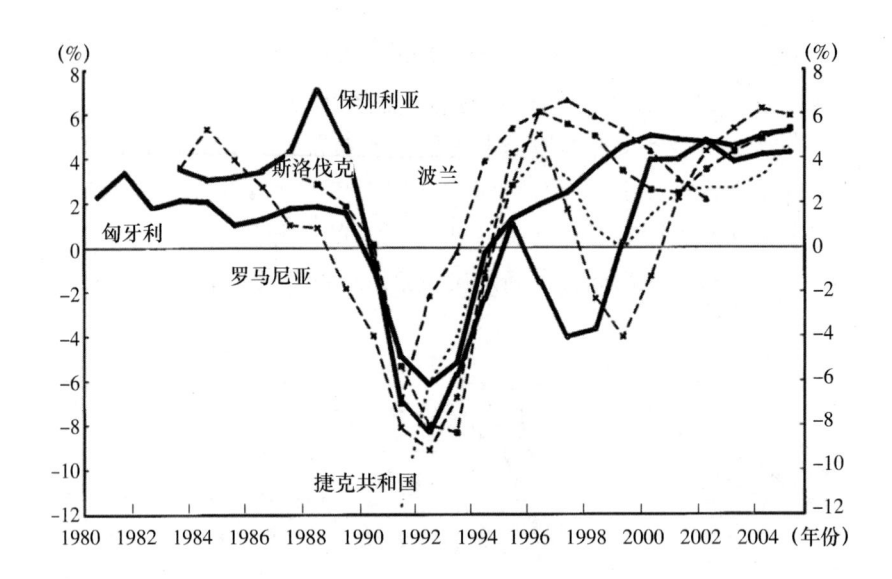

图 8－2　东欧的 GDP 增长（三年移动平均值，1980—2005 年）
资料来源：世界发展指数（世界银行，2007 年）。

该地区各国政府在 20 世纪 90 年代的某些时期面临严重的财政紧缩［阿方索（Afonso）、尼克尔（Nickel）和罗瑟（Rother），2005 年］。关于赤字的标准数据（图 8－3）低估了这些问题的程度，尤其是那些隐藏在央行和国有银行体系的资产负债表的问题。这些财政危机在匈牙利和保加利亚来得较早，且更深刻，但波兰、罗马尼亚、捷克共和国和斯洛伐克共和国也面临重大调整，大部分都在 IMF 计划的背景下开展。

除捷克共和国和斯洛伐克共和国外，危机也与高通胀甚至恶性通胀的发作相关（图 8－4）。匈牙利的通货膨胀相较于其他案例似乎更低，

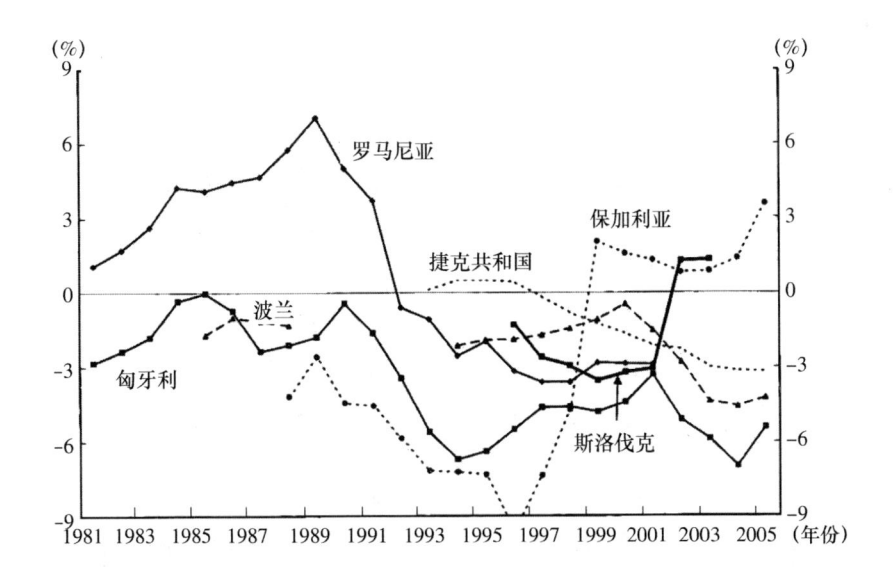

图 8-3 东欧的预算余额占 GDP 的百分比（三年移动平均值，1981—2005 年）
资料来源：世界发展指数（世界银行，2007 年）。

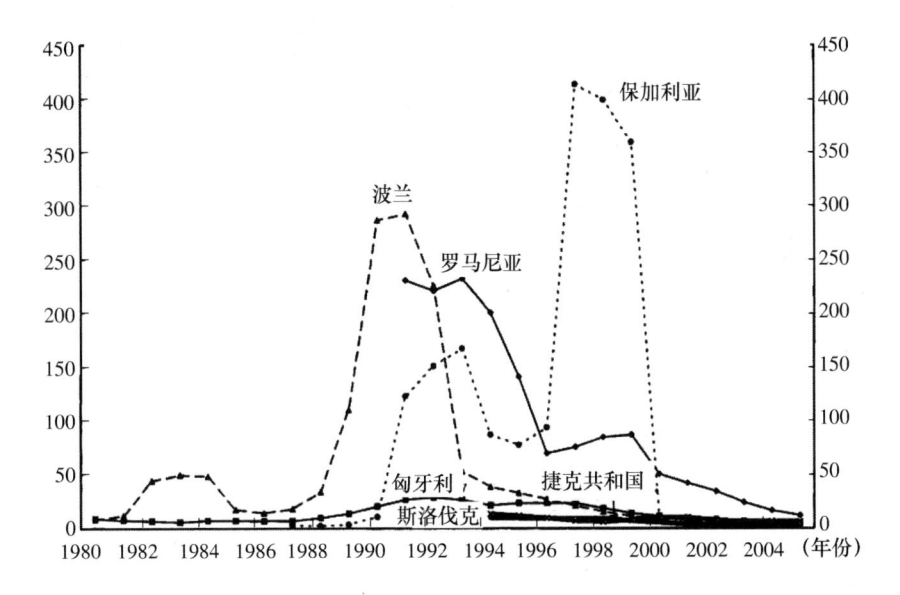

图 8-4 东欧的 CPI 变化（三年移动平均值，1980—2005 年）
资料来源：世界发展指数（世界银行，2007 年）。

但该国于1995年进行了严肃的维稳工作。波兰在其独特的"休克疗法"改革方式之前曾有过很高的转型期通胀。罗马尼亚和保加利亚开展了早期维稳工作，但随后试图通过放缓私有化步伐并保持对国企和私企的补贴来维持就业。保加利亚在90年代中期有近乎恶性通胀的发作，引发了货币发行局制度的实行。相比之下，罗马尼亚则由于一系列失败的维稳努力陷入了循环。

最后，该地区所有国家都经历了与市场化转型相关的广泛结构性改革的冲击；图8-5通过采用欧洲复兴开发银行（EBRD）对8个单独政策领域的改革指数平均值，追溯了这一进程。① 该图显示了早期改革国家和保加利亚与罗马尼亚两国之间的巨大差异，其中前者利用大众对旧秩序的厌恶制订了广泛的改革方案，后者则采取了更循序渐进的转型方式。不过，到了21世纪初，所有6个国家都进行了大量的结构性变革。

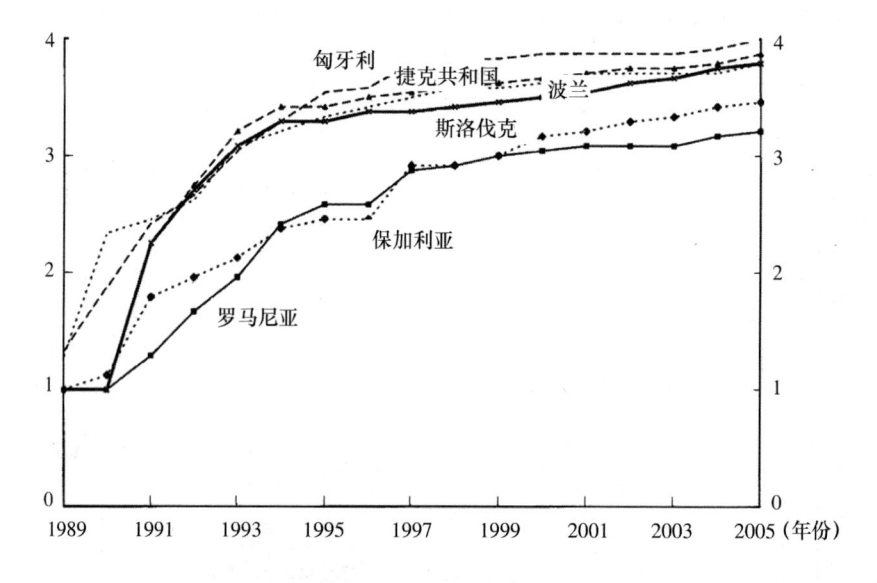

图8-5　东欧的整体改革指数（1989—2005年）

资料来源：欧洲复兴开发银行，不同年份。

与拉美一样，危机增强了技术官僚的政治影响力，他们在改革社会

---

① 这八个改革领域是：大型私有化、小型私有化、公司治理、外贸与货币自由化、价格自由化、竞争、银行改革和证券市场改革。

主义福利国家的努力中占有突出地位。然而，尽管存在缺陷且福利资金不足，东欧所继承的社会保障与服务体系对公众期望产生了深远影响，并因此影响了不同意识形态的各政党的政策立场。社会主义福利国家也有对有组织的利益相关方的捍卫者，其兴趣是现有福利与服务制度。

表8-1通过总结自20世纪90年代中期起对政府的社会政策责任的民意数据，提供了对这些政治约束的程度的见解。转型之后，关于国家的扩大作用的预期仍然非常高。数据显示，就医疗、教育和养老金方面几乎意见一致。对于这些领域，公众不仅强调了政府责任，而且还压倒性地呼吁"更多"或"多得多"的福利支出。利普斯迈尔（2003年：550—555）注意到对失业补偿支出的偏好相对较弱，但这种态度来自人们普遍认为政府应切实保障就业的背景。

表8-1 东欧对政府社会责任的公众态度（1996年）

认为政府应理所当然或可能承担以下事务的人口比例（％）	保加利亚	捷克共和国	匈牙利	波兰
为所有人提供工作	79.2	74.9	85.4	86.4
为患病者提供医疗保健	95.8	95.7	97.7	95.2
增加医疗支出	92.2	80.9	91.6	90.6
体面的老年生活标准[a]	96.3	95.6	97.1	96.1
增加退休支出	77.1	64.6	82.9	79.0
增加教育支出	79.0	65.5	79.9	79.0
支助失业者[a]	85.9	39.9	60.4	71.6
增加失业支出	64.4	18.5	33.1	41.0
缩小收入差距	72.8	74.3	73.2	83.1

注：[a] 调查问题："政府是否应当为老年人/失业者提供体面的生活标准？"
资料来源：国际社会调查项目（ISSP），1996年，改选自利普斯迈尔（2003年：551，553）。

我们尤其关注社会政策的政治的两个重要跨地区差异。首先，东欧的新任历届民主政府更优先关注社会安全网的建立，旨在补偿因经济改革而下岗的正规部门员工。这些安全网计划在其设计或慷慨性上绝非一致，并且其早期承诺不一定得以持续。尽管如此，相比之下，有一点仍然是值得注意的，那就是拉美对正规部门失业员工补偿的优先级别要低得多。

第二个更引人注目的差异与社会保险和服务的改革办法相关。在东欧和拉美，经济危机和财政紧缩都加强了技术官僚的权力，并将成本高昂的福利改革提上议程。然而，拉美狭窄的覆盖面使得危机之后社会保险在改革面前更显脆弱。相比之下，在东欧，公众期望政府以低成本甚至零成本来维持普遍基础上的系列福利保障。不管怎样，当政府从直接公共融资和服务提供转向社会保险模式时，它们还是保持了事实上的普遍原则，即使不一定是法理上的普遍原则。最初的改革甚至被放在增加支出方面，并且公营部门继续在社会保险与服务的融资和提供中发挥很大作用。

此外，那些已被尝试的自由化改革不仅在重大政治妥协面前无能为力（这一点与拉美的情况一样），而且在随后历届政府的彻底逆转面前也是脆弱的。历届政府发现很难整顿转型时期到位的新型社会保险制度的财务状况或收益，其结果是，各项计划在弹性预算制约下运行，这与社会主义时期的情况类似。

东欧案例就其经济环境和社会政策遗产而言表现出略微更大的同质性。这样一来，相较于拉美而言，我们发现有更多证据表明，东欧存在类似社会政策制度的趋同。不过，东欧在经济改革和恢复的时机方面存在差异，事实证明这影响了各国社会政策的进程。本章我们将首先讨论早期的改革国家，即波兰和匈牙利，然后探讨捷克共和国和斯洛伐克共和国，最后讨论保加利亚和罗马尼亚，这两个国家将社会政策改革推迟至20世纪90年代末。针对每个案例，我们都首先讨论转型后初期的政策挑战：危机、经济改革和建立新型社会安全网的努力。我们然后转向90年代中期的情况，当时首届民选政府移交权力，并且经济和财政状况导致更多制度复杂的"第二轮"养老金和医疗体系改革的启动。在结论部分，我们更详细地重新审视有关趋同和趋异的争论，并探讨加入欧盟和地区扩散过程的可能影响。

第一节　早期改革国家：波兰和匈牙利

波兰和匈牙利的政治和经济转型表现出许多相似之处。两国都曾在共产党执政结束之前尝试过政治和经济自由化。这两个国家的改革都促进了向由反对派力量领导的政府的转型和市场化改革的早期启动。两国随后的稳定举措为改善与IMF的关系铺平了道路。财政紧缩，以及养老金覆盖和医疗质量的下降，开辟了核心社会保险功能的自由化改革。然而，与该地区其他国家一样，这些努力都受到了社会主义制度政策遗产的制约。

一 波兰

波兰是第一个崩溃的东欧共产主义政权。沃依切赫·雅鲁泽尔斯基（Wojciech Jaruzelski）的戒严令政府和反对派团结工会（Solidarity）运动之间的圆桌谈判达成了一项过渡协议，为共产党人及其盟友保留2/3的议会席位，但允许针对其余1/3席位的竞争性选举。1989年6月团结工会的决定性胜利后，团结工会的领导者之一塔德乌什·马佐维耶茨基（Tadeusz Mazowiecki）成为自20世纪40年代末以来领导东欧政府的首位非共产党人。1990年1月波兰举行了全面议会选举，并在接下来的十五年里，以团结工会为首的联合政府和社会党政府以大致4年的周期轮流执政：1990—1993年是团结工会；1993—1997年是社会党；团结工会的重组联盟再次于1997—2002年执政；社会党和自由党联合执政直至2005年，即我们结束讨论的时期。这些政府在其总体改革方式上有所不同，但历届政府在社会政策方面也呈现出一些重要的连续性。

1. 转型初期：创建社会安全网

至1988年，波兰的通货膨胀已攀升至接近60%，并存在转变成全面恶性通胀的风险。上一届社会党政府尝试的局部改革已经失败，而共产党内部的改革者和马佐维耶茨基政府的领导层达成了一致，认为急需一套更大胆的模式［约翰逊和科瓦尔斯卡（Kowalska），1994年：193—196；奥伦斯坦，2001年：30—32］。最初的改革方案由财政部部长莱谢克·巴尔舍诺维奇（Leszek Balcerowicz）所率领的一队经济学家和外国顾问设计，其特点是迅速的贸易和价格自由化、汇率的统一、国企补贴的大幅削减以及严格受限的收入政策（奥伦斯坦，2001年：32）。议会于1990年1月迅速批准了这一方案，尽管共产党人和其前盟友仍然占据多数席位。1990年至1992年，随着危机的深化，有关改革及其社会后果的严重冲突在异质性的团结工会运动内部以及重组的共产党内应运而生。然而，对转型的广泛支持、波兰经济的快速重组，以及反对派无力提出可信的替代方案都限制了反对派力量的影响（约翰逊和科瓦尔斯卡，1994年：230—231）。

团结工会有着劳工基础，新政府很早就承诺为正规部门员工建立社会安全网。政府通过了失业救济金的一揽子全面慷慨的福利计划，由首届转型期政府劳工部长亚采克·库隆（Jacek Kuroń）发起，他也是团结工会运动的杰出人物（布朗，2005年：113—116）。这一计划后来又被相应缩减，因为很显然，高水平的福利在财政上是不可持续的。但提前退休和残疾抚恤金的特别运用及家庭津贴继续提供了相对广阔的安全网，并且社会支出在转型初期急剧增加［苏尔德耶（Surdej），2004年：7；另见附录六，图A6-19］。

社会支出的增加发生于财政收入急剧下滑的背景下，部分原因是非正规经济的快速增长。在整个90年代初期，历届团结工会政府都尝试减少不断膨胀的赤字，但都未能成功。1991年，IMF贷款的暂缓支付标志着这场斗争的低点。1992年，由汉娜·苏霍茨卡（Hanna Suchocka）领导的新政府成功地重获IMF对一项新的稳定举措的支持，使得预算更加可持续。对财政紧缩的议会批评来自执政联盟内部和反对党社会党；这与来自工会和民间社团的批评相呼应。对团结工会联盟的支持率暴跌，而改良后的社会党在前共产党工会的支持下，在1991年的议会选举中获得了大量的支持。虽然苏霍茨卡的稳定计划继续推行，她的任期却没有得以持续。继决定继续坚持医疗和教育部门的工资增长后，政府失去了由团结工会施压的不信任投票，并被迫下台。

随着强劲增长的回归，对社会支出的压力减轻，于1993年大选上台的新任社会党政府得以适度增加支出。例如，尽管社会党政府收紧了领取失业保险的资格要求，但也同时提高了福利待遇，扩大了对矿工、农民和铁路工人的迁就，并寻求对积极的劳动力市场政策的外国支持。此外，政府继续利用提前退休和其他专项救助方案来治理结构性失业［该隐（Cain）和苏尔德耶，1999年：159］。尽管这一专项社会安全网存在缺点（OECD，2004年：97—107；布朗，2005年：122—155），家庭调查表明，政府的干预缓解了以年老工人为户主的家庭的贫困影响，并减少了转型带来的收入不公［基恩（Keane）和普拉萨德（Prasad），2002年：17—19］。该计划也有着政治影响。转移支付在维护社会稳定和减少对结构性改革的政治阻力方面发挥了作用（基恩和普拉萨德，2002 年：23）。

2. 第二轮改革：养老金制度

在一定程度上，由于对提前退休的支出，至社会党上台执政之时，养老金制度陷入了严重的财政困难（穆勒，1999 年：96）。与所有东欧国家一样，随着缴款者相对受益者的比例下降，未来的养老金待遇支出预计会大幅增加。往届政府曾尝试通过调整收益指数化以减轻财政压力，但一项宪法法院裁决认为，对养老金收入设定上限侵犯了公民的"既得权利"（因格洛特，1995 年：369）。

对新任政府的财务技术官僚而言，对该体系更系统化的改革是一个高度优先任务，并被明确列为于 1994 年与 IMF 谈判的备用信贷协定的优先事项（波兰政府，1994 年，33）。有关建立一个全额资助的第二支柱的提议于 1994 年由财政部部长格热戈日·科沃德科（Grzegorz Kołodko）首次提出，但由于劳工部的官僚内讧，以及与工会、养老金领取者和政党领导人的艰苦谈判，其通过被推迟了 3 年以上（豪斯纳，2001 年：215—216；奥伦斯坦，2001 年）。

养老金收入的下降和对现有体系可持续性的广泛公众质疑为进行大刀阔斧的改革提供了政治基础。这一改革为全额资助的第二支柱作了准备，根据布鲁克斯（2007 年）的模拟结果，该支柱将支付劳动力市场的工人近一半的养老金。此外，新法律包括了对第一支柱的各种参数性变化，包括提高退休年龄。

为确保改革展开，政府不得不照顾到各党派的选举利益及工会和养老金领取者的关切。于 1997 年颁布的广为宣传的原则声明保证了现有养老金领取者的既得权利，并承诺为所有年龄段的群体提供"全面保障"（豪斯纳，2001 年：217）。改革没有触及残疾保险的受益者或针对矿工、铁路工人及旧制度下的其他特权群体的专项基金，也没有触及曾服务于波兰众多农村人口的成本高昂的非缴费型养老金制度。总之，尽管养老金制度的自由化存在巨大压力，但新体系保证了对老年人的保护，并完好无损地保留了社会主义时期许多成本高昂的福利。

3. 第二轮改革：医疗体系

波兰很晚才开始医疗体系改革。与其他东欧国家的情况一样，医生迅速获得了私人执业的权利，较大的城市被准许对一些公立医院和门诊中心的所有权。但团结工会联盟的内部分歧和政府的迅速更迭推迟了更全面的财务和机构改革［波塞特（Bossert）和沃达尔奇克（Wlodarczyk），2000年：8—13；纳尔逊，2001年：253—261］。直至20世纪90年代末，旧制度的基本特征仍然存在，尽管存在对低质量医疗的普遍不满，对服务获取的事实上的配给制，以及对成本的担忧（斯特克，2005年：123）。

经过长期辩论后，社会党政府于1997年出台了一项新的融资和提供制度。改革取消了以一般税收进行的融资，代之以工资税进行融资，其税率由众议院依年度制定。为努力控制成本，新法规设立了地区保险基金，从而与公共和私营提供方谈判契约。但新设立的保险基金仍处于公营部门内，并在其各自地区内保留针对提供方的买方垄断议价能力。尽管该体系在名义上是缴费型的，但1997年年初全民公决通过的宪法体现了对全民覆盖的承诺。正如米哈伊（Mihalyi，2000年：26）表明的，工资税提案被公众以及医生和医疗服务提供机构视为一种通过提供专项安全的财政收入来源以增加资金的方式。

1997年上台的团结选举社会运动党（AWS）曾尖锐批评了社会党改革的中央集权倾向（波塞特和沃达尔奇克，2000年：14），AWS还与一个自由主义小党结盟，即自由联盟（UW）。此外，AWS也与寻求限制保险基金权力的团体有联系。然而，1999年通过的新法律"并不标志着与1997年立法就覆盖面、承诺收益甚至基本组织结构而言的大相背离"（斯特克，2005年：134）。

对成本控制和保险基金结构的斗争阐明了对自由化改革的政治限制。这些斗争使与团结工会相联系的医疗卫生工作者和财政部产生冲突，当时财政部受UW控制并由莱谢克·巴尔舍诺维奇再次领导。医疗卫生工作者迫切要求更高的工资缴款并增加支出，并试图通过开放保险市场的更大竞争，来增强其在契约谈判中的杠杆。但是，巴尔舍诺维奇已注意到了更自由化的捷克改革由于信息不对称、道德风险和施加硬预算约束的政治难度的问题而失败。他还认为，改革不应该成为增加公共支出或工资税的借口。在这两点上他都占据优势：1999年立法保留了非竞争性地区基金的社会主义框架，且将工资缴款额从收入的10%降至7.5%（斯特克，2000年：146）。

在相对温和的缴款额面前维持普遍覆盖和慷慨收益的承诺使得成本

控制的问题至关重要。新模式假定对保险契约的竞争将迫使广泛的服务提供合理化。事实上，服务质量和收益开始呈现跨地区差异，而民意调查显示，大多数人且越来越多的人认为新体系比它所取代的体系更糟糕。① 政府被迫借钱给拮据的地区基金，并继续补贴医院。

2001 年当选的社会党政府做出的回应是回到更中央集中化的方式来进行医疗融资和管理。虽然地区基金仍在运行，但其权力却被显著削减。国家政府重新承担融资和确定公众服务套餐的责任。重新中央集中化保留了提供全民医疗保健的原则，但却几乎没有着手解决融资的根本问题和这种承诺所意味着的医疗保健质量问题。

二 匈牙利

在经历了几年的共产党内部改革和几个月所谓的与反对派的圆桌谈判之后，匈牙利的首次自由议会选举于 1990 年 1 月举行。从转型期选举中涌现的最大政党是匈牙利民主论坛（MDF），这是一个持保守、民族主义倾向的反政府知名人士的松散组织。MDF 与较小的基督教民主党和农民党相联合，形成了约瑟夫·安泰勒（József Antall）执政下的第一届转型期政府。

与团结工会不一样的是，新的执政联盟并不是从民间社会反对的热潮中涌现，并且 MDF 也在 1994 年大选输给改革后的匈牙利社会党后从政治舞台上消失了。但是，他们所占据的政治空间由青民盟（FIDESZ）所填充，该政党获得了对民族主义和宗教问题的支持。青民盟的主要竞争对手是改良社会主义者和自由主义者的联盟，他们对选民的吸引力取决于其国际主义和世俗化倾向（格日玛拉-巴斯，2002 年：171—173，215—225）。后转型时期里，这两大集团轮替执政。社会党和其自由派盟友于 1994 年至 1998 年掌权，随后青民盟于 1998 年至 2002 年掌权，并在 2002 年又被社会党—自由主义联盟所取代。

与波兰一样，这些互相竞争的联盟在亟须迈向民主和市场经济上达成了一致。但是，选民和有组织的利益集团期望延续在社会主义时期所

---

① 信息来源于 2002 年民意调查。

获得的广泛福利，这一期望也被作为公民权利而写入宪法。① 转型时期，匈牙利投入了约 1/3 的 GDP 用于社会方案的支出，该比例超过了其他任何东欧国家的比例［奥伦斯坦和威尔肯斯（Wilkens），2001 年：4；另见图 A6－18］。事实证明，有着两个党派倾向的政府是不愿意自由化福利制度的，哪怕面临严重的财政压力。即便这么做了，他们也为此在选票方面付出了政治代价，其计划也被继任政府修改或撤销。90 年代中期的以时任财政部部长拉约什·波克罗什（Lajos Bokros）命名的"波克罗什一揽子计划"尤其如此，我们对此尤为关注。

1. 转型初期的社会保障和财政政策

与波兰不同的是，匈牙利新政府在口头上承诺渐进式的改革［斯塔克（Stark）和布鲁斯特（Bruszt），1998 年：149—153；巴特利特（Bartlett），1997 年］。然而，私有化、破产和会计法规对企业强加了硬预算约束，并造成了当时未能完全预料的激进后果。尽管政府最终使一些较大企业摆脱困境，失业率仍迅速攀升。

与波兰一样，安泰勒政府将广泛社会安全网的建立视为其总体转型方式的一部分。转型之初设立的失业保险金甚至比波兰的还要慷慨，而这方面的支出则在更长时期内得以维持（奥伦斯坦和威尔肯斯，2001 年：10）。政府也比波兰更加重视积极的就业政策（布朗，2005 年：161—166），并维持了社会主义时代的系列福利保障。除养老金和医疗保健外，匈牙利的家庭津贴和子女抚养计划也尤其慷慨，且在 1990 年大选的预备阶段被定为一项普遍权利（希克劳，2005 年：9）。

新的社会支出和现有福利都导致了转型初期高水平的社会支出，尽管财政收入急剧下降，并出现了异常庞大的财政赤字（图 8－3）。一份 1993 年对 IMF 的意向书规定了一些有关社会保障的具体行动，包括家庭津贴目标，及为一些医疗保健服务引入共付机制［博德（Bod）和绍博（Szabo），1993 年：7］。然而，由于没有曾在波兰促使改革的那种显著通胀危机，安泰勒政府推迟了财政调整，并且最终从备用方案中只做出了一项支付（哈格德、考夫曼和舒加特，2001 年：79；格雷斯科维奇，2001 年：119—130）。

---

① "匈牙利共和国公民有权享受社会保障；并有权享受在年老、罹病、残疾、丧偶或成为孤儿和不因自身过错而造成的失业情况下的支持。"——第 70D 条款。

选举和利益集团政治在上述推延中发挥了显著作用。1993年，减少赤字的努力迎来了一波由NGO组织的绝食抗议以及由具战略重要性的钢铁、铁路和采矿部门的后共产主义工会带来的罢工威胁（格雷斯科维奇，1998年：157）。为获得对维稳计划的支持，政府为工会提供了新的三方谈判委员会的代表权，就所提议的削减家庭津贴做出了妥协，并接受了最低工资标准的提高。虽然相比波兰，匈牙利的民间团体更弱，但社会抗议的浪潮增加了议会背叛政府联盟的风险（格雷斯科维奇，1998年：166）。直至安泰勒任期结束，财政政策都一直漂移不定。

1994年，由社会党领导的新政府上台，并承担了与开展迟来的稳定措施相关的政治风险。1995年的计划（波克罗什一揽子计划）提供了一个很好的例子来说明技术官僚获得对社会政策的影响力的经济条件，同时也说明了社会主义遗产对其造成的制约。

与波兰一样，匈牙利社会党至20世纪90年代初已彻底地发生转变。至其重新执政之时，就已经在新兴私营部门确立了重要的支持，并且其领导力已经包括了一个小而有影响力的自由主义派别。① 尽管如此，前社会主义工会仍然是该党的核心利益集团，而且社会党人竞选时许诺将更多地关注社会问题。

政府一上任就开始寻求与三方利益和解委员会（IRC）的工会代表和企业组织就宏观经济政策达成谈判协议。然而，经过9个月的讨价还价后，谈判仍处于停滞状态。1994年年底，不断增长的财政赤字所带来的危险因墨西哥金融危机的蔓延而加剧。国际金融机构和西欧各国政府都暗示，若没有认真的调整力度，财政援助将不会有着落。凭借其坚实的支撑，政府放弃了经由IRC的谈判，并求助于享誉国际的经济学家拉约什·波克罗什来制订维持稳定的一揽子计划（哈格德、考夫曼和舒加特，2001年：196—200）。

随后的18个月——先是由波克罗什担任财长，随后又由贝戴尔·麦杰希（Péter Medgyessy）担任新任财长——标志着匈牙利技术官僚影响力的一个高峰。在没有与其他部长或政党领导人事先协商的情况下，波克罗什一揽子计划于1995年3月公布。该计划通过为进口商品增设

---

① 社会党也说服了自由民主党——一个小型市场导向党加入执政联盟。

临时附加费，同时大幅贬值以降低公营部门的实际工资，进而增加了财政收入，从而弥补了预算缺口。尽管该计划引发了激烈的争论，但还是被执政联盟所批准。

不过，该计划最初的版本还对国家的慷慨福利制度的政治禁忌开刀，这一改革努力由 IMF 所支持［波克罗什（Bokros）和苏拉尼（Suranyi），1996年：38］。最有争议的举措涉及家庭津贴结构的变化：收入位列前10%的家庭将不具备资格申请；带薪产假将被完全消除。虽然政府能够促使家庭津贴限制获得批准，但针对需要申请此前未经烦琐行政程序就可授予的福利的广泛抗议仍然爆发了（希克劳，2005年：9）。强大的宪法法院也裁定，产假支付的即刻停止将违反在该计划出台前已有孕在身的女性的"既得权利"，并因此去除了稳定计划中消除带薪产假的举措。

波克罗什一揽子计划促成了匈牙利经济的明显好转，并且，该国于1997年进入了蓬勃发展的时期。然而，随着经济增长的恢复，两大政党的历届政府又扭转了波克罗什时期开展的许多变革。再次拿家庭福利举例，1998—2002 年，维克托·欧尔班（Viktor Orbán）执政下的青民盟政府完全恢复了产假方案。通胀侵蚀了家庭津贴的实际价值，但政府恢复了普遍福利的原则。随后的社会党政府受波克罗什经验的刺激，承诺将提高支出并于 2004 年将收益增加了40%，还增加了"第十三个月"奖金（希克劳，2005年：9）。日益增加的预算制约限制了政府维持家庭转移支付慷慨性的能力，但对其基本原则的强烈捍卫却是政治进程的经常性特征。

2. 养老金私有化

至 1996 年，短期的稳定措施已成功地避开了眼前的财政和收支平衡危机，并为经济团队提供了一个机会与世界银行顾问一道聚焦养老金改革（哈格德、考夫曼和舒加特，2001年：160—163；纳尔逊，2001年：238—242）。与波兰一样，养老金待遇实际价值的下降已经改变了公众对养老金改革必要性的看法（纳尔逊，2001年：245）。然而，可以预见的是，养老金领取者将"改革"设想为会导致待遇的增加。养老金私有化也威胁到了福利部门和前共产主义工会的利益相关者，他们在管理养老金和医疗基金的委员会中担任管理职位，并成为改革的顽固反对者。

促成最终立法的谈判主要发生在政府和IRC内部。与波兰一样，像提高退休年龄这样的改革只能通过向受益者作出成本高昂的让步才能成为可能。收益指数化的时间计算方式是锁定对现有养老金领取者支付的大幅增加。新体系的强制缴款仅适用于新进入劳动力市场的人员。工会对改革的反对由新的政策安排所缓解，这些政策加强了其在社会保障和医疗基金中的代表权。

与家庭津贴一样，随着新政府的上台，养老金改革的条款就一直在进行持续的调整。青民盟政府于1998年继任社会党上台后，考虑到限制支出和减弱工会对工资税收的控制，重新收回了中央政府对基金管理的掌控。政府还采取了一系列专门措施，如新的指数化方案以减少对公共支柱的负担。但私立支柱员工缴款有计划的增加被推迟（汤姆卡2005年：9；西莫诺维茨（Simonovits），2002年：16），且欧尔班政府取消了强制刚参加工作人员加入私立支柱的要求。向混合型多支柱体系转变的重大意义不应被低估，但正如西莫诺维茨（2002年：17）所指出的，"缴款的最大份额以及可能大部分的收益都会流向或来自公共支柱"。

3. 改革医疗

匈牙利比波兰更快将养老金和医疗的融资从一般税收转为强制性保险。原则上，融资和服务提供的分离有望减少医疗支出。但实际上，硬预算约束的实施受到了普及覆盖的持续承诺、福利待遇的未能重新定义以及医生和市级政府抵制公立医院削减的持续能力的阻碍。① 正如米哈伊（2000年：13）总结道："理论上，医疗服务的提供以保险为基础。现实中，医疗服务被扩大至所有公民而不论其支付水平如何，且福利待遇在契约上和/或立法上仍然不确定。"政府被要求支付像养老金领取者这样的重要群体的缴款，并弥补基金赤字。尽管存在名义上的社会保险原则，在90年代前半期，中央政府对HIF的支出约占公共支出总额的6%—11%不等［加尔（Gaal），2004年：39］。

正如我们所预期的，1994年财政危机爆发后，波克罗什团队着手

---

① 1992年的改革将医疗融资单独纳入由卫生部控制的名义上独立的医疗保险基金（HIF）。医生获得了组织权，且安泰勒政府合法化了初级医疗的私人提供。但对综合医院和私立医院的控制则被下放到地方政府；除全科医生外，几乎没有措施来私有化医疗服务。

整顿医疗保健的融资与服务提供。然而，尽管实际医疗支出大幅增加（加尔，2004年：51），事实证明，很难提高税收或甚至终止医保缴纳的下滑，更不用说重新界定福利待遇或约束医疗服务提供机构了。关闭未充分利用的医院的尝试招致当地的抗议活动。1996年的新立法要求减少医院病床数，但是决定向谁开刀的任务被下放给县级"共识小组"；其结果是，按照OECD的标准，供过于求现象仍然十分严重。财政部开展的更全面金融改革的最后努力正好与1997—1998年的选举时间重合（米哈伊，2000年：10）。

其他削减福利（如口腔保健）的尝试后来被取消。20世纪90年代后半期，医疗支出在GDP中的比重有所下降（附录六，图A6-18），但HIF赤字于1998年达到了高峰，为公共医疗保健总支出的近13%——就在波克罗什计划之后——并在2000年维持在接近10%（加尔，2004年：39）。

接下来的两届政府又持续进行了零碎的改革。维克托·欧尔班的中右派联盟（1988—2002年）表现出比麦杰希时期的社会主义—自由主义联盟在推动私人保险和服务提供方面的更大兴趣。新政府降低了工资税，并通过任命自己的候选人来管理医疗基金和将控制权转移至总理办公室，来实行对支出的更直接控制（加尔，2004年：107—110）。但是，欧尔班政府创建竞争型私募基金的提案被放弃。2005年的一份OECD评估强调了类似于十多年前的批评家所概述的结构性问题（OECD，2005年：4—5）：医生和医院诊疗的不正当激励机制、等候名单和医疗服务的有效配给以及私下支付的持续存在。①

第二节 捷克共和国和斯洛伐克共和国

旧体制的崩溃在捷克斯洛伐克发生得相当迅速。1989年12月的示威后，捷克共产党的保守派领导层退位，留下了残余部分来进行权力移交的谈判。第一届"国民共识政府（government of national understanding）"由两大主要反对派运动的领导人主导：在现属捷克的国土

---

① 关于后社会主义医疗体系中这些问题的普遍持续存在，参见科尔内和埃格尔斯顿（2001年）的分析。关于匈牙利，参见奥斯维科（Osveiko，2002年）。

上曾出现的公民论坛（Civic Forum），以及斯洛伐克的公众反暴力组织（Public Against Violence）。继1990年6月大选后，国家政府的大多数最高职位由公民论坛的领导人担任，其中既包括社会民主党人士，如新总统瓦茨拉夫·哈维尔（Václav Havel），也包括激进的自由市场自由主义者，如财政部部长瓦茨拉夫·克劳斯（Václav Klaus）（奥伦斯坦，2001年：61—96）。在斯洛伐克，以弗拉基米尔·梅恰尔（Vladimir Mečiar）的公众反暴力组织为首的更民族主义和保守派的阵营占据了主导地位。

与匈牙利和波兰相反，1968年的大清洗使得共产党失去了强有力的改良派阵营，并迅速被边缘化为一支参选力量（格日玛拉-巴斯，2002年：30—41）。虽然对社会民主党的选举支持在90年代前半期也非常有限，但共产党的崩溃却为其开辟了迅速夺取工会运动领导地位的道路。

随着1992年6月的议会选举，这两个地区的政治轨迹开始出现明显分化。在捷克，克劳斯的自由主义公民民主党（ODS）赢得了可观的多数票（34%），并与基督教民主党（KDS）组成了政府。在斯洛伐克，梅恰尔的民族主义争取民主斯洛伐克运动（HZDS）赢得了更加决定性的胜利，从而为这两个对手在1993年1月就所谓的"天鹅绒分离（velvet divorce）"进行谈判埋下了伏笔。

一　捷克共和国

克劳斯将自己看作东欧的撒切尔。作为捷克斯洛伐克的财政部部长，他以压倒其更渐进主义的反对者的冷酷无情和智慧力量谋求大刀阔斧的改革战略。克劳斯最初的社会政策议程也聚焦于限制政府作用的目标：私有化养老金、加强医疗领域的保险原则和个人责任，并在其他社会政策领域朝经济状况审查和资格要求收紧迈进（维塞尔尼克，2004年：4—5）。

然而，克劳斯议程的这一点遭到了相当大的反对，迫使其维持社会保障的大框架［珀图切克（Potuček），2001年：88—98；奥伦斯坦，2001年］。对更自由的社会改革的支持相对有限的一个原因是自由化的财政压力比大多数其他东欧国家有限得多。虽然捷克斯洛伐克经历了与该地区其余国家同样严重的转型期经济衰退，但转型后的政府并没有继承波兰、保加利亚、罗马尼亚甚至匈牙利的严重宏观经济失衡。其预算盈余保持得比我们样本中其他国家都更长,且通货膨胀几乎可以忽略不计(图8-3和图8-4)。与匈牙利和波兰情况不同的是,旧体制下的外债也是适度的。结构性财政紧缩甚至短期财政问题的缺乏限制了改革者们——如此处由克劳斯本人所领导的改革者们——处理社会主义时代大型社会福利保障的能力。

对改革的政治约束即便没有更加重要,也是同样重要的。在"天鹅绒分离"之前,克劳斯的运作余地受制于倡导更渐进主义和社会—民主转型方式的联盟伙伴和社会力量:有着很强社会—民主倾向的知识分子,如瓦茨拉夫·哈维尔;于1968年被开除出共产党的改革者;斯洛伐克民族主义者,如梅恰尔,以及受益于三方结构的相对强大的工会运动。

1992年ODS的强劲表现似乎已经削弱了这些约束。然而,社会计划深受选民欢迎,并对于维持ODS及其两大联盟伙伴的政治基础很重要。这在1996年选举之后更是如此,当时社会民主党在捍卫福利、劳动保护立法和养老金的平台上取得了显著成就,并迫使ODS作为少数派政府来执政。此外,劳工通过相对强大的巅峰时期的工会协会得以组织,该协会能够在转型初期制度化有意义的三方结构(布朗,2005年:58;艾弗达吉克,2003年:9—13)。正如维塞尔尼克(2004年:7)总结道,从20世纪90年代中期到2004年,"在社会领域[实行]的举措并不多"。

1. 社会保障:克劳斯执政下的社会—自由主义妥协

一些重要的比较研究已指出波兰和匈牙利早期经济改革进程中的"新自由主义"倾向和捷克斯洛伐克转型期间达成的"社会自由主义"妥协之间的对比(斯塔克和布鲁斯特,1998年;奥伦斯坦,2001年:61—96;珀图切克,2001年;布朗,2005年:157—261)。克劳斯计划的早期社会政策成分(在分裂之前)主要是在劳工部内部成形;它们依赖于工会和政府在三方框架内协商达成的一个明确的交换条件。工资限额和对劳方的关键让步促成了我们已提到的低通胀、高就业的结果。

作为交换,克劳斯在1990年提出的计划通过国有银行信贷、直接补贴以及拖延执行破产立法,来给予可行的企业以临时保障(斯塔克和布鲁斯特,1998年:155;奥伦斯坦,2001年:74)。到了90年代末,这些政策已造成了银行和金融丑闻，导致克劳斯辞职及 ODS 在 1998 年议会选举中的失败。但是，渐进主义改革方式至少是转型期较低失业水平的一个因素。1989—1992 年，总就业率在波兰、匈牙利和斯洛伐克下降了 13%—16%，但在捷克共和国仅下降了 9%。①

劳动力市场政策也在克劳斯战略中发挥了重要作用。转型初期，政府建立了地区劳动局网络，以管理十分慷慨的失业救济金和积极的劳动力市场政策。1992 年年初，重心有所转移；通过吸取西欧的实践经验和国际劳工组织的建议，政府为私营部门就业发起了补贴并削减了失业救济金。在随后几年中，对积极的劳动力市场政策的资助有所降低，但这一变化得以发生的部分原因是对企业重组的根本妥协、就业政策的相对成功以及增长的恢复，其中第三点是最重要的。

养老金改革比在波兰和匈牙利进展得缓慢得多。虽然克劳斯政府于 1994 年设立了一项自愿型补充养老金，但技术官僚将议程转为更广泛的私有化目标的努力受到了劳工和社会事务部的阻碍（穆勒，2002 年 b：297—299）。由于该体系未构成即时的财政威胁，财政部对这一问题的影响不大，而且在没有对政府严重外部约束的情况下，国际金融机构在这方面也没有太大的影响（珀图切克，2004 年：259，263）。在 1996 年大选的预备阶段和刚结束后的时期，政府面临着来自劳工和社会民主党的不断增长的政治阻力，这两个群体大大增加了其选票和议席的比例。更广泛改革的渠道被迅速关闭。退休年龄仍相对较低，且领取全额养老金的最低缴费年限较短。事实上，该体系的一致性实际上在克劳斯执政时期有所增加——且保费缴纳和收益之间的联系相应减弱——这是为提前退休者、有子女的家庭、失业者、学生和个体经营者提供慷慨新型福利的结果。

改革医疗体系的努力反映了更激进的市场化做法，但改革保留了全民覆盖，并最终华丽地失败。于 1992 年通过的立法将社会保险市场开放至 27 个新设立的私募基金，其前提假定是这些基金将为消费者提供

---

① 有关捷克共和国转型期间失业率相对较低的最终原因存在大量争论，其中不仅包括积极的劳动力市场政策，也包括因小规模私有化和私企重组的缓慢步伐而引起的劳动力向个体经营的有效转向 [博埃里（Boeri）、布尔达（Burda）和科罗（Kollo），1998 年：34（正文中所引数据），82—86；汉姆（Ham）、斯韦纳尔（Svejnar）和特雷尔（Terrell），1998 年；特雷尔和索尔姆（Sorm），1999 年]。

更大的选择空间和激励机制来控制医疗成本。然而，政府还设立了一般健康保险公团（GHIC），由一般预算资助，用以覆盖没有医疗保险的人群。由于缺乏有效的成本控制，该基金开始出现问题。至 2000 年，GHIC 覆盖了约 75% 的人口，几乎包括了所有的非工薪收入者。此外，调查证据表明，民众对这些措施有着大力的支持。①

社会政策的其他领域表现出与对综合性公共保障的普遍偏好类似的妥协。与匈牙利一样，捷克斯洛伐克也有着慷慨的家庭津贴制度。1995 年，克劳斯政府成功出台针对这类福利的经济状况审查，但收入多达最低收入保障三倍的家庭仍然可以领取津贴，且受抚养子女继续得到资助，直至年满 26 岁。对于收入低于最低门槛的家庭，则向其进行现金转移支付来提供更广泛的保障（布朗，2005 年：71）。这些福利一道形成了 OECD 中最慷慨的社会安全网之一 [朔伊尔（Scheuer）和吉特（Gitter），2001 年，49]。

2. 克劳斯之后的社会政策

至 1997 年，克劳斯的 ODS 不仅受制于联盟制约，而且也不得不面对丑闻、一系列的银行倒闭以及经济的急剧下滑。这种"第二轮"危机迫使政府开展了维稳的努力，包括削减预算和货币贬值（虽然这并没有使 IMF 计划成为必要）。1997 年 11 月克劳斯辞职后，临时政府执政了六个月，直到其后的大选推选社会民主党上台。

社会党曾以反对 ODS 的"剩余主义"社会政策和基于保障社会权利的平台竞选。他们一上任就通过了欧洲社会宪章和国家就业战略，旨在通过复兴积极的劳动力市场政策来解决失业的迅速上升。但是，与克劳斯一样，社会民主党也面临对社会政策的竞争性压力。一方面，他们不得不应对国家公共财政的持续恶化，这种状况迫使其放弃一些增加社会福利待遇的核心计划。与此同时，他们的执政依赖于一个特别脆弱的联盟，该联盟妨碍了解决社会领域结构性问题的努力（欧洲委员会，2003 年：4，7）。整个 2005 年，社会民主党仅对福利制度做了最边缘化的参数性改变。

鉴于危机，社会民主党最初将其注意力放在恢复增长的改革议程

---

① 维塞尔尼克（2004 年：6）引用的 1998 年调查中，50.8% 的受访者赞成"不设限的"国家医疗保健，另外 44.8% 的受访者支持"有一定限制的"国家医疗保健。

上。政府着力解决了有关加入欧盟的遗留问题，力求吸引外国直接投资，并开展了金融体系成本高昂的私有化。但如前所述，社会政策改革的努力被证明是更加困难的。1997年，转型期后的养老金支付首次超过了养老金缴纳进账，但议会于1998年挫败了提高保费的两次尝试。1999年，政府组建了养老金委员会，试图在各党派之间就更广泛的改革达成共识，并于2001年顺利采取了措施以略微降低提前退休的动机。但直到2005年，两大主要政党就该体系的任何根本性改革仍然分歧甚远，且捷克共和国仍然是我们样本中唯一未进行任何养老金私有化的案例。

事实证明，医疗改革更加困难。由于私募基金失败，医疗保健融资的任务又落回中央医疗保险基金。到2003年，不低于91%的所有医疗支出都由公共渠道进行。但当年的一项调查也显示，68.4%的受访者认为医疗体系的效率"非常"或"相当"不错（维塞尔尼克，2004年：14），这使得该体系的根本性改革有着政治上的困难。绝大多数医院仍然由州或市政府所有，且严重依赖补贴和拨款。尽管成本膨胀，事实证明社会民主党还是无法推行哪怕是轻微的参数性改革。

由于提高缴费额几乎没有空间，而且考虑到已经很高的工资税，成本控制就必须通过经典的自由化措施来进行：整顿医院并改进管理与效率；对私营医疗提供机构的成本控制；增加受益者的自付额。然而2005年，随着医生罢工以抗议保险基金的拖延和支付不足，社会民主党的卫生部部长断然指出，公民们不会为服务额外支付任何费用。显然，该体系在财政上是不可持续的，且2006年大选之后似乎有可能出台一些改革举措。然而，同样可以肯定的是，任何改革都会被制约，以保持现有体系的核心特征。

二 斯洛伐克

从独立到1997年，斯洛伐克的政治由弗拉基米尔·梅恰尔及其政党HZDS主导。[1] 尽管斯洛伐克名义上民主，梅恰尔政府的特点仍是政治和经济权力的中央集中、强烈的民族主义诉求，以及对持不同意识形

---

[1] 有关梅恰尔年代的综述，参见克洛斯（2001年）。有关捷克和斯洛伐克政治制度的比较，参见克洛斯（2006年）。

态的反对派和少数族裔的不包容。有舆情研究曾详细介绍了斯洛伐克人民如何表现出对转型的更大沉默，及对国家在经济中强大作用的更大支持［亨德森（Henderson），1994 年］。斯洛伐克也继承了强大的巅峰时期工会协会和建立于转型初期的三方机构。这十年里，工会成员大幅减少，但直到 1997 年，梅恰尔政府每年都与社会伙伴签订了一般性社会协议。领导层的中央集权主义和民粹主义倾向以及由选民喜好和利益相关者组织带来的制约意味着维持社会保障的压力甚至比在捷克共和国还要大。

1997 年 7 月，斯洛伐克的政治遭遇了挫折，由于美国和欧洲针对梅恰尔独裁倾向的联合指责，该国加入北约和欧盟的谈判失败。1998 年 9 月的议会选举将梅恰尔的 HZDS 赶下台，并推选了广泛的四党左右翼联合政府上台；该政府主要因反对梅恰尔而团结在一起。虽然联合政府能够通过入欧所要求的宪法改革和市场改革，但却在社会政策改革方面存在内部分化。直到 2002 年选举中 HZDS 和左翼的衰落，中右派亲欧政党才获得了允许重要社会政策改革的授权。

1. 转型期治理：梅恰尔年代

与其他国家一样，斯洛伐克的早期社会政策将新型社会安全网与维护现有福利保障相结合。除失业保险外，斯洛伐克政府制定了比捷克共和国更广泛的一系列积极的劳动力市场政策，为私营部门就业和创造公营部门就业机会提供了大量补贴［卢拜欧娃（Lubyova）和凡·奥尔斯（van Ours），1997 年：93—95］。

与东欧其他国家的情况一样，社会保险的融资被转移到形式上独立的社会保障机构。但社会主义时期建立的福利没有进行改革，且政府继续资助一些规定群体的缴费。在 1998 年大选的预备阶段，梅恰尔政府通过建立针对警察、海关、情报机关和安全部门的非缴费型养老金，补偿了获取支持的重点群体。提前退休的备选方案在转型期间起到了政治上重要的社会政策作用，到 1994 年，近 80% 的所有新增养老金领取申请者都实行了提前退休。残疾抚恤金也急剧增加。

在整个梅恰尔年代，斯洛伐克都有着一些启动养老金改革的努力，由养老基金受侵蚀的财务状况所驱动。但没有一项改革成功。工会甚至有效地否决了资格要求或收益的参数性调整，并用自己的地位来影响年度养老金调整朝更慷慨的方向发展［斯瓦勒诺娃（Svorenova）和普雷塔索瓦（Pretasova），2005年：123］。

医疗保险方面也有着大体相似的有限改革模式［斯瓦勒诺娃和普雷塔索瓦，2005年：199—219；赫拉瓦卡（Hlavacka）、瓦格纳（Wágner）和雷伊斯伯格（Rieseberg），2004年：91—106］。早期的制度改革创设了自主的医疗设施，私有化了初级医疗保健和药店，并允许私营保险商进入医疗保健市场。但宪法将获得医疗保健列为一项公民权利而无论其缴费额度多少，并且所实施的立法提供了慷慨的服务套餐。截至2001年，国家对诸如儿童、养老金领取者和学生这类群体的缴费为约500万总人口中不少于310万人口提供了医疗保险（斯瓦勒诺娃和普雷塔索瓦，2005年：111）。对增加工资税的反对，再加上逃税和企业倒闭，造成保费缴纳远滞后于规定的慷慨收益的支出。结果，约一半的少数私营保险商要么倒闭，要么在这十年末进行了整顿。至梅恰尔年代末期，医疗保健体系面临着一组标准的"弹性预算"问题：医院长期资金不足；医药公司和药店未能被保险公司全额报销赔偿；缴费的日益滞后。

儿童津贴是社会主义时代政策连续性的最后一个例子。与捷克共和国一样，政府从普遍的固定福利原则转向经济状况审查。但是，由于经济状况审查和未能在通胀面前调整福利共同导致了覆盖面和收益慷慨性的降低，这一政策因此有所放宽。1994年和1997年的议会立法将覆盖面恢复至全国83%的所有儿童［贝德纳瑞克（Bednarik），1998年：12］。

2. 第二阶段改革：从僵局到改革

1998年大选后上台的联合政府的任务是扭转梅恰尔年代的威权主义和腐败。1999年5月，联合政府迅速制订了一项重大经济计划，不仅涉及经常性账户和财政调整，而且涉及急剧的价格自由化、金融体系改革、企业重组、破产立法和迅速启动入欧进程及吸引外资的努力。在其任期后期，联合政府的中右派政党开始主张激进的减税，以作为刺激投资和经济增长的一种方式。

然而，尽管养老和医疗基金的经营赤字稳步上升，事实证明，政府更难将其改革计划延伸至社会领域。失业率依然很高，但该国并没有经历一场全面的危机，也不依赖于IMF。增长的恢复起初使得改革者难以获得改革动力。

2000年以后，入欧谈判和满足马斯特里赫特（Maastricht）财政目标的要求为社会政策改革提供了一个重要的外部压力来源：政府同意了一项与加入欧盟的目标相关联且由 IMF 监督的世界银行贷款。除市场改革的深化外，该计划还设想解除对劳动力市场的管制，合理化医疗保健提供并大修养老金制度。尽管如此，直到 2002 年选举结束之前，几乎没有采取什么行动来进行社会政策改革。

主要的制约因素是政治。不仅执政联盟内部分化，而且它还包含改良的共产党。政府试图通过重振在梅恰尔后期已失效的三方机制来确保对其改革的社会支持。劳动强度已大大减弱，但工会利用三方结构表达其对一系列问题的关切，包括社会政策、对低收入工人的税收优惠和最低工资标准。重大的养老金改革也遇到了强烈的政治反对，① 而政府选择了所考虑的三项提议中最温和的一项；受工会联合会青睐的退休年龄的提高（斯瓦勒诺娃和普雷塔索瓦，2005 年：126）。医疗保健领域的改变在规模上也同样温和。②

2002 年 9 月的选举中，更加果断的社会政策改革之路由于对后共产党左翼的支持大幅下滑和对梅恰尔的 HZDS 的持续政治孤立而被清除。中右和右翼政党迅速形成了我们样本中最具意识形态凝聚力的联盟之一，并迅速开展了养老金和医疗体系的广泛改革。尽管有来自三方委员会的劳工和企业的阻力，政府仍然于 2003 年通过了对现收现付制的彻底大修，并在次年实行了一项更根本性的税制改革。③ 改革提高了退休年龄，改写了福利待遇计算公式，使实际缴款额权重更大，并通过一项公式从议会夺取了指数化的决定权。尽管仍存在一些额外支付以稳固支持，但几乎毫无疑问的是，改革标志着与改革前的更加社会连带主义的方式的背离。2003 年 10 月通过的第二项法律设立了第二支柱，强制要求新进入劳动力市场的人员参保。

医疗体系的改革开始于 2003 年出台的共付制度，这项改革的出台遭到了总统的否决，反对派和劳工的强烈批评，以及宪法法院的重大挑

---

① 议会拒绝了可能会限制其支出能力的规则提议，并最终于 2000 年单方面投票大幅增加养老金待遇。

② 1999 年，政府重申了其对实现普及和高品质医疗服务的承诺，并允诺控制成本。但是这些参数性改革"未能解决社会连带主义融资所覆盖的收益目录中未来范畴的基本问题"（赫拉瓦卡、瓦格纳和雷伊斯伯格，2004 年：24）。

③ 见穆尔（Moore，2005 年）对这些改革的综述。

战。卫生部还开展了一些重大的内部、行政改革,包括支付系统和公共提供机构网络的变化。改革的第二阶段试图通过制定一个基本的社会连带主义收益套餐和鼓励私人保险,来限制公共责任。改革立法包括对雇员和雇主均要参保并缴费的强大激励机制,其中包括限制对紧急医疗的公共担保,并要求未参保人员必须支付医疗服务(赫拉瓦卡、瓦格纳和雷伊斯伯格,2004年:24,99—103)。

21世纪初的斯洛伐克改革在我们样本中的东欧案例中位列最果断的改革之一。为什么斯洛伐克能走得如此之远?有许多因素都促成了这一点:继梅恰尔年代的孤立后对与欧洲一体化的公众强烈支持;对与入欧相关的财政政策的特定外部约束;2002年后执政联盟的意识形态凝聚力;反对派的分裂和孤立。

但是,改革的政治成本高昂。尽管增长显著好转,政府的公众支持仍急剧下跌,并在2006年大选中被承诺恢复社会安全网和医疗卫生体系的"社会连带主义"特点的"左"倾政党彻底击败。此外,有必要将斯洛伐克的自由化改革置于比较研究的视角。养老金私有化保留了养老金制度的有效普及,并且其得以推行的部分理由就是主张替代率提高。类似地,医疗改革也重申了对广泛覆盖的承诺、提高医疗质量的承诺和对低收入家庭的重要让步。在这些关键方面,该体系维持了社会主义时代的重要承诺。

第三节 保加利亚和罗马尼亚

保加利亚和罗马尼亚有着一些与其他东欧国家不同的特点。两国在转型时期的人均收入都较低,且存在绝对贫困这个更紧迫的问题,尤其是在少数族裔罗姆人中间。两国都改革缓慢,都在转型期的头十年中经历了较低的总体增长。两国都在90年代中期遭遇"第二轮"危机。这些危机迫使出台新一轮的稳定计划、结构性调整和与债权国、国际金融机构及欧盟的谈判。尽管保加利亚的改革力度比罗马尼亚更广泛,但两者都较晚加入欧盟,且直到2005年才签署了入欧协定。

这种较慢的改革进程可以追溯至政治转型性质的差异。虽然罗马尼亚的确实现了民主的突破,但相当程度上未进行改良的后共产党人力量和扬·伊利埃斯库(Ion Iliescu)总统的实力引发了关于民主治理的怀疑，甚至比对斯洛伐克的梅恰尔独裁倾向的质疑更加严重。保加利亚的民主转型则更干净利落，但转型后的政治也由改良的共产党所主导。

这些经济、政策和政治差别对于两国社会政策改革的时机和性质十分重要。在罗马尼亚，政治格局的特点直至21世纪都限制着改革举措的深度和连贯性。但是，两国都表现出对建立社会安全网的早期关注和对核心福利普及方式的连续性。此外，我们也发现这两个国家都在解决结构性贫困和不平等的问题上表现出独特兴趣。

一 保加利亚

保加利亚的政治转型发生在1989年年底托多尔·日夫科夫被迫辞职并被更年轻一代政党领袖取代的背景下。第一届后共产主义政府在1990年6月的议会选举中赢得了多数议席，但继后共产主义者和反对派工会的罢工浪潮之后，该政府仅维持了5个月便垮台。在随后的7年里，该国由脆弱而又短命的历届政府执政：三届左翼政府（1989—1990年、1992年、1995—1997年）、一届右翼政府（1991—1992年）、一届转型期联合政府（1990—1991年）以及由总统任命的两届临时政府（1994年11月—1995年1月，1997年2—4月）。

中右派的民主力量联盟（UDF）是第一个完成其任期的政府（1997—2001年）。该政府在恶性通胀之后上台，很快就稳定了经济，并启动了新一轮的经济改革。尽管总体取得了合理的经济表现，UDF却因持续的高失业率以及尤其是民众对其腐败的看法而导致了选民的不满情绪［瓦列夫（Valev），2004年：416—421］。取代该党的并不是后共产主义者，而是2001年大选前不久才出现的一个保守民粹主义政党，即西麦昂二世全国运动（NMS Ⅱ）。然而，尽管保加利亚有着更动荡的政治史，其社会政策的演变也表现出与其他案例非常类似的模式。

1. 应对转型①

早期的历届保加利亚政府不得不应对在我们的样本国家中最大的产

---

① 有关转型期间社会政策的综述，参见索蒂罗波罗斯（Sotiropoulos）、内亚姆图（Neamtu）、斯托亚诺娃（Stoyanova），2003年。

值下跌、国有部门就业的最急剧下滑，以及最高的转型期通胀［米纳西安（Minassian），1998 年：331—342］。虽然新出现的反对派工会联合会，即劳动联合会（Podkrepa），在促使第一届社会主义政府的倒台中起到关键作用，但它在 IMF 赞助下于 1991 年与 UDF 政府开展的维稳努力进行了合作（伊恩科娃，2002 年：52—91）。①

然而，历届政府的软弱意味着他们被迫与各大议会集团达成共识；用其中一位总理柳本·贝罗夫（Lyuben Berov）的话来说，"哪怕只有一个集团说'不'，关于这个问题的讨论也会被搁置"（转引自斯通，2002 年：214）。为了换取让步，劳工有效地控制了关键的社会政策部门，包括 UDF 政府的部门，并参与对社会政策施加强大影响力的广泛的三方机构网络（伊恩科娃，2002 年：52—91）。劳工成功地主张设立社会安全网，维持中央集中的工资谈判——至少在最开始是这样，以及保持甚至扩大现有的社会转移支付。②

1989 年年末，失业保险首次出台，最初是为了针对民主转型后共产党官员的下岗。起初的福利是温和的，且覆盖面比该地区其他国家要低，但到 1998 年，福利就与捷克共和国和匈牙利相当［卡兹（Cazes）和内斯波若娃（Nesporova），2003 年：116—117］。缺乏有效的监管意味着失业者以非正规合同工作时可以领取福利，这点深受用人单位的青睐，以规避极高的工资税。

除失业保险外，政府还改造了继承自社会主义时期的社会救助方案。新方案从基于特定类型成员的资格要求，如残疾人或孤寡老人，转向了收入计算公式，并出台了受保障的基本最低收入（BMI）。一些研究发现，这些安全网在转型期间改善了贫困和不平等［哈桑（Hassan）和彼得斯（Peters），1996 年：64；奥伦斯坦和威尔肯斯，2001 年：1—2］，而且福利实际上广泛普及，尽管名义上是具有针对性的。1992 年，收入分配中间 60% 的群体获得了 59% 的失业救济金、69% 的儿童津贴以及 57% 的全部社会救助，收入分配前 20% 的群体也获得了显著比例的福利（哈桑和彼得斯，1996 年：642）。

---

① 国有部门就业的崩溃也迫使劳工放弃其最初的维持就业保障的意愿［迪肯和韦迪诺娃（Vidinova），1992 年：82］。

② 有关社会政策的早期政治斗争的综述，参见迪肯和韦迪诺娃，1992 年；绍波夫（Shopov），1993 年；绍波夫，2002 年。

养老金和残疾抚恤金成为缓冲转型的另一个渠道。① 尽管退休年龄较低——男性为60岁，女性为55岁——1990年的罢工为一些职业类别稳固了更早的提前退休，包括30%的所有国有员工。

在1994年大选中，社会党凭借43%的选票和以"缓和转型社会成本"的民粹主义选票得到的绝对多数议席而重新回归。基于"公共矫正"的理念，新政府推行了一揽子政策措施，包括广泛的价格管制、能源补贴以及国有银行的信贷增长，以维持国企运行。1994年大选前，保加利亚与IMF的关系一直很不顺利［斯通，2002年：210—217；尼科洛夫（Nicolov）等人，2004年］；大选之后，关系严重恶化。财政政策是争论的一个主要问题。银行业的或有负债成为日益增长的技术顾虑，但福利也构成了重大的财政消耗。原则上，社会主义制度已经在社会保险的基础上加以组织，有单独、统一的基金，涵盖了各种各样的风险。但是，专项税收并不随支出的增加而增加，并且早在1992年，政府就被迫弥补社会保险基金中几乎相当于2%的GDP的赤字（哈桑和彼得斯，1996年：641）。

这些负担反映了各种结构性问题。受益者相对缴费者的比例较高，且某些特定类别的个人则完全不用缴费。私营雇主有强烈的动机来逃避保险缴纳。国企虽缴纳了保险，但依赖于通过金融体系而提供的补贴。社会党政府确实创建了独立的国家社会保障机构（National Social Security Institute），在三方的基础上进行管理。但社会伙伴未能就将解决根本结构性问题的改革达成共识［绍波夫、朗切娃（Noncheva）和塔夫拉迪斯基（Tafradjiyski），2005年：9—14］。

1994年和1995年，经济出现正增长，但到1996年，金融体系开始遭遇严重困扰。补贴、赤字的货币化以及对货币的信心下降造成了全面的收支平衡和金融危机（米纳西安，1998年：335—342；斯通，2002年：220—223）。1996年，经济收缩了10%，而在1997年3月，月均通胀率达约2000%的峰值。

伴随经济危机的还有政治危机。1996年年底，总统大选使得UDF候选人彼得·史托亚诺夫（Petar Stoyanov）上台，并在12月，社会党

---

① 奥伦斯坦和威尔肯斯（2001年：1—2）估计，1991—1995年，养老金占社会保险总支出的83%，是我们关注的国家中比例最高的。

在整个4月选举期间持续的政治动荡面前放弃了对政府的全权控制。大选之前90天在位的斯特凡·索菲昂斯基（Stefan Sofianski）的过渡性政府发起了一些重大改革。但随着UDF的决定性胜利——在选票和议席上都取得绝对多数——保加利亚开始有了第一届反对党政府，一个具有强烈使命来加快改革进程的政府。

2. 第二轮改革

UDF政府的首要任务是维稳，这通过于1997年7月1日实行的有争议的货币发行局机制得以实现。1998年，通胀率降至接近0的水平。包括私有化在内的结构性改革也同样显著。1996年11月，仍有67%的员工在公营部门就职；至2000年12月，这一数字已降至40%以下。

UDF政府还较为渐进地开展了社会政策改革。现收现付养老金制度的不佳表现为技治主义改革者们提供了一个尤为重要的目标。由于近恶性通胀和指数化的滞后，1998年的平均养老金仅为其1989年价值的大约1/3（国际货币基金组织，2000年：45—46）。改革因此允诺不仅要增加养老金制度的财务稳健性，而且要增加其覆盖范围和收益（绍波夫、朗切娃和塔夫拉迪斯基，2005年：14—18）。

正如我们已讨论的其他案例一样，改革通过一系列的妥协得以成形，这些妥协限制了现有养老金领取者的成本，保持了广泛的覆盖面，而且搁置了更长期的问题（朗切娃，1999年：22—26）。1992年，世界银行举行了有关智利经验的研讨会，少数自由派智库主张全面的固定缴费模式。这一主张很快就被否定，取而代之的是三支柱模式。对第一支柱的改革提高了退休年龄，收紧了缴费和收益之间的联系，并逐步将缴费余额转向员工。然而，第一支柱依然较大，并且尽管没有承诺特定的替代率，但改革却是基于这样一个预期的，即可以资助40%—50%的退休收入。改革的经费不是靠大幅增加缴费或减少收益而实现，而是通过借款、私有化养老金缴费收入、来自预算的转移支付以及减缓从第一到第二支柱缴费的分流得以实现（国际货币基金组织，2000年：50）。

一些关键类别的公民也有效地被免于缴费或获得了非缴费型转移支付。农业部门没有被正式排除在外，这与波兰一样，但参与程度极低。仍然存在就个体经营者和没有正式劳动合同的群体而言的漏洞。与此同时，政府保留了各种各样的最终由国库直接资助的义务，如伤残养老金

（占所有养老金领取者的 16%）和针对低收入养老金领取者的额外社会救助金。虽然开展了收入和财产审查，但在 2000 年，有资格获得这些额外福利的群体也占了所有养老金领取者的不少于 16%（塔夫拉迪斯基等人，2002 年：15）。

医疗改革遵循与其他案例类似的模式，包括医疗设施的权力下放、设立私人执业，以及组建新的医疗协会。但私人医疗服务提供的增长甚至更快达到了上限；到 2000 年，仅有约 20% 的医生在提供私立服务，并且几乎所有的医生都仍保留了自己在公营部门的工作（朗切娃，1999 年：27）。随着经济危机的到来，医疗卫生预算下降［特拉盖克斯（Tragakes），2003 年：35］。医疗服务利用率降低，小费仍然普遍存在，并且民众对现状的满足感一落千丈［巴拉巴诺娃（Balabanova）和麦基（McKee），2002 年：379—384］。尽管存在这些问题，社会主义政府仍然就改革进程意见不一，且未能制定一套新的办法。

与养老金制度的恶化一样，医疗体系的恶化为 UDF 实行改革提供了机会。最重要的医疗保健举措是 1998 年的《医疗保险法》，建立了强制性医疗保险制度，保障了基本医疗服务套餐的提供。社会保险的启动被看作既是整顿制度的方式，又是在财政紧缩的背景下增加专用资源的手段；医生和其他医疗服务提供方正是基于这些理由而支持该社会保险原则。针对该法案定稿的最终谈判在很大程度上围绕工资税缴纳水平而展开。保加利亚专家和外国专家估计，需要用约占收入 12% 的缴费来资助预想的服务（特拉盖克斯，2003 年：26）。但是，鉴于严峻的经济形势和同时推出的养老金改革，政府决定代之以 6% 的缴纳比例。

转向基于缴费的制度的目标，限制工资税的强大政治压力，以及对全面普及的持续期望，这些都形成了相当明显的矛盾。中央和地方政府都继续覆盖大量比例的医疗总支出；2000 年，全民医疗保险基金仅覆盖了所有公共医疗支出的 13%。大量群体的缴费仍然由一般财政收入提供：失业者和穷人、养老金领取者、学生、士兵、公务员和其他一些弱势群体。医院继续依赖中央政府的转移支付和对供应方的逾期欠款。

UDF 改革的最后一个成分是通过 1997 年的《失业保障和就业促进法令》对劳动力市场政策的整顿。除限制失业补偿外，新法令还为长期失业者制定了更有针对性的社会救助形式。然而，新法令还包括了对保障的扩大（在这当中欧洲顾问团——而不是国际金融机构——发挥了重要作用）：就业信息和咨询、培训、对创业的支持以及收入支持（朗切娃，1999年：22）。

2001年UDF政府的下台和更加保守的NMS Ⅱ政府的上台可能预示着对社会政策承诺的进一步自由化。虽然新政府采取了一些行政改革，并保持了保守的财政政策，但随后的变化仍主要是参数性的。如果有什么不同的话，也只是入欧谈判的启动为保加利亚提供了新的机遇来挖掘欧盟的资源，以扩大其社会政策承诺，例如通过获取地区基金和启动新的反贫困计划。

二 罗马尼亚

罗马尼亚的民主转型在东欧来得最晚也最为困难（1989年12月），受到了针对反对派的暴力和对救国阵线全国委员会（NSF）意图的怀疑的破坏，NSF是一个由前共产党人主导的民粹主义—民族主义政党。至1996年，政权先是由NSF掌握，后又由罗马尼亚社会民主党（PSDR）通过其领导人扬·伊利埃斯库掌握，此人在1990年5月以80%选票的压倒性胜利当选相对强大的总统。

执政联盟于1995年年底开始产生冲突，为反对派的短暂统治开辟了道路。1996年至2000年，政权由一系列短命的反共联盟掌握，然后又由两届技术官僚政府掌握，其中一届由农民党（Peasant Party）的拉杜·瓦西里（Radu Vasile）领导，仅持续了一年便被由国家银行行长穆古尔·伊萨雷斯库（Mugur Isǎrescu）所领导的政府取代。在2000年大选中，随着政治派系的中心倒塌，且右翼民族主义候选人和政党在选举中大获优势，伊利埃斯库和社会民主党重新执政。

中右派在随后几年成功得以重组，并于2004年在操作可疑的选举中重新上台［帕鲁雷斯库（Pârvulescu），2004年：7—24］。然而，直至2004年大选之前——我们在此的重点——罗马尼亚经历了后共产主义政党最长时期的执政（1989—1996年，2000—2004年）。当反共势力夺取政府时，他们面临与后共产党人和民族主义者的持续冲突与僵局、联盟内部竞争，以及内阁的高度更换。

这些政治环境与罗马尼亚转型尤其不利的经济和社会环境互为因

果。齐奥塞斯库末期的极端蹂躏使得转型后的选民尤其易受民粹主义诉求的影响，且 NSF 与后共产主义工会有密切的联系。技术官僚几乎没有可操作的政治空间。彼得·罗曼（Petre Roman）总理的经济改革尝试受到该党保守派的阻碍，并于 1991 年 9 月，他被迫在布加勒斯特第二次矿工暴动后辞职。亏损的国企通过直接预算补贴（1992 年高达 GDP 的 13%）和对国内外债务的日益依赖得以维持。从 1995 年起，金融体系不良贷款的比例也开始上升。这些负面趋势终于在 1997 年的收支平衡和金融危机中达到顶峰。

与保加利亚一样，推出艰巨维稳举措的任务落在了反对派政府头上。但是，罗马尼亚的第二轮转型期衰退比保加利亚更为深刻；经济于 1997 年收缩了 6.6%，1998 年收缩了 5.4%，并在 1999 年收缩了 3.2%。2000 年 5 月，穆古尔·伊萨雷斯库的技术官僚政府利用与欧盟的谈判，制订了一项改革计划，并最终由议会通过。但无论是救国阵线还是极右派都在当年的竞选期间反对该计划，且罗马尼亚随后与欧盟和国际货币基金组织的关系都遭遇了持续不断的冲突。

1. 应对转型

虽然罗马尼亚转型后的政府寻求维持国企部门的就业，他们也试图为因转型而下岗的人群构建新的社会安全网。至少在最初阶段，三方结构的重建为这些政策的谈判搭建了平台（伊恩科娃，2002 年：5）。政府于 1991 年出台了失业保险计划，并于 1995 年增加了针对低收入群体的社会救助计划（《社会救助法》）。实际上，严重的财政紧缩大幅限制了这类计划的规模；20 世纪 90 年代末的危机期间，仅有 8% 的贫困家庭获得了通过《社会救助法》实行的救助（世界银行，2002 年 b，11—12）。但比其他国家更甚的是，伊利埃斯库政府在新的安全网的基础上补充扩大了社会主义时期遗留下来的现有福利。1990 年，对提前退休限制的放宽导致退休人员迅速增多，其增长速度超过其他任何东欧国家；到 1991 年年底，受益者人数已增加了 40%。伤残养老金的资格要求也被放宽，导致 1990—1998 年期间这类养老金增加了 270%。

与该地区其他国家一样，由于失业人数增加以及劳动者流向非正规部门，社保体系中缴费者的人数有所下降。1992 年工资税的增加——从占工资的 14% 到超过 25%——对实际财政收入影响不大。相对庞大的农村地区构成了一个特殊的问题,这是由于其选举权重、农村人口中老年人的高比例以及一些合作农场的实际破产。政府为退休农业工人设立了一项专门养老金,通过对食品分销商进行额外收税加以资助,尽管收益较小。NSF政府执政的剩余时期里,管理日益增长的养老金责任的主要手段是通过通货膨胀。1996年大选之前,养老金收益的实际价值由于支配工作经历和福利的规则改变而暂时得以增加,但这些民粹主义措施直接导致了更广泛的宏观经济问题,并促成了1997年的危机。

在继承来的福利中,家庭津贴曾作为齐奥塞斯库的鼓励生育主义政策的一部分而扮演了尤其重要的角色。1994年,政府屈服于压力,提高了儿童津贴,并使其成为普遍福利。然而,与匈牙利更综合性的福利相比,亲职假和工资只能由有过就业史的妇女享受;因此就这些福利的慷慨程度而言,罗马尼亚处于匈牙利和波兰之间(福多尔等人,2002年:483—488)。

2. 第二轮改革

累积性失衡和1996年11月大选预备阶段中采取的民粹主义措施造成了社会保险基金财务健全的迅速恶化,以及更广泛的财政和金融危机。在一份于2000年大选之前发布的有关罗马尼亚入欧进展的报告中,欧盟委员会发现罗马尼亚仍然没有一个"正常运行的市场经济"(入欧的条件之一),并特别提到了财政政策的放松和无法实施养老金与医疗制度充分改革这一事实。但分化且不稳定的联合政府无法就劳工暴动和严重的贫困问题采取行动。事实上,社会投资组合通常被分配给最致力于保留现有福利的政党。

在医疗领域,有关全面改革的讨论在1996年以后加速,这由世界银行、欧盟和双边援助机构所推动。但是,正如在其他案例中一样,改革受制于广泛的公众期望和来自行业协会与工会的压力。1997年的《医疗保险法》从基于税收的体系转向由地方组织的强制性医疗保险。但是,中央政府的转移支付覆盖了未参保人员,且改革明确设法增加医疗支出(欧洲医疗保健观测站,2000年:67)。

养老金改革也是新政府的核心目标,并被纳入曾在旧政府期间被暂停的世界银行调整贷款的一个条件。最初设想的是开展三个支柱的改革,而现收现付制的实际资不抵债却使得第一支柱的改革成了重中之重。于 1998 年提交给议会并于 1999 年年底通过的立法逐步提高了退休年龄，收紧了提前退休的资格，并建立了缴费与收益之间的虚拟联系。然而，与新公共法推出的更严格规定并行的是一项慷慨的指数化公式和一个大规模的"再次相关联"，有效地为更年长的退休人员保障了在 1996 年民粹主义"改革"中扩大的额外收益［德梅尼尔（de Menil）和谢辛斯基（Sheshinski），2002 年］。

新制度几乎一开始实施就遭遇了风暴性的争议，因为它似乎大大降低了对某些工人的替代率。这导致下一届政府既要提高所能允许的最大化养老金，又要在均衡的努力中作出进一步的调整。指导创建第二支柱的立法不得不被伊萨雷斯库政府撤回，且未再度提出。①

或许 1997—2000 年最重要的改革——也是影响了其他一些单独政策领域的改革——就是乔尔贝亚（Ciorbea）政府制定的一项新的《地方公共财政法》于 1998 年 10 月的实施。权力下放扩大了对许多基本社会服务的地方融资和行政责任，包括教育、社会救助与服务以及一些医疗服务。这一变化的动机是多方面的，其中包括政治改革。不管怎样，世界银行（2002 年 b：6）指出，"需要面对预算缺口这一事实为政府转移日益增加的支出权力至下级政府提供了动机"。改革在全国各地产生了重大的服务水平与质量的不公平现象，因为较贫穷的辖区发现自己对服务的需求不堪重负，且没有财政资源来做出有效的应对。这些问题在医疗领域尤为明显（世界银行，2002 年 c：64—65），并最终导致重新中央集中化的强烈政治压力。

尽管即将离任的政府努力通过改善养老金待遇和提高公营部门员工的最低工资标准来收买支持，但在 2000 年 11 月的选举中，中右派被左派完全击败，并且支持极端民族主义—民粹主义的大罗马尼亚政党的热潮涌现。社会民主党在上下两院占据接近多数席位，组成了一个少数派政府，控制了所有部门。新政府很快就面临在保加利亚第二轮危机中出现的冲突情况，包括庞大的预算赤字以及与入欧谈判和国际收支问题相关的日益增加的外部压力。2001 年秋，政府与 IMF 就与入欧隐性相关的一项新方案达成了初步协议。然而，与保加利亚不同的是，这些任务

---

① 有关转型成本的担忧是一个因素，但资助的做法也被工会反对。纳斯塔塞（Năstase）政府期间没有进行进一步的改革［瓦西里和上垣（Uegaki），2003 年：13—15］。

落到了左翼政党头上，他们有着来自产业工人、养老金领取者和穷人的核心支持基础。

社会民主党确实在稳固议会支持其提议的能力上有着一定的政治优势。然而，政府继承了两个最大的社会保险领域——医疗和养老金——的扩大承诺，并从一开始，这两个领域的支出就有所增加。其中一些增加的成本反映了整顿制度的努力，如改变养老金待遇的计算方式，这鼓励了提前退休。然而，其他费用则反映了政治妥协和新的社会承诺：对养老金待遇的季度指数化；最低工资标准提高了40%；向农村地区转移支付的增加；最低收入计划的创立，当时预计将覆盖近60万户家庭，耗资近GDP的0.5%（经济学人智库，2001年a）。

罗马尼亚随后稳固了其入欧进程并迈向了一系列改革，类似于该地区其他国家的社会保险模式。但直至21世纪初，进展仍然十分有限。在养老金改革的关键领域，政府终于在2004年授权建立第二支柱。但针对关键细节的谈判仍然滞后，且至少直到2007年才预计开始实施。

总之，值得考虑的是保加利亚和罗马尼亚社会政策改革进程的一些明显差异。这两个国家都经历了"第二轮"危机。但是，保加利亚的极高通胀为更大刀阔斧的、深入社会领域的改革提供机会。在罗马尼亚，第二次衰退持续时间更长，但高通胀的缺乏削弱了对更激进的改革力度的支持。党派之争和联合政府的分裂在改革的时机上也起了作用。在罗马尼亚，分化的反对派联盟几乎在其推行任何社会政策改革的能力上均受到了阻碍。在保加利亚，养老金和医疗制度的改革由相对统一的政府所推动。但是，即便这样，自由派改革者也容纳了民众对覆盖面的期望，并作出新的努力来解决劳动力市场的不稳定、长期失业和贫困。

第四节 结 论

向市场的转型标志着东欧就业保障的结束。财政紧缩和以市场为导向的政治力量的上升也刺激了朝着更自由主义的福利政策的发展，这也正是一些批评家所担心的。[①] 然而，即便在快速而痛苦的市场转

---

① 例如：迪肯，1992年；斯坦丁（Standing），1996年；费尔格，1997年、2001年；费尔格和陶乌斯（Tausz），2002年；布朗，2005年。

型下，奠定社会主义福利制度的全面保障原则在东欧也表现出了惊人的恢复力。此外，虽然政府确实在其社会政策的确切方针上有所不同，我们所讨论的东欧国家与拉美和东亚相比，仍表现出了实质性的趋同（表8-2）。

表8-2　　　　　东欧的社会政策发展（1980—2005年）

	养老金	医疗	社会安全网
早期改革国家			
波兰	适度的私有化建立了第二支柱，但保留了广泛的覆盖面和庞大的公立支柱（1998年）；农村人口享受旧的非缴费型制度	转向社会保险体系（1997年），但保证普遍覆盖	失业保险补充以慷慨的伤残养老金、提前退休和家庭津贴
匈牙利	适度的私有化建立了第二支柱，但保留了广泛的覆盖面和庞大的公立支柱（1997年）	早期转向社会保险体系（1992年），但保证普遍覆盖	失业保险、积极的劳动力市场政策和慷慨的家庭与儿童津贴。强烈反对整顿家庭津贴
捷克共和国	至2005年前无养老金私有化	激进的改革建立了私立保险基金（1992年）；改革失败，重回政府进行社会保险的制度	由于政府鼓励就业保障和积极的劳动力市场政策，失业现象有限。慷慨的家庭津贴和最低收入保障
晚期改革国家			
斯洛伐克	旧的养老金制度一直保留，直至2002年的相对广泛的私有化	转向社会保险但只有边际变动，直至2003年的改革，包括限制收益套餐和鼓励私人保险	由于政府鼓励就业保障和积极的劳动力市场政策以及公共就业方案，失业现象有限。慷慨的家庭津贴和最低收入保障

续表

	养老金	医疗	社会安全网
早期改革国家			
保加利亚	适度的私有化建立了第二支柱，但保留了广泛的覆盖面和庞大的公立支柱（1999年）；大型非缴费型伤残养老金和针对低收入养老金领取者的社会救助	转向社会保险体系（1998年），但保证普遍覆盖和通过一般财政收入的大幅医疗资助	失业保险补充以伤残养老金和提前退休；1997年以后对这些福利进行了一些改革，推出更积极的劳动力市场政策和具广泛针对性的最低收入方案（1992年）
罗马尼亚	1999年的私有化努力被撤销，仅进行了参数性变革。适度的私有化建立了第二支柱（2004年）	转向社会保险体系（1997年），但保证普遍覆盖和通过一般财政收入的大幅医疗资助，尽管存在名义上的权力下放	失业保险补充以社会救助，并尤其依赖于提前退休、伤残养老金、针对退休农民的特殊措施和具广泛针对性的最低收入方案（2002年）

首先，大多数国家对未参保人员的政府融资反映了事实上的普及承诺，特别是在医疗和养老保障领域。在一些国家和政策领域，法律上的普及承诺被体现在新宪法中。这些承诺与拉美社会保险制度的不断分化，以及与本地区一些国家持续的哪怕是获得基本医疗和教育的财政赤字都形成了对比。

东欧国家不仅覆盖人群庞大，而且也针对相当广泛的风险承诺保障，在原则上比自由主义的模式都更贴近国际劳工组织所体现的广义欧洲社会保险理念。更胜拉美案例的是，东欧各国政府不仅持续对公众医疗保险作出承诺，而且也对积极和消极的劳动力市场政策、伤残保险以及各种各样的家庭津贴作出承诺。这些承诺都普遍反映为持续将大量财政资源分配给社会领域（图A6-16至A6-21）。不过，经常性的财政紧缩侵蚀了福利待遇，并导致了服务质量的下降、接受服务的拥挤现象和服务私下收费的持续。

然而，尽管有这些缺陷，广泛覆盖的原则仍然一直存在。自由化改革的出现不仅要慢于拉美，而且在尝试执行时常常被逆转。我们已将这些连续性归因为普遍福利遗产的影响。旧体系的组织和覆盖面产生了有关政府提供保障与服务的作用的强烈而广泛的公众期望，这种期望在调查研究文献中反复被证实（例如，利普斯迈尔，2003 年）。这种政策继承对历届政府产生了强烈的选举和利益集团压力（凡浩塞，2006 年）。

我们对后社会主义转型的分析比对其他地区的分析更依赖于相对直截了当的路径依赖观点。我们并不是唯一持这种观点的人；其他人也提出了类似的论证。[①] 然而，若不考虑其他可能解释整个地区呈现出的趋同现象的替代性因素的话，则这种观点将不能得以持续。

最重要的可能解释是强调共同的外部压力和影响的提法。这种提法的一个版本由迪肯（2000 年、1997 年；迪肯和斯塔布斯，2005 年）和奥伦斯坦（2006 年）最为有力地提出，认为国际金融机构在确定该地区的社会政策抉择上起到了至关重要的作用，无论是通过提供知识模板的直接作用，还是通过敦促财政调整的间接作用（另见斯通，2002 年）。

我们认为国际金融机构也产生了重要影响，但其影响方式在某种程度上与迪肯和奥伦斯坦的观点有所不同。我们认为，国际金融机构的影响并非恒定，而是取决于经济环境。危机和紧迫财政紧缩的出现与技术官僚和国际金融机构的影响力加大有关。我们还强调，外部影响面临重要的国内政治限制。有相当数量的 IMF 方案被取消或无疾而终（斯通，2002 年：67—73）。同样，福利改革顾及了我们已确定的国内政治联盟，并且当财政状况有所缓解时经常被调整甚至被撤销。

外部影响的第二个完全不同的来源与跟欧盟的地缘相近有关。例如，奥伦斯坦和哈斯（Haas，2003 年）就认为位于"欧洲"区域和"欧亚"区域的后继国家在转型之前有着类似的社会政策制度，但只有"欧洲"国家的制度一直保持着广泛的社会保险覆盖面，并革新出新方案（另见库克，2007 年）。他们用其所谓的"欧洲效应"解释了这种差异。

若仔细探究，则社会政策的欧洲影响绝非明确，韦德·雅各比（Wade Jacoby，2004 年）在一项关于欧盟在东欧扩大的影响的深思熟虑

[①] 例子包括：科瓦奇（Kovacs），2002 年；因格洛特，2003 年；曼宁（Manning），2004 年；切拉米（Cerami），2005 年。

的研究中也如此论证过。1995年后，欧盟倾向于新成员国从一开始就密切遵守共同的欧盟标准，而不是像80年代南欧的申请国家那样，可以经历一个漫长的转型期。对8万页的共同体章程（acquis communautaire）的直接套用成为候选成员国的正式目标，通过对31个独立"章节"的谈判组织起来。并且，有充足的证据表明——与对猖獗的新自由主义的担忧相反——东欧广泛借用了西欧社会政策的不同模式。

但是，欧洲对社会政策结果的直接影响在我们关注的核心领域相对有限。首先，我们的案例研究表明，一些有关社会保障的关键决策在转型中来得相当早。这既包括允诺要保持特定福利保障，如医疗保健，又包括创新新型福利保障，如社会安全网。在这一点上，成为欧盟成员国的前景即使在早期改革国家中也是高度不确定的，更不用说斯洛伐克、保加利亚和罗马尼亚。

仔细审视共同体章程的相关章节也可看出欧盟的直接影响是相当有限的［瓦格纳（Wagener），2002年：167—170］。单一市场要求符合一系列的卫生和安全限制；此外，修订后的《欧洲社会宪章》（ESC），后又并入《阿姆斯特丹条约》中，解决了一些社会问题，包括工作时间、机会均等和"社会对话"。但欧盟的谈判并不要求执行本章所讨论的社会保障和医疗政策。社会宪章规定了集体谈判的基本权利，并列举了社会保障权利（第12、22条）；医疗保障权利（第11条）；社会救助和服务权利（第13、14条）；家庭保障权利（第17条）。但这些只是作为目标陈述列出，并不是具体要求。更重要的是，它们受制于满足严格财政准入要求的可以说是矛盾的压力，这反而是十分明确的。尤其是在斯洛伐克和罗马尼亚的情况下，共同体的间接影响可能推动了社会支出向合理化的方向发展，而不是与西欧模式趋同。

最后，正如雅各比（2004年：45—64）有关医疗保健的观点表明，当谈及"欧洲"影响时其确切含义并不清楚。有关欧洲福利国家的许多文献都致力于概述和解释其多样性，从养老金和医疗保健，到失业保险、劳动力市场政策和家庭政策。虽然有些政治主角，如克劳斯，可能会非常渴求撒切尔主义，其他人则追捧共同体中有着不同体系的国家的政策建议。在保加利亚的一次有趣的医疗政策尝试中，政府自觉邀请了来自四个不同国家的顾问，甚至启动了试点性工程，其目的是权衡不同政策方案的成本和收益。

我们不排除一个复杂但却重要的可能性，即社会政策模式借用了现存的欧洲模式。但这是一个更温和的观点，且持这种扩散观点的人不得不解释为什么这种借用采取了特殊的形式。这个问题的答案只能来自对政治选择过程的一些思考。

尽管有深入的市场改革，广泛的福利仍难以从根本上加以调整，其原因是对政客的选举约束和来自有组织的利益相关者的压力。有关公营部门缓冲风险的作用的预期促成了新型社会安全网的创建以及减轻贫困和不平等的努力。我们在第五章介绍的社会主义遗产的相对一致性最终反映为转型期后东欧社会政策的重要连续性。与其他地区一样，我们所确定的至2005年的社会政策平衡也绝非没有进一步修改的可能。然而至2005年，东欧的社会政策已在很大程度上"趋于稳定"，展现出与拉美案例在新兴民主体如何应对经济危机上的重要反差。

结论　拉丁美洲、东亚、东欧和福利国家理论

在过去的 20 年里，拉丁美洲、东亚和东欧新兴民主体的福利改革沿着非常不同的轨迹进行。一些国家曾扩大了社会保险与服务，其他国家则曾试图自由化现有福利保障，或甚至对其完全紧缩。我们已指出，这些当前的改革进程只不过是更长期的社会政策历史中最近的阶段。所有这三个地区的案例都远非新近才进入福利困境的，它们都在第二次世界大战后建立了相当独特的福利模式。

这些先前的模式对最近几十年里社会政策改革的进程产生了很大影响。在关于发达福利国家的文献中，路径依赖的概念在这种背景下被采用，以解释为何现状依旧，或只在狭窄的范围内变化。本书提出了关于中等收入国家福利改革当代政治的大体类似的问题。过去的政策决策所创造的利益和制度如何影响到当前的政策争论？社会政策的变化在多大程度上不仅反映了同期变量，而且反映了达到当前状态所经历的历史路径？

这些问题促使我们调查这些社会政策体系的缘起，即它们是如何在一开始发展起来的。在对缘起的讨论中，我们聚集于根本的政治重组：即以新兴政治精英的掌权和工人、农民以及代表他们的组织和政党的政治地位的根本变化为特征的时期。我们发现，这些重组对后续的政策进程产生了持久的影响。在政治精英寻求拉拢这些群体的情况下，他们不仅获得了政治代表权，而且也做出了社会政策妥协。在拉丁美洲，这一妥协过程导致了社会保险覆盖面向某些隶属工会的城市工人阶级的扩大，这些方案成为福利进一步扩大的模板。然而，拉丁美洲的关键重组并没有为农村贫困人口带来新的政治机会，且该地区的社会政策反映了对其政治上的排斥。

在下层组织被控制或被压制的情况下，社会政策反映了执政政治精

英的目标,亦即计划。在东亚的保守、反共政体中,政府试图清除争夺权力的劳工和左翼。这些政治精英在政治独立之后上台,广泛扩展了一些特定核心社会服务,最显著的是基础教育。但是政府并没有像西欧和拉美那样也照顾到隶属工会的城市工人阶级的社会政策利益。

在东欧,对独立的劳工和农民组织的压制是更宏大的社会主义计划的一个必要条件,该计划包括对工业与金融"制高点"的国有化以及农业集体化。东欧各国建立了广泛的社会福利,但呈现出许多与发达福利国家截然不同的特征,包括对劳动力分配的国家直接控制、私立融资与提供的完全缺乏以及对教育体系的威权控制。

随着时间的推移,这些早期模式因经济政策抉择而加强。发展战略并不"要求"特定的社会政策;但重大的经济政策抉择却构成了政府、企业和劳工就一系列其他广泛政策的偏好和期望,包括那些涉及社会保障与服务的政策。从这个意义上讲,发展战略和社会政策是相辅相成的。

拉丁美洲的进口替代工业化通过保护措施、对特定行业实行国家所有制,以及补贴等工业政策照顾到了扩大至部分工人阶级的特权。东亚国家与地区也在"二战"后经历了进口替代,尽管其政治背景与拉美大有不同。但其出口导向型战略的实施促使政府和企业对劳动力的质量与成本更加敏感。在东欧,国家对多数经济活动的规划进程和垄断决定了就社会保险与服务而言的政府和企业层面的责任。

20世纪八九十年代剧烈的政治和经济变革——广泛的民主化和经济危机——可以说标志着所有这三个地区的一个全新关键时刻。民主化对国家提出了新的要求,但政府应对的能力却受到经济环境的制约。遭受严重经济冲击的国家面临伴随而来的压力,来重新思考先前的福利承诺,重新调整国家的作用范围,并限制未来的社会政策承诺。

然而,先前的福利承诺也影响了社会政策的改革。福利遗产造就了受益者和有组织的利益相关者。在福利覆盖面起初很窄但增长强劲的情况下,扩大社会保障的政治逻辑被证明是具有说服力的;东亚案例即是如此。而在福利覆盖面广泛但经济环境不利的情况下——例如东欧——选举和利益集团力量则结合起来,限制了自由化改革或紧缩的规模。至于拉美,其不均衡的覆盖面和不利的经济环境则产生了更复杂的改革政治经济。各国政府面临着在扩大和改革福利制度上的竞争性政治压力,但它们这样做的背景是对维持现状感兴趣的强大利益相关者。这些因素综合起来，使得拉美比东欧开展了更广泛的改革，但保险与服务的分配仍然持续不平等，且福利政策更具针对性。

本书结论部分，我们将这些论证置于有关福利国家未来的若干持续争论的背景中。我们首先总结社会政策的国际制约和有关全球化的争论。当前的国际政治和经济背景是否有一些因素可能导致各国的普遍社会政策在现阶段趋同化？我们随之更详细地重新审视了经济问题，并考虑经济增长的政治经济和国家更长期的财政能力。最后，我们总结民主在决定各国政府和其公民之间的社会契约性质上的作用。

第一节 国际影响一：地缘战略环境

比较政治经济学已因全球化而有所转变，这一点丝毫不逊于其研究对象。将国家视为孤立单元加以研究的时代已经终结；与社会学和宏观经济学领域一样，比较政治经济学现在在形式上也是开放经济的［贝茨（Bates），1998年］。然而，建模这些外部联系的精确方法绝非易事。"国际"对国家进行运作存在太多的方式：战争和安全估计；对经济开放度的分歧；与外部角色的讨价还价；国际机构的影响；政策思路的扩散。

在考虑不同福利制度的缘起上，我们认为，大国对某国的国内政治重组有着重要影响。在我们关注的所有三个地区，国内政治精英的能力都依赖于外部环境。跨国联盟在东亚和东欧最为明显，这两个地区的保守派和共产党精英通过国际联系和支持分别获得或维持了权力，即便不一定能直接发号施令。

国际政治因素也以更微妙的方式在拉美案例中有着密切关系。美国在该地区的影响很强大，且在中美洲和加勒比地区影响十分直接，在这些地方美国一贯坚定支持反劳工的军事和寡头政府。如果我们在分析中也包括了这些案例的话，我们本来可以预期这些联系会影响到社会政策。不过，从第一次世界大战爆发直至40年代末，美国对该地区较大国家的影响受到了限制。我们所确定的关键政治时期发生于冷战开始之前，这一时期华盛顿的注意力被两次世界大战和大萧条所分散。20世纪40年代后期，随着冷战的开始，美国的干预力度加大，尤其在1959

年古巴革命后。但是，与亚洲和东欧国家不同的是，拉美并非大国博弈的"一线"地区。因此，相较而言，美国的军事和经济资源投入更为有限。

我们是否应该通过类似的地缘战略视角来更仔细看待当前的时代？国际政治因素是否再一次影响到了社会政策的政治经济？

一些颇具影响的研究已描绘了这种方法的大致轮廓（迪肯，1997年）。苏联以及苏联模式的崩溃使得美国几乎无可争议地成为一个霸权政治角色。美国不能简单地强加其盎格鲁－撒克逊政策秩序，但它可以或多或少地以微妙的方式来改变激励机制。这种影响的渠道包括国际金融机构、世界贸易组织的贸易政策议程（例如，自由化服务业和保护制药业知识产权的不断努力）以及通过地区和双边贸易安排推动类似问题的能力。

我们对这些论证持怀疑态度。正如我们对跨地区差异的讨论所表明的，我们质疑这些论证的出发前提：即社会政策朝着新自由主义方向趋同。但是，对美国霸权影响的假定也很成问题。政治格局可以改变得如此迅速！美国现在已远远不能行使唯我独尊的影响力了，反而已纠缠在一些削弱自身的政治挑战中：整个伊斯兰世界的冲突；多数其他发展中国家对其公众支持的几近崩溃；一个崛起的、更坚定自信且无疑非自由主义的中国；新欧洲所散发出的虽有分歧但却分量十足的经济和意识形态影响凝聚力。尽管存在单极国际秩序的言论，但美国操纵别国国内政治的能力事实上比其在冷战巅峰时期有限得多。此外，冷战后美国意识形态影响的胜利时刻已然衰落；相反，对"新自由主义"的抵触已成为普遍。

如果有与我们的叙事相关的国际政治因素，它们也可能只停留在地区的层面：地区组织、扩散和仿效。少数有趣的新研究正在追捧这种思路（格莱迪奇，2002年），虽然只有部分研究已扩展到对社会政策的考虑上（雅各比，2004年；韦兰，2004年；布鲁克斯，2005年；奥伦斯坦，2006年）。最明显的例子就是西欧对前社会主义国家的吸引。第八章已指出，东欧社会保障的连续性大体可以由与社会主义福利遗产相关的国内政治因素来解释，而不是外部影响甚至仿效。尽管如此，欧盟的会员国身份、欧洲援助和技术转让以及知识影响都在东欧产生作用，并有可能在未来持续发挥作用。这些地区格局运作的方式不同于拉美和东亚，但正式机构（如地区开发银行）以及非正式的政策网络和仿效也都无疑在这些地区运作。不过总体而言，几乎没有证据表明，国际政治力量，特别是美国的影响，正导致社会政策的同质化。

第二节 国际影响二：全球化之辩

社会政策文献中一个更广泛的辩论涉及国际经济的影响，而非政治影响。里程碑式的文献包括卡梅伦（1978年）对经济开放度和国家规模的相关性的论证，以及卡赞斯坦（1985年）有关20世纪30年代经济危机期间欧洲社团主义的历史渊源的研究。根据这种思路，民主政府有动机来通过反周期性的凯恩斯主义政策或扩大社会保险的广度与深度来抵消与经济开放相关的更大脆弱性和不安全感。约翰·鲁格（John Ruggie，1982年）用恰当的措辞对其进行了描述，即，从20世纪40年代末到70年代初的布雷顿森林体系时代处于一个特定的国际和国内社会契约中，他称之为嵌入式自由主义。由国际机构协助的领先政府寻求重建在两次世界大战之间崩溃的自由主义国际经济秩序。但国际经济规则允许广泛的自由主义原则"嵌入"到对市场规模设立限制的国内社会契约中。

由杰弗里·加勒特（Geoffrey Garrett）、丹尼·罗德里克（Dani Rodrik）和其他学者开展的研究发现了嵌入式自由主义假说的至少一些实证证据。加勒特（1998年）认为——有些谨慎地——全球化并没有抵消OECD国家中党派之争对政府支出的影响。他的结论是，全球化因此并没有统一或一致的影响；各国在国家的整体规模和其福利承诺的性质上各有千秋。罗德里克（1998年）发现贸易开放度是政府消费和支出的一个显著决定因素，即便控制了其他各种可能的经济决定因素变量也是如此。

然而，从20世纪80年代开始，对全球化持更怀疑态度的观点开始获得大众和学术界的关注。[①] 这些文献认为，日益增加的贸易和投资限制了发达工业化国家的政府支出，包括福利支出。资本流动性对单个司法管辖区进行移动资产征税的能力造成压力。对出口的更大依赖和国内

---

① 相关综述，参见休伯和斯蒂芬斯（2001年）。

市场更多地暴露于国外竞争也有着类似的影响。商品贸易部门的企业将税收和其他劳动力市场的僵化视为对其竞争能力的制约。

我们的研究就这一重要的争论而言表明了什么？在国际经济一体化更有选择性的方式盛行的情况下，我们是否发现发达工业化国家嵌入式自由主义的妥协与拉美、东亚和东欧在本书第一部分所涉及时期内的社会政策之间存在任何相似之处？关于开放度的更大谨慎是否允许了社会政策更扩大性的做法？相反，更近时期的贸易和资本流动的自由化是否已导致先前福利的削减？

我们在第一部分论证了进口替代模式的确为拉美的特定福利做法提供了空间。当然，社会主义模式在开放经济的背景下本来就是不可能的。即使在更加外向型的东亚案例中，政府也将出口导向型增长战略辅以多种保护性措施。

然而，虽然这个时期本可能是高增长期，它的特点也绝不是鲁格所谓的自由主义社会妥协。东欧的福利比较广泛，但这些并非民主社会契约的结果，而是中央计划过程的结果。在拉美，某些工人阶级可以说从封闭经济中获得了好处，但增长的模式与长期不公现象的延续甚至深化有关。

关于出口导向型东亚新兴工业体的文献中，一个一致的主题是这些国家与地区对提供社会保险的有限关注。然而，正如第三章所论证的，这些国家与地区的政府在转向出口导向型增长方式之前就已限制了社会保险。尽管我们认为出口导向战略影响了东亚案例的社会政策，但这些福利选择的最终根源还得追溯到削弱了劳工和左翼的关键政治重组时期。

如果本书第一部分所涉及的时期不是嵌入式自由主义的黄金时期的话，那么在此期间建立的福利仍然可能容易受到随后的经济开放过程的影响。针对经济开放对社会支出有着不利影响的观点，一些研究提供了有力支持（鲁德拉，2002年；考夫曼和塞古拉－乌维尔戈，2001年；塞古拉－乌维尔戈，2007年）。然而，我们的分析却发现了对这一怀疑态度的混杂支持。在第六章报告的模型中，开放对社会支出的影响是温和的，尤其是在控制了潜在的财政状况这一变量的情况下，并且这种影响因地区而异。在地区案例研究中，我们试图表明，经济开放的影响几乎肯定弱于新兴民主体所处的更广阔的经济环境的影响。

这些新的经济环境并不限于经济开放本身的增加，而是包括了国际资本流动和其他外部冲击的异常波动性。然而，我们已经指出，在拉美和东欧，这些外部冲击不过是先前发展模式的更广泛危机的一个组成部分。类似的观点也可用于亚洲金融危机，此次危机不仅表明了东亚模式的恢复力，而且也暴露了企业治理和金融部门监管的弱点。

此外，无论是经济环境还是开放的程度都受国内政治因素的调节，包括民主化和先前的福利遗产。在东亚，新兴民主体急剧扩大了福利保障，同时也加大了其国际经济一体化。东欧或许经历了最激进的经济开放进程，各国政府成功地保留甚至扩大了福利的规模。而对于拉美地区，则有较多的定量研究表明，全球化对社会支出有着不利的影响（例如，考夫曼和塞古拉-乌维尔戈，2001年；维贝尔斯，2006年）。但即便是在拉美，这种影响也大体表现在社会保障领域，而不是医疗和教育领域。由于社会保险制度在一开始就是递减性的，经济开放的分配性影响因此远不明朗（纳尔逊，1992年）。

我们在此下的结论与对国际政治结盟的影响所下的结论一样：即全球化的影响既不是放之四海而皆准的，也不可能如同危机和财政紧缩的影响那般巨大。那些主张全球化挤压了社会政策的论断含蓄地认为，政治因素对全球化和社会政策之间的关系几乎或完全没有调解性影响；面临非常不同类型的政治挑战的政府被假定为对外界制约做出类似的回应。然而，这一假定似乎并不能站得住脚；相反，多样性大行其道。为了理解这一原因，我们接下来将重新审视我们所提出的经济论证，即有关经济增长和国家财政能力的影响。

第三节 经济增长、福利和社会政策

一系列的政府政策影响着公民的福利。可以说，最重要的就是一系列有助于经济增长本身的政策。这些政策到底是什么仍然不十分明确，正如伊勒哈南·赫尔普曼（Elhanan Helpman）（2004年）实用综述的标题《经济增长之谜》（*The Mystery of Economic Growth*）所暗示的那样。尽管对少数基本事项达成了共识——保障财产权、维持宏观经济稳定、哪怕是少量的经济开放和贸易以及提供足够多的公共产品，如基础设施和教育——但这些基本事项得以运作的范围是相当广泛的。似乎有各种各样的政策组合能够促成强劲的经济表现。

然而，不容否认，各国在这方面存在重大差异，同样不容否认的是看似很小的增长差异对福利的历时变化的重要性。我们来看一下这样一个国家的命运，该国在"二战"后初期的1945年，其人均GDP为1000美元，大致相当于马来西亚当时的水平。至2005年，实际1%的年增长率将使其人均收入达到1816美元。在此期间，该国若以年均4%的速度增长，则其人均收入将会达到10520美元；而5%的增长率——诚然在如此长的时期内这会是一个不寻常的壮举——将产生18680美元的人均收入。

不幸的是，这些差异在现实中是实际存在的。尽管遭遇了本书后半部分所详细介绍的危机，但我们所考虑的所有中等收入国家与地区都成功地在"二战"后实现了大幅增长。在我们所考虑的所有案例中，除秘鲁和委内瑞拉外，人均收入都至少翻了一番，且没有任何一个案例的人均收入是实际下降的，而一些非洲国家就存在下降的情况。然而，我们样本中各案例之间的差异却很明显。秘鲁在"二战"后初期人均收入刚刚超过2000美元（1990年定值美元）；在2000年，这一数字已上升到约3700美元。相比之下，韩国在"二战"后初期人均收入还不到700美元；到2000年，已超过14000美元。

但是，就我们的目的而言，我们要探索的重点是这些差异对社会契约性质的影响。东亚的持续快速增长伴随着大量人口收入的快速增加及贫困的大幅下降。东欧在"二战"后多数时期经济增长都较高，但在社会主义时期后期大幅放缓，是20世纪90年代初转型期衰退产值崩溃的前奏。即使在1980年以前，拉美的经济增长也相对不稳定，并且与东亚和东欧相对均衡的收入分配相比，社会契约扩大也发生在收入和资产分配严重倾斜的背景下。20世纪80年代的危机之前，拉美的增长的确对贫困产生了一定的积极影响，但这些影响因持续的及在某些情况下日益增长的不公现象而减弱。

经济增长水平、波动性和不同收入阶层的收入分布的差异如何影响我们所关注的社会政策？强劲的经济表现至少使得本书第一部分所描述的社会保障扩大成为可能。在拉丁美洲，20世纪80年代金融崩溃之前进口替代工业化政策的相对成功为社会福利的逐步扩大提供了基础，也就是梅萨－拉戈（1978年）所称的特权大众化。这一过程甚至在东欧更为明显，斯大林时期早期的高增长通过迅速的工业化、城市化，以及将新型社会福利扩大至越来越多的城市工人阶级而产生了深刻的社会结构变化。斯大林时期的巅峰后，整个地区的共产党转向了合法化模式，把更多重点放在了消费和社会福利方面。当东欧的增长在80年代有所放缓，消费和其他福利，如医疗保健和养老金的资金，便呈现出压力；而在波兰，这一经济放缓便是其政治冲突的一个重要来源。

然而，正如东亚案例所表现出的，在威权环境下，高增长只是使得社会福利扩大成为可能。在这些案例中，收入的增加并没有为社会保险和再分配转移支付的扩大奠定基础；事实刚好相反，高增长取代了可能的扩大。在威权环境下，正如坎珀斯和鲁特（Root，1996年：44—49）所言，经济增长的好处能被广泛分配或"共享"，而不是我们在此所意味着的更广泛的社会契约。

如果经济增长和社会保险与服务扩大之间的关系在威权统治下并不明晰，我们可能期望在新兴民主体中会有更密切的联系。在勾勒这一联系时，我们主要集中在财政联系方面。我们认为，高增长的条件不仅直接削弱了对支出的财政制约，而且也有着政治影响；高增长和强大的公共财政鼓励着政客们扩大福利。低增长和危机时期不仅对支出造成直接约束，而且也有着政治上的影响，削弱了那些主张扩大的政治势力，并强化了主张限制甚至紧缩的观点。

在其《经济增长的道德影响》（*The Moral Consequences of Economic Growth*）一书中，本杰明·弗里德曼（Benjamin Friedman，2005年）提出了增长将影响社会契约性质的一系列更广泛原因。通过借鉴社会心理学和行为主义研究方法至经济学，弗里德曼指出，"经济停滞……不会产生对经济流动性的支持，或是对机会开放的更普遍支持"。在快速增长的经济体中，人们更容易将其自身福祉与过去比照，从而产生出一种满足感。相比之下，在缓慢增长的经济体中，人们更容易将自身与他人相比较，并以零和的眼光来看待社会支出——甚至更普遍地以这种方式看待经济活动。别人的成就会滋生不满情绪，以及不公平与被剥夺感。正如弗里德曼指出，"由此产生的挫折感滋生出对个人机会更大开放的不宽容、不友好和抵触情绪。缓慢增长也削弱了人们相互信任的意愿，而相互信任又是成功的民主制度的重要前提条件"。弗里德曼表明，美国、法国、英国和德国的高增长时期也是社会政策更慷慨的时期。增长放缓的时期伴随着慷慨性的减退,以及违背社会公平的社会运动的兴起,包括种族主义和本土主义。

总之,经济增长不仅对福利有直接影响,而且也构建了民主社会的福利政治。强劲的增长直接减少贫困,但也影响了弱势群体被看待的方式及社会对其困境做出反应的方式。增长强劲的情况下,社会契约也有可能更加扩大。

第四节 福利国家的财政基础

第二部分已指出,新兴民主体维持现有社会承诺并扩大社会保险与服务的能力不仅取决于增长而且也取决于财政紧缩。财政收入的扩大为社会承诺的扩大提供了基础;短期财政震荡则产生了限制的压力。然而,这一点不仅在短期内有密切关系。许多关于福利国家的文献都关注收支平衡的支出方面,但少数研究已着手开始调查福利国家的财政基础[如史坦莫(Steinmo),1993年;加藤(Kato),2003年]。这些研究强调了这样的事实,即社会政策举措最终取决于用以维持这些历时举措的必要的增加税收的能力。

换言之,福利国家的完整政治经济应当考虑税收和支出的共同影响。这种看法与政府问责制的替代理论是一致的,这种问责制不探究政治制度的性质,而是探究国家的财政基础[贝茨和连(Lien),1985年;列维(Levi),1988年;雷克和鲍姆,2001年]。各国可以强制提高财政收入,但由于征收和监管的成本以及居民抵制、逃税或向外移民的能力,这样做的能力受到了限制。不依赖于税收的政府——无论是从天然资源、国有企业,还是从援助中获得其收入——会更少响应其公民,并且比那些依赖于税收的政府更加腐败[乔杜里(Chaudhry),1997年;卡尔,1997年;罗斯,1999年;霍夫曼,2006年;史密斯,2007年]。相反,依赖于税收的国家却不得不为其选民提供公共产品,包括本书所讨论的基本社会保险与服务。

霍姆斯(Holmes)和桑斯坦(Sunstein,1999年)已将这一核心见解发展为一套也适用于理解福利国家更广泛的规范性权利理论。他们认为,与消极和积极的自由之间的区别相反,即使是消极自由——最明显的是对私人财产的保护——也主要依赖于国家的能力来执行。国家提供这种保护，以换取来自有产阶级的税收。他们继续论证道：

> 福利权利的交付……是政府和纳税公民借以补偿在战争和和平时期都作出合作的穷人或至少给他们象征性认可的辅助交换的一部分。最重要的是，福利权利补偿了穷人，因为他们比富人接受了更少的表面上保证全民平等的权利价值。

这种讨价还价是如何形成的？这一过程的主导模式是多数主义和对再分配的关注：穷人，或穷人与中产阶级的联盟，利用多数主义原则将再分配强加给富人，或是以社会动乱甚至革命的威胁来要挟他们。但是，也很可能是社会政策并不如表面上那样具有再分配性质，并且稳定的福利讨价还价恰好在福利与税收最紧密联系时起到作用——最简单地说，就是当人们的付出有所回报之时。为了让穷人在社会政策体系中得以代表，他们也必须被纳入财政体系，从而使政客们对其利益负责。

然而，正如霍姆斯和桑斯坦所建议的，我们可以假想维持福利国家所必需的财政讨价还价的另一种方式。当社会保险与服务不仅被简单理解为再分配机制，而且也被理解为公共产品或现实市场失灵的解决方案时，这种讨价还价的可能性会更大（巴尔，2001年）。例如，公共卫生和教育显然对整个社会有着积极的外部影响；此外，一些社会保险形式，如失业、退休储蓄和医疗保险，解决了私立市场和个人决策不能完全解决的问题。总之，从再分配的视角转向公共产品的视角有着重要的政治经济启示意义，亟须进一步的分析。

第五节 政体类型的影响

民主是否会导致更包容、更公平的社会契约？在就这个问题总结我们的研究结果时，首先有必要考虑我们在威权和民主政体中均遇到的广泛的政治和制度多样性。

非民主政体所奉行的社会政策绝不是统一的；它们也存在极大的差异，这取决于其允许半竞争性选举的程度、所面临的自下而上的社会挑战类型以及执政精英所寻求的发展战略。在拉丁美洲，即使是威权改革国家也与城市工人阶级妥协，以实现其更宏大的反寡头统治的目标。在东亚，一些国家和地区的威权政体，包括最明显的韩国和中国台湾地区，通过土地改革和基本社会服务的扩大来触及农村地区，以防止农村骚乱，并制衡城市反对派。东欧的社会主义政府从根本上对资源进行重新分配，不是为了响应潜在的社会压力，而是因为其对社会主义转型的政治和意识形态承诺。所有这些案例都十分重要地揭示着单纯制度主义预期的局限性。

民主政体之间也相差很大，并且选举制度和宪政结构的差异也可能具有重要影响。全面检验这些想法显然远远超出了本研究的范畴，但对这些基于更历史性、经济的方法以及我们在此所追求的基于利益的方法提出一些谨慎之言也是有用的。

由佩尔森和塔贝利尼（1999年、2000年、2003年）设计的有影响力的经济学方法着眼于宪制差异，将其视为再分配程度差异的根源。两人认为，权力的分离使选民得以约束政客，以减少浪费并缓和税收负担，但也认为政府各部门之间的利益冲突阻碍了政客提供适当水平的公共产品。相比之下，议会制度的立法凝聚力与更多税收和更多浪费相关，但也与公共产品和再分配的更大支出相关。

粗略的思考可能会认为，这种制度观点在我们的案例中得到了一些支持；东欧的议会制度似乎已经比拉美的总统制保持了一套更稳健的社会保障体系。然而，这样的结论将极具误导性。社会主义时代社会承诺的保留很可能受到这些制度以及通常随之而来的联合政府的公关性质的影响。但这种选举激励甚至本可能会在非常不同的制度安排下运作，这是社会政策继承的结果。正式制度未必是主要的因素。

对包括我们自己的一些先行研究在内的一些文献也可提出类似的保留意见：多个否决点，如来源于分化的政党体系或对制定决策的多重制度性检查的存在，都有可能阻碍改革［哈格德和考夫曼，1995年：151—182；哈格德和麦卡宾斯，2001年；塞贝利斯（Tsebelis），2002年］。这些论证基于这样一个假设，即改革在短期内或对某些群体而言成本高昂，因此很难稳固对其的支持。在缺乏强大的立法联盟或具有凝聚力的，甚至与外界绝缘的决策机构的情况下（哈格德和考夫曼，1992年），改革举措就不会得以通过，或容易在随后进行修改。这种论调最近已扩展到马德里（2003年）和布鲁克斯（2007年）对养老金改革的分析中。

否决点的观点与理解自由化福利保障的政治难度有密切关系,且一些案例似乎都佐证了这种观点;我们在一些东欧案例和巴西的养老金方面就看到了这方面的证据。但这种观点从根本上取决于福利体系中相关节点的潜在偏好。"黏性"依赖于对否决点之间的利益分歧的假设——往往受到保证。然而,我们已经表明,在许多民主环境下,利益通过经济环境或福利遗产得以构建,可强制哪怕是难以驾驭的立法机关展开一致的行动。

与此类似,显而易见的,虽然更多的否决点可能会影响政府通过并维持自由化改革或紧缩的能力,但它却不太可能成为扩大社会承诺的一个绊脚石。在这种情况下,政治领导人所面临的问题不在于巩固对其的支持和控制潜在的否决者,而在于限制会对后代子孙(未被代表)产生成本费用的投标竞争或选择。

在关注特殊主义动机的制度性工作方面也可保留类似的意见(舒加特,1992年;考克斯和麦卡宾斯,2001年)。以政党为中心的选举模式,如封闭式名单公关体系,鼓励或强迫选民在青睐某位特定候选人时强调其政党喜好。其他类型的体系,如开放式名单体系或单记非让渡投票制(SNTV),为个体候选人提供了更大的动机来将特殊主义和容易确认的好处(如分肥和赞助)引导至与选举相关的选民。

一些拉美和亚洲国家就有可能表现出反映了这种动机的政策,例如:菲律宾、泰国、巴西和哥伦比亚众所周知的政治分肥做法。但是,正如我们所看到的,有一些国家与地区则开展了相当雄心勃勃和全面的社会政策举措。例如,中国台湾地区的SNTV制度造就了其最早也是最持久的社会政策改革之一的全民医疗体系;很难想象还有比这更广泛的政策。

制度主义的研究框架是十分重要的,且对于我们了解政策制定和改革的政治经济做出了重要贡献;这无疑也将继续为我们理解社会政策制定做出贡献。然而,我们担心这样的方法存在风险,会忽略掉当代政治经济的一些最核心前提,即首先研究喜好分布和其政治组织之间的清晰关系图的重要性。

强调党派差异和左翼权力的研究更接近于我们在本书中对分配利益和喜好的重视(例如,参见休伯等人,2004年)。党派之争一直是有关发达工业化国家的文献的核心,在这些国家中,社会民主政党的力量不仅影响了支出的水平，而且影响了社会政策承诺的性质。通过借鉴这些文献，我们在第一部分指出，对劳工的吸纳或排斥也塑造了中等收入国家的社会政策。此外，左翼政党的存在与否继续在这一早期阶段所探讨的拉美和亚洲的民主政体中产生影响。

然而，近几十年来，财政紧缩和更早期福利制度的遗产已使强大的左翼政党角色更加模糊和多样化。在东欧，前共产主义和／或社会民主政党倾向于更加缓慢地进行整体改革和社会政策改革。然而，这些差异的重要性——当时似乎具有高度影响力——似乎都随着时间的推移而消退。缓慢改革的国家最终经历了"第二轮"危机，通常伴随着新一轮的与早期改革国家趋同的经济和社会政策改革。

此外，我们认为，社会政策方面的党派分歧在以广泛福利和强烈的公众期待为特点的环境下有可能被消除；我们在各政治派别中看到了令人惊讶的趋同程度，而不是就社会政策问题的强烈党派分歧。即使是在政党试图监管与社会政策有关的新自由主义立场的国家，如克劳斯执政下的捷克共和国，他们也被强大的选举和利益集团压力拉回到中间派。

亚洲则体现出以一种完全不同的方式来证明党派研究视角的正确性。我们已确定的保守关键重组造就了薄弱的左翼政党和薄弱或受控制的劳工与农民组织。第一部分指出，尽管无疑是在威权环境下，这种政治格局也极大地促成了社会政策的特殊模式：即，大力强调基本社会服务尤其是教育，但在旨在保障工人不受市场变迁影响的社会保险提供方面只有微弱的承诺。

然而，就高增长的东亚民主体而言，更惊人的发现之一就是其扩大系列广泛社会福利的程度。这一结果并不是对政体变革之后强劲左翼政党突然出现的反映；与此相反，更早的保守关键时期的历史遗留问题继续在该地区运作，且该地区的政党制度直至今日仍然保持令人惊讶的非意识形态化。相反，福利的扩大是中间派甚至保守派政党都利用社会政策以达到其政治目的这一事实的结果；这种模式存在于韩国、中国台湾地区和泰国。正如赫伯特·基切尔特（2001 年）认为的，这些表面反常的结果在保守党派寻求中立化对一些其他更突出问题的挑战时可能会出现，如沿着民主—威权的维度。

党派分歧在拉美变化得更广泛，在不同国家之间和不同时期之间均是如此。植根于 20 世纪中叶的关键重组期间或进口替代工业化鼎盛时期的中左派和基于劳工的政党通常的确呼吁社会保障体系的扩大。休伯等人的统计工作（2004年）表明，长期执政的左翼政党会产生积极的社会福利影响。但是，正如我们所看到的，这些政党面临着如何应对经济改革、财政紧缩和经济增长放缓的挑战的深层困境。因此，很难仅基于党派之争来发现整个地区的清晰模式。或许对"权力—资源"模式的最有力佐证便是智利，该国在皮诺切特之前和之后都有着强大的中左联盟传统来采取行动，以增强公营部门在提供保障与服务方面的作用。然而，智利的左翼在转型皮诺切特时代的保守传统上面临了强大阻力。

在该地区其他国家，政党行为取决于财政情况和遗产的程度似乎与取决于党派身份的程度一样多。在阿根廷，庇隆主义者勉强接受了市场化改革和社会政策改革的自由主义模式。虽然他们对其旧工会据点作了显著的补偿支付，他们也稳步转而强调对低收入群体的庇护主义联系。以卢拉的劳工党为首的巴西左翼在其处于反对党的时期，往往捍卫公营部门工人的权利及与旧福利制度相连的其他利益；当执政时，它又奉行了市场导向型的经济政策，并在卡多佐发起下逐步开展反贫困计划。在墨西哥，过去的革命制度党发起的计划与随后由更保守的国家行动党发起的计划之间具有相当大的连续性。在财政紧缩放松且覆盖面狭窄的情况下，像藤森一样的保守派和像乌戈·查韦斯一样的激进派都对扩大福利计划至低收入群体的机会做出了反应。在哥斯达黎加和乌拉圭，有广泛基础的福利制度在各政治派别中都找到了维护者。

总之，党派主义的表现对我们而言远不够明显。纵观各个地区，显然左翼和劳工政党有着非常不同的利益，这由历史遗留问题和经济环境所决定，同样也由持续的社会分歧和意识形态所决定。同样重要的是，我们也在保守政党中发现了机会主义行为；我们发现有力的证据表明，不同政治派别的政党都以几乎类似的方式来应对共同的经济环境和政策遗产，在社会政策上并没有明确左右派分裂。

鉴于这些不同的限定条件，关于民主对社会契约的影响我们其实可以得出什么样的结论？在此有必要重申我们之前的观点。如果我们能够开展必要的自然实验来比较某国在威权统治下的社会契约和在民主制度下的社会契约，且其余条件都保持不变的话，我们确实会预期民主政体会更加响应穷人和最易遭受风险的群体的利益。然而，我们认为，开展这样的自然实验是十分困难的，而且"其他因素保持不变的条件"对于理解政体类型的影响至关重要,这也是本书的核心观点。民主的影响取决于经济和财政情况以及社会利益的组织。

社会福利的财政基础无论如何强调都不为过。在国家不具备利用足够的资源来抵消市场风险的能力时,民主的承诺就是空谈。事实上,我们已提出,税收的讨价还价对于促使政府对其公民负责而言至关重要,包括有关增加人力资本并降低风险的政策。

然而,最后,有必要再次提及社会和政治组织的重要性。几乎可以肯定的是,穷人和弱势群体不仅被剥夺了资产和收入,而且还被剥夺了社会和政治联系与影响力。民主制度为政客提供了触及这类群体的动机和使其组织起来的机会,但绝不是就能保证政治进程中这些关键举措会实际发生。因此,穷人和弱势群体的命运从来不受政客单独掌控,而是取决于其他社会群体的自身利益和致力于公平与社会公正的跨阶层联盟的形成。

这种跨阶层联盟作为福利国家发展的主题之一已有一段时间了。社会民主党派在历史上依赖于将蓝领工人与小农和后来的白领群体相联系的联盟。但这些都不是可能被认为纳入了穷人利益的唯一类型的联盟。约翰·鲁格(1982年)的"嵌入式自由主义"提法——凯恩斯主义的一个变体——建立在这样一种见解之上,即对经济开放的支持最好由缓和风险的配套政策所维持。社会政策文献中一些重要著作的一个中心主题①就是对穷人的支持最有可能发生在包括中产阶级的联盟环境下——包括尤其通过普遍主义的方法——即使这一举动涉及对更不值得的群体的一些"侧漏"。

民主并不能保证此类联盟得以形成的能力,但这些联盟在民主制度下比在威权统治下更有可能发生。威权统治可能会比民主制度实现更激进的收入和资产再分配。但威权统治剥夺了富人和穷人的自由和自主,而这对政府问责制是必要的,并且对人格尊严本身至关重要。在没有竞争性审查的情况下,威权统治者几乎没有动机来维持平等的社会契约,却有充分的动机和机会使资源向自身转移。东欧社会主义社会契约的逐渐衰落和腐败就是一个最明显的例子。

列出民主政体所能提供的联盟可能性并不意味着这些会像变戏法一

---

① 深入的讨论可参见纳尔逊(1992年)和斯科波尔(2001年)。

样凭空出现。社会的万事万物都不是平白无故发展出来的。我们已提到的社会妥协都来源于各自非常独特的历史背景。就政党、利益集团,甚至社会政策本身而言,并没有一剂良药会提供一个单一模板来解决困扰我们的不公正、不平等和贫穷问题。纠正往昔不公正的机会必然具有历史的局限性。我们试图讲述的正是这样一段历史,希望可以为未来的可能解决方案指明方向。

附录一 民主对社会政策和社会成果影响的跨国实证研究

表 A1-1　民主对社会政策和社会成果影响的跨国实证研究

研究者	样本和时期	研究结果
社会支出和政策模型		
哈比比（1994年）	67个国家，1984年	前期（12年）政治权利（盖斯蒂尔指标）积极影响着社会支出的预算比例
林德尔特（1994年）	21个国家，1880—1930年（主要在欧洲）	民主对社会支出无影响
布朗和亨特（1999年）	17个拉美国家，1980—1992年	在经济紧缩面前，民主政府比威权政府更迅速地增加社会支出，但差异随收入水平增加而减少
洛特（1999年）	99个国家，1985—1992年（1990年医疗领域截面数据）	"极权主义"国家教育支出更高，但医疗支出更低
普沃斯基等人（2000年）	141个国家，1950—1990年	民主政体医疗支出更高
考夫曼和塞古拉-乌维尔戈（2001年）	14个拉美国家，1973—1997年	民主对医疗和教育支出有着正面影响，但对社会保障支出却是负面影响
巴吉尔（2002年）	100个国家，1985—1998年	民主与社会支出的国内差异正相关，而与截面差异无关

续表

研究者	样本和时期	研究结果
布尔诺·德·梅斯奎塔等人（2003年）	全球样本，1960—1999年	联合政府规模与教育和医疗支出正相关
穆里根、吉尔和萨拉-伊-马丁（2004年）	102—110个国家，1980—1990年（截面数据）	平均民主得分（1960—1990年）对教育支出、养老金或非养老金社会支出无影响
休伯、穆斯蒂洛和斯蒂芬斯（2004年）	22个拉美国家，1970—2000年	民主的持续时间对医疗和教育支出意义重大，但取决于左翼政党的力量；民主对社会保障支出无影响
迪翁（2004年）	49个中等收入国家，1980—1999年	民主政体有更高水平的社会保障、医疗和教育支出，但民主制度之间的差异（尤其是否决点的数量）也十分显著
鲁德拉和哈格德（2005年）	59个发展中国家，1975—1997年	民主和威权政府对经济开放，尤其是贸易，作出了不同反应；威权政府更有可能削减教育、医疗和社会保障支出，并放任小学入学率和婴儿死亡率的负面趋势
阿韦利诺、布朗和亨特（2005年）	19个拉美国家，1980—1999年	民主与社会总支出正相关，但仅通过教育支出的渠道；民主对社会保障或医疗支出无显著影响
布鲁克斯（2005年）	59个国家，1980—1999年	伴有政党分化的民主降低了养老金私有化的可能性
斯塔萨维吉（2005年）	44个非洲国家，1980—1996年	民主化导致初等教育的更大支出
努尔丁和西蒙斯（2006年a）	137个国家，1980—1997年	相较于威权政体而言，民主政体的贸易开放度与教育的更大支出相关；而医疗方面则没有类似联系

续表

研究者	样本和时期	研究结果
努尔丁和西蒙斯（2006年b）	137个国家，1980—1997年	在缺乏IMF计划的情况下，民主与较高的教育预算比例相关，但在有这类计划的情况下，却与较低的医疗和教育预算比例相关
成果模型		
文和狄克逊（1985年）	116个国家，1970—1975年（截面数据）	民主与PQLI正相关
威廉姆森（1987年）	80个发展中国家，1970年	民主对PQLI无影响
辛（1989年）	109个国家，1960—1980年	民主与PQLI正相关
杨（1990年）	103个国家，1985年	民主与预期寿命正相关
伦敦和威廉姆斯（1990年）	全球样本，99—110个国家以及发展中和"边缘"国家子样本，1970年	民主与PQLI以及全球样本、发展中和"边缘"国家子样本的社会进步净指数正相关
威德（1993年）	全球样本（72—97个国家），1987年	民主对HDI有着适度的正面影响，但对预期寿命则没有
威克拉玛和马尔福德（1996年）	全球样本（82个国家，石油输出国除外），1988年和1990年	民主对预期寿命、婴儿死亡率、初等教育和HDI有着正面影响
布恩（1996年）	96个发展中国家，不含石油输出国组织国家，1971—1975年、1976—1980年、1981—1985年、1986—1990年	自由民主体比新兴民主体、社会主义或威权政体有着更低的婴儿死亡率
布朗（1999年）	94个发展中国家，1960—1987年	民主对小学入学率有着正面影响，尽管随发展水平而减弱

续表

研究者	样本和时期	研究结果
弗雷和阿尔-鲁米（1999年）	87个发展中国家1970年、1980年、1990年	民主对1970年和1990年的PQLI有着正面影响，但1980年则不尽然
兹韦费尔和纳维亚（2000年）	138个国家，1950—1990年	民主体比独裁政体有着更低的婴儿死亡率
雷克和鲍姆（2001年）	37—110个国家，1970年、1975年、1985年、1987年、1990年、1992年，根据不同的模型	在截面测试中，民主对17项教育和基本医疗指标有着一致的正面影响；唯一的例外是免疫接种；民主与民主转型在时间序列模型中对中学入学率、水资源的获取、百白破和麻疹疫苗接种及婴儿死亡率有着显著影响
雷克和鲍姆（2001年）	全球（128个国家），1967—1997年	对于贫穷国家，民主与女性预期寿命正相关，而对于中等收入国家，则与女性的中等教育正相关
高里和卡列金（2002年）	175个国家，1980—1997年	对于较贫穷的发展中国家，民主与更高的免疫水平相关，而对于中等收入国家，则与更低的免疫水平相关
耶林和萨克尔（2002年）	188个国家，1995年	长期民主与更低的婴儿死亡率相关
麦圭尔（2002年a）	92个发展中国家，1990年；47个发展中国家，1995年	民主（无论长短）对基本医疗保健服务的多重衡量指标和五岁以下儿童死亡率无影响
布尔诺·德·梅斯奎塔等人（2003年）	全球样本，1960—1999年	联合政府规模与各种成果衡量指标正相关：累积学校教育年限、识字率以及九项健康衡量指标，包括婴儿死亡率、免疫接种和水资源的获取
罗斯（2004年）	156—169个国家，1970—2000年	通过使用纠正高绩效威权政体现有数据集系统性代表不足的估算数据发现，民主对婴儿死亡率无正面影响

续表

研究者	样本和时期	研究结果
戈巴拉、胡思和罗塞特（2004 年）	179 个国家，2000 年	民主与世界卫生组织的健康调整预期寿命正相关
佛朗哥、阿尔瓦雷斯 – 达尔代和鲁伊斯（2004 年）	140—162 个国家，1998 年	更自由的国家（自由国度衡量标准）有着更高的预期寿命和更低的婴儿与孕产妇死亡率
珊德拉等人（2004 年）	59 个发展中国家，1997 年	民主缓和了全球化各种衡量指标的负面影响（"依赖性"）

注：PQLI 指物质生活质量指数；HDI 指人类发展指数。除非另有注明，单年的研究反映了截面数据研究设计，而标明年份范围的研究则是面板数据研究设计。

附录二 拉丁美洲、东亚和东欧的财政联邦制和社会支出

对中央政府支出的思考产生了两个可能的分析性问题。首先,如果地方政府独立于中央政府,这可能会导致对社会政策的政治的模型设定偏误。表 A2-1 提供了 1980 年正式宪制的信息(东欧是 1990 年),即国家是否为联邦制,并提供了有关地方政府财政总收入和支出的比例,以及地方政府的福利与社会保障、医疗和教育支出比例的现有数据。

如表 A2-1 所示 [参见瓦茨(Watts),1999 年],阿根廷、巴西、墨西哥和委内瑞拉,以及马来西亚都是正式联邦制。但是,正式联邦制并不一定意味着对支出的去中央集中化控制。所有这五个联邦制国家的政治制度在这一时期实际上是高度中央集中的;这在墨西哥和马来西亚尤其如此。同样,在社会主义制度下,将支出、财政收入和对一些社会政策问题的责任分配给下级政府并不意味着政治控制的下放,而在很大程度上只是一个行政问题。

第二个分析性问题更为严重:对中央政府支出的关注可能会低估公共部门和社会支出的相对规模。阿根廷和巴西政府总支出的很大一部分在省市一级,一些社会政策责任也是如此。从巴西的支出和财政收入之间的"垂直性失衡"可以看出,来自中央政府的转移支付数量可观;这在哥伦比亚也是如此。尽管如此,国家层面的数据确实低估了即使是在这一更早时期的社会总支出比例,在这些情况下,必须要注意到中央和地方政府之间的关系。对于多数其他国家而言,在这一更早时期我们有理由重点关注中央政府。正如第二部分所详细阐述的,社会支出的权力下放是 20 世纪八九十年代较重要的政策举措之一。此外,民主转型产生了对政治权力下放的强大压力,并促使民主进程延伸至省市一级。

表 A2 – 1　联邦制、地方政府的支出和财政收入（拉丁美洲和东亚：1980 年；东欧：1990 年）

	宪制	地方政府财政收入/总财政收入（%）	地方政府支出/总支出（%）	社会保障和福利支出/地方政府总支出（%）	医疗支出/地方政府总支出（%）	教育支出/地方政府总支出（%）
拉丁美洲						
阿根廷	联邦制	25.0	22.2	16.7（1981 年）	16.7（1981 年）	16.7（1981 年）
巴西	联邦制	24.32（1981 年）	32.4			
智利	集中制	2.5	3.7	10.6（1981 年）	>0.1（1981 年）	10.1（1981 年）
哥伦比亚	集中制	17.9	29.9	4.4	19.0	42.0
哥斯达黎加	集中制	4.3	4		25.4（1987 年）	
墨西哥	联邦制	18.5	22.0			
秘鲁	集中制					
乌拉圭	集中制	9.1	8.6			
委内瑞拉	联邦制	1.2（1979 年）	2.3（1979 年）			
东亚						
韩国	集中制	14.5	28.5	3.2（1978 年）	3.1	45.6（1978 年）
马来西亚	集中制	15.3	18.3			
菲律宾	集中制	7.5	11.9			
新加坡	集中制	—	—			
中国台湾地区	集中制					
泰国	集中制	5.5	15.8	0.9（1982 年）	4.2（1982 年）	13.0（1982 年）
东欧						
保加利亚	集中制	18.1	18.3	5.1	23.9	29.7

续表

	宪制	地方政府财政收入/总财政收入（%）	地方政府支出/总支出（%）	社会保障和福利支出/地方政府总支出（%）	医疗支出/地方政府总支出（%）	教育支出/地方政府总支出（%）
捷克斯洛伐克	集中制	20.2	29.3	5.3	24.6	19.4
匈牙利	集中制	11.0	19.1		19.1	41.8
波兰	集中制	22.7（1988年）	26.5（1988年）			
罗马尼亚	集中制	12.7	15.1	1.6	11.0	35.4

资料来源：世界银行财政分权指标（世界银行，2006年）。

附录三　中等收入国家社会政策和成果的截面数据模型：1973—1980 年

本附录将展示并评述第一章所讨论的用于回归运算的社会经济变量。如前所述，我们感兴趣的主要因果因素可分为四类：收入水平和增长的速度与波动性；经济结构，包括城市化、工业化和贸易开放度；社会分层和民族分化；人口结构因素。在特定点上，我们还研究了其他变量的影响，这些变量可能预计会对特定的政策领域产生影响——例如，免疫接种方面，我们考察研究对象国与赤道的邻近度；又比如在助产方面，我们考察女性的识字情况。在一些回归运算中，这些变量确实有着显著的影响，但一般情况下，它们并不影响整体结果，包括就地区虚拟变量而言。由于自由度有限，并且要最大化呈现结果的明确性，我们通常没有包括对这类变量的研究结果。此外，就发展水平和结构性变化的各种指标而言，也存在多元共线性的问题，因此，我们单独运行了这些模型。

一　财富、收入增长和波动性

我们使用人均 GDP 测试了财富水平的影响。凭借一些因变量，我们预计来自收入增长的边际回报会减少；在更高的发展水平，人均 GNP 每额外增长一美元，其对福利成果产生的影响相较于更早的发展阶段而言可能会更弱（文和狄克逊，1985 年）。然而，使用线性设定所产生的结果并不会有根本性的不同。

为了表征增长周期和波动性对社会保障支出的影响，我们审视了 1960—1975 年的平均实际 GNP 增长率和增长波动性，以同期增长率的标准差来衡量。我们没有发现波动性对我们的任何回归运算产生显著影响。表 A3-1 显示了这三个地区的数值分布。

表 A3-1　人均 GDP（1980 年）和 GDP 增长（1960—1980 年）：
拉丁美洲、东亚和东欧

	人均 GDP（1990 年定值美元），1980 年	人均 GDP（PPP），1980 年	GDP 增长，1960—1980 年（%）	增长标准差
阿根廷	6347	9200	3.5	4.9
巴西	4041	6070	7.3	3.7
智利	2577	4533	3.4	5.1
哥伦比亚	1875	4706	5.5	1.6
哥斯达黎加	2716	5635	6.2	2.6
墨西哥	3235	7130	6.6	2.4
秘鲁	2320	4496	4.6	2.7
乌拉圭	4373	5872	2.0	2.7
委内瑞拉	3354	5326	4.4	3.1
拉美平均水平	3426	5885	4.8	3.2
韩国	5322	5750	8.4	3.1
马来西亚	2587	4359	7.2	2.5
菲律宾	974	3266	5.4	1.5
新加坡	13332	9965	9.5	4.3
中国台湾地区	7530	8000	9.8	3.2
泰国	1329	2751	7.7	2.3
亚洲平均水平	5179	6504	7.7	2.8
亚洲平均水平（新加坡除外）	3548	5812	7.2	2.5
保加利亚	6044	n. a.	5.4	n. a.
捷克斯洛伐克	10289	n. a.	3.7	n. a.
匈牙利	6306	n. a.	3.6	n. a.
波兰	5740	n. a.	4.1	n. a.
罗马尼亚	4135	n. a.	5.8	n. a.
东欧平均水平	6503	n. a.	4.5	n. a.

资料来源：拉美、韩国、马来西亚、菲律宾、新加坡和泰国的世界发展指标（世界银行，2007 年）；中国台湾地区：亚洲开发银行，2007 年；东欧人均 GDP：麦迪逊（Maddison），2003 年：表 HS-7，225，使用 1995 年定值美元；东欧增长仅针对 1950—1979 年：科尔内，1992 年：表 9.2，1968 年。

二 结构性变化

我们考虑结构性变化三大指标的影响：城市化、工业化和国际贸易开放度（表A3-2）。城市化的衡量标准是居住在百万人口以上城市的人口比例，工业化的衡量标准则是工业产出占总产出的比重。在衡量贸易开放度方面，我们依赖于进出口和GDP之间的标准比例。表A3-2还包括农业人口的百分比。由于这些变量与人均GNP之间的高度相关性，不可能在对发展水平进行变量控制的情况下来测验结构性变化的影响。

表A3-2　拉丁美洲、东亚和东欧的社会经济结构（1980年）

	工业劳动力比例（%）	农业劳动力比例（%）	城市化比例（%）
阿根廷	17.5	3.0	83
巴西	22.1	28.6	67
智利	20.2	20.2	81
哥伦比亚	24.0	39.0	63
哥斯达黎加	21.0	27.3	47
墨西哥	23.9	15.4	66
秘鲁	13.0	23.7	65
乌拉圭	21.8	3.9	85
委内瑞拉	24.9	16.2	79
拉美平均水平	20.6	19.7	71
韩国	29.5	24.9	57
马来西亚	23.8	30.4	42
菲律宾	13.8	49.6	37
新加坡	35.7	0.7	100
中国台湾地区	41.6	17.5	n.a.
泰国	12.1	68.4	17
东亚平均水平	26.3	31.9	51
保加利亚	45.0	21.0	61

续表

	工业劳动力比例（%）	农业劳动力比例（%）	城市化比例（%）
捷克斯洛伐克	47.7	12.1	75
匈牙利	33.0	8.7	57
波兰	38.1	27.9	58
罗马尼亚	44.5	28.9	49
东欧平均水平	41.6	19.7	60

资料来源：中国台湾地区：拉丁美洲和加勒比地区经济委员会，2001年；世界发展指数（世界银行，2007年）。

三　社会分层

不公平、种族多样性和贫困构成了解释再分配政策的第三种可能的理论备选方案。表 A3-3 提供了关于不公平的三项衡量指标的信息。首先是著名的戴宁格尔和斯奎尔（1996 年）数据集所得出的基尼系数（1980 年左右）。其次是针对 20 世纪 80 年代产业工资差别的泰尔指数。该指数由得克萨斯大学的"不平等课题项目"（2006 年）构建，用以衡量制造业各工业门类之间的工资离差，使用了联合国工业发展组织（UNIDO）的工业统计数据库的数据。得克萨斯大学的"不平等课题项目"（2006 年）也构建了一种方法来利用戴宁格尔和斯奎尔数据集的整体家庭收入不均数据和 UNIDO 数据库的产业工资不均数据之间的明显关系，来构建另外一套基尼系数（"据估计家庭不平等数据集"，即 EHII2）。[①]

表 A3-3　　　　　　　　社会不公平和民族分化

	基尼系数	泰尔指数	EHII2	民族分化指数
阿根廷	n.a.	0.038	37.8	31
玻利维亚	42.0	0.047	40.6	68
巴西	58.0	n.a.	n.a.	7

---

① 我们还增加了时间和国家虚拟变量。纳入时间和国家固定效应并不负担模型的结果。

续表

	基尼系数	泰尔指数	EHII2	民族分化指数
智利	51.9	n. a.	39.4	14
哥伦比亚	51.5	0.036	39.2	6
哥斯达黎加	45.5	0.070	39.3	7
墨西哥	53.9	0.021	38.2	30
秘鲁	48.0	0.066	41.5	59
乌拉圭	45.0	0.039	36.1	20
委内瑞拉	44.4	0.036	38.4	11
拉美平均水平	48.7	0.044	39.1	26
韩国	34.4	0.033	36.6	0
马来西亚	50.4	0.032	37.8	72
菲律宾	47.5	0.052	40.6	74
新加坡	42.0	0.070	34.5	42
中国台湾地区	29.6	0.016	30.3	42
泰国	42.0	0.091	43.3	66
东亚平均水平	40.5	0.049	37.2	49
保加利亚	23.3	0.006	27.5	12
捷克共和国	21.8	0.006	20.9	27
匈牙利	24.5	0.006	26.2	7
波兰	25.7	0.006	27.7	4
罗马尼亚	25.8	n. a.	n. a.	12
斯洛伐克共和国	20.5	n. a.	n. a.	n. a.
东欧平均水平	23.6	0.006	25.6	12

资料来源：基尼系数来源于戴宁格尔和斯奎尔，1996年；泰尔指数和EHII2来源于得克萨斯大学"不平等课题项目"，2006年；民族分化指数来源于罗德（Roeder），2001年。

针对民族分化，我们引入了20世纪70年代广泛使用的民族分化指数（EFI）的平均水平。该指数用以衡量在某特定国家随机选出的两个人属于同一民族语言群的概率；指数越高就表明分化程度越高。

东欧社会分层高度压缩的模式是值得注意的，但几乎可以肯定这些模式是该地区福利制度的影响，而不是原因。但是，拉美和东亚之间的比较则显示了可能具有因果重要性的差异。从戴宁格尔和斯奎尔数据集得来的基尼系数显示了韩国和中国台湾地区与巴西、智利和哥伦比亚这三个国家之间尤为强烈的对比，尽管当使用替代性衡量指标时这些差异大大减弱。有必要强调的是，菲律宾、泰国甚至马来西亚，在1980年都仍然存在显著的农村贫困。中等收入东亚案例的不平等程度较低且贫困程度有限，这一形象是基于少部分案例的经验或基于最近的经验的。

对经济不平等因果重要性的有意义的测验遭遇了严重的内生性问题；即使当自变量滞后，也不可能驳斥它们就是对等式左侧福利成就的影响这一假设。但有趣的是，经济不平等和支出变量之间的统计关系从未达到标准的意义水平，也似乎没有与免疫接种或成人识字率的关系。但是，民族语言分化的确显示了社会保障支出和成人文盲现象朝预期方向发展的显著结果，而在初等教育支出方面则低于标准的意义水平。不同于经济不平等的衡量指标的是，这些结果不会造成严重的内生性问题，因为支出或教育方面的努力不太可能会影响基本的民族或宗教身份，除非在相当长的时期内。

四　人口结构因素

可能影响福利保障扩大的第四类也是最后一类因素是人口结构。关于福利的文献已表明，如果某些群体自动享有某种福利，且这些群体在不断扩大，那么即使在没有新的方案措施的情况下，公共支出也可相当显著地增加。各地区的年龄分布如表A3-4所示。此处描述的大多数回归数据的来源均是世界银行（2004年）的世界发展指标，包括：人均和总GDP、工业化、城市化、贸易、人口、增长、成人识字率、百白破免疫接种、社会保障支出和医疗支出。小学生的人均支出数据来自巴罗和李（2000年）；有关不公平的数据来自戴宁格尔和斯奎尔（1996年）；有关民主的数据来自Polity IV政体指数数据库（马歇尔和贾格斯，2004年）；有关民族语言分化的数据来自罗德（2001年）。与现代化理论一样，福利保障的人口结构研究方法可以被冠以政治经济学的解释：随着人口老龄化，老龄人口变得更具政治影响力，并能指令较大份额的公共资源。[①]

[①] 有关如何给人口结构变量做出政治解读的讨论，参见布朗和亨特（1999年）。

表 A3-4　拉丁美洲、东亚和东欧 65 岁以上和 15 岁以下人口比例，1985—2005 年　（%）

	<15 岁 1985 年	>65 岁 1985 年	<15 岁 1995 年	>65 岁 1995 年	<15 岁 2005 年	>65 岁 2005 年
阿根廷	30.1	8.6	29.1	9.8	26.7	10.6
巴西	37.0	3.7	35.5	4.7	28.1	6
智利	30.9	5.7	29.6	6.6	25.5	8
哥伦比亚	37.8	3.4	34.4	4.2	31.4	5.1
哥斯达黎加	35.9	4.5	34.5	4.8	29.0	5.6
墨西哥	42.9	3.8	36.2	4.4	31.6	5.6
秘鲁	41.0	3.7	36.4	4.2	32.8	5.2
乌拉圭	26.8	10.9	25.0	12.4	24.4	13.2
委内瑞拉	39.0	3.4	36.0	4.3	31.7	5.1
拉美平均水平	35.7	5.3	3.0	6.2	29.0	7.2
韩国	30.0	4.3	23.4	5.7	19.0	8.5
菲律宾	42.1	3.4	39.4	3.5	35.7	4
中国台湾地区	n.a.	5.1	n.a.	7.2	n.a.	8.9
泰国	35.6	4.3	28.3	5.4	24.1	7.5
马来西亚	38.7	3.7	35.8	3.9	32.8	4.6
新加坡	24.3	5.3	22.3	6.3	20.2	8.1
东亚平均水平	34.1	4.4	29.8	5.3	26.4	6.9
保加利亚	21.3	11.3	18.0	15.2	14.0	17.2
捷克共和国	23.6	11.6	18.6	13.2	15.0	14.2
匈牙利	21.5	12.4	18.1	14.1	16.0	15.1
波兰	25.5	9.4	22.8	11.2	16.8	13.0
罗马尼亚	24.7	9.5	20.5	12.0	15.9	14.6
斯洛伐克共和国	26.7	8.9	22.6	10.9	17.2	11.9
东欧平均水平	23.9	10.5	20.1	12.8	15.8	14.3

资料来源：世界发展指标（世界银行，2007 年）。

附录四　政体编码规则

梅因沃林、布林克斯和佩雷斯·利南（2001年）在四个维度的基础上对政体进行了编码：立法和行政机关是否为民选；选举权是否广泛；公民自由受尊重的程度；民选领导人能实际执政的程度。没有明显违反这四个维度的任意一个的政体被编码为"民主"；"轻微"违反一个或多个维度的政体被编码为"半民主"；而"重大"违反一个或多个维度的政体则被编码为"威权"。我们还在选举制度的基础上进一步区分了竞争性和"刚性"威权政权。竞争性威权政体允许国家层面的选举竞争，这种选举竞争允许一定程度的独立政党组织。刚性威权政体则完全不允许国家层面的选举，也不允许反对党提出异议。像东欧社会主义政体或中国台湾地区民主化之前的政体就被编码为刚性威权政体，前者有时可允许提名候选人的数量超过竞逐议席的数量，后者允许反对派候选人竞选，但禁止组建政党。

一　立法和行政机关的选举

民主制度下，政府首脑和立法机关都由自由公正的选举产生。所谓"选举产生"指的是，政府首脑由公正的直接选举产生，或由本身就大多是由直接选举而产生的机构来选举产生。类似地，民主的判定标准还包括立法机关的绝大多数成员是否也由公正选举所产生。

当发生以下情况时，即构成对这一民主原则的重大违反：

1. 政府首脑或立法机关并非选举产生；
2. 政府利用其资源（赞助、压制或两者结合）来确保选举获胜，也就是说，有对欺诈或压制的系统控诉，并对总统选举的结果几乎毫无悬念；

3. 通过欺诈、操纵或直接压制，政府使得广大范围内的政党不可能参与竞争（即使可以竞争，也不可能执政）。

当发生以下情况时，即构成对这一民主原则的部分违反：

1. 有对操纵选举和/或干扰反对派的系统控诉，但选举结果仍具有不确定性，而政府未能在立法机关赢得大多数；

2. 军方否决过一些"不可接受的"但却重要的总统候选人；欺诈行为影响了选举结果，但还不至于彻底对其扭曲；或选举在极其不公平的游戏规则下进行。

二 选举权是否广泛？

民主制度下，与处于同一历史时期的其他国家相比，选举权更为广泛。而无选举权的社会群体，如儿童，并不被视为具有鲜明选举偏好的政治上受排斥的群体。

当很大一部分成人群体因民族、阶级、性别或教育背景被以下述方式剥夺选举权时，即构成对这一民主原则的重大违反：

1. 可能会妨碍非常不同的选举结果（或被普遍认为的结果）；
2. 在该历史时期被异常排斥；
3. 引发大规模社会抗议。

当某些社会群体的选举权被剥夺后不太可能明显影响选举结果时，即构成对这一民主原则的部分违反。

三 公民自由是否得到尊重？

民主制度下，侵犯人权是罕见的，政党可以自由组织，且政府尊重宪法规定的法律保障。

当发生以下情况时，即构成对这一民主原则的重大违反：

1. 严重侵犯人权或针对反对派媒体的系统性审查。
2. 政党不得随意组织，即大多数主要政党被禁止，只有一个单一政党被允许存在，或为数不多的几个政党受政府严格控制。

当发生以下情况时，即构成对这一民主原则的部分违反：

1. 侵犯人权的行为不太普遍，但仍影响到反对派在某些地区或某些社会领域的组织能力；

2. 有对媒体的间歇审查，或对一个主要政党或候选人的经常性禁止。

四　民选领导人是否实际执政？

民主制度下，军方领导人和军方作为一个机构，对除军事政策外的其他政策的影响微弱或者可以忽略不计，且其喜好并不实质性地影响总统候选人的机会。

当发生以下情况时，即构成对这一民主原则的重大违反：

1. 军方领导人或军方作为一个机构，公开主导与军队并不严格相关的主要政策领域；

2. 民选的政府首脑是傀儡，以至于选举过程并不真正决定由谁执政。

如果军方领导人或军方作为一个机构，能够否决与军队不相关的少数领域的重要政策（如厄瓜多尔在1961—1962年），即构成对这一民主原则的部分违反。

附录五 拉丁美洲、东亚和东欧社会支出的截面与时间序列模型：1980—2000 年

本附录解释了我们模型的特性，如何解读这一模型，以及我们的数据来源。

一 模型

我们用误差校正模型（ECM）估计了回归结果，并用面板校正标准误差（PCSE）校正了异方差性和序列相关。ECMs 反映了因变量和自变量处于长期均衡之中，但也有重要的短期或临时影响。ECMs 有三个核心特征。第一，因变量始终表示为一个一阶差分。第二，因变量的滞后水平必须是一个解释性变量。第三，所有的解释性变量必须同时表示为滞后水平和滞后变化。

ECM 与 PCSE 的结合有许多统计和实用性能，使其可用于我们的分析。首先也是最重要的是，我们的因变量水平具有高度的序列相关，通常为约 0.9。在许多情况下，我们无法推翻因变量水平有一个单位根这样的虚拟假设。使用一阶差分使得这些变量恒定，并严重降低了序列相关性。其次，使用因变量的滞后水平使我们能够在其中一个解释性变量变化之后确定收敛率。再次，PCSEs 校正了可能会同时影响某些国家的跨国异方差性和空间相关性，如石油供应冲击或跨越国界的金融危机。[①] 最后，模型之所以有用还在于其使我们能够同时检测短期和长期变化（见下面的"解读误差校正模型"）。

该模型的基本设定是：

[①] 我们还增加了时间和国家虚拟变量。纳入时间和国家固定效应并不负担模型的结果。

$$\Delta Y_{i,t} = Y_{i,t-1} + \Delta X_{i,t-1} + X_{i,t-1} + e_{i,t}$$

此公式中，$\Delta Y_{i,t}$ 是国家 i 从时间 t-1 至时间 t 的支出变化，$Y_{i,t-1}$ 是支出的滞后水平，$\Delta X_{i,t-1}$ 和 $X_{i,t-1}$ 是所有其他解释性变量的滞后变化和滞后水平，$e_{i,t}$ 是残差。

滞后因变量系数对于解释 ECMs 的结果至关重要，因为滞后因变量系数显示了因变量在经历冲击之后重回平衡的速度有多快。这样，滞后因变量系数就表示了长期均衡关系。根据定义，滞后因变量系数必须介于 0 和 -1，并且越靠近于 0，则变化持续的时间就越长（有关该模型的正规处理，参见考夫曼和塞古拉－乌维尔戈，2001 年）。这背后的解释需要理解滞后因变量与因变量相关联的方式。通常，该模型规定：

$$\Delta Y_t = Y_{t-1} + X_{t-1} + \varepsilon_t$$

我们可以将其改写为：

$$Y_t - Y_{t-1} = Y_{t-1} + X_{t-1} + \varepsilon_t$$

聚焦第二个方程式有助于提供这一解释。如果滞后因变量系数为 0，这意味着该模型中的其他变量（X_{t-1}）在解释着 Y 的变化，且 Y 的滞后水平与预测变化无关（用专业术语来讲，系数为 0 表示一个单位根）。在实际中，这意味着不存在冲击之后的收敛。或者，如果滞后因变量系数为 -1，那么正如第二个方程式所显示的，X_{t-1} 解释了 Y 的水平，而不是 Y 的变化，因为 $-Y_{t-1} + Y_{t-1} = 0$。这意味着，（负）Y_{t-1} 完美地预测了 Y 的变化（ΔY_t），或者说收敛是立竿见影的。

解读 ECMs 中解释性变量变化的影响并不像解释 OLS 系数那么直截了当，我们需要用不同的方法来计算永久性和临时性冲击的影响。下面，我们将用表 A5-1 的第一个模型来介绍这些计算过程，其中因变量是支出变化。[1]

---

[1] 有关如何对人口结构变量作出政治解读的讨论，参见布朗和亨特（1999 年）。

表 A5 – 1　　　　　　　　　经济冲击的影响

滞后因变量水平	-0.365（4.44）***
政体	0.847（1.49）
政体变化	1.325（1.31）
财政收入	0.359（4.13）***
财政收入变化	0.349（3.04）***
人均GDP	0.000（1.01）
人均GDP变化	0.000（0.28）
贸易	-0.031（1.61）
贸易变化	-0.029（0.73）
转移支付	-0.006（0.10）
净转移支付变化	0.063（1.29）
经济衰退变化	1.136（2.40）**
经济衰退	1.275（1.61）
常数	20.616（1.57）
观察值	163
R^2	0.29

注：** 代表达 0.05 显著水平；*** 代表达 0.01 显著水平。

二　计算临时性冲击的影响

我们来考虑一下财政收入的一次性变化对支出变化的影响，该影响随后由财政收入同等幅度的逆向变化所抵消。财政收入变化的系数不足以使我们了解财政收入变化是如何影响支出变化的，因为支出在时间 t 的变化可能会导致在时间 t+1 更高的支出水平。因此，支出在时间 t 的变化的总影响必须考虑到在时间 t 的变化如何影响到后续时间段因变量的水平，以及变化持续存在的周期数量。其计算公式为：

$$\text{感兴趣的变量的系数} \times (1 + \text{滞后因变量系数})^t$$

要理解公式背后的逻辑，可考虑一下滞后因变量系数为 0（无收敛）和 -1（立即收敛）的情况。使用财政收入的滞后变化系数（0.349），则滞后因变量系数为 0 将意味着该影响将会是 $0.349 \times (1+0)^t$。在第一周期，对因变量的影响将是 0.349；在第二周期，该影响将是 $0.349 + 0.349^2$，依此类推。不会存在收敛的情况。滞后因变量系数为 -1 则意味着，影响将是 $0.349 \times (1+-1)^t$。在第一周期，对因变量的影响将是 0.349。在随后的周期内，该影响将为 0。

在这种情况下，财政收入变化的总影响是该变化的系数（0.349）乘以 1 与滞后因变量系数之和 $(1+-0.365)^t$，其中 t 为冲击持续的周期数量。如果变化是一次性的（例如私有化财政收入的一次性增加），则该影响就仅是感兴趣的变量的系数（这种情况下为 0.349）。如果变化持续一个周期，则总影响是 0.349×0.635，也就是 0.22。如果变化持续两个周期，则影响是第一周期的影响（0.22）加上 0.349×0.635^2，也就是 0.36。三个周期的变化则需要包含 0.635 的三次方，依此类推。

表 A5-2　　　　　　　　关键变量统计数据汇总

	观察值	均值	标准差	最小值	最大值
支出	359	25.16	10.78	9.42	58.46
教育	278	2.99	1.39	0.57	6.71
医疗	276	1.85	1.71	0.12	8.63
社会保障	271	6.46	5.59	0.14	21.08
财政收入	359	23.79	10.23	9.07	55.73
财政收入变化	337	-0.20	2.46	-14.14	11.81
贸易	393	78.20	76.36	11.55	439.03
贸易（PPP）	363	36.33	62.37	0.00	354.72
政体虚拟变量	440	0.55	0.50	0	1

三　计算永久性冲击的影响

滞后因变量系数对于理解永久性冲击对解释性变量的影响也至关重要。其计算公式为：

$$-1 \times 感兴趣的变量的系数/滞后因变量系数$$

要理解公式背后的逻辑，我们再次考虑一下滞后因变量系数为 0（无收敛）和 -1（立即收敛）的情况。使用财政收入的滞后水平系数，即 0.359，则滞后因变量系数为 0 将意味着该影响将会是 -1×0.359/0，也就是无穷大，因此支出变化将一直持续，直到另一外源性冲击发生。滞后因变量系数为 -1 将意味着对支出变化的影响将会是 -1×(0.359/-1)，也就是 0.359，远低于无穷大。使用来自上述公式的结果，则财政收入一个单元的增加将导致公式变成 -1×(0.359/0.365)，也就是支出在本模型所覆盖的周期内增加 0.98。

四 数 据 源

我们的经济数据的主要来源是国际货币基金组织政府财政统计年鉴（GFS）、世界银行全球金融发展报告（GDF）和世界银行世界发展指标（WDI）。我们的社会支出（教育、医疗和社会保障）衡量指标来自 GFS。净转移支付来自 GDF。政府支出、人均 GDP、财政收入、人口以及贸易占 GDP 的比例来自 WDI。净转移支付的数据来自世界银行全球金融发展报告数据库。我们将经济衰退定义为 GDP 的负增长。

表 A5-3　　　　　　　　国家与地区列表

东亚	东欧	拉丁美洲
韩国	保加利亚	阿根廷
马来西亚	捷克共和国	巴西
菲律宾	匈牙利	智利
新加坡	波兰	哥伦比亚
中国台湾地区	罗马尼亚	哥斯达黎加
泰国	斯洛伐克共和国	墨西哥
		秘鲁
		乌拉圭
		委内瑞拉

我们对民主的衡量指标来自 Polity IV 政体指数数据库（马歇尔和贾格斯，2004年）。针对中国台湾地区的数据（政体数据除外）来自亚洲开发银行的关键指标（2007年）。除政体外的其他政治变量（否决点和左翼政党）的数据来自世界银行（2005年）政治制度数据库。

附录六 东亚、拉丁美洲和东欧的社会保障、医疗及教育支出：1980—2005年

附录六中所有图表的数据都来自国际货币基金组织的政府财政统计年鉴（2007年）；中国台湾地区、马来西亚和菲律宾除外，这三个国家和地区的数据来自亚洲开发银行的关键指标序列报告（2007年）。

一 拉丁美洲

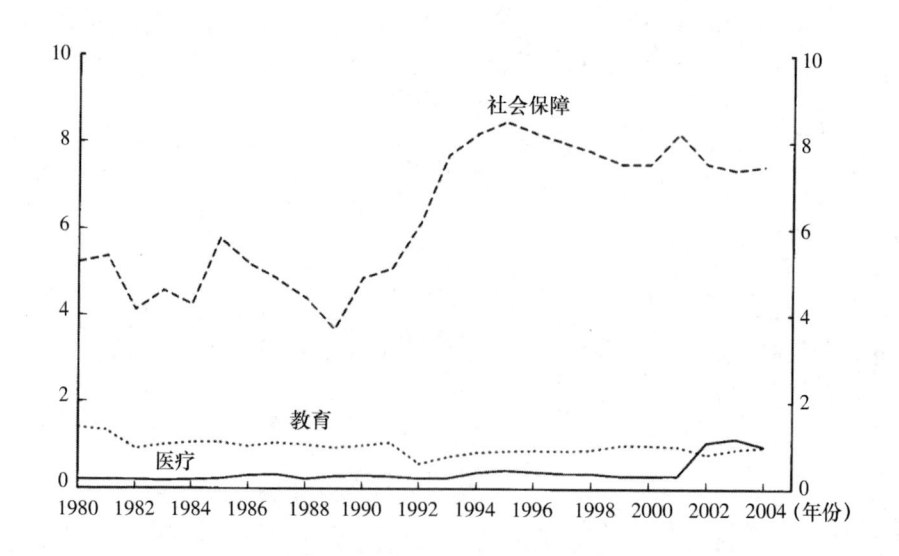

图 A6-1 阿根廷：社会保障、医疗和教育支出/GDP

图 A6-2 巴西：社会保障、医疗和教育支出/GDP

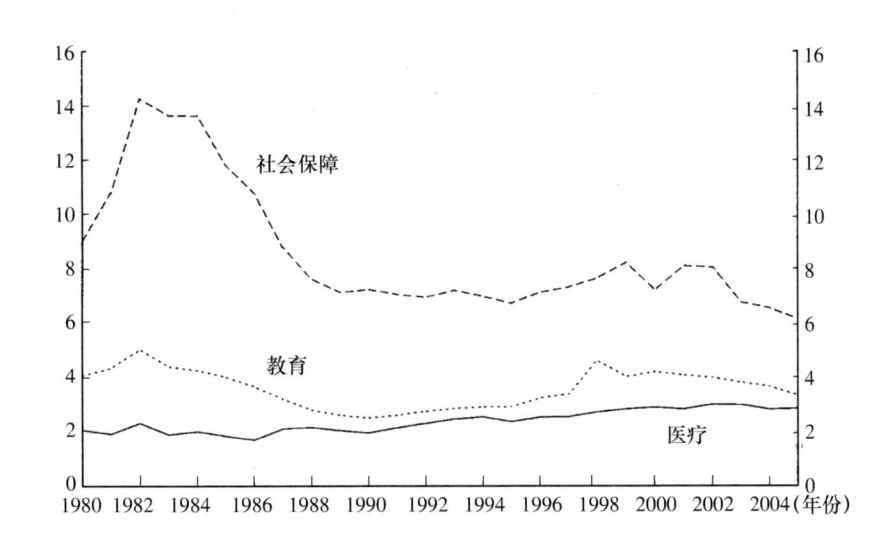

图 A6-3 智利：社会保障、医疗和教育支出/GDP

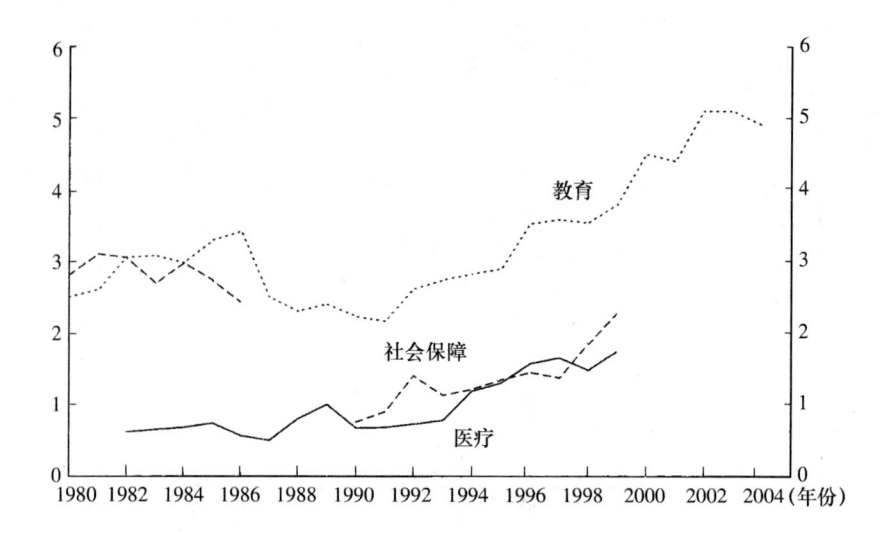

图 A6-4　哥伦比亚：社会保障、医疗和教育支出/GDP

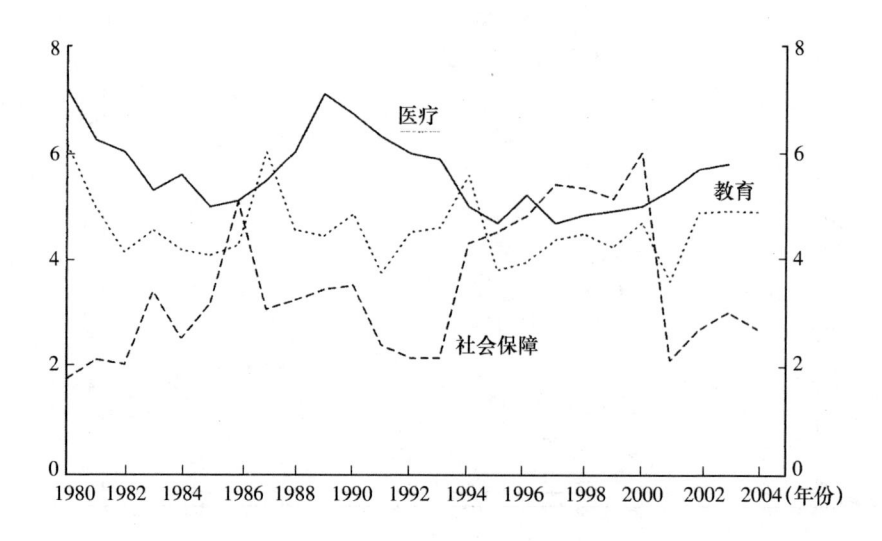

图 A6-5　哥斯达黎加：社会保障、医疗和教育支出/GDP

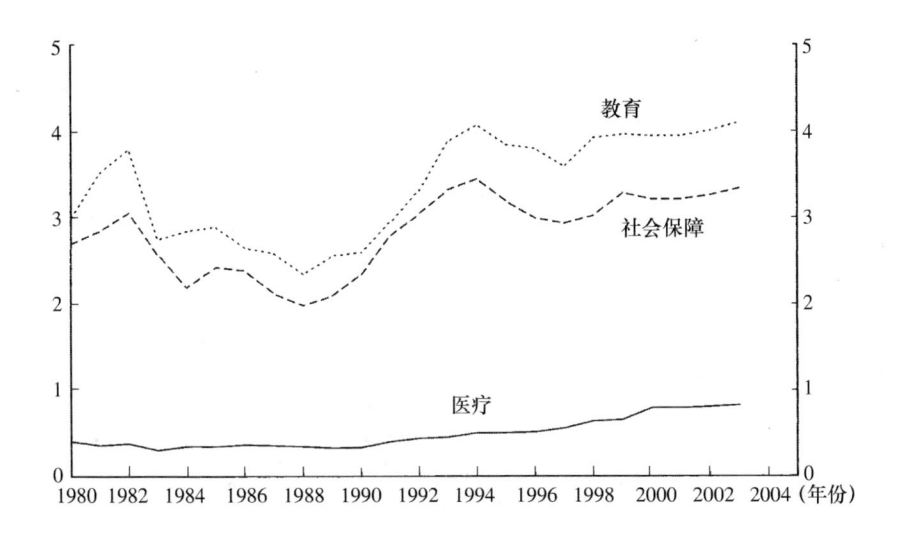

图 A6-6 墨西哥：社会保障、医疗和教育支出/GDP

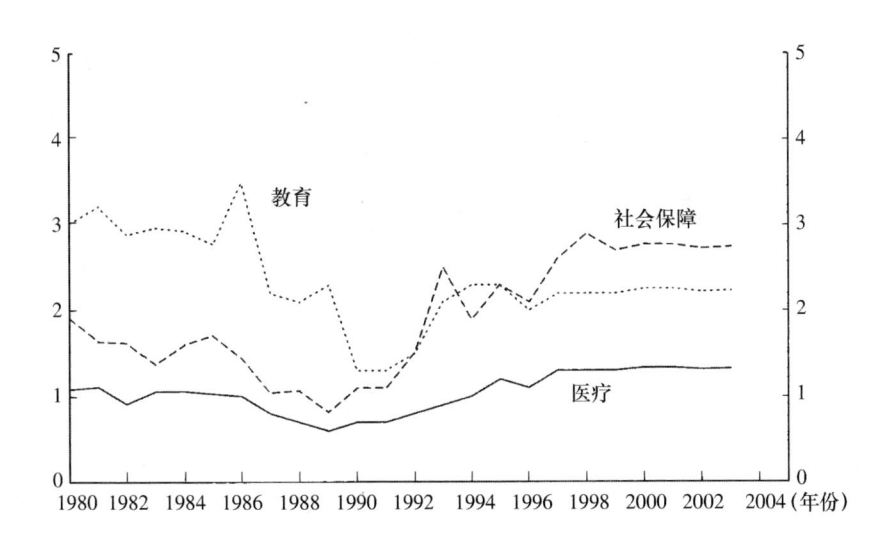

图 A6-7 秘鲁：社会保障、医疗和教育支出/GDP

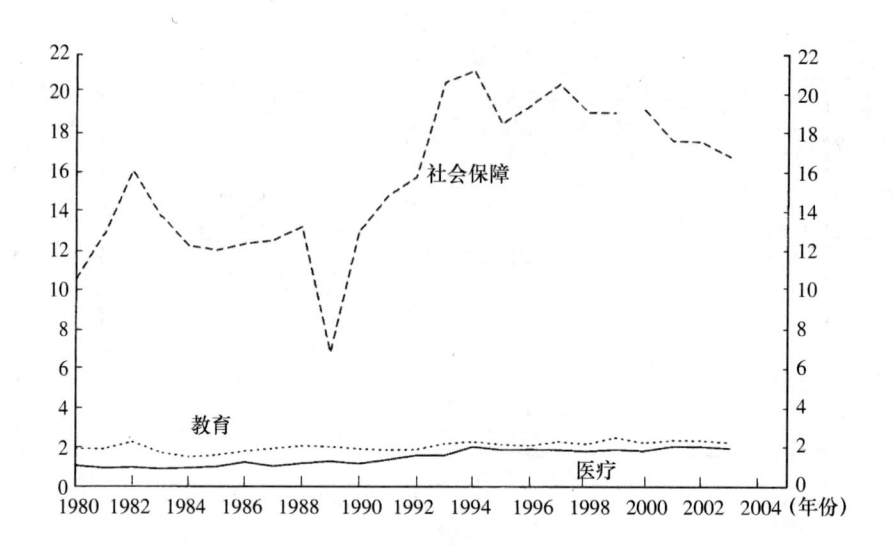

图 A6-8　乌拉圭：社会保障、医疗和教育支出/GDP

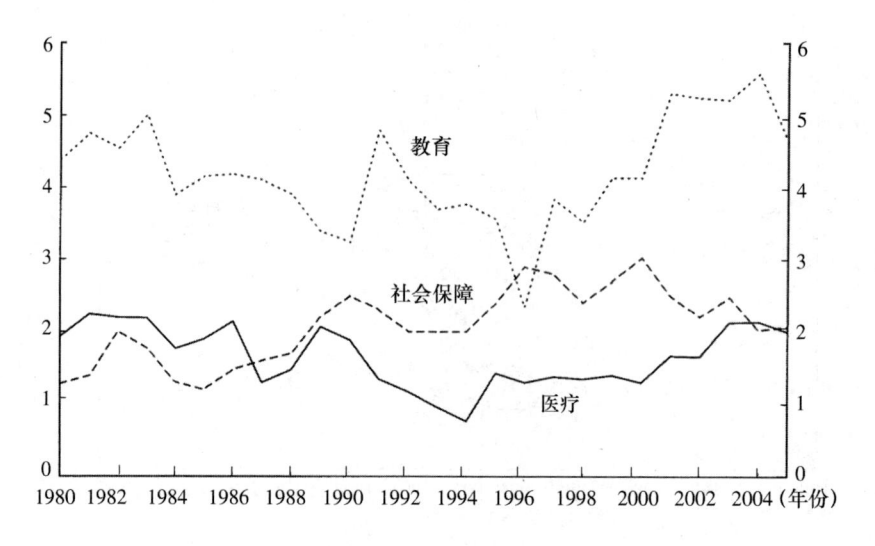

图 A6-9　委内瑞拉：社会保障、医疗和教育支出/GDP

二　东亚

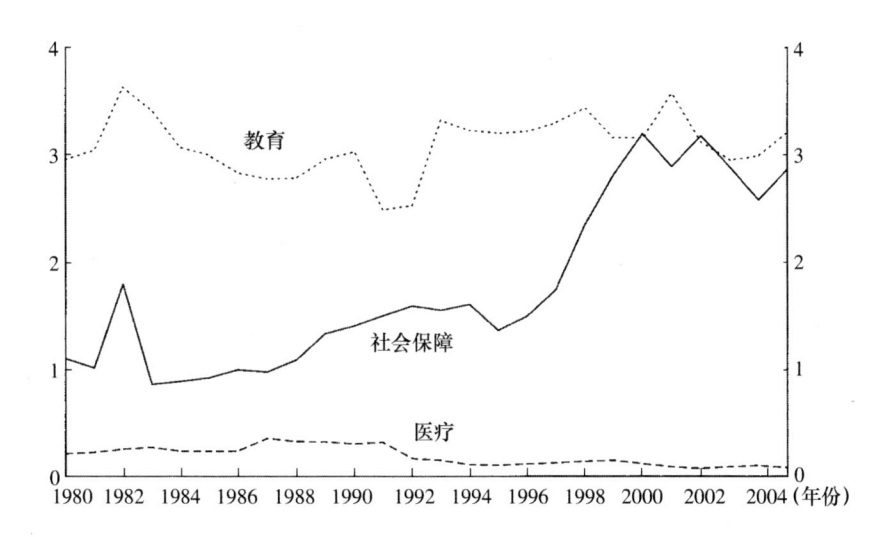

图 A6-10　韩国：社会保障、医疗和教育支出/GDP

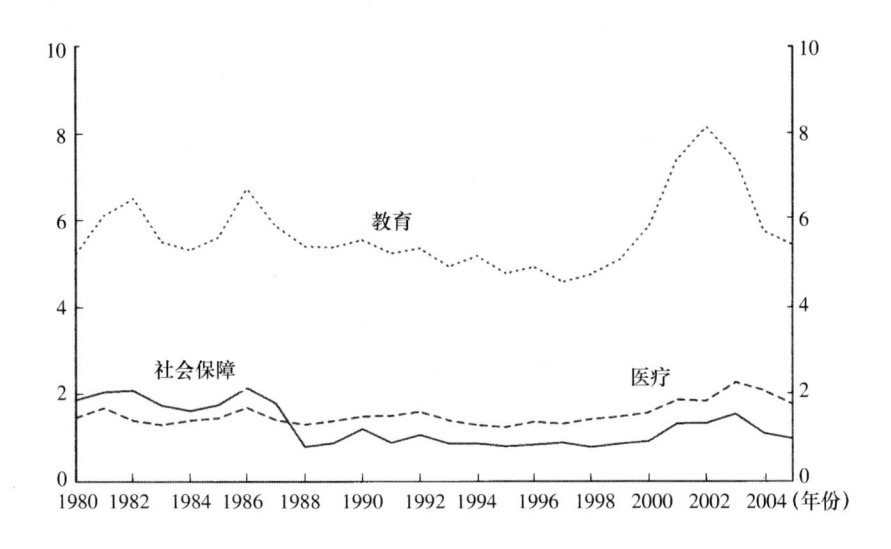

图 A6-11　马来西亚：社会保障、医疗和教育支出/GDP

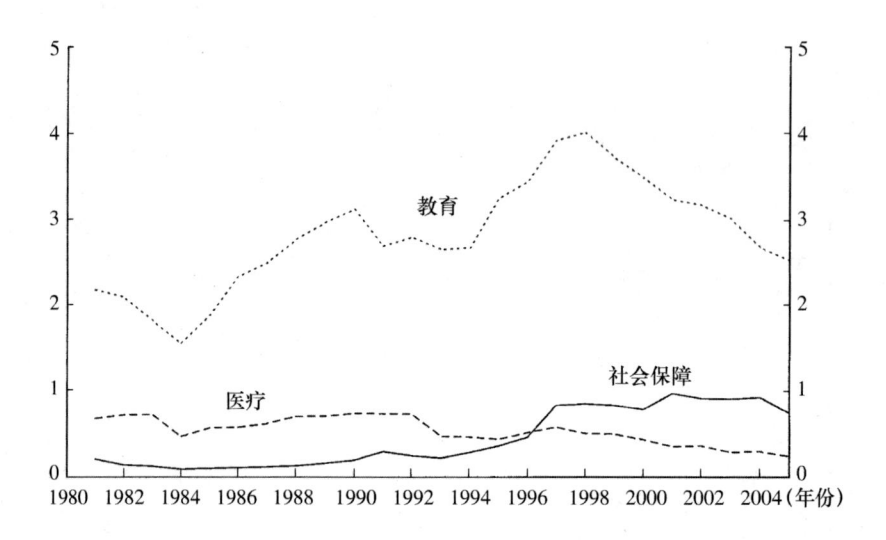

图 A6-12　菲律宾：社会保障、医疗和教育支出/GDP

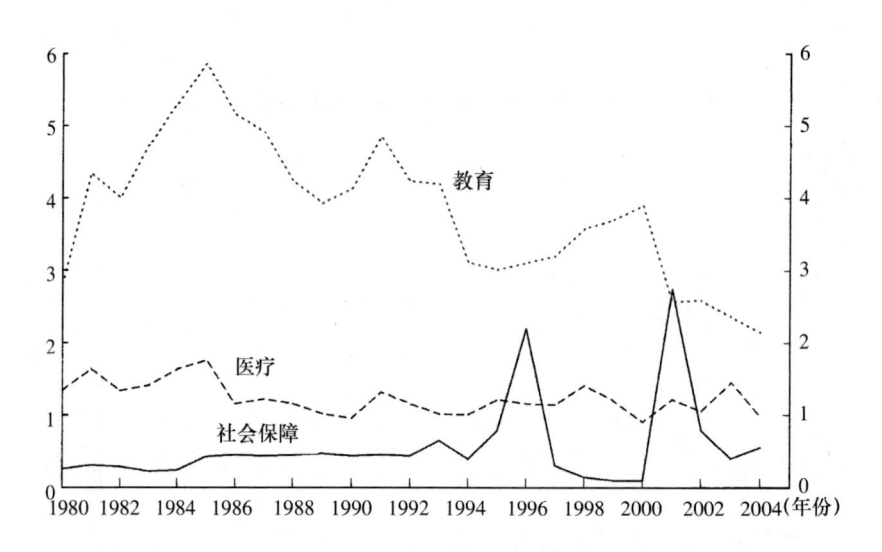

图 A6-13　新加坡：社会保障、医疗和教育支出/GDP

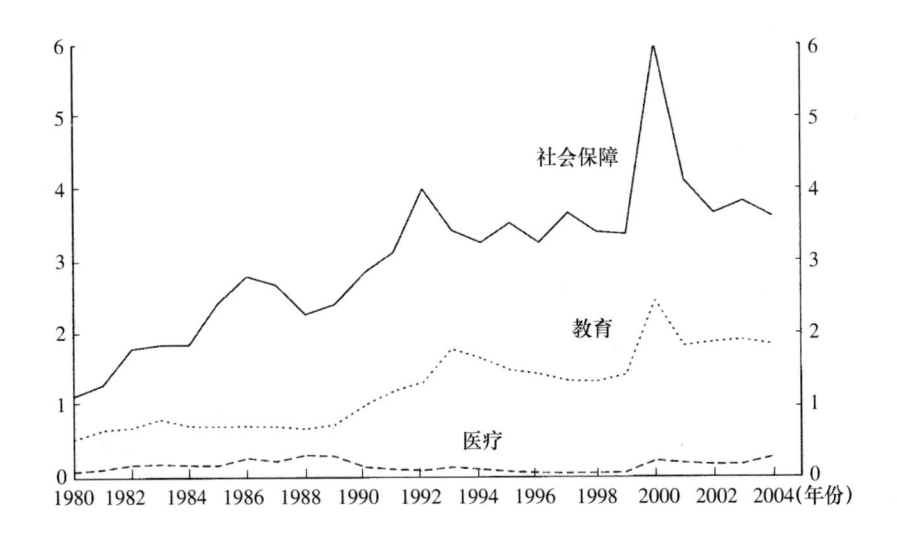

图 A6-14　中国台湾地区：社会保障、医疗和教育支出/GDP

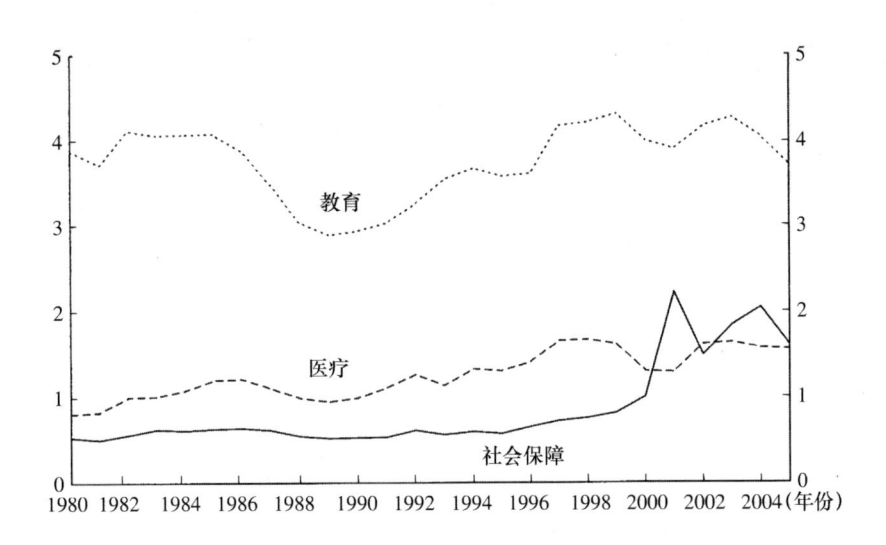

图 A6-15　泰国：社会保障、医疗和教育支出/GDP

三 东欧

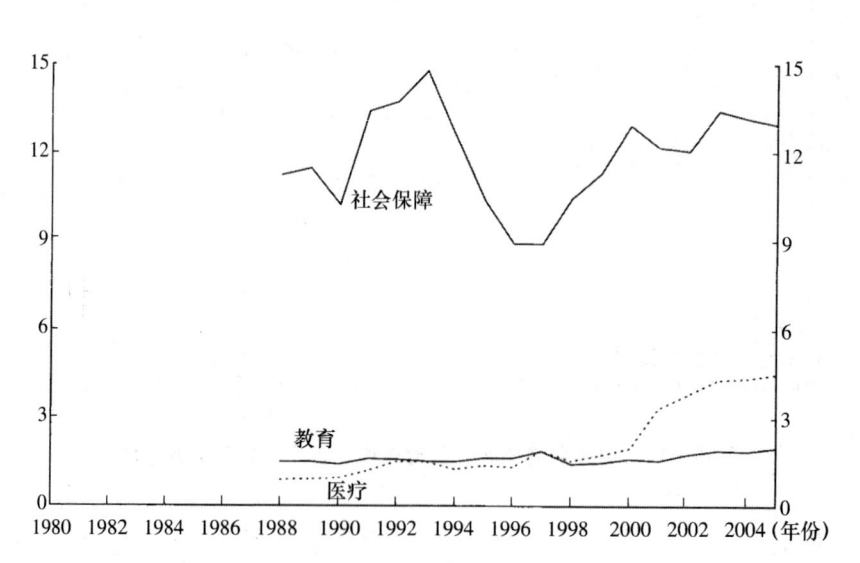

图 A6-16 保加利亚：社会保障、医疗和教育支出/GDP

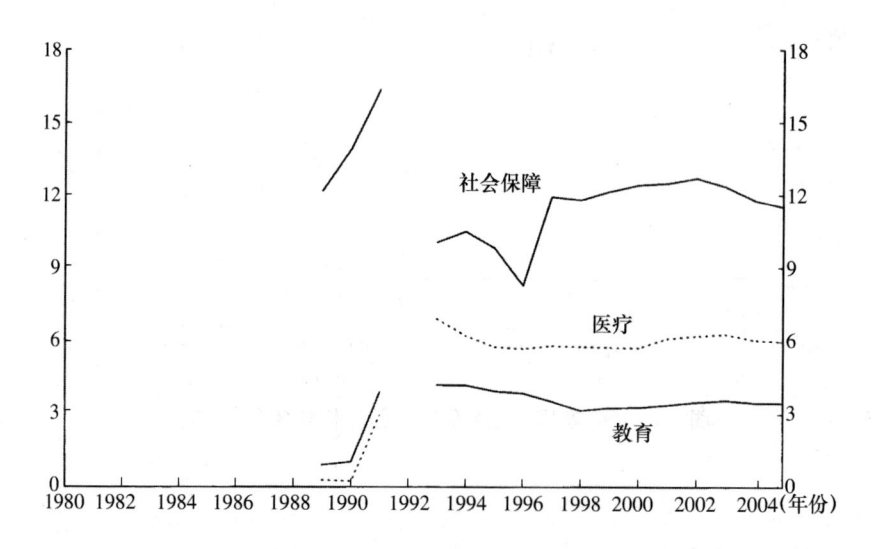

图 A6-17 捷克共和国：社会保障、医疗和教育支出/GDP

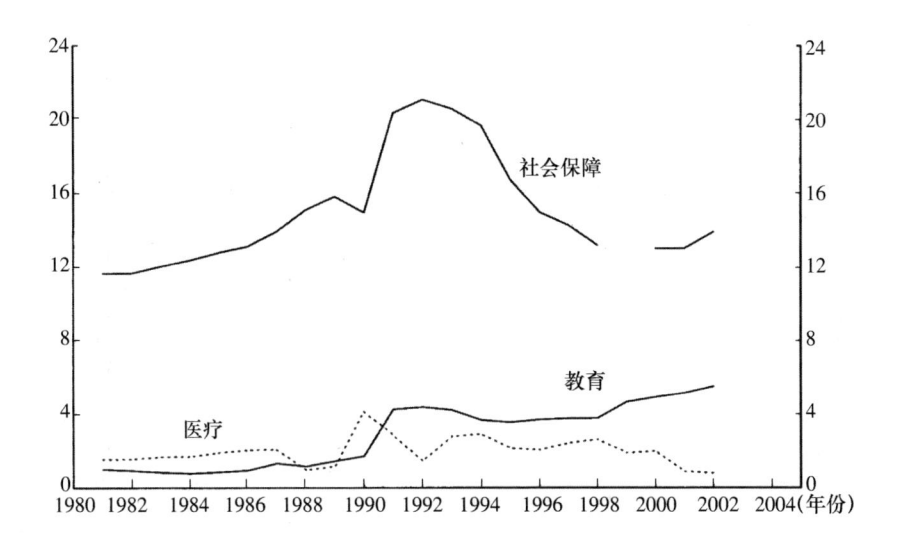

图 A6-18　匈牙利：社会保障、医疗和教育支出/GDP

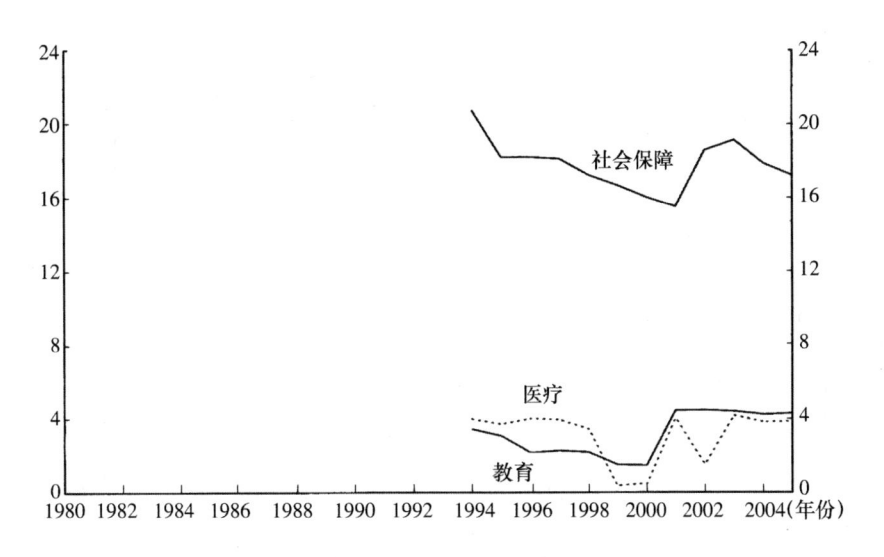

图 A6-19　波兰：社会保障、医疗和教育支出/GDP

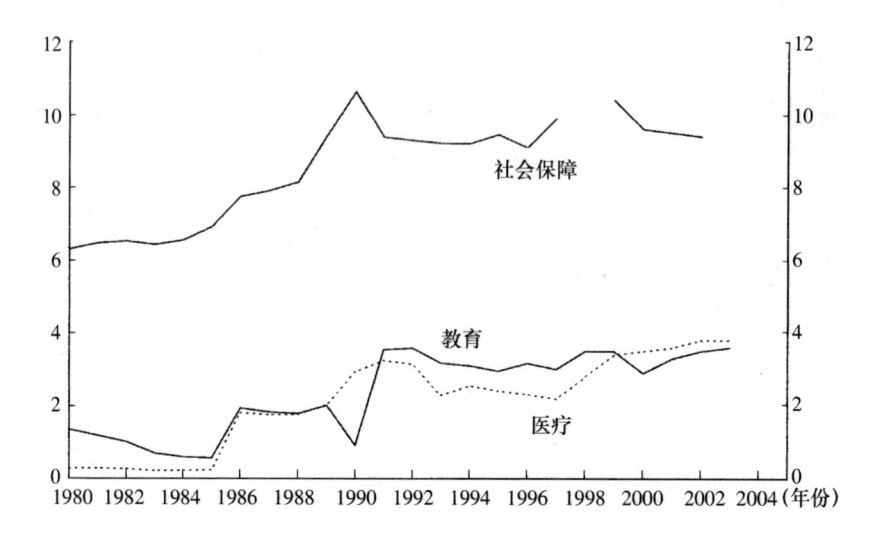

图 A6-20 罗马尼亚：社会保障、医疗和教育支出/GDP

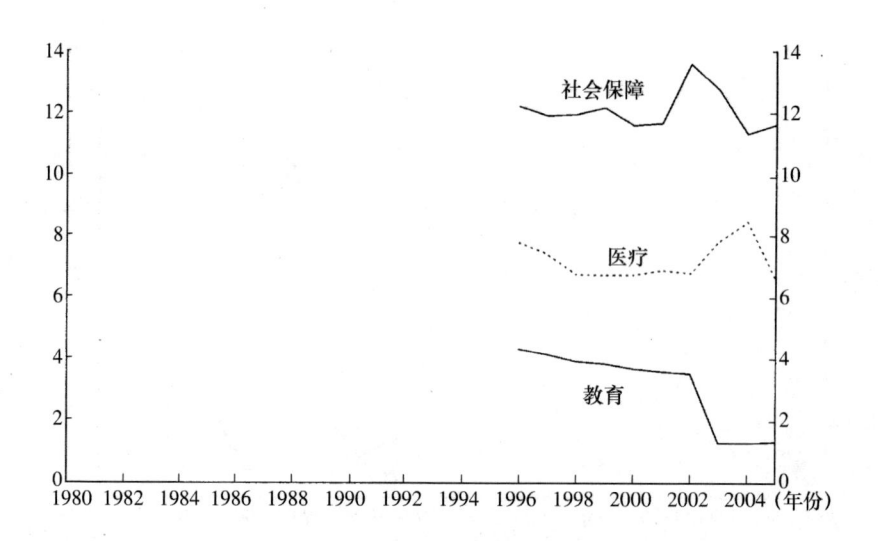

图 A6-21 斯洛伐克共和国：社会保障、医疗和教育支出/GDP

索 引 表

中文	英文	原著页码
萨伊达·阿卜杜勒-拉赫曼	Abdul-Rahman, Saaidah	255
雷蒙·阿布耶娃	Abueva, Ramon	120
民主行动党，委内瑞拉（AD党）	Acción Democrática (Democratic Action Party, Venezuela) (AD)	50, 93, 94, 272, 303
人民行动党（秘鲁）	Acción Popular (Peru)	111
达隆·埃斯莫格卢	Acemoglu, Daron	6
詹·亚当	Adam, Jan	70, 71, 148, 156, 159
艾丽西亚·阿德塞拉	Adserá, Alícia	64
安东尼奥·阿方索	Afonso, António	305
团结选举社会运动党，波兰	Akcja Wyborcza Solidarność (Solidarity Electoral Action, Poland) (AWS)	314
阿尔韦托·阿列辛那	Alesina, Alberto	39, 38
阿图罗·阿莱桑德里	Alessandri, Arturo	48
劳尔·阿方辛	Alfonsín, Raúl	277
国家革新联盟党，巴西	Aliança Renovadora Nacional (National Renewal Alliance Party, Brazil) (ARENA)	101, 102
秘鲁人民党，简称阿普拉党，原名美洲人民革命联盟，秘鲁	Alianza Popular Revolucionaria Americana (American Popular Revolutionary Alliance, Peru) (APRA)	49, 96, 106, 111, 113, 115, 267, 268

续表

中文	英文	原著页码
萨尔瓦多·阿连德	Allende, Salvador	50, 60, 90, 91, 100, 107
吉列尔莫·V. 阿朗索	Alonso, Guillermo V.	109
巴瑞·艾姆斯	Ames, Barry	84, 281
爱丽丝·阿姆斯登	Amsden, Alice	69
约瑟夫·安泰勒	Antall, József	316
科拉松·阿基诺	Aquino, Corazon	123, 235, 236, 237—239, 242, 261
阿根廷	Argentina	95, 96, 109, 110, 277—281
玛尔塔·阿雷切	Arretche, Marta	284, 285
罗伯特·R. 阿沃尼	Arvone, Robert R.	98
穆库尔·艾希尔	Asher, Mukul	243, 244, 245
1997—1998 年亚洲金融危机	Asian financial crisis of 1997 – 1998	11, 20, 224, 228, 236, 242, 248—256
克里斯蒂安·艾斯博尔特	Aspalter, Christian	227, 228, 231
塔玛·曼努埃利安·阿提克	Atinc, Tamar Manuelyan	249
安东尼·阿特金森	Atkinson, Anthony	161
威权主义	authoritarianism	
莎宾娜·艾弗达吉克	Avdagic, Sabina	323
乔治·阿韦利诺	Avelino, George	366
哈维·阿弗里奇	Averich, Harvey	121
曼努埃尔·阿维拉·卡马乔	Ávila Camacho, Manuel	49, 103
邓斯顿·阿亚杜莱	Ayadurai, Dunston	127
帕特里西奥·艾尔文	Aylwin, Patricio	296, 297
克里斯·贝克	Baker, Chris	134

续表

中文	英文	原著页码
迪娜·巴拉巴诺娃	Balabanova, Dina	335
莱谢克·巴尔舍诺维奇	Balcerowicz, Leszek	312,315
阿塞尼奥·巴里萨坎	Balisacan, Arsenio	238,241
利萨·巴吉尔	Baqir, Reza	365
国民阵线（马来西亚）	Barisan Nasional (Malaysia)	128
国民阵线（新加坡）（国阵）	Barisan Nasional (Singapore) (BN)	124
迈克尔·巴尔	Barr, Michael D.	55
尼古拉斯·巴尔	Barr, Nicholas	244,357
西蒙·巴勒克拉夫	Barraclough, Simon	247
大卫·L. 巴特利特	Bartlett, David L.	316
罗伯特·H. 贝茨	Bates, Robert H.	348;356
路易斯·巴特列	Batlle, Luis	88
何塞·巴特列·奥多涅斯	Batlle y Ordóñez, José	49,87,88
维多利亚·A. 包蒂斯塔	Bautista, Victoria A.	122,239,241
拉斯蒂斯拉夫·贝德纳瑞克	Bednarik, Rastislav	328
费尔南多·贝朗德·特里	Belaúnde Terry, Fernando	97
R. 贝纳博	Benabou, R.	38
奥斯卡·贝纳维德斯元帅	Benavides, Marshal Oscar	96
皮亚·C. 本纳让	Bennagen, Pia C.	239
耶日·贝伦特	Berent, Jerzy	155
马里奥·贝尔加拉	Bergara, Mario	289
马·路易莎·I. 贝林格拉	Beringuela, Ma. Luisa I.	240
柳本·贝罗夫	Berov, Lyuben	332
罗慕洛·贝坦科尔特	Betancourt, Romulo	49
杰克·比拉西亚克	Bielasiak, Jack	159

续表

中文	英文	原著页码
波莱斯瓦夫·贝鲁特	Bierut, Bolesφaw	58, 157
理查德·伯德	Bird, Richard	194
南希·伯索尔	Birdsall, Nancy	248; 51, 68
白党，又称民族党（乌拉圭）	Blanco Party (Uruguay)	88, 289, 290
彼得·博德	Bod, Peter A.	317
拉约什·波克罗什	Bokros, Lajos	316, 320, 318
彼得·布恩	Boone, Peter	367
安妮·布施	Booth, Anne	124, 125
西尔维亚·波茨斯基	Borzutzky, Silvia	90, 91, 108, 298
托马斯·波塞特	Bossert, Thomas	314
詹姆斯·K. 博伊斯	Boyce, James K.	122
亨利·布雷迪	Brady, Henry	19
巴西	Brazil	98—104, 276, 277, 281—287, 299
巴西社会民主党	Brazilian Social Democracy Party (Partido da Social Democracia Brasileira, PSDB)	286
萨拉·布鲁克斯	Brooks, Sarah	209, 277, 278, 292, 313, 350, 358
黛娜·L. 布朗	Brown, Dana L.	160, 312, 313, 323, 325, 366
大卫·S. 布朗	Brown, David S.	286, 367, 365
迈克尔·布鲁诺	Bruno, Michael	194
兹比格涅·K. 布热津斯基	Brzezinski, Zbigniew K.	57
布鲁斯·布尔诺·德·梅斯奎塔	Bueno de Mesquita, Bruce	14, 76, 77, 80, 365, 368
卡洛斯·布拉诺斯	Bulaños, Carlos	267, 268
保加利亚	Bulgaria	164—166, 330—336
大卫·布什内尔	Bushnell, David	98

续表

中文	英文	原著页码
何塞·路易斯·布斯塔曼	Bustamante, José Luis	49
迈克尔·J. G. 该隐	Cain, Michael J. G.	313
拉斐尔·卡尔德拉	Caldera, Rafael	94, 273, 274, 275, 299, 303
拉斐尔·卡尔德隆·福涅尔	Calderón Fournier, Rafael	91
拉斐尔·安赫尔·卡尔德隆·瓜迪亚	Calderón Guardia, Rafael Ángel	48
普鲁塔尔科·卡列斯	Calles, Plutarco	103
改革九十	Cambio 90	268
大卫·卡梅伦	Cameron, David	350
何塞·埃德加多·坎珀斯	Campos, Jose Edgardo	354
拉萨罗·卡德纳斯	Cardenas, Lazaro	49
费尔南多·恩里克·卡多佐	Cardoso, Fernando Henrique	283—287, 361
罗珊娜·卡斯蒂廖尼	Castiglioni, Rossana	89, 108, 110, 289, 291, 295, 296
米塔·卡斯尔-卡内洛瓦	Castle – Kanerova, Mita	163
天主教会	Catholic Church	51, 91, 93, 98
多明戈·卡瓦洛	Cavallo, Domingo	277, 279, 280
桑德里娜·卡兹	Cazes, Sandrine	332
尼古拉·齐奥塞斯库	Ceauşescu, Nicolae	145, 165, 171, 174, 175, 305, 337, 338
卡门·塞乐登	Celedón, Carmen	298
劳工统一联盟，巴西	Central Única dos Trabalhadores (Unified Labor Confederation, Brazil) (CUT)	284
柴阿南·沙穆瓦匿	Chai – Anan Samudavanija	233

续表

中文	英文	原著页码
詹火生	Chan, Gordon Hou‑Sheng	131, 231
差猜·春哈旺	Chatichai Choonhavan	233
基伦·乔杜里	Chaudhry, Kiren	356
差瓦立·永猜裕	Chavalit Yongchaiyudh	252
乌戈·查韦斯	Chávez, Hugo	195, 262, 266, 267, 272, 273, 275, 276, 299, 304, 361
郑敦仁	Cheng, Tun‑jen	132, 138, 139
陈水扁	Chen Shui‑bian	228
维尔科·契尔文科夫	Chervenkov, Vulko	164
张惠霖	Cheung Wai‑lam	245
智利	Chile	89—91, 107—109, 295—298
中国	China	53, 54, 67, 260
丹尼尔·希罗	Chirot, Daniel	56, 164, 165
邱显比	Chiu, Shean‑Bii	227
崔闵植	Choi, Minsik	195
周鉅原	Chow, Peter C. Y.	227
基督教民主派	Christian Democrats	22
川·立派	Chuan Leekpai	252, 253
全斗焕	Chun Doo Hwan	136, 229, 230
维克托·乔尔贝亚	Ciorbea, Victor	339
公民论坛（捷克斯洛伐克）	Civic Forum (Czechoslovakia)	321
玛丽·A. 克拉克	Clark, Mary A.	292
大卫·科迪	Coady, David	217, 218
保罗·科恩	Cohen, Paul	133

续表

中文	英文	原著页码
冷战	Cold War	7, 8, 46, 47, 54, 55, 60, 107, 114, 349, 350
露丝·克里尔	Collier, Ruth	47, 49, 88, 96
费尔南多·科洛尔	Collor, Fernando	283, 284, 285
哥伦比亚	Colombia	97—98, 293—295
红党	Colorado Party	50, 87, 88, 89, 112—213, 289, 290
独立竞选政治组织委员会，或基督教社会党，委内瑞拉	Comité de Organización Política Electoral Independiente (Independent Political Electoral Organization Committee, or Social Christian Party, Venezuela) (COPEI)	93, 94, 272
共产主义	Communism	8, 10, 31, 50
共产党	Communist Party	
民主联盟（智利）	Concertación (Chile)	296
保守党（哥伦比亚）	Conservative Party (Colombia)	98
琳达·J.库克	Cook, Linda J.	155, 175; 198
乔瓦尼·安德里亚·科尔尼亚	Cornia, Giovanni Andrea	217
哈维尔·科拉莱斯	Corrales, Javier	110, 278, 280
哥斯达黎加	Costa Rica	91—92, 291—292
哥斯达黎加社会保障基金	Costa Rica Social Security Fund (Caja Costarricense de Seguro Social, CCSS)	91
加里·考克斯	Cox, Gary	13; 359
跨阶级联盟	cross-class coalition	8, 9, 46, 362
哈罗德·克劳奇	Crouch, Harold	127
克鲁兹-萨科·奥亚格，玛利亚·安帕鲁	Cruz-Saco Oyague, Maria Amparo	106
古巴	Cuba	47, 100, 349

续表

中文	英文	原著页码
捷克斯洛伐克	Czechoslovakia	161—164
捷克共和国	Czech Republic	322—326
马里伦·丹圭兰	Danguilan, Marilen	120
鲍勃·迪肯	Deacon, Bob	176, 177, 343, 349
费尔南多·德·拉·鲁阿	de la Rúa, Fernando	279, 280
乔治斯·德梅尼尔	Menil, Georges de	339
民主	democracy	39, 40, 42—43, 73
巴西民主运动	Democratic Movement of Brazil (MDB)	101
民主党（泰国）	Democratic Party (Thailand)	253
民主进步党（中国台湾地区，简称民进党）	Democratic Progressive Party (Taiwan) (DPP)	226, 227, 228
弗雷德里克·戴约	Deyo, Frederic	124
阿尔韦托·迪亚兹-卡耶罗斯	Diaz-Cayeros, Alberto	272
格奥尔基·季米特洛夫	Dimitrov, Georgi	58
拉约什·丁涅什	Dinnyés, Lajos	58
米歇尔·迪翁	Dion, Michelle	366
伊什特万·道比	Dobi, István	58
黛尔·唐纳森	Donaldson, Dayl	233
阿曼多·多罗尼拉	Doronila, Amando	121
索尼亚·M. 德莱贝	Draibe, Sónia M.	286
艾伦·德拉赞	Drazen, Allan	194
亚历山大·杜布切克	Dubček, Alexander	162
爱德华多·杜阿尔德	Duhalde, Eduardo	281
法比奥·杜然-巴尔韦德	Durán-Valverde, Fabio	92
东亚	East Asia	
东欧	Eastern Europe	

续表

中文	英文	原著页码
路易斯·埃切维里亚·阿尔瓦雷斯	Echeverría Álvarez, Luis	103, 104
拉丁美洲和加勒比地区经济委员会	Economic Commission for Latin America and the Caribbean (ECLAC)	282
拉丁美洲经济委员会	Economic Commission for Latin America (ECLA)	64
经济发展	economic development	61—72
经济开放（度）	economic openness	23, 185, 186, 206, 207, 352, 353
教育	education	
格热戈日·埃基尔特	Ekiert, Grzegorz	149, 159
选举竞争	electoral competition	13—15
就业	employment	
东欧的就业保障	employment guarantee in Eastern Europe	31, 143, 144, 167, 172, 177, 189, 341
斯坦利·L. 恩格曼	Engerman, Stanley L.	6, 51, 88, 103
哥斯塔·埃斯平－安德森	Esping-Andersen, Gøsta	4, 19
玛格丽塔·埃斯特韦斯－亚伯	Estevez-Abe, Margarita	22
约瑟夫·埃斯特拉达	Estrada, Joseph	123, 196, 236, 241, 242, 261
族群性；民族；种族	ethnicity	39, 40
欧洲联盟，简称欧盟	European Union (EU)	327, 328, 330, 331, 336—338, 340, 343—345
克里斯汀娜·埃维希	Ewig, Christina	269
出口货；出口额	exports	
彼得·R. 法隆	Fallon, Peter R.	248

续表

中文	英文	原著页码
家庭津贴	family allowances	
维尔马尔·E. 法利亚	Faria, Vilmar E.	282
詹姆斯·费伦，大卫·莱廷	Fearon, James, David Laitin	19
苏珊·费尔格	Ferge, Zsuzsa	159, 160, 161, 173, 176
拉奎尔·费尔南德斯	Fernández, Raquel	185
匈牙利青年民主主义者联盟—公民联盟，简称青民盟	Fidesz - Magyar Polgári Szövetség（Hungarian Civic Union）（FIDESZ）	316, 319
A. C. 菲格雷多	Figueiredo, A. C.	281
何塞·菲格雷斯·费雷尔	Figueres Ferrer, José	48, 92
何塞·玛丽亚·菲格雷斯·奥尔森	Figueres Olsen, José María	292
卡洛斯·菲尔盖拉	Filgueira, Carlos	290
费尔南多·菲尔盖拉	Filgueira, Fernando	88, 290
财政联邦制；财政联邦主义	fiscal federalism	370—371
斯蒂芬·费希尔－加拉茨	Fischer - Galati, Stephen	151, 164
亨里克·弗雷克尔斯基	Flakierski, Henryk	160, 161, 176
阿尔瓦罗·福特萨	Forteza, Álvaro	65
比森特·福克斯	Fox, Vicente	272
选举权；公民权	franchise	
阿尔瓦罗·佛朗哥	Franco, Álvaro	369
理查德·弗里曼	Freeman, Richard	195
爱德华多·弗雷	Frei, Eduardo	90, 91, 296, 297
广泛阵线（匈牙利）	Frente Amplio（Uruguay）	289, 291
R. 司各特·弗里	Frey, R. Scott	367
杰弗里·A. 弗里登	Frieden, Jeffry A.	62

续表

中文	英文	原著页码
本杰明·弗里德曼,《经济增长的道德影响》	Friedman, Benjamin, *The Moral Consequences of Economic Growth*	355
米尔顿·弗里德曼	Friedman, Milton	108
阿尔韦托·藤森	Fujimori, Alberto	262, 267—269, 304, 361
农民工援助基金,巴西	Fundo de Assistência ao Trabalhador Rural (Rural Worker Assistance Fund, Brazil) (FUNRURAL)	101—102
塞尔索·富尔塔多	Furtado, Celso	64
彼得·加尔	Gaal, Peter	320, 321
亨利·B. G. 甘泽布姆	Ganzeboom, Harry B. G.	148
阿兰·加西亚	García, Alan	267
杰弗里·加勒特	Garrett, Geoffrey	351
瓦伦·高里	Gauri, Varun	34, 368
迈克尔·加文	Gavin, Michael	204
	Gaviria Trujillo, César Augusto	294
阿根廷总工会	General Confederation of Labour (Confederación General del Trabajo de la República Argentina, CGT)	279
贫困地区和边缘群体国家计划总协调纲领,墨西哥	General Coordinated National Plan for Deprived Zones and Marginal Groups (Coordinación General del Plan Nacional de Zonas Deprimidas y Grupos Marginados, COPLAMAR)	105
德意志民主共和国(民主德国)	German Democratic Republic	153, 154
约翰·耶林	Gerring, John	18, 39, 368
格奥尔基·乔治乌-德治	Gheorghiu-Dej, Gheorghe	164, 165

续表

中文	英文	原著页码
哈齐姆·亚当·戈巴拉	Ghobarah, Hazem Adam	369
爱德华·盖莱克	Gierek, Edward	151, 158, 167, 173
特朗德·吉尔伯格	Gilberg, Trond	165, 166, 175
克里斯蒂安·格莱迪奇	Gleditsch, Kristian	350;76
全球化	globalization	23, 185—186, 206, 207, 260, 348, 350—353
E. T. 戈麦斯	Gomez, E. T.	245
瓦迪斯瓦夫·哥穆尔卡	Gomułka, Władysław	151, 157, 158
亚历杭德罗·冈萨雷斯·罗塞蒂	González-Rossetti, Alejandra	270, 271
S. 戈皮纳坦	Gopinathan, S.	124, 126
克莱门特·哥特瓦尔德	Gottwald, Klement	58, 161
奈杰尔·格兰特	Grant, Nigel	71, 147, 148
经济大萧条	Great Depression	56
大罗马尼亚党	Greater Romania Party	340
贝拉·格雷斯科维奇	Greskovits, Béla	196, 317
梅里利·S. 格林德尔	Grindle, Merilee S.	271
吉恩·M. 格罗斯曼	Grossman, Gene M.	14
安娜·格日玛拉-巴斯	Grzymala-Busse, Anna	316, 321
斯蒂芬·哈伯	Haber, Stephen	61
纳德尔·哈比比	Habibi, Nader	365
斯蒂芬·哈格德	Haggard, Stephan	38, 65, 254, 260, 358, 317, 318, 319, 358
彼得·霍尔	Hall, Peter	19, 23
托马斯·T. 哈蒙德	Hammond, Thomas T.	57
阿诺德·哈伯格	Harberger, Arnold	108
法瑞德·M. A. 哈桑	Hassan, Fareed M. A.	332, 333

续表

中文	英文	原著页码
耶日·豪斯纳	Hausner, Jerzy	313, 314
瓦茨拉夫·哈维尔	Havel, Vaclav	321, 322
医疗保险	health insurance	
医疗体系；卫生制度	health system	39, 43
罗伊·E. 希思	Heath, Roy E.	148
詹姆斯·J. 赫克曼	Heckman, James J.	65
弗朗茨-维尔海姆·埃默	Heimer, Franz-Wilhelm	100
伊勒哈南·赫尔普曼	Helpman, Elhanan	353
卡伦·亨德森	Henderson, Karen	326
王俊梁（音译）	Heng, Choon Leong	127
艾伦·希肯	Hicken, Allen	253
玛利亚·希尔朔维茨	Hirszowicz, Maria	158, 159
斯瓦托普鲁克·赫拉瓦卡	Hlavacka, Svätopluk	327—328, 330
争取民主斯洛伐克运动	Hnutie za demokratické Slovensko (Movement for a Democratic Slovakia) (HZDS)	322, 326, 327, 329
巴拉克·霍夫曼	Hoffman, Barak	356
斯蒂芬·霍姆斯	Holmes, Stephen	356, 357
洪裴向（音译）	Hong, Per Heong	247
香港	Hong Kong	67
萧庆伦	Hsiao, William C.	244
伊芙琳·休伯	Huber, Evelyne	366, 359, 361, 21, 22
（菲律宾）人民抗日军	Hukbalahap (Huks)	55, 120
匈牙利	Hungary	159—161, 315—321
塞缪尔·亨廷顿	Huntington, Samuel	262
古斯塔夫·胡萨克	Husák, Gustáv	162

续表

中文	英文	原著页码
黄圭振	Hwang, Gyu – Jin	229, 230, 231, 249, 251
范尹文（音译）	Hwang, In – Won	127, 247
艾琳娜·伊恩科娃	Iankova, Elena	332, 337
卡洛斯·伊瓦涅斯	Ibáñez, Carlos	48, 49
扬·伊利埃斯库	Iliescu, Ion	331, 336, 338
进口替代工业化	import – substitution industrialization (ISI)	188, 264
印度尼西亚	Indonesia	55, 126
工业	industry	31
汤玛斯·A.因格洛特	Inglot, Tomasz A.	174, 313
私立医疗保险机构，智利	Instituciones de Salud Previsional (Health Provider Institutions, Chile) (ISAPRE)	297—298
秘鲁社会保障机构	Instituto Peruano del Seguro Social (Peruvian Institute of Social Security) (IPSS)	106
美洲开发银行	Inter – American Development Bank (IADB)	290
利益和解委员会（匈牙利）	Interest Reconciliation Council (Hungary) (IRC)	318, 319
国际环境；国际局势	international conditions	47, 56, 60, 194—195
国际金融机构	international financial institutions (IFIs)	224, 235, 237, 256, 318, 324, 336, 343
福利制度的国际影响	international influences on welfare systems	348—353
国际劳工组织	International Labor Organization (ILO)	64, 91
国际货币基金组织	International Monetary Fund (IMF)	249, 250—253, 289, 311—313, 317, 318, 328, 332, 333, 340, 343

续表

中文	英文	原著页码
穆古尔·伊萨雷斯库	Isǎrescu, Mugur	337
托本·艾弗森	Iversen, Torben	23, 23
马里查·伊萨吉艾雷	Izaguierre, Maritza	275
韦德·雅各比	Jacoby, Wade	344, 345, 350
日本	Japan	51, 54, 55, 67, 131, 138, 252
沃依切赫·雅鲁泽尔斯基	Jaruzelski, Wojciech	311
詹姆斯·V. 杰苏达森	Jesudason, James V.	245
查麦兹·约翰逊	Johnson, Chalmers	153
西蒙·约翰逊	Johnson, Simon	312
K. S. 乔莫	Jomo, K. S.	55, 127, 245; 254, 255
亚诺什·卡达尔	Kádár, János	159
伊桑·卡普斯坦	Kapstein, Ethan	198
特里·林恩·卡尔	Karl, Terry Lynn	273, 356
迈克尔·卡瑟	Kaser, Michael	150, 163, 165
琼科·加藤	Kato, Junko	356
彼得·卡赞斯坦	Katzenstein, Peter	350
罗伯特·R. 考夫曼	Kaufman, Robert R.	62, 270, 206, 352, 365
斯蒂芬·J. 凯	Kay, Stephen J.	277, 279, 290
迈克尔·P. 基恩	Keane, Michael P.	313
本尼迪克特·克尔克弗利特	Kerkvliet, Benedict J.	120
凯恩斯主义	Keynesianism	62, 64, 350
尼基塔·赫鲁晓夫	Khrushchev, Nikita	152, 164
金秉国(音译)	Kim, Byung-Kook	249

续表

中文	英文	原著页码
金大中	Kim Dae Jung	136，229，231，250，251，252，259
金泳三	Kim Young Sam	229，230，231，250
内斯托尔·基什内尔	Kirchner, Néstor	196，281
赫伯特·基切尔特	Kitschelt, Herbert	259，360
瓦茨拉夫·克劳斯	Klaus, Václav	321，322－325，345，360
盖尔·克利格曼	Kligman, Gail	166，169
阿图尔·科利	Kohli, Atul	6
格热戈日·科沃德科	Kołodko, Grzegorz	313
韩国	Korea	135－139，229－232，249－252
朝鲜战争	Korean War	54
亚诺什·科尔内	Kornai, János	72，147，149，172；147，173
基督教民主党，捷克共和国	Křesťansko demokratická strana（Christian Democratic Party, Czech Republic）（KDS）	322
古允文	Ku, Yeun－wen	131，226，227，231
儒塞利诺·库比契克·德奥利维拉	Kubitschek de Oliveira, Juscelino	99
埃里克·库宏塔	Kuhonta, Erik	234
国民党	Kuomintang（KMT）	51，54，130，140，141，225—228，231
亚采克·库隆	Kuroń, Jacek	312
马库斯·库尔茨	Kurtz, Marcus	196
权诗朱（音译）	Kwon, Huck－ju	131，136，230
权顺万（音译）	Kwon, Soonman	137，251
劳工；劳动力	labor	2，45，46，359

续表

中文	英文	原著页码
劳工阵线（新加坡）	Labor Front (Singapore)	123
劳动力市场	labor markets	3
路易斯·阿尔韦托·拉卡列	Lacalle, Luis Alberto	290
里卡多·拉戈斯	Lagos, Ricardo	298
大卫·A. 雷克	Lake, David A.	356, 368
马里奥·B. 兰伯特	Lamberte, Mario B.	121
约翰·R. 兰佩	Lampe, John R.	165
地主；庄园主	landowners	
爱德华·兰德斯戴尔	Landsdale, Edward	120
提摩太·雷恩	Lane, Timothy	249
拉丁美洲	Latin America	
H. K. 李	Lee, H. K.	231
李光耀	Lee Kuan Yew	52, 54, 55, 123, 245
李登辉	Lee Teng-hui	226, 227—228
（政治）左翼；左派	left (political)	
福利遗产；福利遗留问题；福利传统	legacy, welfare	
劳尔·莱昂尼	Leoni, Raúl	93—94
玛格丽特·列维	Levi, Margaret	356
史蒂文·列维茨基	Levitsky, Steven	195, 278; 15, 76
自由党（哥伦比亚）	Liberal Party (Colombia)	50, 97, 98
自由党（波兰）	Liberal Party (Poland)	311
自由主义福利议程	liberal welfare agenda	183—185
林明健	Lim, Meng-Kin	244
K. 林德尔特	Lindert, K.	216, 217, 281
彼得·林德尔特	Lindert, Peter	4, 14, 365
胡安·林茨	Linz, Juan	15

续表

中文	英文	原著页码
克里斯汀·S. 利普斯迈尔	Lipsmeyer, Christine S.	198, 343
彼得·劳埃德-夏洛克	Lloyd-Sherlock, Peter	96, 279
B. 伦敦	London, B.	367
胡安·路易斯·隆多尼奥	Londoño, Juan Luis	35, 293
埃莱亚萨尔·洛佩斯-康特雷拉斯	López-Contreras, Eleazar	49, 92
何塞·洛佩斯·波蒂略	López Portillo, José	103, 104
阿方索·洛佩斯·普雷马霍	López Pumarejo, Alfonso	48, 97—98
约翰·R. 洛特, Jr.	Lott, John R., Jr.	365
刘琳达	Low, Linda	124, 243
帕梅拉·S. 洛登	Lowden, Pamela S.	295
理查德·洛文塔尔	Lowenthal, Richard	153
马丁娜·卢拜欧娃	Lubyova, Martina	327
罗伯特·E. B. 卢卡斯	Lucas, Robert E. B.	248
路易斯·伊纳西奥·卢拉·达席尔瓦	Lula da Silva, Luiz Inácio	283, 284, 287, 361
格洛丽亚·马卡帕加尔-阿罗约	Macapagal-Arroyo, Gloria	123, 235, 236, 241
道格拉斯·麦克阿瑟	MacArthur, Douglas	55
安德鲁·麦金泰尔	MacIntyre, Andrew	65
劳尔·马德里	Madrid, Raúl	209, 210, 268, 270, 277, 278, 283, 292, 293, 358
比阿特丽斯·马加洛尼	Magaloni, Beatriz	271, 304
雷蒙·马格赛赛	Magsaysay, Ramon	120, 121
匈牙利民主论坛	Magyar Demokrata Fórum (Hungarian Democratic Forum) (MDF)	315—316

续表

中文	英文	原著页码
马哈蒂尔·宾·穆罕默德	Mahathir bin Mohamad	128, 245, 255
司各特·P. 梅因沃林	Mainwaring, Scott P.	281; 73
MBP–L编码方案	Mainwaring – Brinks – Pérez – Liñán coding scheme (MBP – L)	73—78, 379—381
马来亚	Malaya	53, 54
马来民族主义党	Malay Nationalist Party	55
马来西亚	Malaysia	126—129, 245—248, 254—255
马来西亚华人公会	Malaysian Chinese Association	55
罗萨里奥·马纳桑	Manasan, Rosario	237
费迪南德·马科斯	Marcos, Ferdinand	66, 120, 121, 129, 141, 238, 240
伊梅尔达·马科斯	Marcos, Imelda	122
约根·马里	Marée, Jörgen	147, 211
伊萨贝拉·马雷斯	Mares, Isabela	22
古斯塔沃·马奎斯	Márquez, Gustavo	94
蒙迪·马歇尔	Marshal, Monty	76
大卫·马歇尔	Marshall, David	123
约翰·D. 马茨	Martz, John D.	93
塔德乌什·马佐维耶茨基	Mazowiecki, Tadeusz	311—312
道格·麦克亚当	McAdam, Doug	14
大卫·麦卡锡	McCarthy, David	243, 244
阿尔弗雷德·麦考伊	McCoy, Alfred	55
诺埃尔·F. 麦金	McGinn, Noel F.	138
詹姆斯·W. 麦圭尔	McGuire, James W.	90—91, 102, 114, 131, 133, 141, 368
弗拉基米尔·梅恰尔	Mečiar, Vladimir	321—323, 326, 328—331

续表

中文	英文	原著页码
贝戴尔·麦杰希	Medgyessy, Péter	318,321
马德希·科隆科夫	Medhi, Krongkaew	133
伊萨伊亚斯·梅迪纳	Medina, Isaias	49
雅各布·米尔曼	Meerman, Jacob	127,247
马库斯·安德烈斯·梅洛	Melo, Marcus André	286,287
A.梅尔策	Meltzer, A.	39
卡洛斯·萨乌尔·梅内姆	Menem, Carlos Saúl	277,278,279—280,299
卡梅洛·梅萨-拉戈	Mesa-Lago, Carmelo	30,80,83,84,88,89,95—97,103—107,109,111,113,267—268,354
墨西哥比索危机	Mexican peso crisis	280
墨西哥	Mexico	103—105,269—272
波格丹·梅什科夫斯基	Mieczkowski, Bogdan	153
彼得·米哈伊	Mihalyi, Peter	314,320
布兰科·米拉诺维奇	Milanovic, Branko	146,154,156,218
军队;军方;军事	military	
安妮·米尔斯	Mills, Anne	135,233
加拉贝德·米纳西安	Minassian, Garabed	332,333
阿兰·明加特	Mingat, Alain	237
胡安·奥卡西塔斯·莫利纳尔	Molinar Horcasitas, Juan	271
弗朗西斯科·莫纳尔迪	Monaldi, Francisco	273
布鲁斯·E.文	Moon, Bruce E.	367
文正仁	Moon, Chung-in	250,251
弗朗西斯科·莫拉莱斯·贝穆德斯	Morales Bermúdez, Francisco	107
塞缪尔·A.莫利	Morley, Samuel A.	287

续表

中文	英文	原著页码
凯塔琳娜·穆勒	Müller, Katharina	31, 146, 268, 313, 324
凯西·穆里根	Mulligan, Casey	14, 366
救国阵线全国委员会,罗马尼亚	National Council of the Salvation Front (Frontul Salvārii Naţionale, Romania) (NSF)	336, 338
全国民主阵线（罗马尼亚）	National Democratic Front (Romania)	59
国民阵线（哥伦比亚）	National Front (Colombia)	84, 98
民族主义	nationalism	52, 53—54, 65, 120
西麦昂二世全国运动（保加利亚）	National Movement Simeon II (Bulgaria) (NMSII)	331, 336
全国职工总会（新加坡）	National Trades Union Congress (Singapore)	55
丹尼尔·N.纳尔逊	Nelson, Daniel N.	175, 293
琼·M.纳尔逊	Nelson, Joan M.	185, 319, 352
迈克尔·纳尔逊	Nelson, Michael	314
非政府组织	NGOs	195, 198, 231, 237, 239, 240, 243, 248, 269
博伊科·尼科洛夫	Nicolov, Boyko	333
坎贾纳普闵·尼瓦特	Niwat Kanjanaphoomin	234
里拉·加纳·诺布尔	Noble, Lela Garner	122
泰奥多拉·朗切娃	Noncheva, Teodora	334, 335
伊尔凡·努尔丁	Nooruddin, Irfan	366, 367
北美自由贸易协定	North America Free Trade Agreement (NAFTA)	270
安东宁·诺沃提尼	Novotny, Antonin	161, 162

续表

中文	英文	原著页码
玛莎·努斯鲍姆	Nussbaum, Martha	4
公民民主党,捷克共和国	Občanská demokratická strana (Civic Democratic Party, Czech Republic) (ODS)	322, 323, 325
曼努埃尔·奥德利亚	Odría, Manuel	96—97, 105
曼瑟·奥尔森	Olson, Mancur	14
香侬·奥尼尔	O'Neil, Shannon	297
维克托·欧尔班	Orbán, Viktor	319, 320, 321
米歇尔·A. 奥伦斯坦	Orenstein, Mitchell A.	312, 313, 322, 323, 343, 350; 316, 317, 332
经济合作与发展组织	Organisation for Economic Co-operation and Development (OECD)	351
丹尼尔·奥尔特加	Ortega, Daniel	276
罗伯特·帕拉西奥斯	Palacios, Robert	268
阿图罗·阿莱桑德里·帕尔马	Palma, Arturo Alessandri	89
弗雷德·C. 潘佩尔	Pampel, Fred C.	38
乔治·帕帕多普洛斯	Papadópoulos, Jorge	290
康斯坦丁·巴洪	Parhon, Constantin	58
朴正熙	Park Chung Hee	54, 135, 136, 137, 138
国家行动党,墨西哥	Partido Acción Nacional (National Action Party, Mexico) (PAN)	361
自由阵线党,巴西	Partido de Frente Liberal (Liberal Front Party, Brazil) (PFL)	284
民主革命党	Partido de la Revolución Democrática (Party of the Democratic Revolution, PDR)	303
劳工党,巴西	Partido dos Trabalhadores (Workers' Party, Brazil) (PT)	282, 284, 286, 303, 361

续表

中文	英文	原著页码
民族解放党	Partido Liberación Nacional (National Liberation Party) (PLN)	50, 91, 92, 113, 115
革命制度党，墨西哥	Partido Revolucionario Institucional (Institutional Revolutionary Party, Mexico) (PRI)	50, 103, 271, 361
民主社会党，巴西	Partido Social Democrático (Social Democratic Party, Brazil) (PSD)	99
巴西工党	Partido Trabalhista Brasileiro (Brazilian Labor Party) (PTB)	99
罗马尼亚社会民主党	Partidul Democratiei Sociale din România (Party of Social Democracy in Romania, PSDR)	336, 340
巴西民主运动党	Party of the Brazilian Democratic Movement (PMDB)	101
索拉纳·帕鲁雷斯库	Pârvulescu, Sorana	337
路径依赖	path dependence	7, 59—61, 197, 343, 346
马克·V. 保利	Pauly, Mark V.	244
T. 帕瓦迪	Pawadee, T.	132
农民党（匈牙利）	Peasant Party (Hungary)	316
农民党（罗马尼亚）	Peasant Party (Romania)	336
农民	peasants	
槟榔屿	Penang	66
迈克尔·彭福尔德-贝切拉	Penfold-Becerra, Michael	273, 274, 275
养老金	pensions	
人民行动党（新加坡）	People's Action Party (Singapore) (PAP)	55, 123, 124, 128, 243
卡洛斯·安德烈斯·佩雷斯	Pérez, Carlos Andrés	273, 275, 303

续表

中文	英文	原著页码
马科斯·佩雷斯·希门内斯	Pérez Jiménez, Marcos	84, 93, 105
胡安·庇隆（又作贝隆）	Perón, Juan	48, 84, 95
庇隆主义者	Peronists	109, 115, 278, 280, 281, 361
托尔斯滕·佩尔森	Persson, Torsten	358
秘鲁	Peru	96—97, 106—107, 267—269
特奥多罗·佩特科夫	Petkoff, Teodoro	273, 274, 275
菲律宾	Philippines	117—123, 235—242
保罗·皮尔逊	Pierson, Paul	2, 22, 197
维尼丘斯·C. 皮涅罗	Pinheiro, Vinicius C.	283
奥古斯托·皮诺切特	Pinochet, Augusto	295—299, 302, 361
跨工团主义工人全会—全国工人大会，乌拉圭	Plenario Intersindical de Trabajadores - Convención Nacional de Trabajadores (PIT - CNT) (Intersyndical Plenum of Workers - National Convention of Workers, Uruguay)	290
劳动联合会	Podkrepa	332
波兰	Poland	159—161, 311—315
政治竞争	political competition	
政治精英	political elites	45, 46
政治重组	political realignments	45—61, 71, 73, 139
庞雪玲	Pong, Suet-ling	247
人民团结联盟（智利）	Popular Unity (Chile)	50
J. L. 珀克特	Porket, J. L.	163, 165
波茨坦会议	Potsdam Conference	57
马丁·珀图切克	Potůček, Martin	322, 323
贫穷；贫困	poverty	

续表

中文	英文	原著页码
约翰·邓肯·鲍威尔	Powell, John Duncan	93
"权力—资源"方法（模式）	power – resource approach	2, 46, 361
卡其米日·Z. 波茨南斯基	Poznanski, Kazimierz Z.	173
曼努埃尔·普拉多	Prado, Manuel	84, 96, 97
亚历克斯·普拉弗达	Pravda, Alex	59
劳尔·普雷维什	Prebisch, Raul	64
亚历山大·S. 普雷克尔	Preker, Alexander S.	34, 151, 173
炳政府（泰国）	Prem government (Thailand)	233
室内健康与卫生计划，巴西	Programa de Interiorização das Ações de Saúde e Saneamento (Program of Health and Hygiene in the Interior, Brazil) (PIASS)	102
亚当·普沃斯基	Przeworski, Adam	14, 73, 74, 75, 81, 82, 116, 76, 77, 80, 365
公众反暴力组织（捷克斯洛伐克）	Public Against Violence (Czechoslovakia)	321
曼努埃尔·奎松	Quezon, Manuel	52, 55
埃尔皮迪奥·基里诺	Quirino, Elpidio	52
丹尼尔·奥杜维尔·基罗斯	Quirós, Daniel Oduber	92
达格玛·拉茨尼斯基	Raczynski, Dagmar	298
激进党（阿根廷）	Radical Party (Argentina)	95, 279
马加什·拉科西	Rakosi, Mátyás	159
M. 拉梅什	Ramesh, M.	127, 227, 232, 244, 245, 251; 121, 125, 244, 246

续表

中文	英文	原著页码
帕特丽莎·拉米雷斯	Ramírez, Patricia	293
伊莱亚斯·T. 拉莫斯	Ramos, Elias T.	121
菲德尔·拉莫斯	Ramos, Fidel	123, 236, 237, 239—241, 261
罗纳德·里根	Reagan, Ronald	183
政体；政权	regimes	13—17, 72—78
卡伦·L. 雷默	Remmer, Karen L.	194
西莉亚·M. 雷耶斯	Reyes, Celia M.	235
李承晚	Rhee, Syngman	52, 54, 135, 138
谢利·雷格	Rigger, Shelley	226
布莱恩·K. 里奇	Ritchie, Bryan K.	126, 128, 247
肯尼斯·罗伯茨	Roberts, Kenneth	195, 268, 269, 278, 282, 296, 304
凯文·罗伯茨	Roberts, Kevin	39
大卫·罗克	Rock, David	96
盖瑞·罗丹	Rodan, Garry	124
米格尔·安赫尔·罗德里格斯·埃切维里亚	Rodríguez Echeverría, Miguel Ángel	292
丹尼·罗德里克	Rodrik, Dani	62, 66, 194, 351
米尔顿·罗伊默	Roemer, Milton	121
卢泰愚	Roh Tae Woo	136, 229, 231
古斯塔沃·罗哈斯-皮尼利亚	Rojas-Pinilla, Gustavo	98, 105
彼得·罗曼	Roman, Petre	337
罗马尼亚	Romania	145, 164—166, 336—341
托马斯·罗默	Romer, Thomas	39
佩·罗纳斯	Ronnas, Per	175
马克·B. 罗森伯格	Rosenberg, Mark B.	92

续表

中文	英文	原著页码
迈克尔·罗斯	Ross, Michael	356, 368
约瑟夫·罗特希尔德	Rothschild, Joseph	56, 57, 165
罗哈斯	Roxas	52
尼塔·鲁德拉	Rudra, Nita	2, 4, 186, 352, 366
约翰·杰勒德·鲁格	Ruggie, John Gerard	350, 351
农村地区；农业部门	rural sector	
1998年俄罗斯危机	Russian crisis of 1998	264, 285
卡洛斯·萨利纳斯	Salinas, Carlos	269, 270, 271, 304
埃内斯托·桑佩尔	Samper, Ernesto	295
胡利奥·玛丽亚·桑吉内蒂	Sanguinetti, Julio María	289, 290
沙立·他那叻	Sarit Dhanarajata	55
沙立·他那叻	Sarit Thanarat	132
马库斯·朔伊尔	Scheuer, Markus	325
本·施耐德	Schneider, Ben	65
乔治·思乔普夫林	Schöpflin, George	150, 164
沃尔特·舒尔特赫斯	Schulthess, Walter	277
赫尔穆特·施瓦泽	Schwarzer, Helmut	101, 102
亚历克斯·塞古拉-乌维尔戈	Segura-Ubiergo, Alex	107, 108, 352
谢马什科体系（模式）	Semashko system	146, 165
半威权主义	semiauthoritarianism	15
半民主	semidemocracy	15
迈克尔·J.赛斯	Seth, Michael J.	138, 139
休·西顿-沃森	Seton-Watson, Hugh	57
约翰·M.珊德拉	Shandra, John M.	369
莱斯利·夏普	Sharpe, Leslie	244—245
D. G. 辛	Shin, D. G.	367

续表

中文	英文	原著页码
格奥尔基·绍波夫	Shopov, Georgi	333, 334
马修·舒加特	Shugart, Matthew	13, 317—319, 359
约翰·赛德尔	Sidel, John	117
凯瑟琳·斯金克	Sikkink, Kathryn	61
安德拉斯·西莫诺维茨	Simonovits, András	320
托马斯·W. 西蒙斯	Simons, Thomas W.	57
新加坡	Singapore	123—126, 243—245
中美农村复兴联合委员会（中国台湾地区）	Sino-American Joint Committee on Rural Reconstruction (Taiwan) (JCRR)	131
桑德尔·希珀斯	Sipos, Sandor	163, 165, 174
西里潘·苏帕坎昆蒂	Siripen Supakankunti	233, 234
迈克尔·斯特克	Sitek, Michael	314, 315
戈登·斯基林	Skilling, Gordon	162
西达·斯科波尔	Skocpol, Theda	185
斯洛伐克共和国	Slovak Republic	172, 326—330
迈克尔·史密斯	Smith, Michael	356
唐纳德·R. 斯诺德格拉斯	Snodgrass, Donald R.	127
詹姆斯·M. 斯奈德, Jr.	Snyder, James M., Jr.	217
社会救助	social assistance	
社会民主党；社会民主党派；社会民主党人（捷克共和国）	Social Democrats (Czech Republic)	321—326
社会保险	social insurance	3—6, 30—35, 207—214
社会主义	socialism	
社会主义阵线（马来西亚）	Socialist Front (Malaysia)	55
社会党（保加利亚）	Socialist Party (Bulgaria)	335

续表

中文	英文	原著页码
社会党（智利）	Socialist Party (Chile)	49, 111, 113
社会党（匈牙利）	Socialist Party (Hungary)	316—319
社会党（波兰）	Socialist Party (Poland)	311—314, 318
社会政策	social policy	
社会安全网	social safety net	
社会支出	social spending	27—30, 201—207, 387—397
阿尔弗雷多·索拉里	Solari, Alfredo	291
团结工会运动，波兰	Solidarity movement (Solidarność, Poland)	151, 173, 174, 311, 312, 314
安妮特·孙惠庆（音译）	Son, Annette Hye Kyung	226
宋镐均（音译）	Song, Ho Keun	249
保罗·雷纳托·索萨	Souza, Paulo Renato	286
苏联	Soviet Union	54, 57, 60, 69, 72, 152, 153, 155, 156, 159, 164, 188, 349
露丝·J. 斯伯丁	Spalding, Rose J.	103, 104
尼古拉斯·施普尔伯	Spulber, Nicolas	71, 149
斯大林主义	Stalinism	69, 144, 145—152, 153, 154
芭芭拉·斯托林斯	Stallings, Barbara	90, 293
大卫·斯塔克	Stark, David	316, 323
弗朗西斯·露西尔·斯塔纳	Starner, Frances Lucille	120
大卫·斯塔萨维吉	Stasavage, David	366
斯文·史坦莫	Steinmo, Sven	356
约翰·N. 史蒂文斯	Stevens, John N.	161, 162, 163
约瑟夫·E. 斯蒂格利茨	Stiglitz, Joseph E.	249

续表

中文	英文	原著页码
兰德尔·斯通	Stone, Randall	332，333，343
理查德·斯塔布斯	Stubbs, Richard	55
汉娜·苏霍茨卡	Suchocka, Hanna	312
苏卡尼亚·尼坦科恩	Sukanya Nitungkorn	134，135
苏帕希特·潘纳鲁诺泰	Supasit Pannarunothai	233
玛利亚·斯瓦勒诺娃	Svorenova, Maria	327，328，329
杜安·斯旺克	Swank, Duane	19
茱莉亚·绍洛伊	Szalai, Julia	174
多罗蒂·希克劳	Szikra, Dorottya	317，318，319
中国台湾地区	Taiwan	130—132，225—229，231—232
谭鹏夫（音译）	Tan, Peng Boo	125，126
技术官僚；技治主义者	technocrats	
爱丽丝·泰乔瓦	Teichova, Alice	161
加布里埃尔·特拉	Terra, Gabriel	88
费尔南多·贝朗德·特里	Terry, Fernando Belaúnde	267
泰国	Thailand	132—135，232—235，252—254
泰国泰爱泰党	Thai Loves Thai (Thai Rak Thai, TRT) Party	253—254
他信·西那瓦	Thaksin Shinawatra	235，253
撒切尔政府	Thatcher government	183
撒切尔主义	Thatcherism	345
约瑟普·布罗兹·铁托	Tito, Josip Broz	152
伊戈尔·托姆斯	Tomes, Igor	174
贝拉·汤姆卡	Tomka, Béla	146，150，160，161，176，320
艾德里安·陶斯	Towse, Adrian	254
埃莉·特拉盖克斯	Tragakes, Ellie	335

索引表 423

续表

中文	英文	原著页码
露安·特罗克塞尔	Troxel, Luan	164
乔治·塞贝利斯	Tsebelis, George	358
东古·阿卜杜勒·拉赫曼	Tungku Abdul Rahman	52
失业	unemployment	
失业保险	unemployment insurance	
联合国教科文组织	UNESCO (United Nations Educational, Cultural and Scientific Organization)	98
自由联盟，波兰	Unia Wolności (Freedom Union, Poland) (UW)	314
民主力量联盟，保加利亚	Union of Democratic Forces (Sajuz na Demokraticnite Sili, Bulgaria) (UDF)	331, 335, 336
苏维埃社会主义共和国联盟，简称苏联	Union of Soviet Socialist Republics (USSR)	
工会	unions	6—8, 44—61, 196—200
马来民族统一机构，简称巫统	United Malays National Organisation (UMNO)	55, 127, 128, 141, 242, 247
美国	United States	
城市地区；城市部门	urban sector	
乌拉圭	Uruguay	87—89, 109—110, 288—291
阿图罗·巴伦苏埃拉	Valenzuela, Arturo	90, 91
皮耶特·凡浩塞	Vanhuysse, Pieter	196, 198, 217, 343
热图利奥·瓦加斯	Vargas, Getúlio	48, 50, 98, 101
拉杜·瓦西里	Vasile, Radu	336
瓦伦蒂娜·瓦西里	Vasile, Valentina	146, 166
基里·维塞尔尼克	Večernik, Jiři	174, 322, 323, 326
胡安·贝拉斯科·阿尔瓦拉多	Velasco Alvarado, Juan	84, 105, 106

续表

中文	英文	原著页码
委内瑞拉	Venezuela	92—94, 272—276
越南	Vietnam	67
查龙恩罗伊特·沃拉韦德	Voravidh, Charonenloet	253
罗伯特·韦德	Wade, Robert	66
汉斯-尤尔根·瓦格纳	Wagener, Hans-Jürgen	344
工资；薪酬	wages	
亚当·瓦格斯塔夫	Wagstaff, Adam	227, 244
彼得·沃尔	Warr, Peter	235, 253
埃里克·威德	Weede, Erik	367
福利政策	welfare policy	3
库尔特·韦兰	Weyland, Kurt	99, 102, 267, 269, 275, 285, 304, 350
斯蒂芬·怀特	White, Stephen	174
埃里克·维贝尔斯	Wibbels, Erik	194, 204, 352
K. A. S. 威克拉玛	Wickrama, K. A. S.	367
约翰·威廉姆森	Williamson, John	367
约翰娜·维特	Witte, Johanna	235
莎伦·沃尔契克	Wolchik, Sharon L.	176
黄一庄	Wong, Joseph	131, 226, 227, 232
工人；员工	workers	
工人阶级	working class	
世界银行	World Bank	251—253, 279, 280, 290, 292, 319, 328, 334, 339
世界贸易组织	World Trade Organization (WTO)	349
大卫·沃费尔	Wurfel, David	121

续表

中文	英文	原著页码
约瑟夫·A. 耶格尔	Yager, Joseph A.	131
雅尔塔会议	Yalta Conference	57
梁奉玟	Yang, Bong–min	138
梁在振	Yang, Jae–jin	232, 252
庾吉尚（音译）	Yoo, Kil–Sang	230, 251
F. W. 杨	Young, F. W.	367
十月维新时期	Yushin period	135
埃内斯托·塞迪略	Zedillo, Ernesto	269, 270, 271, 272
托多尔·日夫科夫	Zhivkov, Todor	164, 331
托马斯·D. 兹韦费尔	Zweifel, Thomas D.	368